新编21世纪公共管理系列教材

政府绩效管理

第二版

方振邦　唐　健　编著

Government Performance Management

中国人民大学出版社
·北京·

内容简介

方振邦教授领衔编著的《政府绩效管理》是一部系统反映国内外政府绩效管理理论成果与实践发展的教材，以政府绩效管理系统模型为总体框架，对政府绩效管理的流程和关键决策进行了系统的介绍和阐释。全书首先论述了政府绩效管理的理论基础，进而对目标管理、关键绩效指标、平衡计分卡等政府绩效管理工具及其应用进行了系统阐述；在此基础上，对政府绩效计划、政府绩效监控、政府绩效评价、政府绩效反馈以及贯穿这四个环节始终的五项关键决策进行了细致分析和重点论述；最后，对国内外政府绩效预算与绩效管理的理论成果和实践经验进行了介绍和分析，对我国政府绩效管理的发展历程与发展趋势进行了梳理和总结。

本书汇集了方振邦教授团队多年来在政府绩效管理领域的研究和教学成果，建构了一个独具特色的基于“三大目的、四个环节和五项关键决策”的政府绩效管理知识体系。全书聚焦中国政府绩效管理中的实际问题，系统反映了新时代中国政府绩效管理的新发展，反映了近年来施行的《关于全面实施预算绩效管理的意见》《党政领导干部考核工作条例》《公务员考核规定》等政府绩效管理领域规范性文件的精神和内容。

本书内容丰富、资料翔实、案例新颖、可读性强，适合作为高校政府绩效管理及相关课程教材，同时也是党政机关各级领导干部及公务员系统学习和了解政府绩效管理知识的理想参考书。

作者简介

方振邦 中国人民大学公共管理学院教授、博士生导师，组织与人力资源研究所所长，公共组织绩效管理研究中心主任；兼任中共中央组织部领导干部考试与测评中心专家、人力资源社会保障部高级专业技术职务评审委员会委员等职。主要研究领域为人力资源开发与管理、战略性绩效管理、领导干部选拔与考核、平衡计分卡理论与应用、管理思想的演变等。主持国家社科基金项目及中共中央组织部、人力资源社会保障部委托课题等10余项；著（编）有《管理学基础》《管理百年》《管理思想百年脉络》《战略性人力资源管理》《公共部门人力资源管理》《战略性绩效管理》《政府绩效管理》《公共部门绩效管理》等专著和教材20余部。

唐　健 西北大学公共管理学院讲师，中国人民大学公共组织绩效管理研究中心兼职研究员。主要研究领域为公共部门人力资源管理、政府绩效管理、领导干部考核选拔等。

出版说明

现代意义上的公共行政与公共管理研究和教育始于20世纪初。时至今日，随着公共管理职业化的发展，公共行政与公共管理的研究和教育事业在许多国家方兴未艾。自20世纪80年代起，为了适应政府改革与公共管理人才培养的需要，我国的公共行政与公共管理研究和教育在经历了发展的挫折之后，开始了恢复和重建的工作。经过多年的发展，特别是公共管理一级学科的设置和我国公共管理硕士（MPA）教育的启动以及高校公共管理类本科专业的大量开设，公共管理已成为当代中国社会科学和管理科学领域的一个充满生机活力、具有远大发展前景的学科。

为了满足广大高校公共管理类专业的教学需要，在历届教育部高等学校公共管理类学科专业教学指导委员会的指导和支持下，中国人民大学出版社自1999年起，陆续出版了“21世纪公共行政系列教材”“21世纪公共管理系列教材”“21世纪公共事业管理系列教材”“公共管理系列教材”“公共管理核心课程系列教材”等多个系列教材。这些教材被国内高校公共管理类专业广泛选用，并得到了公共管理学界的支持和认可，数十种教材被评为“十五”“十一五”“十二五”国家级规划教材、普通高等教育精品教材，以及各省市精品教材、规划教材，为我国公共管理学科发展和人才培养做出了积极的贡献。

我国高等教育改革的进一步深化，以及新技术和新媒体的不断发展，对高校教材提出了更高的要求。为了回应这种要求，我们在广泛调研的基础上，对上述系列教材进行整合和提升，推出“新编21世纪公共管理系列教材”，以满足国内高校公共管理一级学科下设的行政管理、公共事业管理、劳动与社会保障、土地资源管理、城市管理、海关管理、交通管理、海事管理、公共关系学、健康服务与管理等专业的教学需要。

“新编21世纪公共管理系列教材”将秉承中国人民大学出版社“出教材学术精品，育人文社科英才”的宗旨，从公共管理教育的特点出发，为广大高校公共管理类专业师生提供一套高质量的教材。在教材编写和内容安排上，“新编21世纪公共管理系列教材”强调基础知识、基本理论和基本技能，同时，也尽可能地体现创新性和前沿性，反映相关领域理论与实践的最新发展情况。

“新编21世纪公共管理系列教材”由中国人民大学、中山大学、北京大学、清华大学、复旦大学、厦门大学、武汉大学、浙江大学、吉林大学、东北大学、北京师范大学、山东大学、四川大学、暨南大学、西北大学等著名高校的知名学者领衔著述。我们期望通过这种强强联合、优势互补、资源共享的方式，为公共管理学界奉上一套体现系统性、权威性、通用性，并兼具创新性、前沿性、启发性的精品教材。

公共管理的实践是不断发展和变化的。随着公共管理实践的不断发展，公共管理学科研究的范围、主题和内容也在不断地发展和变化。我们将紧跟公共管理学科的发展，与所有作者一起，不断对本套教材进行修订和完善。望广大读者给我们反馈信息，对本套教材提出批评和建议，以使我们能够在所有读者和作者的帮助下，与中国公共管理学科共同成长。

中国人民大学出版社

前言

自20世纪初美国纽约市政府开始尝试政府绩效评价以来，世界各国对政府绩效管理探索的脚步始终没有停止。进入20世纪七八十年代，西方各国掀起了强调顾客导向和结果导向的“新公共管理”运动，政府绩效管理史无前例地成为各国政府改革的核心内容并发挥了不可替代的重要作用。美国、英国、韩国和新加坡等国家通过借鉴和导入企业有效的管理理念、工具和方法，走在了政府绩效管理理论与实践创新的前列，为政府绩效管理的研究注入了新鲜的血液和活力。20世纪90年代以后，随着各国社会经济的不断发展、公民民主意识的日益增强以及政府改革的逐步深入，政府绩效管理日益成为全球范围内积极探讨的热门话题和公共管理领域的前沿课题。

我国政府自20世纪80年代中后期开始，在行政管理体制改革的影响下，也开始了政府绩效管理的探索历程。一些地方政府尝试性地开展了一系列的绩效管理实践探索。例如，青岛市的“目标责任制”、南京市的“万人评议机关”、兰州市的“第三方评价”、北京市的“三效一创”，以及海林市的“平衡计分卡中国化模式”等，这些地方实践为推进我国政府绩效管理事业的发展奠定了基础、积累了经验。党的十八大以来，党中央高度重视政府绩效管理工作。党的十八届三中全会提出严格绩效管理，突出责任落实，确保权责一致。党的十九大报告提出建立全面规范透明、标准科学、约束有力的预算制度，全面实施绩效管理。新时代继续坚持深入推进政府绩效管理，是贯彻落实新发展理念，大力提高政府治理效能的必要举措。

与上一版相比，本次修订进行了大幅调整与更新。一是在体系设置上，本书的主体框架是在介绍政府绩效管理基本概念和管理工具的基础上，以政府绩效管理系统模型为主线，详细论述了政府绩效管理的“三大目的、四个环节和五项关键决策”，同时补充了“政府绩效预算”一章，使得政府绩效管理的体系更为完整；二是在内容安排上，对原有的各个章节都进行了相应的补充完善，如增加了政府绩效管理的价值取向、政府绩效信息、政府绩效评价的程序等内容；三是在案例引介上，对第9章“我国政府绩效管理”进行了大幅更新，补充了北京、杭州以及上海自贸区等最新的政府绩效管理实践。

结合国内外政府绩效管理的理论成果与实践发展，本书以政府绩效管理系统模型为总体框架，对政府绩效管理的流程和关键决策等进行了系统的介绍和阐释，以期能够推进政府绩效管理工作。全书共九章，大体可以划分为三个部分。

第一部分（第 1～2 章）：第 1 章对政府绩效管理的理论基础进行了统领性的论述，探讨并界定了政府绩效管理的相关概念，阐释了政府绩效管理的价值取向，探索性地构建了政府绩效管理系统模型，并介绍了政府绩效管理机构的类型和职责权限；第 2 章对目标管理、关键绩效指标以及平衡计分卡等政府绩效管理工具及其应用进行了系统的阐述。

第二部分（第 3～6 章）：以政府绩效管理系统模型为框架，对政府绩效计划、政府绩效监控、政府绩效评价、政府绩效反馈以及贯穿这四个环节始终的五项关键决策等进行了细致的分析、总结和提炼。

第三部分（第 7～9 章）：介绍了国内外政府绩效管理以及政府绩效预算的相关理论与实践，重点阐释了美国、英国、韩国和新加坡的相关案例，以及北京、杭州、海林等地的典型实践，期望能为我国政府绩效管理实践的改进完善提供有益的指导和借鉴。

本书集结和整合了作者在政府绩效管理领域多年理论研究的成果和具体实践的宝贵经验，不仅可以作为公共管理专业本科生、研究生的专业教材，也可以作为公务员学习培训以及各级政府组织管理者了解政府绩效管理知识的参考书。概括而言，本书的特点主要可以归纳为三点：

第一，思路清晰、结构分明。以政府绩效管理系统模型为引导，以政府绩效计划、政府绩效监控、政府绩效评价以及政府绩效反馈这四个环节为主线，系统回答了政府绩效管理过程中必须面对的评价内容、评价主体、评价周期、评价方法以及结果应用等五项关键决策的相关问题。

第二，内容丰富、资料翔实。本书收集、整理和归纳了大量政府绩效管理的相关资料，既包括了系统的理论分析，又体现了具体的实践应用，以尽可能地满足读者对政府绩效管理相关知识的需求和渴望。

第三，追踪前沿、案例新颖。本书在吸收国内外最新理论成果和实践经验的基础上，介绍了国外政府绩效管理的成功案例以及国内政府绩效管理实践的新发展，反映了国内外政府绩效管理的最新研究动态和发展趋势。

本书凝聚了整个团队的智慧、努力和付出。感谢中国人民大学方振邦团队的鲍春雷、葛蕾蕾等为本书的撰写工作做出的各项努力。感谢中国人民大学出版社的编辑们为本书的编辑和出版所付出的辛苦劳动。同时，在本书的撰写过程中，我们参阅和借鉴了大量的资料，在此谨向这些资料的作者表示诚挚的谢意。尽管我们已尽了很大努力并力求完美，但限于水平，书中的纰漏和不足在所难免，敬请各位同仁、专家学者批评指正，使得本书能够日臻完善。

方振邦

中国人民大学公共组织绩效管理研究中心主任

目录

第 1 章 政府绩效管理概述

1.1 政府绩效管理的相关概念 …… 001
1.2 政府绩效管理的价值取向 …… 014
1.3 政府绩效管理的系统模型 …… 017
1.4 政府绩效管理的责任机构 …… 025
本章小结 …… 029
关键术语 …… 030
复习思考题 …… 030

第 2 章 政府绩效管理工具

2.1 目标管理 …… 032
2.2 关键绩效指标 …… 039
2.3 平衡计分卡 …… 047
2.4 主要绩效管理工具的比较及发展趋势 …… 076
本章小结 …… 079
关键术语 …… 080
复习思考题 …… 080

第 3 章 政府绩效计划

3.1 政府绩效计划概述 …… 081
3.2 政府绩效计划的制订 …… 085
3.3 政府绩效目标 …… 088
3.4 政府绩效指标 …… 091
本章小结 …… 111

关键术语 …… 112
复习思考题 …… 112

第 4 章　政府绩效监控

4.1　政府绩效监控概述 …… 113
4.2　政府绩效沟通 …… 115
4.3　政府绩效辅导 …… 127
4.4　政府绩效信息 …… 132
本章小结 …… 136
关键术语 …… 136
复习思考题 …… 137

第 5 章　政府绩效评价

5.1　政府绩效评价概述 …… 138
5.2　政府绩效评价主体 …… 143
5.3　政府绩效评价方法 …… 154
5.4　政府绩效评价程序 …… 163
5.5　政府绩效评价周期 …… 168
本章小结 …… 170
关键术语 …… 170
复习思考题 …… 171

第 6 章　政府绩效反馈

6.1　政府绩效反馈概述 …… 172
6.2　政府绩效反馈面谈 …… 176
6.3　政府绩效申诉 …… 182
6.4　政府绩效评价结果应用 …… 186
本章小结 …… 191
关键术语 …… 191
复习思考题 …… 191

第 7 章　政府绩效预算

7.1　政府绩效预算概述 …… 193
7.2　政府绩效预算的流程 …… 198
7.3　政府绩效预算的国外实践 …… 205
7.4　我国政府绩效预算的发展 …… 210
本章小结 …… 216
关键术语 …… 216

复习思考题 …… 216

第 8 章　国外政府绩效管理实践

8. 1　美国政府绩效管理 …… 218
8. 2　英国政府绩效管理 …… 234
8. 3　韩国政府绩效管理 …… 252
8. 4　新加坡政府绩效管理 …… 274
本章小结 …… 286
关键术语 …… 287
复习思考题 …… 287

第 9 章　我国政府绩效管理

9. 1　我国政府绩效管理的发展历程 …… 288
9. 2　北京市预算绩效管理实践：守正创新 …… 291
9. 3　杭州市政府绩效管理实践：立法先行 …… 293
9. 4　海林市政府绩效管理实践：战略导向 …… 294
9. 5　中国（上海）自由贸易试验区绩效管理实践：第三方评价 …… 296
9. 6　我国公务员绩效评价实践 …… 297
9. 7　我国政府绩效管理的发展趋势 …… 305
本章小结 …… 308
关键术语 …… 309
复习思考题 …… 309

参考文献 …… 310

第1章

政府绩效管理概述

绩效是组织的使命、核心价值观、愿景和战略的重要表现形式，也是决定组织竞争成败和能否可持续发展的关键因素。如何利用科学的理论、工具和方法对绩效进行计划、监控、评价和反馈，不断提升绩效水平，从而实现组织既定的战略目标，始终是管理学界热衷讨论的话题。20 世纪 80 年代，政府绩效管理兴起于西方公共管理领域，并迅速在世界各国蓬勃发展。政府绩效管理在提高政府行政效率、提升政府管理效能、完善政府服务质量和改善政府形象等方面发挥着至关重要的作用。无论是在学术研究领域，还是在政府管理实践领域，政府绩效管理都是一个需要深入研究和不断实践的重要课题。为了更好地理解和探讨这一课题，本章将从绩效的基本概念入手，继而展开有关绩效管理以及政府绩效管理的论述。

1.1　政府绩效管理的相关概念

1.1.1　绩效

1. 绩效的概念与层次

随着管理实践的不断拓展和深入，人们对绩效概念的认识也在不断变化。在不同的学科领域、不同的组织以及不同的社会发展阶段，人们对绩效有着不同的理解。但是不论是组织还是个人，都应该以系统和发展的眼光来认识和理解绩效的概念。管理学大师彼得·F. 德鲁克（Peter F. Drucker）认为："所有的组织都必须思考'绩效'为何物。这在以前简单明了，现在却不复如是。战略的制定越来越需要对绩效的新定义。"如果不能明确界定绩效，就不能有效地对其进行评价和管理。因此，作为绩效管理的逻辑起点，对绩效的概念进行确切定义和深入理解是至关重要的。

对应于英文的performance，在中文文献中，除了“绩效”外，也有人采用“业绩”“实绩”“效绩”等相近或相似的词来表达。但这些概念，或使用领域比较狭窄，或意思表达不够完整，而“绩效”能够更完整、准确地反映performance的内涵，并被国内的学者和管理者广泛接受，故本书统一采用“绩效”的概念，并在此基础上讨论绩效管理问题。一般意义上，绩效（performance）指的是工作的效果和效率。组织通常由若干个群体组成，而群体又是由员工组成的。对应不同层面的活动主体，相应地也就产生了不同层面的绩效。简而言之，绩效是组织期望的为实现其目标而展现在不同层面上的能够被评价的工作行为及其结果。因此，需要明确的是，绩效是分层次的。根据被衡量行为主体的层次性，可以将绩效划分为组织绩效、群体绩效和个人绩效（见图1-1）。

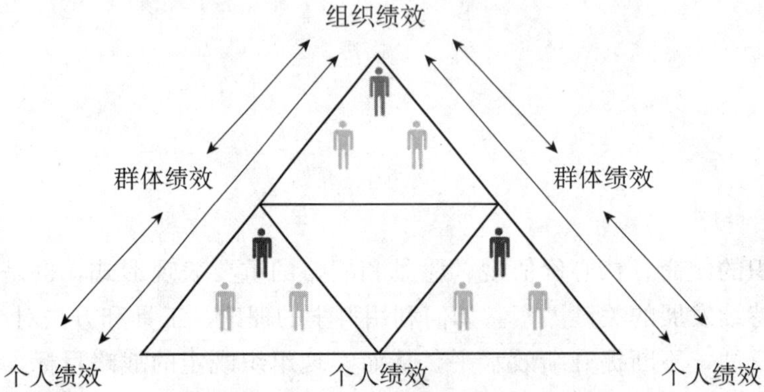

图1-1 绩效的三个层次：组织绩效、群体绩效和个人绩效

组织绩效，是组织的整体绩效，指的是组织目标在数量、质量及效率等方面完成的情况。群体绩效，是组织中以团队或部门为单位的绩效，是群体目标在数量、质量及效率等方面完成的情况。组织绩效、群体绩效和个人绩效有所区别，但又密切相关。组织绩效、群体绩效是通过个人绩效实现的，离开个人绩效，也就无所谓组织绩效和群体绩效。从绩效评价的角度看，脱离了组织绩效、群体绩效的个人绩效评价是毫无意义的，个人绩效需要通过组织绩效、群体绩效来体现。因此，组织绩效管理的最终落脚点在于对员工个人绩效的管理。对于员工个人绩效的内涵，学者们提出过各种不同的看法，概括起来主要有三种典型的观点：一种观点认为绩效是结果，另一种观点认为绩效是行为，还有一种观点则认为绩效是行为和结果的统一体（见表1-1）。

表1-1 关于个人绩效的不同观点及划分

层面	划分	观点描述	评价内容
个人	结果观	•《韦氏辞典》将绩效定义为完成某种任务或达到某个目标。 • Bemardin and Beatty（1984）认为绩效是在特定时间范围内，在特定工作职能下活动或行为产出的结果记录。 • Kane（1996）指出绩效是一个人留下的东西，这种东西与目的相对独立存在。	结果/产出

续表

层面	划分	观点描述	评价内容
个人	行为观	• 《牛津辞典》将绩效解释为执行或完成一项活动、任务或职能的行为或过程。 • Katz and Kahn（1987）把绩效分为三个方面：加入组织并留在组织中；达到或超过组织对员工所规定的绩效标准；自发地组织对员工规定之外的活动，如与其他成员合作、保护组织免受伤害、为组织的发展提供建议、自我发展等等。 • Campbell，McCloy，Oppler and Sager（1990）提出的工作绩效理论将工作绩效定义为：员工所控制的与组织目标有关的行为。 • Murphy（1990）指出，绩效是与一个人在其中工作的组织或组织单元的目标有关的一组行为。 • Borman and Motowidlo（1993）提出关系绩效-任务绩效二维模型。任务绩效指所规定的行为或与特定的工作数量有关的行为，关系绩效指自发的行为或与非特定的工作数量有关的行为。	行为/态度等
	综合观	• Brumbrach（1988）认为绩效指行为和结果。行为由从事工作的人表现出来，将工作任务付诸实施。行为不仅仅是结果的工具，行为本身也是结果，是为完成工作任务所付出的脑力和体力的结果，并且能与结果分开进行判断。 • Otley（1999）指出绩效是工作的过程及其达到的结果。 • Mwita（2000）认为绩效是一个综合的概念，它应包含三个因素：行为、产出和结果。	行为/结果

无论是“绩效结果观”还是“绩效行为观”，都有其局限性。如果把结果作为绩效，会导致行为过程缺乏有效监控和正确引导，不利于团队合作、组织协同及资源的合理配置；如果把行为作为绩效，则容易导致行为短期化，使员工拘泥于具体工作，缺乏长远规划，从而使预期结果难以实现。因此，“绩效结果观”和“绩效行为观”都无法全面、完整、准确地描述绩效的内涵。在绩效管理实践中，绩效强调一个工作活动的过程及其结果，也就是说个人绩效包括了工作行为以及工作行为的结果。当我们对绩效进行评价时，不仅要考虑投入（行为），而且要考虑产出（结果）。更多的学者提出，应当采用更宽泛的概念来界定个人绩效，将个人绩效定义为“行为与结果的统一”更为恰当。因此，本书将个人绩效定义为个体表现出来的能够被评价的与组织及群体目标相关的工作行为及其结果。该定义一方面强调了与组织目标相关的工作活动的结果，突出了结果导向；另一方面体现了个体所表现出来的促使结果达成的工作行为及过程。事实上，管理实践当中的员工个人绩效是那些经过评价的工作行为及其结果，因此这一概念更加符合实际管理工作的需要。

关于绩效与能力、行为和态度的关系，阿瑟·S. 雷伯（Arthur S. Reber）在其主编的《心理学词典》中强调，“绩效通常只包括外显行为，因而与能力有别”。对于员工个人绩效而言，员工的工作态度直接反映员工为实现绩效目标所付出的努力程度，这种努力程度能够在获取绩效结果的工作过程中得以体现，表现为员工的工作行为。而员工个人能力水平的高低仅是达成个人绩效结果的调节变量，不能作为绩效评价的内容，有能力而无意愿工作的员工在组织中大有人在。美国学者贝茨（Bates）和霍尔顿（Holton）

指出，“绩效是一个多维构建，观察和测量的角度不同，其结果也会不同”。对于一个员工而言，评价内容、评价主体、评价周期、评价方法以及评价结果的应用尤为重要。本书认为除了工作结果之外，员工在工作活动过程中表现出来的行为以及该行为所反映出来的员工的工作态度，是管理者进行绩效评价和监控的重要内容（工作态度、工作能力与工作结果的关系如图1-2所示）。此外，处于组织不同层级的员工个人绩效的评价内容也应有所不同。通常，中高层管理者的绩效评价内容主要以结果为主，而对于基层员工则要综合评价工作态度、工作行为及工作结果。

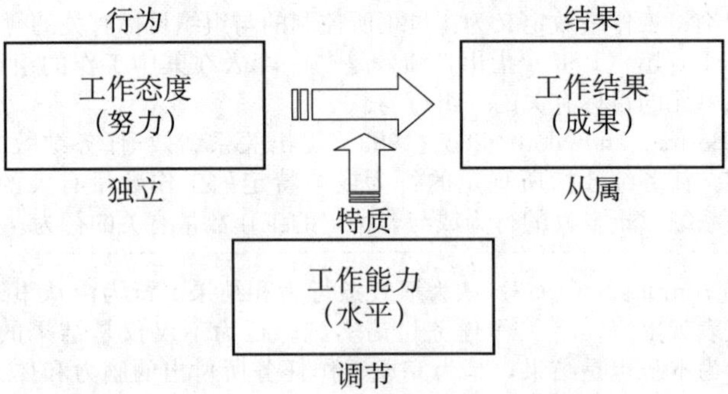

图1-2　工作态度、工作能力与工作结果的关系

2. 绩效的性质

为了更深入地理解绩效的概念，必须理解和掌握绩效的性质。结合绩效的定义，本书认为绩效具有以下三个性质，这些性质与绩效的概念、绩效管理过程等密切相关。

（1）多因性。

影响绩效的因素有很多，绩效的多因性是指绩效的优劣并不由单一因素决定，而是受组织内外部因素共同作用的影响。影响绩效的外部因素主要包括社会环境、经济环境、国家法规政策以及同行业其他组织的发展情况等，内部因素主要包括组织战略、组织文化、组织架构、技术水平以及管理者领导风格等。但并不是所有影响因素的作用都是一致的，在不同情境下，各种因素对绩效的影响作用各不相同。在分析绩效差距时，只有充分研究各种可能的影响因素，才能抓住影响绩效的关键因素，从而对症下药，更有效地对绩效进行管理，促进绩效的持续改进。

（2）多维性。

绩效的多维性指的是评价主体需要多维度、多角度地去分析和评价绩效。布雷德拉普（Bredrup）认为组织绩效应当包括三个方面：效果、效率和变革性。效果是指满足顾客需要的程度，效率是指组织使用资源的节约程度，而变革性则是指组织应付将来变革的准备程度。这三个方面相互结合，最终决定一个组织的竞争力。对于员工个人绩效，在对其进行绩效评价时，通常需要综合考虑员工的工作结果和工作态度两个方面。对于工作结果，可以通过工作完成的数量、质量、效率以及成本等指标进行评价。对于工作态度，可以通过全局意识、纪律意识、服从意识以及协作精神等评价指标来衡量。根据评价结果的不同用途，可以选择不同的评价维度和评价指标，并根据期望目标与实际值之间的绩效差距设定具体的目标值和相应的权重。如何选择适当的评价维度、评价指标以及如何确定指标权重等问题会在后面的章节进行详细的阐释。

（3）动态性。

绩效的第三个性质是动态性。员工的绩效会随着时间的推移发生变化，原来较差的绩效有可能好转，而原来较好的绩效也可能变差。因此，在确定绩效评价和绩效管理的周期时，应充分考虑到绩效的动态性，具体情况具体分析，从而确定恰当的绩效周期，保证组织能够根据评价的目的及时、充分地掌握组织不同层面的绩效情况，减少不必要的管理成本。此外，在不同的环境下，组织对绩效不同内容的关注程度也是不同的，有时侧重于效率，有时侧重于效果，有时则统筹兼顾多个方面。无论是组织还是个人，都必须以系统和发展的眼光来认识和理解绩效。

1.1.2　政府绩效

1．政府绩效的内涵

政府绩效（government performance）的内涵十分复杂、丰富，涉及政治、经济、社会的方方面面。虽然国内外学者对政府绩效进行了比较广泛的研究，但迄今为止，政府绩效并没有一个被普遍接受的内涵界定。目前，比较有代表性的观点主要有以下三类：

第一类观点从政府绩效管理产出的角度界定政府绩效，将政府绩效界定为政府在管理过程中所取得的成绩。美国学者理查德·C. 克尼（Richard C. Kearney）认为，政府绩效是为实现预期结果而管理公共项目所取得的成绩，它是由效益、效率和公正等多个同等重要的标准引导和评估的①。臧乃康同样认为，政府绩效是评判政府治理水平和运作效率的重要依据，政府绩效是政府成本扣除后的透支或盈余状况的集中反映。政府绩效不单纯是一个政绩层面的概念，还包括政府成本、政府效率、政治稳定、社会进步、发展预期的含义。卓越也认为，政府绩效可以定义为政府在积极履行公共责任的过程中，在讲求内部管理与外部效应、数量与质量、经济因素与伦理政治因素、刚性规范与柔性机制相统一的基础上，获得公共产出最大化。彭和平则从产出的效率和效果角度出发，认为政府绩效指的是政府工作完成情况或政府工作的成绩、成效、功绩、政绩，包括行政效率和行政效果两个方面的内涵。政府绩效作为一个综合性概念，指的是政府管理社会公共事务的行政效率和行政效果之和，该定义包括以下几层意思：行政效率和行政效果分属于政府工作的质和量两个方面，并非绝对割裂，而是相互包容的，因此用政府绩效的概念可以将这两个方面有机地统一起来；政府绩效是行政效率和行政效果的统一，不可偏废任何一方。

第二类观点从政府管理能力的角度出发来界定政府绩效的内涵。美国学者帕特里西亚·W. 英格拉姆（Patricia W. Ingralam）认为，政府绩效就是政府把资源或投入转化为产出或结果的管理能力。陈振明认为，政府绩效是指政府在社会经济管理活动中的结果、效益、效能，是政府在行使其功能、实现其意志过程中体现出的管理能力。

第三类观点则从一个综合性的视角去定义政府绩效的内涵。美国学者克里斯托弗·波利特（Christopher Pollitt）和吉尔特·鲍卡特（Geert Bouckaert）详细界定了政府绩

① Kearney R. Public Sector Performance：Management，Motivation，and Measurement. Routledge，1999：1.

效的概念，他们认为政府绩效“是指政府活动或项目的运行结果；是指重塑政府过程中使其具有更强的顾客导向、成本意识和结果导向；是指政治和行政制度的整体能力；以及一种特定或理想制度的更多特征”。中国行政管理学会课题组指出，政府绩效在西方也被称为“公共生产力”“国家生产力”“公共组织绩效”“政府业绩”“政府作为”等，其字面意义是指政府所做出的成绩和所获得的效益，但其内涵非常丰富，既包括政府“产出”的绩效，即政府提供公共服务和进行社会管理的绩效表现，又包括政府“过程”的绩效，即政府在行使职能过程中的绩效表现。同时，政府绩效还可分为组织绩效和个人绩效，组织绩效包括一级政府的整体绩效、政府职能部门绩效和单位团队绩效。

根据国内外学者对政府绩效内涵的理解，本书将政府绩效定义为：各级政府组织为了实现其使命和战略，在履行公共管理职能和提供社会公共服务过程中展现在政府组织不同层面上的行为及其结果。

2．政府绩效的结构

纵观政府绩效管理的相关研究和具体实践，可从不同的角度对政府绩效内涵进行归纳和划分，以下简述几种主要的分类。

（1）政府组织绩效、政府部门和项目绩效以及公务员绩效。

政府绩效具备绩效的通用特性，根据管理层级可以将政府绩效划分为政府组织绩效、政府部门和项目绩效以及公务员绩效三个层次。

政府组织绩效是指各级政府组织在履行职能和实现组织目标过程中，在效率、效益、效果及质量等方面的完成情况。因此，依据政府的组织层次又可以将政府组织绩效划分为中央政府绩效和地方政府绩效。

政府部门绩效是指各级政府分支部门在履行职能和实现部门目标过程中在效率、效益、效果及质量等方面的完成情况；项目绩效即各级政府开展和实施公共项目过程中在效率、效益、效果及质量等方面的完成情况。政府部门和项目绩效是相互交错的，有的部门需要同时实施多项公共项目，而有些项目则可能需要多个部门共同协作完成。由于各个政府部门在工作特点、职能定位等方面存在差异，其部门绩效也呈现出不同的特点。行政管理部门、专业技术部门和行政执法部门在履行职责和实现目标过程中的行为和产出会有很大的区别，具体的不同特点将在后面的章节进行详细的举例和阐释。

公务员绩效是指依法履行公职、纳入国家行政编制、由国家财政负担工资福利的工作人员的绩效水平，即公务员个体所表现出来的能够被评价的与政府宏观目标及部门目标密切相关的工作行为及其结果。各级领导干部作为管理者，肩负着比普通公务员更重要的工作责任，履行着更严格的工作标准和承担着更艰巨的工作任务，因此，在其行为与产出的体现上与普通公务员会有所区别。同时，与普通公务员相比，领导干部个人的绩效水平与政府组织或政府部门绩效之间有着更密切的关系，为了能够更好地衡量和评价领导干部的个人绩效水平，将公务员的个人绩效细化为领导干部绩效和普通公务员绩效就显得十分必要。

政府组织绩效、政府部门和项目绩效以及公务员绩效是紧密相连的。政府组织绩效、政府部门和项目绩效来源于公务员绩效，又是公务员绩效的高度整合。政府组织绩效、政府部门和项目绩效是通过公务员个体的协作努力来共同实现的，离开公务员绩效，政府组织绩效、政府部门和项目绩效是不能成立的。同时，公务员绩效是通过政府组织绩效、政府部门和项目绩效来体现和印证的，脱离了政府组织绩效、政府部门和项目绩效的公务员绩效是难以体现其价值和意义的。因此，政府组织绩效、政府部门和项目绩效以及公务员绩效就共同构成了一个层层相扣、相辅相成、缺一不可的完整体系。

（2）政治绩效、经济绩效、社会绩效、文化绩效和生态绩效。

根据政府组织的职能定位和管理特点，政府绩效主要包括政治绩效、经济绩效、社会绩效、文化绩效和生态绩效五个方面。

政治绩效是政府绩效的主要体现。在市场经济环境下，政治绩效是政治文明的具体化，良好的政治绩效表现为政府政策的合理制定以及体制的优化创新等。政治文明是各级政府组织在政治绩效上的高度体现，依法行政、廉洁高效、公开公正则是各级政府组织政治绩效得以实现所必须坚持和遵守的准则。经济绩效是从产出的角度对政府绩效的一种阐释，主要指经济的可持续发展程度，良好的经济绩效应在国民经济结构合理的前提下，既强调量的扩张，又注重质的提升，通常表现为经济的高速、可持续发展的强劲动力和活力以及人民生活水平的明显提高和生活质量的明显改善等。社会绩效是指由政府作为所带来的社会进程的改变。良好的社会绩效势必促进社会的进步和发展，社会进步不仅仅指经济的发展，它的内涵要丰富得多，包括基础设施建设、公共安全、医疗卫生、公共交通等的不断改善，包括不同地区、不同民族、不同社会群体以及城乡之间的和谐共处与协调发展等等。良好的文化绩效有利于充分发挥文化引领风尚、教育人民、服务社会和推动发展的作用。生态绩效则是关注绿色发展，通过建设资源节约型、环境友好型社会，形成人与自然和谐发展的现代化建设新格局。

（3）经济、效率、效果。

根据政府绩效管理的价值标准，政府绩效可以理解为由经济、效率和效果三方面构成。经济表示资源消耗的最小化程度，即在维持特定水平投入时，尽可能降低资源的消耗或充分使用已有的资源以获得最大和最佳比例的产出。经济表示的是耗费与投入之间的关系，即支出是否节约。效率是指在既定的投入水平下使产出水平最大化或在既定的产出水平下使投入水平最小化，一般通过投入与产出之间的比例关系来衡量。效率是西方各国政府及社会各界对政府绩效在项目决策机制、项目实施进度比较、项目经济和社会效益取得等方面要求的具体体现。效果则表示产出最终对实现政策目标的影响程度，包括产出的质量、期望得到的社会效果、公众的满意程度等。效果的目的在于确保经济和效率的同时，保障政府预期目标的顺利实现。经济、效率和效果互相关联，这三方面的优化整合和有效平衡共同构成了政府绩效的内涵。

（4）投入、过程、产出、结果。

在具体的实践活动中，政府活动的实施过程是由投入（input）、过程（process）、产出（output）、结果（outcome）四个环节组成的。根据政府运作流程的阶段划分，可以将政府绩效的内涵划分为投入、过程、产出和结果。投入是指政府为社会提供管理与服务所需的资源消耗，包括人力、财力和物力等；过程是指投入既定的资源后，政府具体的运作过程，即政府的工作流程，表现为政府的行政活动，包括政策制定、执行，行政执法等等；产出是指政府活动产生的所有输出和提供的服务；而结果就是指这些输出对公众产生的影响。投入、过程、产出、结果从政府活动流程的角度构成了政府绩效，通过具体的工作环节，全面反映政府的绩效状况。

1.1.3 绩效管理与政府绩效管理

组织的绩效是通过系统的管理活动实现的，要实现管理所追求的效率和效果两大目标，就必须在战略的指引下对组织的绩效进行科学系统的计划、监控、评价与改进，这正是绩效管理所应承担的责任。因此，在对绩效进行界定的基础上，还需要进一步了解什么是绩效管理以及什么是政府绩效管理。

1. 绩效管理的内涵

组织、管理和绩效是密不可分的概念。组织是管理活动及其绩效的载体，管理是组织借以创造绩效的手段，绩效是组织实施管理的目的。纵观百年管理思想史，不论是各类组织中管理者的实践摸索，还是管理学界对管理工作的理论研究，都是围绕绩效展开的。不同时期的不同学术流派虽然各自的研究假设有别，观察和分析问题的视角不同，但都以改善组织绩效作为探索的出发点，并始终致力于促进绩效水平的不断提升。从这个意义上讲，管理学发展的历史就是绩效管理探索的历史。

作为绩效改进的一种探索，绩效评价的概念先于绩效管理提出，但是在实践过程中，绩效评价的各种弊端逐步显露出来。随着绩效评价理论及方法研究的不断深入，人们逐渐意识到仅对绩效结果进行评价，只能区分出绩效水平的高低，而对于绩效目标的达成和绩效水平的提升等方面却没有良好的促进作用。因此，学者们指出，不能仅单纯地评价绩效，还应从管理的高度通过计划、监控、评价以及反馈等一系列过程，确保绩效目标的全面实现和绩效水平的持续提升。在这一背景下，20 世纪 70 年代后期，学者们在总结绩效评价局限性的基础上，进一步丰富了绩效的内涵并提出了绩效管理（performance management，PM）的概念，特别是在 20 世纪 80 年代后期和 90 年代诞生了许多关于绩效管理含义的不同观点。英国人力资源协会对 1 000 多家私人企业和公共部门的调查发现，“即使是在那些宣称已经采用绩效管理的组织中，绩效管理也不存在一致的定义”。

概括起来，学者们主要持三种观点：一种观点认为，绩效管理是管理组织绩效的系统。该观点是从对组织绩效进行管理的角度来解释绩效管理的，强调通过对组织结构、生产工艺、业务流程等方面的调整来实施组织的战略目标。另一种观点认为，绩效管理是管理员工绩效的系统。该观点是从对员工个人绩效进行管理的角度来解释绩效管理的，强调以员工为核心的绩效管理概念。该理论隐含的前提假设是在对员工绩效进行管理时，组织的目标已经明确，并得到了组织内部员工的认同和承诺。在这两种观点的基础上又综合形成了第三种观点，即认为绩效管理是综合管理组织和员工绩效的系统，也就是将组织绩效管理和员工绩效管理统一整合的过程。但此种观点的内涵却因强调的重点不同而存在差异。一种是更加强调组织绩效，代表人物考斯泰勒（Costello）认为“绩效管理通过将每个员工或管理者的工作与整个工作单位的宗旨连接在一起来支持组织的整体事业目标”①；另一种是更加强调员工个人绩效，该观点指出绩效管理的中心目标是挖掘员工的潜力，提高他们的绩效，并通过将员工的个人目标与组织战略结合在一起来提高组织的整体绩效。

从绩效管理的本质出发，综合学者们对绩效管理概念的各种观点，本书认为绩效管理是指组织及其管理者在组织的使命、核心价值观的指引下，为达成愿景和战略目标而进行的绩效计划、绩效监控、绩效评价以及绩效反馈的循环过程，其目的是确保组织成员的工作行为和工作结果与组织期望的目标保持一致，通过持续提升个人、部门以及组织的绩效水平，最终实现组织的战略目标。绩效管理不应简单地理解为一个测量和评估的过程，而应是在战略的指引下对组织的绩效进行科学系统地计划、监控、评价与改进的循环过程。理解绩效管理这个概念，应注意把握以下几点：

首先，绩效管理是所有管理者的事情。即组织内的各类管理工作都是围绕绩效开展的，组织的每一个决策和行动都处于绩效管理的范畴之内，绩效管理主要是全体管理者的职责。绩效管理应融入每个高层、中层以及基层管理者的日常工作，而不能将其当做例外事项，更不能认为仅是人力资源管理者的任务。

其次，绩效管理是一种手段及过程。绩效管理不仅强调绩效的结果，而且重视达成绩效目标的过程。完整的绩效管理包括计划绩效、监控绩效、评价绩效和反馈绩效四个环节，不论哪一个环节出现了问题，都会影响到组织最终的绩效水平。绩效管理是一个强调管理者和员工持续沟通的过程，沟通贯穿整个绩效管理过程的始终，管理者通过与员工沟通来了解绩效现状、设定绩效目标、分析绩效差距、寻求解决方案、进行绩效反馈，从而提高绩效水平。因此，绩效管理不是一年一次的填表工作，不是最后的简单评价，而是通过控制整个绩效周期中环环相扣的各个环节来提高绩效水平，从而实现组织战略。

最后，绩效管理的最终目的是实现组织的战略。绩效管理不是简单的任务管理，任务管理的目的仅围绕实现当期的某个任务目标，而绩效管理则是为了实现体现组织战略的一系列中长期目标，从而对组织不同层面的绩效进行有效管理。因此，管理者应该将组织的绩效管理工作置于战略的高度去考察和把握，使组织不同层次和不同单元的工作绩效始终指向战略目标，并保持动态的协调一致和相互支撑，从而最大限度地实现战略目标。

2．绩效管理与绩效评价

与绩效管理非常相近并且容易引起混淆的一个概念是绩效评价。不论是在中文文献中还是在英文文献中，这两个概念都被广泛使用。所谓绩效评价（performance appraisal，PA），特指在绩效周期结束时，选择有效的评价方法，由不同的评价主体对组织、群体及个人绩效做出判断的过程。绩效评价是人们更熟知的概念，而绩效管理是在绩效评价的基础上产生的，是绩效评价的拓展，两者既紧密联系又相互区别。绩效管理与绩效评价的关系见表1-2。

---

① Price A. Human Resource Management in a Business Context. 2nd ed. Thomson Learning，2004.

表 1-2　绩效管理与绩效评价的关系

绩效管理	绩效评价
一个完整的管理过程	管理过程中的一个环节
注重信息的沟通与绩效目标的达成	注重考核和评估
伴随管理活动的全过程	只出现在特定的时期
战略性与前瞻性	滞后性

绩效评价是绩效管理的一个重要环节，不能将绩效评价等同于绩效管理。只有把绩效评价置于绩效管理的整个过程中，才能有效地实现绩效管理的目的。如果一个组织只做绩效评价而忽略了绩效管理的其他环节，那么组织的绩效目标将难以达成。绩效评价成功与否不仅取决于绩效评价本身，而且在很大程度上取决于与绩效评价相关联的整个绩效管理过程。有效的绩效评价依赖于整个绩效管理活动的成功开展，而成功的绩效管理也需要有效的绩效评价来支撑。绩效评价的结果表明了组织选择的战略以及行动的结果，而绩效管理则为绩效评价提供了评价的内容和对象，并在绩效评价的基础上进行相应的决策和改进。只有通过绩效评价这个环节，才能将客观的绩效水平以完整的绩效信息的形式展现出来，从而为个人和组织绩效的改进提供决策依据；绩效管理的关键决策都围绕绩效评价展开，包括评价内容、评价主体、评价周期、评价方法以及结果应用，这些决策贯穿绩效管理过程的不同环节，但都基于绩效评价来进行。因此，绩效管理不等于绩效评价，绩效评价是绩效管理的关键一环。我们必须将绩效评价纳入绩效管理制度之中，才能够对绩效进行有效的监控和管理，从而实现绩效管理的目标。

1.1.4　政府绩效管理

1. 政府绩效管理的概念及特点

政府绩效管理是将企业的绩效管理理论和方法与政府公共管理实践相结合，所产生的一种新的管理理念。政府绩效管理是指政府组织中的各级管理者为了确保下属公务员的工作行为及工作产出与政府组织的既定目标保持一致，通过不断改善政府组织各个层面的绩效，最终实现政府战略的手段及过程，其目的在于促使政府树立效率意识、服务意识和责任意识，从而实现政府效能的提高、政府形象的提升、公共服务的最优化以及社会的安定和谐与可持续发展。

作为政府管理的重要创新，政府绩效管理对于提高政府绩效，改进政府工作，建立行为规范、运转协调、公正透明、廉洁高效的行政管理体制，发挥着重要的作用。因此，需要从以下几个方面对政府绩效管理的概念进行重点理解和把握。

首先，政府绩效管理强调自身的职责定位。政府组织具有公共性、公益性，政府价值取向的内容在政府管理中具有重要的作用。与利润导向的企业组织不同，政府组织不能以自身利益最大化为终极目标，政府组织必须把公众的利益、国家的利益放在首位。政府的价值取向不同，就会体现出不同的管理目标，继而采用不同的管理手段和方法。因此，这就要求必须重视政府绩效管理的价值取向和社会效应。在借鉴企业组织绩效管理实践经验时，不能直接套用企业组织的具体技术和方法，而应从政府组织的价值取向和职责定位出发，确保政府绩效管理的科学性、可行性和实效性。

其次，政府绩效管理凸显机制创新。政府绩效管理以政府组织“应该管什么”和“怎么管”为中心，以社会的安定和谐与可持续发展为职责使命，以提高政府效能为目标指向，全面理顺政府与社会、上级政府与下级政府、领导与下属、决策机构与执行机构的关系，始终致力于探索新的治理模式和创造更有效的政府绩效管理机制。

最后，政府绩效管理重视运用科学的管理方法与技术。传统的行政管理方法往往孤立地研究和运用行政手段、法律手段、经济手段和思想教育手段，而政府绩效管理则讲求管理方法与既定目标的统一，并在积极寻求和开发科学、有效的管理方法与技术的同时，注重各种管理方式、方法的合理整合，通过深入地研究和实践企业组织绩效管理的方法与技术，实现企业绩效管理方法与技术和政府组织自身特点的结合，最终形成具有政府组织特色的政府绩效管理方法，为政府绩效管理水平的不断提升提供理论和技术支撑。

2. 政府绩效管理的功能

政府绩效管理作为公共管理过程中的一项重要举措，是在社会政治经济发展以及新公共管理运动的推动下所采取的一种政府治理方式。它是公众表达利益和参与政府管理的重要途径与方法，体现了政府管理对民主、法治和社会公平等价值的追求。对于政府组织而言，它具有十分重要的功能，具体体现在以下几个方面：

（1）有助于科学衡量和有效改善政府绩效，提高政府绩效管理水平。

管理学家迈克尔·阿姆斯特朗（Michael Armstrong）指出：“要改进绩效，您必须首先了解目前的绩效水平是什么。”通过计划绩效、监控绩效、评价绩效以及反馈绩效等一系列绩效管理环节，可以清晰地了解政府绩效所处的水平和存在的问题，并通过有效的沟通和反馈，寻求解决问题、提升绩效的正确方法和途径，帮助各级政府组织及其工作人员明晰和认同政府的战略部署和既定目标，激发工作热情，切实增强工作的责任感、使命感和紧迫感；使各级公务员能够清晰地了解自己应该干什么、已经干了什么、干得怎么样以及应该怎么办等问题，将公务员个人工作活动与政府组织目标有效整合起来，在完成政府组织目标过程中挖掘公务员个体的潜力、提高公务员的组织认同感和忠诚度，从而进一步保障和促进责任型政府、服务型政府的建立和完善。

（2）有助于深化行政管理体制改革，推进国家治理体系和治理能力现代化。

实施政府绩效管理是提高政府执行力，推进行政管理体制改革的重要途径。随着社会主义市场经济体制的深入发展，建设服务型政府、强化政府社会管理和公共服务职能成为我国深化行政管理体制改革的重要目标。近年来，通过行政审批制度改革、政务公开等措施，行政体制改革取得了很大的成效，但与社会主义市场经济体制的要求还有距离，各自为政、地方保护、有令不行、有禁不止等现象仍然存在。政府绩效管理作为政府管理创新和深化行政体制改革的根本性措施，有利于优化和整合行政资源，形成对各级政府的激励约束机制，从而确保政令畅通，提高政府效能，推进国家治理体系和治理能力现代化。

（3）有助于提高政府公信力，建设人民满意政府。

实施政府绩效管理是提高政府公信力，建设人民满意政府，构建和谐社会的重要途径。过去的“行政管理”过分强调了行政管理主体与社会公众之间关系的不对等性，表现出整个行政管理凌驾于人民大众和社会之上的特征。而政府的宗旨是为人民服务，政府绩效管理强调公共服务和社会公众至上，通过采取重塑政府角色、界定政府职能、提高服务质量、强调公众至上和以公众需求为导向等措施，极大地改进了政府与社会公众之间的关系，建立和发展了社会公众对政府的信任，增强了政府的号召力和社会公众的凝聚力，促进了政府从管制型政府向服务型政府转变，从官员本位政府向民众本位政府转变。政府绩效管理成为沟通政府与社会公众的桥梁和纽带，通过开展政府绩效管理，可以让社会公众看到政府为提高政府绩效而做出的不懈努力，有助于提高政府的信誉，获得社会公众的普遍认可；同时可以吸收社会公众的有效参与，增强他们的责任意识、法治意识和全局意识。

（4）有助于贯彻落实新发展理念，推动高质量发展。

实施政府绩效管理是全面贯彻落实新发展理念、构建新发展格局和推动高质量发展的重要手段。“十四五”时期我国已进入新发展阶段，必须坚持系统观念，统筹国内国际两个大局，统筹“五位一体”总体布局和“四个全面”战略布局，加强前瞻性思考、全局性谋划、战略性布局、整体性推进。推动政府绩效管理工作，有利于形成科学合理的“指挥棒”，引导各级政府重新思考实现什么样的发展、怎样实现发展这个重大问题，引导各级政府落实中央的战略部署，切实实现创新、协调、绿色、开放、共享的高质量发展。

3．政府绩效管理与企业绩效管理的异同

（1）政府绩效管理与企业绩效管理的相同点。

政府和企业都致力于自身绩效水平的不断提升，研究和探索有效的绩效管理方法和模式。政府绩效管理更是在借鉴企业绩效管理经验的基础上，结合自身组织特点、价值取向而产生的政府管理创新。因而，在一定程度上政府绩效管理和企业绩效管理具有很多共同点和相似之处。

第一，政府绩效管理与企业绩效管理拥有共同的理论基础。委托代理理论认为，在委托代理关系中，委托人与代理人的效用函数不同。委托人追求的是自己财富的最大化，而代理人追求的是自己工资津贴收入、奢侈消费和闲暇时间的最大化，这必然导致两者利益的冲突。在现代企业中，由于所有权和经营权的分离，势必会造成委托人和代理人之间的信息不对称。若缺乏有效的约束管理机制，代理人就有可能利用委托人的授权谋求自身效用的最大化，最终会使委托人付出高昂的代理成本。正是委托与代理之间存在的这种矛盾，为企业的绩效管理提供了理论基础。同样，政府部门也是如此。公众利用选举权选出自己信任的政府并委托政府来管理国家和社会公共事务，但在政府履行职责的过程中政府组织与公民之间也存在着信息不对称的问题，政府的管理行为和产出可能不能全面地满足和体现公众的需求和意图，因此，就需要科学的政府绩效管理系统作为有效的监督管理机制对其进行监督、约束和激励，同时政府绩效管理也为公众了解政府行为、监督政府工作提供了一个较好的途径，从而能够确保政府效能的提高和政务的透明、公开和公正。

第二，政府绩效管理与企业绩效管理都强调公众作为评价主体的重要性。随着市场竞争日趋激烈，商品类别愈加丰富，顾客选择企业的空间越来越大，企业的产品和服务能否得到公众的青睐决定着企业的生死存亡。因此，企业为实现其利润最大化的最终目标，必须始终以公众需求为导向，只有这样才能够在日益激烈的市场竞争中得以生存和发展。对于政府而言，在市场经济条件下，政府不仅是公共管理的主体，还是公共产品和公共服务的提供者。政府不仅仅是向社会提供服务和产出，更重要的是为公共服务和公共产品的提供创造一个和谐的环境。社会公众的认同和满意是政府政治合法性的源泉和社会安定和谐的有力保障。因此，将社会公众作为政府的服务对象和评价主体，会促使政府更加重视行政活动的效率与效果，有利于实现政府公共服务的最优化、公共产出的最大化以及保障社会的安定和谐与可持续发展。

第三，政府绩效管理与企业绩效管理的管理理念趋同。随着市场经济的蓬勃发展以及企业绩效管理和政府绩效管理的不断发展和相互借鉴，两者在管理理念上不断趋同。政府在关注自身服务质量和服务效果的同时，对财务预算、投入产出比例等经济类指标愈加重视。企业组织也不再局限于利润和资本等短期效益，而是更多地关注企业的公共形象、企业对社会的影响以及企业对社会的责任等长期效益。从这个意义上来讲，政府绩效管理和企业绩效管理两者从不同的角度，甚至是相反的角度，逐渐形成了管理理念上的趋同趋势。

第四，政府绩效管理与企业绩效管理在技术和方法上具有相关性。虽然政府和企业是两种性质不同的组织，但许多绩效管理的技术和方法可以同时运用在这两种组织当中。从政府绩效管理的发展历程中可以看出，政府绩效管理的许多方法和技术都是从企业绩效管理的方法和技术中学习和借鉴过来的。通常是企业绩效管理中所采用的先进技术和方法，经过一系列的改造之后被运用于政府绩效管理活动当中。例如，平衡计分卡、目标管理、标杆管理等很多源于企业的绩效管理工具，现在都已广泛运用于各国的政府部门之中，并取得了良好的成效。

（2）政府绩效管理与企业绩效管理的差异。

政府和企业是两种不同性质的社会组织形式，政府行使公共权力并为公共利益服务，而企业则以追求利润最大化为主要目标。政府与企业在组织性质、价值取向等方面存在的差异性，决定了政府绩效管理与企业绩效管理自然也存在着很多不同之处。

第一，两者的价值取向不同。价值取向是指行为主体在价值选择和决策过程中的倾向性。价值取向是从价值和定性选择的角度决定做什么和怎么做。企业绩效管理的价值取向就是追求自身利润的最大化，虽然不同时期企业对其战略进行了调整，但其最终目的还是实现同样的价值取向。而政府绩效管理则不同，政府组织具有公共性和公益性，因此政府不能追求自身利益的最大化，政府组织必须把公众的利益、国家的利益放在首位。由于政府绩效管理的目标是由特定历史时期特定政府的价值取向决定的，随着历史条件和管理环境的变化，政府的价值取向也会随之改变，在不同的历史条件下，政府绩效管理呈现出不同的价值取向。

第二，绩效管理的动力不同。组织性质的差异是政府绩效管理与企业绩效管理存在差别的重要原因。企业是一个以企业利益为主导、始终致力于以最低成本获取最大利益的具有强烈“趋利性”的经济组织，因此，企业绩效管理的动力更多地来源于自身对利润的渴求。与企业组织相比，虽然政府在提供公共服务的过程中也需要追求高效率，但公共责任永远是第一位的，效率只有在用来满足公众需要和实现公共利益时才有意义。同时，政府面临着相对较低的生存压力，因而也就缺乏为追求高质量的产出和服务而主动改进自身绩效水平的强劲动力。所以，对于政府组织而言，绩效管理的动力主要来自外部的政治压力、社会需求和公众舆论。

第三，绩效管理的目标不同。目标是组织为自己设定的在特定时间范围内利用各种资源所要取得的成效。目标既是组织行动的基础和依据，也是组织绩效管理的基本标准。企业和政府作为不同性质的社会组织，其目标不尽相同。企业的趋利性决定了企业绩效管理的目标几乎都是围绕经济效益进行设定的。尽管企业也会兼顾社会效益目标，但其目的还是经济目标的最终实现。政府是整个社会的管理者，政府的工作需要符合社会多数人的利益、满足社会多数人的需要。社会的多样性和复杂性以及政府的价值取向和职责特点决定了政府绩效管理目标的多元性和多重性，即政府既要关注经济绩效，又要重视政治绩效和社会绩效；既要确保国民经济各项指标量上的增加，又要保障经济结构的合理优化；既要保障公共产品的多样化，又要保证社会发展的和谐有序和人民生活的安居乐业。因此，政府进行绩效管理时需要分别确立国家、部门、地方等各级政府部门十年、五年和当年的绩效目标，同时各级政府组织和部门还要根据自身特点，确定针对不同社会群体和工作任务的多重绩效目标，而这些问题在企业绩效管理中则不需要考虑。

1.2 政府绩效管理的价值取向

价值取向是价值哲学的重要范畴，在公共行政实践活动中，对于目标的确立、方案的选择和目标的实现等起着至关重要的作用。确立政府绩效管理的价值取向是开展政府绩效管理工作的前提和基础，从深层次决定了政府绩效管理的目的、过程和合理性。马克斯·韦伯（Max Weber）在其著作《经济与社会》中，将人类的理性划分为工具理性和价值理性。传统的公共行政学认为二者之间相互矛盾，一种理性的张扬意味着另一种理性的衰落。但是，随着公共行政学的不断发展，尤其是新公共管理运动的兴起，政府绩效管理工作的有序开展必须建立在工具理性和价值理性相互补充和统一的基础之上。

1.2.1 政府绩效管理的工具理性

工具理性的基本特征就是要求人的行为必须是选择最有效的手段以实现既定目标的行为，或者说以手段的最优化作为理性的最高要求。政府绩效管理的工具理性就是要通过对政府绩效的评价与管理，积极改善政府绩效，提高政府效能。为此，需要明确政府职能的定位，并以此作为提高政府效率的基础和前提。

1. 合理定位政府职能

在不同的历史时期，政府的职能有所不同。重塑政府理论的创立者奥斯本（Osborne）和盖布勒（Gaebler）指出：政府的功能是随着时代的演进而不断变化的，时代决定了政府该做什么和不该做什么，因而界定政府职能不能只用一把不变的尺子。时代演进的历史就是不断重塑政府的历史。在战争年代，政府职能在于保卫国家安全和领土完整，而在和平年代，政府职能则是积极发展经济，维护社会的和谐稳定。因此，政府的职能是随着社会经济形势的发展而不断变化的，政府绩效管理也需要结合时代发展背景，在对政府职能合理界定的基础上，对政府绩效进行科学合理的评价和判断。

美国学者奥斯本与盖布勒于20世纪80年代初在总结美国各地企业和政府改革经验的基础上，主张用企业精神来改革政府，借以克服官僚主义，提升政府绩效。他们认为改革后的政府具有如下属性：一是起催化作用。政府是掌舵而不是划桨，关注的中心并不是简单地提供公共服务，而是促使公营、私营和自愿服务各部分行动起来解决自己社区的问题。二是社区拥有。把控制权从官僚机构那里转移到社区，从而授权给公民。三是竞争性。把竞争机制引入服务提供者中，促使服务提供者之间展开竞争。四是使命感。政府行为的动力不是来自规章条文，而是来自自己的目标和使命。五是讲求效果。衡量政府各部门的实绩是根据效果而非投入。六是顾客导向性。政府把服务的对象重新界定为顾客，让顾客有所选择。七是有预见性。政府讲求防患于未然，而不是在问题成堆后才来提供各种服务。八是有事业心。政府把精力集中于挣钱而不单单是花钱。九是分权化。政府下放权力，积极采用参与协作式管理，从科层制转变为参与制和团队制。十是市场取向性。宁要市场机制不要官僚机制。奥斯本与盖布勒的重塑政府理论影响深远，甚至得到美国前总统克林顿的青睐。

合理定位政府职能，明确政府绩效的真实内涵，是开展政府绩效管理的前提条件。对于转型期的中国而言，面对社会经济转型的变化和要求，需要借鉴参考西方发达国家的改革经验，优化政府职能设置，有效提供公共服务。一方面要正确处理好政府与市场之间的关系，为市场的健康发育提供公平合理的制度和规则。要依法保护和尊重市场主体的独立法人地位，严格规范市场主体的市场行为和政府自身的公共行政行为，解决政府职能的“缺位”、“错位”和“越位”问题。另一方面要推动全能型政府向效能型政府的转变，优化政府管理体制，合理界定政府职能权限，努力构建效能政府。

2．有效提升政府效率

从20世纪初政府绩效管理的萌芽开始，就可以明确地看到政府绩效管理产生与兴起的根本动因在于其可以促进政府效率的不断提升，从而提高政府绩效。无论是传统公共行政时期还是新公共管理或新公共服务时期，政府绩效管理的焦点虽然经历了从效率向效益、公平、责任和回应性的多元发展与转变，但对效率的关注始终是政府绩效管理的中心议题。

历经百余年的发展，政府绩效管理的框架体系已基本成熟，涵盖了政府绩效计划、政府绩效监控、政府绩效评价、政府绩效反馈和政府绩效预算等多个环节，对于提升政府效率具有重要意义。其中，政府绩效计划可以明确政府在未来一段时期的主要工作，通过绩效目标的制定和绩效指标的设置为政府组织和公务员的具体工作确立方向；政府绩效监控可以通过政府绩效信息的搜集及时发现实施政府绩效计划所面临的各种问题并及时予以解决；政府绩效评价是政府绩效管理的核心环节，通过对政府组织和公务员个人的绩效评价，可以促使政府改善工作流程，改进工作方法，不断提高行政效能；政府绩效反馈比较关注政府绩效评价结果的合理运用，可以充分实现政府绩效管理的战略目的、管理目的和开发目的，促进公务员的个人发展和政府组织目标的顺利达成；政府绩效预算则是一个相对独立的环节，科学设置政府绩效预算可以促进政府财政资金的优化配置，提高资金的利用效率，确保将优先的资源运用在关键性和重要性的工作上。为了提高政府效率，需要不断优化政府绩效管理体系，通过政府绩效管理体系的良性运转努力提高政府绩效。

1.2.2 政府绩效管理的价值理性

价值理性是有意识地对一个特定举止的无条件的固有价值的纯粹信仰，不管是否取得成就。政府绩效管理与企业绩效管理的最大区别就在于价值取向的差异，它不仅仅局限于对效率与效果的片面追逐，还体现了对公平、服务、责任与回应等价值理性的关注。单纯的工具理性倾向无法发现政府绩效管理的真谛，也无助于推动政府绩效管理实践的进步，甚至还有可能偏离其价值之本义，必须注重价值理性与工具理性的双重关怀。

1. 追求服务于民的公共价值

公共价值的概念可以追溯到穆尔（Moore）提出的公共部门战略三角模型，该模型主要包括价值、合法性和支持以及运作能力三个维度。其中，价值指向引导组织要实现的目标，强调组织的效用；合法性和支持指向公共价值实现的合法性来源，强调政治支持和其他利益相关者的认同；运作能力指向达成价值目标的能力，强调资源可得性和管理运作能力对于价值目标实现的重要性。包国宪在对已有关于公共价值研究文献进行系统分析的基础上，将公共价值划分为结果主导的公共价值和共识主导的公共价值。其中，从结果主导的公共价值来看，公共价值来源于基本社会价值，由公民和政府共同决定，反映公民的共同偏好，其形成过程是一个多方参与的政治过程。举例来讲，公民人身和财产安全、食品和药品安全、经济增长等都属于结果主导的公共价值。从共识主导的公共价值来看，公共价值是对公共行政合法性的强化或者对公共行政过程的约束，其作用域主要在公共行政过程之中。举例来讲，对效率的追求、创新和改革精神、依法行政、对公民的责任等都属于共识主导的公共价值。

政府行为的目的是什么？亚里士多德（Aristotle）认为，人类创造政府的宗旨就是使个人能够过上理性的正义的生活，政府行为的价值就在于创造和保护公民或社会的“公共幸福”。托马斯·阿奎那（Thomas Aquinas）认为，政府的价值在于“殚精竭虑地增进公共福利”。洛克（Locke）认为，政府是人们自愿通过协议联合组成的共同体，其目的是保护他们的财产。可见，与营利导向的企业相比，公共部门具有纯粹的公共性，其行为的宗旨在于为公民乃至社会谋福利，这是公共部门存在的使命和责任。政府绩效管理作为政府组织效率改善和服务优化的工具，也必须树立公共价值取向。首先，政府的绩效必须符合基本的公共价值追求。政府绩效不仅包括对效率、效果的衡量，还需要考虑其是否符合公民对政府的期望，是否满足了公众的要求。政府管理的本质不是管制而是服务，公共价值是判断政府绩效结果是否达成的重要标准。其次，政府绩效管理也需要接受公共价值的指引。公共价值对政府绩效管理起约束和规范作用，政府绩效管理活动需要在公共价值的指引下有序开展。要在深刻认识公共价值内涵的基础上，牢记政府组织的使命和愿景，深入推动政府绩效管理体制机制创新，充分促进政府绩效管理的效能发挥，同时坚持依法行政，有序推进扩大公民参与，积极构建服务型政府、责任型政府。

2. 树立公平、服务与责任的价值理念

政府绩效管理作为一种新兴的管理模式，不仅继承了传统公共行政对效率与工具的追求，而且融合和体现了对公平、服务和责任等价值理性的关注。

公平是政府与企业组织在价值理性上的重要区别之一。尽管政府绩效管理源自企业绩效管理，但是它在关注效率提升的同时还将公平作为衡量政府绩效的重要指标。虽然效率准则规定稀缺资源应被用到其能产生最大收益的地方，但公平的目标则可能缓解这一目的，只是有利于特别是非常贫穷的人群的设施得到发展。作为政府绩效管理应该坚持的核心价值理念，公平意识应当体现在政府绩效管理的整个过程。政府绩效预算对于提高政府财政资金的利用效率发挥着重要作用，但政府绩效预算的确立不能简单地从成本-收益的经济性角度进行考虑，还需要坚持公平原则，关注政府项目的社会效应和长远发展。政府绩效评价作为政府绩效管理的核心环节，也需要在公平原则下有序进行，要正视地区差异、人员差异、部门差异，才能做出系统、准确的绩效结果判断。

自 20 世纪七八十年代新公共管理运动兴起以来，顾客导向或者服务导向就成为了政府部门履行职责的核心价值取向。政府与公众之间的关系不是治理者与被治理者的关系，而是公共服务与公共产品的提供者与顾客、消费者的关系。政府不再是高高在上的官僚机构，社会公众则是提供政府税收的“纳税人”和享受政府服务的“顾客”。因此，政府组织应积极地调整观念与角色，以顾客为导向，增强对社会公众需要的回应力。政府绩效管理也应以顾客为中心，以顾客的需求为导向，不仅关注管理活动产出、效率和质量，而且关注政府提供的公共产品与服务是否满足了公众的需求，是否解决了公众面临的现实问题。

从委托代理的视角来看，政府组织作为公共产品和公共服务的受托人和执行者，必须忠实于委托人即公众的利益，在委托范围内履行相应的职责。学者拉森（Ranson）和斯图尔特（Stewart）在其合著的《公共领域管理》中指出：“对政府进行绩效评价和绩效管理，是体现责任的基本要素，如果没有一个有效的工具来对责任做出判断，那么公共组织也就失去了合法性的权威基础，因此绩效评价和绩效管理应当被视为公共领域中的责任度量工具与实现途径。”政府绩效管理应牢记政府组织的使命和核心价值观，肩负对纳税者的责任，始终将满足公众的需求作为行动指南，不断优化公共服务。

1.3　政府绩效管理的系统模型

随着我国行政管理体制改革的不断深化，政府绩效管理作为行政管理制度的重要创新，受到越来越多的重视。研究和探索全面、科学的政府绩效管理系统，构建以政府战略为导向的绩效管理模型，成为在政府管理过程中贯彻落实科学发展观的迫切需要。在具体的实际工作中，如何科学地进行绩效管理决策和规范地实施绩效管理过程，进而有效地提高政府绩效水平也是各级政府组织管理者需要经常思考的问题。因此，一个全面的绩效管理系统对于政府绩效管理活动的顺利开展和实施就显得尤为重要。为了更加全面、准确地把握政府绩效管理系统，本节将在介绍绩效管理系统评价标准的基础上，具体阐释绩效管理系统的评价标准及政府绩效管理系统模型。

1.3.1 绩效管理系统的评价标准

如何判断绩效管理系统的科学性和合理性是经常困扰各级政府组织和部门管理者的问题。在评价绩效管理系统时，一般应注意以下五个方面的评价标准。

1. 战略一致性

战略一致性是指绩效管理系统与组织发展战略的一致性程度。战略一致性要求绩效管理系统能够根据组织战略目标的变化而变化，即具有一定的灵活性。目前我国许多组织的绩效管理系统之所以不能很好地支撑组织的战略，主要原因就在于绩效管理系统不能根据组织战略的变化及时地做出调整。理想的绩效管理系统应该与组织的战略保持一致，并在遵循战略一致性标准的基础上时刻保持高度的灵活性；同时个人绩效目标与组织及部门的战略目标需要紧密结合，并能够及时调整，从而确保绩效管理系统通过员工个人绩效的提高来提升组织的整体绩效，以便更好地满足组织发展的需要。

2. 明确性

绩效管理系统的明确性是指绩效管理系统能够在多大程度上为员工提供一种明确的指导，清晰地告诉员工组织对他们的期望是什么，并使他们充分了解如何才能实现这些期望和要求。为了实现绩效管理的目的，组织应该通过清晰的绩效目标和评价标准来让员工正确领会绩效管理系统所要传达的信息。如果一个绩效管理系统不能明确地告诉员工如何才能通过正确的工作行为使组织实现战略目标，那么组织的绩效管理目的就难以实现；而在绩效评价和绩效反馈中，如果员工不能确切地了解自己的绩效表现和绩效差距，那么员工的绩效改善也就无从谈起。因此，绩效管理系统的明确性要求在绩效管理的设计和运行过程中，需要向员工提供明确的信息，以指导他们更好地实现预期的绩效目标，从而确保组织整体绩效目标的顺利实现。

3. 可接受性

可接受性是指使用绩效管理系统的组织成员接受该系统的程度。不论一个绩效管理系统多么科学，如果这个系统不能被使用它的人接受，就难以发挥应有的作用。绩效管理系统不具有可接受性的原因可能是多方面的，可能是因为运作的成本太高，也可能是因为系统过于复杂而难以被使用者理解。但是，在大多数情况下，人们不接受一种绩效管理系统的原因往往是他们认为该系统不能公平地对待每一名员工。个体能够感知的公平主要包括以下三种类型：

（1）程序公平。

程序公平是指组织成员在绩效管理过程中所知觉到的公平，即组织成员对绩效评价程序以及将绩效评价结果与薪酬联系起来的程序是否公平的感知。程序公平能够影响组织成员对组织的信赖和承诺，因此，在开发绩效管理系统的过程中，应该格外重视程序公平对于绩效管理系统的影响。

（2）人际公平。

人际公平是指在绩效管理过程中组织成员从管理者那里所感受到的人际待遇的公平程度，这是管理者在使用绩效管理系统时应着重思考的问题。组织可以通过一些做法提高绩效管理系统的人际公平程度，如加强评价者培训，规范评价者的言行，确保评价者能够礼貌、尊重地对待评价对象；在和谐友好的氛围中向评价对象提供及时、准确的绩效评价结果；允许员工对绩效评价结果提出质疑；等等。

（3）结果公平。

绩效管理系统的结果公平主要体现在结果与付出的关系上，是指组织成员对绩效评价结果以及绩效评价结果运用情况的公平感受。管理者可以通过与员工沟通来提高绩效管理系统的结果公平程度，如就绩效评价及其标准问题与员工交换意见，告诉员工组织对他们的期望；就报酬、晋升等问题与员工交换意见；等等。

4. 信度

信度是指测量的一致性，即一种评价方法所得结果的前后一致性程度，可以把这种一致性程度作为指标来判断评价方法的可靠性。绩效管理中遇到的主要是绩效评价的信度，即绩效评价系统的一致性程度。它可以回答绩效管理系统是否客观、是否可靠、是否可信赖、标准化程度如何等问题。绩效评价的信度是一个很重要的指标，它决定了评价结果的科学性与可应用性，影响着组织在诸多方面的决策。因此，在设计与实施绩效管理系统时，要充分考虑如何保证和提高绩效评价信度的问题。

5. 效度

效度主要指绩效评价是否评价了要评价的内容，即评价系统测量的与所要测量的工作和绩效的相关程度。效度要回答的是评价内容是不是实际工作表现的有效测量因子。信度与效度是两个相互联系的概念，有效的测量应该得到一致的（可信）结论，而不管何时、何地、何人来进行测量。绩效评价系统效度低的原因可能有两种情况：一种称为“缺失”，另一种称为“被污染”。如果一种绩效评价系统不能够衡量工作绩效的所有方面，即一些该评价的没有评价，遗漏了一些重要的评价内容，这种绩效评价系统就是“缺失”的。如果一种绩效评价系统对与工作绩效无关的方面甚至是评价对象都无法控制的因素进行了评价，即评价了不该评价的内容，这种绩效评价系统就是“被污染”的。

1.3.2　政府绩效管理系统模型

在综合思考绩效管理系统评价标准的基础上，结合国内外政府绩效管理的研究和实践，本书认为政府绩效管理系统是各级政府组织基于其使命、核心价值观、愿景和战略建立的一个由绩效计划、绩效监控、绩效评价和绩效反馈这四个环节共同组成的循环系统。同时，评价内容、评价主体、评价周期、评价方法以及结果应用这五项关键决策始终贯穿四个环节之中，对政府绩效管理的实施效果起决定性的作用，最终促进政府绩效管理的战略目的、管理目的和开发目的的全面实现（见图 1－3），即一个科学、有效的政府绩效管理系统应该包括三个目的、四个环节和五项关键决策。对于一个完整的政府绩效管理系统而言，三个目的至关重要，并且需要同时实现，只有这样才能够确保各级政府组织和部门绩效管理活动的有效性和战略导向性。各级政府组织和部门的管理者作为绩效管理主体，在进行绩效管理时需要严格按照政府绩效管理的四个环节来开展工作，四个环节环环相扣、缺一不可。本书将在第 2 章“政府绩效管理工具”之后，依次详细地阐释政府绩效管理的四个环节，以便读者系统把握。五项关键决策主要是指设计政府绩效管理系统时需要重点关注的五个问题。评价内容是五项关键决策中的核心，由政府组织的使命、核心价值观、愿景和战略决定，评价主体、评价方法、评价周期和结果应用则围绕着评价内容的选择而确定，为了确保政府绩效管理过程内在的时间顺序和行文的便利，本书将五项关键决策的有关内容融入政府绩效管理的四个环节之中进行介绍。

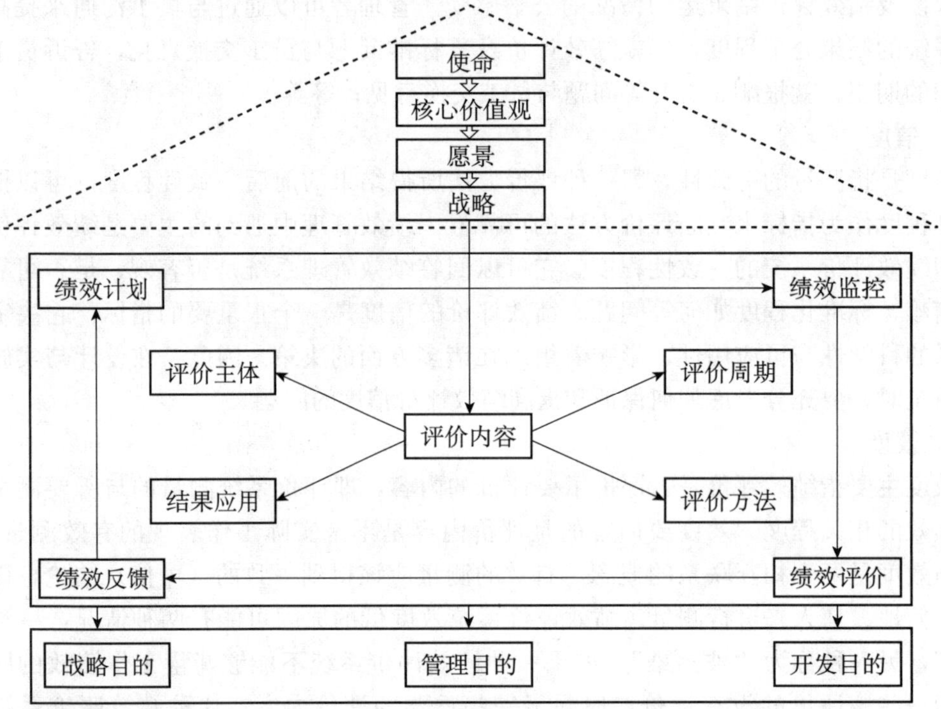

图 1－3　政府绩效管理系统模型

1. 政府绩效管理的三个目的

政府绩效管理的三个目的是检验政府绩效管理系统设计和实施有效性的三个方面。各级政府组织和部门内的一切绩效管理活动都是围绕政府绩效管理的目的展开的，偏离了目的，政府绩效管理就失去了存在的价值和意义。归纳起来，政府绩效管理的目的主要有以下三个：

（1）战略目的。

政府绩效管理与政府的战略密切相关。政府战略的实现离不开政府绩效管理系统，而政府绩效管理系统也必须与政府的战略目标密切联系才具有实际意义。政府绩效管理系统能够将公务员的具体工作与政府的战略部署结合起来，通过采用先进的管理工具，把各级政府组织整体、政府部门和公务员个人绩效紧密地联系在一起，在公务员个人绩效提高的同时促进政府组织整体绩效的提升，从而确保政府战略规划的实现。因此，在运用政府绩效管理系统实现战略目标时，应首先明晰政府的战略规划和部署，通过战略目标的承接与分解，将政府的战略目标逐层落实到各级政府部门和公务员个人，并在此基础上制定相应的绩效评价指标体系，设计相应的绩效评价和反馈系统。各级政府组织和部门的管理者可以通过绩效评价指标体系来引导下属公务员的行为，帮助公务员正确认识自己的优势与不足，使公务员个人的努力与政府整体的战略保持高度一致，促使政府战略目标的顺利实现。

(2) 管理目的。

政府绩效管理的管理目的主要是指通过评价公务员的绩效表现并给予相应的奖惩，激励和引导公务员个体不断提高自身的工作绩效，从而最大限度地实现政府组织和部门的战略目标。政府组织和部门的各项管理决策都离不开及时准确的绩效信息，绩效评价结果是各级政府组织和部门的管理者做出培训、晋升、奖励及处罚等管理决策的重要依据。虽然这些决策都十分重要，但是不少作为绩效信息来源的政府组织和部门的管理者，却将绩效评价过程视为一个为了履行自己的工作职责而不得不做的、令人为难的工作。他们往往倾向于给所有的下属都打高分或者至少是给予他们相同的评价，以致绩效评价信息失去实际意义。因此，要真正实现政府绩效管理系统的管理目的并不是一件容易的事情。这就要求各级政府组织和部门的管理者通过绩效计划为既定目标的分解和实施确定具体可行的行动方案；同时通过对目标实施过程进行有效的监督和控制，合理利用和配置有限的资源；更为重要的是，通过设计科学、规范的政府绩效评价系统保障绩效评价结果的公平性和有效性，不断地提高公务员的工作绩效和政府的整体管理水平，确保政府绩效管理目的的顺利达成。

(3) 开发目的。

政府绩效管理的开发目的主要是指各级政府组织和部门的管理者通过政府绩效管理过程来发现下属公务员存在的不足，以便对其进行有针对性的培训或轮岗锻炼，从而使下属能够更加有效地完成工作。在现实中，为了实现政府绩效管理的开发目的，当下属公务员没有达到预期的绩效目标时，上级就需要与下属面对面地讨论他们的绩效差距。通过绩效反馈环节，上级不仅要指出下属绩效不佳的方面，而且要帮助他们找出绩效不佳的原因，比如技能缺陷、动力不足或某些外在的障碍等等，继而针对问题采取措施，制订相应的绩效改进计划，只有这样才能够更有效地帮助下属扩展知识、提高素质，促进公务员个人的发展和政府绩效管理开发目的的实现。

从以上内容可以看出，一个有效的政府绩效管理系统应该将公务员个体的工作活动与政府的整体战略联系在一起，为各级政府组织和部门的管理者做出管理决策提供有效信息，并向下属公务员提供及时、准确的绩效反馈，从而实现政府绩效管理的战略目的、管理目的和开发目的。

2. 政府绩效管理的四个环节

为了确保政府绩效管理的有效性，各级政府组织和部门的管理者作为政府绩效管理主体在进行绩效管理时，需要严格按照绩效计划、绩效监控、绩效评价和绩效反馈这四个环节来展开。

(1) 绩效计划。

“凡事预则立，不预则废。”没有具体的行动计划，目标就只是一个美好的愿望。计划是对未来的预想及使其变为现实的有效规划，是对未来发展的预测和行动方案的制订过程。现代组织处于急剧变化的环境中，组织发展所面临的宏观、微观环境瞬息万变，各级政府组织和部门要想树立良好的政府形象、建设人民满意政府、顺利实现政府既定的战略规划，第一步就需要系统化的前瞻性思考和对行动方案的缜密设计。

绩效计划作为政府绩效管理系统闭循环中的第一个环节，是指在新的绩效周期开始时，各级政府组织和部门的管理者和下属公务员一起就下属在新的绩效周期将要做什么、为什么做、需要做到什么程度、何时做完以及怎么做等问题进行讨论，促进相互理解和协议的达成，最终形成双方同意并正式签署的绩效目标协议书的过程。绩效计划是上级和下级进行双向沟通的过程，通常上级和下属能够就以下问题达成共识：

1) 下属公务员在本绩效期间的主要工作内容和职责是什么？应达到何种工作效果？

2) 下属公务员在本绩效期间应如何分阶段地实现各种目标，从而实现整个绩效周期的工作目标？

3) 下属公务员在完成工作任务时拥有哪些权利？决策权限如何？

4) 下属公务员从事该工作内容的目的和意义何在？哪些工作是最重要的？哪些是次要的？

5) 上级和下属计划如何对工作的进展情况进行沟通？如何防止出现偏差？

从以上问题我们可以看出，制订绩效计划不仅仅是完成一份工作计划那么简单。作为整个政府绩效管理过程的起点，制订绩效计划的过程更加强调上级和下属互动式的沟通和全员的参与，使上级与下属在如何实现预期绩效的问题上达成共识。因此，绩效计划的内容除了包括最终的公务员个人绩效目标之外，还包括为了达到计划中的绩效结果，双方应做出什么样的努力，应采用什么样的方法等。但这并不是说绩效计划一经制订就不可改变，环境总是在不断地发生变化，在计划实施过程中往往需要根据实际情况进行一定的调整。有关绩效计划环节的内容将在第 3 章展开讨论。

(2) 绩效监控。

政府绩效管理的第二个重要环节就是绩效监控，这是一个不可或缺的环节，也是整个绩效周期中历时最长的环节。绩效计划是政府绩效管理成功的第一步，绩效监控作为连接绩效计划和绩效评价的中间环节，对绩效计划的顺利实施和公务员个人绩效的公平评价有着极其重要的作用。它要求各级政府组织和部门的管理者在整个政府绩效管理循环的实施过程中，与下属进行持续的绩效沟通，了解下属的工作状况，预防并解决政府绩效管理过程中可能发生的各种问题，帮助下属更好地完成绩效计划。那种认为下属在了解绩效计划之后就能够正确地执行计划，上级管理者可以等到绩效周期结束后再进行绩效评价的想法，是十分错误的。这实际上是管理者的一种“偷懒行为”，忽略了上级必须履行的“监督并控制下属的绩效，促进绩效计划得以实现”的重要管理职能。在绩效监控阶段，上级主要承担两项任务：一是采取有效的管理方式监控下属的行为方向，通过持续不断的双向沟通，了解下属的工作需求并向下属提供必要的工作指导；二是记录工作过程中的关键事件或绩效数据，为绩效评价提供信息。

从绩效监控的手段看，上级与下属之间进行的双向沟通是实现绩效监控目的的一项非常重要的手段。为了实现对公务员绩效的有效监控，上级与下属应共同制订一个相互交流绩效信息的沟通计划，从而能够有针对性地帮助上级指导并鼓励下属公务员不断地提高工作绩效，缩小绩效差距，确保绩效目标的顺利完成。有关绩效监控及沟通的内容将在第 4 章展开讨论。

（3）绩效评价。

作为政府绩效管理过程中的第三个环节，绩效评价特指在绩效周期结束时，由不同的评价主体使用有效的评价方法和衡量技术，对工作绩效进行判断的过程。需要注意的是，绩效评价不能与其他环节相脱离，应当把绩效评价放到政府绩效管理的过程中，将其看做政府绩效管理过程中的一个环节。首先，绩效评价不可能与绩效监控过程中的绩效沟通相分离。上下级之间进行绩效沟通的过程实际上也是评价者观察评价对象绩效情况的过程。其次，政府绩效管理不是简单的绩效评价，更重要的是通过客观、公正的绩效评价得到详尽、有效的绩效信息，使上级管理者能够通过绩效评价的结果，向下属公务员反馈其绩效优秀或绩效不佳的原因。因此，绩效评价作为政府绩效管理过程中的核心环节，是技术性最强的一个环节，需要管理者对其给予特别的关注。有关绩效评价程序、评价主体培训和评价方法选择等内容将在第 5 章进行详细的介绍。

（4）绩效反馈。

绩效反馈是指在绩效周期结束时，上级与下属就绩效评价进行面谈，使下属充分了解和接受绩效评价的结果，并由上级对下属在下一周期该如何改进绩效进行指导，最终形成正式的绩效改进计划书的过程。之所以将绩效反馈作为政府绩效管理的环节之一，是因为绩效反馈在政府绩效管理过程中发挥着重要的作用，是下属公务员产生优秀表现的重要条件。通过绩效反馈，下属可以知道上级对他们的评价和期望，从而不断地修正自己的行为；而上级管理者可以指出下属的绩效水平和存在的问题，从而有的放矢地进行激励和指导。因此，政府绩效管理的目的绝不只是得出一个评价等级，而是要提高公务员的绩效，确保公务员个人的工作行为和工作产出与政府组织和部门的目标保持一致，从而实现政府的整体战略规划。有关绩效反馈及绩效评价结果应用等内容将在第 6 章进行介绍。

3．政府绩效管理的五项关键决策

使命是指组织存在的理由，核心价值观是指组织中的全体成员在决策和行动过程中需要共同遵守的行动准则，愿景是组织描绘的发展蓝图和中长期目标，而战略则是实现和达成这些目标的途径和选择。使命、核心价值观、愿景和战略共同决定了政府绩效评价内容的选择，而评价内容又是决定评价主体、评价方法、评价周期和结果应用的核心和关键。为了落实政府组织的使命、核心价值观、愿景和战略，最终达成政府绩效管理的三个目的，各级政府组织和部门在开展绩效管理四个环节的工作时，必须把握好五项关键决策。这五项关键决策的具体内容，我们在本书后面有关政府绩效管理四个环节的章节中将详细介绍，这里仅作概要性的提示。

一是评价内容。所谓评价内容，即“评价什么”，是指如何确定绩效评价的指标、权重及目标值。为了确保政府战略目标的实现，需要在政府绩效管理过程中，将各级政府组织的战略目标转化为可以衡量的绩效评价指标，从而将政府战略目标的实现具体落实到各个政府部门和每个公务员身上。首先，通过明晰各级政府组织的使命、核心价值观、愿景、战略以及明确各级政府组织和部门的阶段性工作任务来设计各级政府组织整体绩效的评价指标；其次，依据各级政府部门的职责和通过承接或分解政府组织的战略目标来制定各级政府部门的绩效评价指标；最后，公务员个人绩效的评价指标则可以根据公务员的职位职责和通过承接或分解政府部门的绩效目标来确定，最终形成的绩效评价指标体系主要由工作业绩类指标以及少量的态度类指标组成。因此，政府绩效评价指标体系的战略导向和行为引导作用在很大程度上体现在政府绩效评价指标的选择和设计上。政府绩效评价指标的设计是政府绩效管理中技术性较强的工作之一。本书将在第 2 章对目标管理、关键绩效指标和平衡计分卡等在政府管理实践中广为采用的管理工具进行介绍，并在第 3 章详细介绍评价指标体系设计的有关内容。

二是评价主体。所谓评价主体，即“谁来评价”，是指对评价对象做出评价的组织、部门及个人。通常，评价主体可分为内部评价主体和外部评价主体。内部评价主体包括上级、同级、下级；外部评价主体包括立法机关、审计机关、社会公众、大众传媒、专业评估机构等利益相关者。在设计政府绩效评价体系时，选择正确的评价主体，确保评价主体与评价内容相匹配是一项非常重要的原则，即根据所要衡量的绩效目标以及具体的评价指标来选择评价主体。根据这一原则，评价主体应当及时、准确地掌握信息，只有对评价对象的职能、职责、绩效目标及实际产出有比较充分的了解，才能确保评价结果的合理性和有效性。例如，对于工作业绩类指标，显然下属公务员的直接上级和主管领导最清楚，适合由上级进行评价；而态度类指标的评价主体则可以扩展到同级和下级，甚至是外部利益相关者，由他们来共同评价。

三是评价周期。评价周期所要回答的问题是“多长时间评价一次”。评价周期的设置应尽量合理，既不宜过长，也不能过短。如果评价周期太长，评价结果就会出现严重的“近期误差”，即人们对最近发生的事情记忆深刻，而对以往发生的事情印象淡薄，评价主体会根据评价对象近期的表现来判断其整个绩效周期的表现，这样会导致绩效评价信息的失真，并且不利于公务员个人绩效的改善；如果评价周期太短，一方面许多工作的绩效情况可能还没有体现出来，另一方面过度频繁的绩效评价也会造成评价主体的工作量过大。通常情况下，若根据职位的类别来确定评价周期，则专业技术类职位的评价周期相对较长，而服务类职位的评价周期稍短；若根据职位的等级来确定评价周期，则高级管理职位的评价周期较长，而低级或一般职位的评价周期较短；同时，相较于工作业绩类指标，态度类指标的评价周期相对较短。在实际的管理实践中，评价周期与评价指标、政府组织和部门的职能特点、具体的职位等级和类别以及绩效实施的时间等诸多因素有关，采用年度、季度、月度甚至工作日作为评价周期的情况都有，因此，选择绩效评价周期时不宜一概而论、“一刀切”，而应根据管理的实际情况和工作的需要，综合考虑各种相关影响因素，合理选择适当的绩效评价周期。

四是评价方法。所谓评价方法，就是判断政府组织、部门和公务员个人工作绩效时所使用的具体方法。正确地选择政府绩效评价方法对于得到公正、客观的绩效评价结果有着重要的意义。各种不同的评价方法都是管理实践积累的宝贵财富。通常，评价方法可以划分为两大类：相对比较和绝对比较。每类又细分为若干具体的评价方法，其中相对比较包括排序法、配对比较法等；绝对比较包括等级鉴定法、行为锚定量表法和混合标准量表法等。每种方法都各具特点，并无绝对优劣之分，各级政府组织和部门应根据具体情况进行选择，总的原则是根据所要评价的指标特点选择合适的评价方法。例如评价公务员的“工作主动性”指标，就可以采用行为锚定量表法。当然，具体采用何种评价方法，还需要考虑设计和实施成本问题。有的评价方法设计成本虽高，但在避免评价误差方面非常有效；有的评价方法设计成本虽低，但在实际操作中却容易出现评价误差。因此，应权衡各种评价方法的优缺点，加以综合使用，以适应不同发展阶段对政府绩效评价的不同需要。

五是结果应用。政府绩效评价结果能否被有效利用，关系到整个政府绩效管理系统的成败。在政府管理实践中，政府绩效评价结果主要用于两个方面：一是通过分析绩效评价结果，诊断下属公务员存在的绩效差距，找出产生绩效差距的原因，制订相应的绩效改进计划，以提高公务员的工作绩效。二是将绩效评价结果作为人力资源管理各项决策的依据，如培训开发、职位晋升和薪酬福利等。绩效评价结果具体应用于哪些方面是与评价指标的性质相联系的，如态度类指标的评价结果可应用于职位晋升、培训开发和薪酬福利等决策，而工作业绩类指标则可直接应用于薪酬福利等决策。如果政府绩效评价结果没有得到相应的应用，就会产生政府绩效管理“空转”现象，评与不评一个样，评好评差一个样，政府绩效管理就会失去应有的作用。

1.4　政府绩效管理的责任机构

1.4.1　政府绩效管理机构的类型

政府绩效管理是否能够顺利达成预期的效果，很大程度上取决于管理者的组织和筹划，因此建立和健全合理的绩效管理机构是推进政府绩效管理活动顺利开展的重要保证。具体而言，政府绩效管理机构是指组织和协调各级政府组织及部门根据各自目标和职能设定绩效目标，并对目标实施的过程及结果进行监控、评价和反馈的机构。政府绩效管理机构通常可以分为内部管理机构和外部管理机构两种类型。

1. 内部管理机构

内部管理机构是指政府内部负责组织管理政府绩效的机构。内部管理是世界各国政府绩效管理实践中最常用的形式。比如，英国的“雷纳评审计划”、美国的“政府再造”，我国烟台市的“社会服务承诺制”、河北省的“干部实绩考核制度”、青岛市全面实施的“目标责任制”、福建省开展的“效能建设”等都属于这种类型。具体而言，政府绩效的内部管理机构又包括上级政府部门和专职管理机构两种。

（1）上级政府部门。美国、英国、日本、韩国等国家都制定了相关的法律和管理规范来规定上级政府对下级政府进行绩效管理的权力。上级政府对下级政府进行绩效管理主要是指上级政府对其职能部门和下一级政府，或者上一级职能部门对下一级职能部门进行绩效计划、绩效监控、绩效评价和绩效反馈的绩效管理过程。由于上级政府熟悉和了解下级政府的职能、职责和发展需求，由上级政府对其所辖的下级政府进行绩效管理的指导、监督和评价，非常有利于下级政府绩效管理工作的顺利开展。因此，可以说上级政府是下级政府绩效管理的天然组织者。

(2) 专职管理机构。专职管理机构是在政府内部组建的，专门负责各级政府绩效管理活动的组织、开展、协调和指导等工作的机构。从世界范围来看，越来越多的政府倾向于设立专门的绩效管理机构来管理政府绩效。比如，英国的审计办公室负责中央政府机构的绩效评价，审计委员会负责地方政府的绩效评价。在美国，白宫管理和预算办公室（OMB）负责审批各部的年度绩效计划；总审计署负责对政府机构进行绩效评价并向国会和公众公布评价结果。日本内阁会议制定的《关于推进中央省厅等改革的基本方针》赋予总务省行政评价局高于各府、省的权限，确保其行使包含政策评价职能在内的行政评价和监察职能。在我国，2011 年 3 月 10 日国务院批复建立政府绩效管理工作部际联席会议制度，来指导和推动我国的政府绩效管理工作。联席会议由监察部、中央组织部、中央机构编制委员会办公室、国家发展和改革委员会、财政部、人力资源社会保障部（公务员局）、审计署、统计局、法制办公室等 9 个部门组成，监察部为牵头部门，联席会议办公室设在监察部。联席会议主要有五项职能，一是研究提出加强政府绩效管理的相关政策和措施；二是组织协调和综合指导国务院各部门和各省（区、市）开展政府绩效管理工作；三是组织拟定政府绩效评估指标体系、程序和具体办法；四是组织推动和监督政府绩效管理各项工作的落实；五是研究与政府绩效管理工作有关的其他重大问题，向国务院提出建议。北京市设立政府绩效管理联席会议，下设政府绩效管理办公室，与市政府督查室为一个机构、两块牌子。青岛市成立了市目标管理考核委员会，由市委主要领导任主任，有关部门负责同志为成员，市委督查室、市政府督查室为办事机构，负责组织实施全市的目标管理考核。杭州市设立了综合考评委员会（杭州市绩效管理委员会）作为绩效管理的领导机构，负责杭州市绩效管理的总体规划、绩效评估制度等重要工作，并设立了综合考评委员会办公室（绩效管理委员会办公室），负责绩效管理的日常工作。①

专 栏

杭州市绩效管理机构的发展与沿革

杭州市绩效管理机构的沿革，最早可以追溯到 20 世纪 90 年代初期的市级机关目标管理办公室（隶属市政府办公厅）。2000 年，市委、市政府建立市“满意评选”活动领导小组，领导小组下设办公室，负责评选活动的日常工作。2005 年，中共杭州市委、市政府决定成立杭州市综合考评委员会。2006 年 8 月，杭州市在整合市级机关目标管

① 伍彬．政府绩效管理：理论与实践的双重变奏．北京：北京大学出版社，2017：150－151.

理办公室、“满意评选”办公室和机关效能建设办公室职能基础上，设立杭州市综合考评委员会办公室，为杭州市综合考评委员会的常设办事机构，标志着杭州综合考评实现组织化、制度化和专业化。2012 年，杭州市综合考评委员会增挂“杭州市绩效管理委员会”牌子，统一领导全市综合考评和绩效管理工作；杭州市综合考评委员会办公室同时增挂“杭州市绩效管理委员会办公室”牌子，负责全市综合考评和绩效管理日常工作。2015 年，杭州市第十二届人民代表大会常务委员会第三十次会议通过了《杭州市绩效管理条例》，明确了市和区县绩效管理委员会及绩效管理机构的职责，实现了绩效管理委员会和绩效管理机构的职责法定。

通过考察政府绩效管理的实践可以发现，政府内部的绩效管理机构熟悉和了解各级政府部门的工作，易于掌握和获得全面、准确的绩效信息，便于组织和开展相应的绩效管理活动，有利于做出正确的绩效评价，并能够使绩效评价结果得以充分、合理的应用，因此，可以有效地节省人力、物力和财力，提高政府绩效管理的效率和效果。同时，政府内部管理机构也有助于在政府机关工作人员中引入和深化绩效管理的理念，树立和明确服务与效率的观念；培养公务员的协同合作意识，推动政府机关的团队建设和学习型组织的构建；提高政府组织的执行力，促进政府职能的转变，实现政府职能的科学定位。

2. 外部管理机构

引入外部绩效管理机构可以避免政府内部绩效管理机构自身主观因素的影响，增强政府绩效管理的科学性、规范性和权威性，有效提升社会各界对政府的信任和认同。外部管理机构是指政府以外的负责组织、监督、协调和指导政府绩效管理活动的机构，主要包括立法机关建立的绩效管理机构、政党建立的绩效管理机构、新闻媒体以及社会中介评价机构等。其中以立法机关建立的绩效管理机构和社会中介评价机构最为常见。

(1) 立法机关建立的绩效管理机构。根据委托代理理论，政府行使的公共权力是公民私有权力的让渡和委托，因此政府职能的履行和权力的行使需要受到公民的监督和约束。新公共管理理论认为政府应该树立以“顾客”为导向的价值取向，其服务质量应该由作为“顾客”的公民来评价。立法机关作为公众意愿的代表，可以成为政府绩效的监督者和评价者，通过设立专门的政府绩效管理机构和运用现代的科学技术，如电子政务平台、手机短信、互联网络等来吸纳民意，以帮助公民充分行使监督政府绩效的权利。在具体的政府绩效管理实践中，西方国家的政府绩效评价往往是通过议会所属的审计机构来组织的；而在我国，全国和地方各级人民代表大会负责审查本级人民政府的工作报告，并有权通过质询来监督本级人民政府及其所属各工作部门的工作情况。

(2) 社会中介评价机构。社会中介评价机构，也称为民间评价机构，是独立于政府组织之外的对政府绩效进行独立评价的机构。比如，美国的锡拉丘兹大学坎贝尔研究所自 1998 年以来就与美国《政府管理》杂志合作，每年对各州或市的政府绩效进行评价并发布绩效评价报告。在我国，兰州大学中国地方政府绩效评价中心受甘肃省政府委托，于 2004 年和 2006 年分别对甘肃省直属职能部门和省属的 14 个市（州）政府进行了绩效评价，开创了我国第三方评价政府的先河。华南理工大学政府绩效评价中心在 2007 年就发布了《广东省地方政府整体绩效评价报告》，此后连续多次出版了一系列中国政府绩效评价红皮书等政府绩效评价实践成果。社会中介评价机构相较于政府绩效评价机构，具有独特的优势。首先，社会中介评价机构集结了专家、学者和管理实践者等社会各界人士的知识和经验，能够有效整合和利用先进的理论成果和学术优势，因而可以确保政府绩效评价的规范性和科学性；其次，社会中介评价机构作为独立于政府的第三方评价机构，对社会公众而言具有较高的公信度；最后，社会中介评价机构与政府组织相比，具有较强的成本意识和效率观念，有助于政府绩效评价活动向着高效率、低成本的方向发展。

1.4.2 政府绩效管理机构的职责

作为政府绩效管理的组织者和实施者，政府绩效管理机构在政府绩效管理实施的过程中起着十分重要的作用。根据政府绩效管理的流程，政府绩效管理机构的主要职责包括以下几个方面：

（1）政府绩效管理模式的选择、创新与流程设计。目前，国内外关于政府绩效管理的模式有很多有益的尝试，其中不乏许多富有特色的政府绩效管理模式。比如，英国的“雷纳评审计划”、加拿大的“政府部门改革方案”以及我国南京市的“万人评议机关”和海林市“基于平衡计分卡的政府绩效管理”等等。因此，各级政府绩效管理机构可以根据具体的实际情况和管理需要，对已有的政府绩效管理模式进行深入的调研分析和比较，进而选择、引进或创新一种有效的政府绩效管理模式，并据此设计具体、规范的适合本级政府组织的绩效管理流程。

（2）参与和指导政府绩效评价指标体系的设计。政府绩效评价指标体系是为实现政府绩效管理目的而按照一定原则和因果关系建构的，由能够反映评价对象绩效目标达成情况的相关指标、目标值及评价权重等组成的系统结构。政府绩效评价指标体系设计得科学与否是关系评价结果信度与效度的关键因素。因此，在进行政府绩效评价指标体系设计时，政府绩效管理机构要组织相关人员参与到指标的设计过程中，严格遵循政府绩效指标的设计原则，正确理解和把握政府的总体部署和战略规划，全面科学地落实本组织、本部门的绩效目标，确保政府战略部署能够切实落实到位，保障政府战略目标的顺利实现，以确保政府绩效评价指标体系的科学性和系统性。需要注意的是，政府绩效评价指标体系是灵活、动态的，需要随着时间的推进和环境的变化，对政府绩效评价指标体系进行持续的检验、调整、补充和完善。

（3）政府绩效评价主体的选择与培训。政府绩效的评价主体既包括上级部门、同级机关、下属部门和被评价对象自身，又包括政党、国家权力机关、社会公众、直接服务对象、外部专家学者和新闻媒体等。为了确保政府绩效评价的公正性、合理性和科学性，政府绩效管理机构需要根据政府绩效评价指标的内容和被评价对象的特点来选择合适的评价主体。政府绩效评价主体需要非常熟悉和了解被评价对象的工作内容、工作职责，能够全面、正确地理解政府绩效评价指标的含义和评价标准。因此，对评价主体进行系统培训就十分必要。通过培训确保评价主体对政府绩效评价的意义、目的以及政府绩效评价指标的含义、评价标准和评价程序等有整体、准确的认识，从而将评价偏差降到最低。

（4）评价周期、评价方法及相关资源的协调安排。在政府绩效管理模式、政府绩效评价内容、评价主体等确定之后，政府绩效管理机构需要对政府绩效的评价周期、评价方法及组织资源进行相应的安排。首先，根据具体的绩效指标和实际情况来确定绩效评价周期和评价方法；其次，科学估算每个政府绩效指标及其评价方法所需的时间和资源，并制定相应的预算和具体、明确的行动方案，确保能够充分利用和合理协调有限的资源；最后，制定整体的政府绩效管理行动指南，以此作为组织和实施绩效管理活动的参考和依据。

（5）政府绩效评价结果的收集。政府绩效评价结果的收集一般可以采取问卷调查、热线电话、手机短信、电子信箱等形式。其中，最常用的方法是问卷调查，调查问卷的设计、发放和回收是政府绩效评价环节中的一项基础工作。在设计调查问卷时，要坚持主题明确、简明易懂、内容科学、题量适中和便于处理等原则；问卷的发放应考虑覆盖率、代表性和填答质量等问题；问卷的回收则可以通过严密的组织、认真负责的精神以及采用送发、当场回收、个别访谈等方式来提高问卷的回收率，从而确保绩效评价结果的完整性和有效性。

（6）政府绩效评价结果的管理。政府绩效管理活动是绩效计划、绩效监控、绩效评价和绩效反馈的持续循环。政府绩效评价环节的结束并不意味着政府绩效管理活动的终止，对政府绩效评价结果进行管理也是政府绩效管理机构的一项重要职责。主要包括以下内容：1）对政府绩效评价结果的信度和效度进行检验。2）形成政府绩效评价报告并及时反馈给被评价对象。3）根据实际情况确定政府绩效评价结果及其应用情况的公开范围和公开方式。4）将政府绩效评价结果和相关信息建成数据库，以备日后查询和参考。

本章小结

绩效是组织的使命、核心价值观、愿景和战略的重要表现形式，也是决定组织竞争成败和能否可持续发展的关键因素。绩效是指组织期望的为实现其目标而展现在不同层面上的能够被评价的工作行为及其结果。需要明确的是，绩效是分层次的。根据被衡量行为主体的层次性，可以将绩效划分为组织绩效、群体绩效和个人绩效。组织绩效、群体绩效是通过个人绩效实现的，离开个人绩效，也就无所谓组织绩效和群体绩效。从绩效评价的角度看，脱离了组织绩效、群体绩效的个人绩效评价是毫无意义的，个人绩效需要通过组织绩效、群体绩效来体现。因此，组织绩效管理的最终落脚点在于对员工个人绩效的管理。个人绩效是指个体表现出来的能够被评价的与组织及群体目标相关的工作行为及其结果。该定义一方面强调了与组织目标相关的工作活动的结果，突出了结果导向；另一方面体现了个体所表现出来的促使结果达成的工作行为及过程。

政府绩效的内涵十分复杂、丰富，涉及政治、经济、社会的方方面面。国内外的学者从政府绩效管理产出、政府绩效管理能力和综合性的角度来界定政府绩效的内涵。政府绩效是指各级政府组织为了实现其使命和战略，在履行公共管理职能和提供社会公共服务过程中展现在政府组织不同层面上的行为及其结果。根据管理层级、职能定位和管理特点、价值标准和运作流程等方面，政府绩效可以划分为不同的维度和结构。政府绩效管理是指政府组织中的各级管理者为了确保下属公务员的工作行为及工作产出与政府组织的既定目标保持一致，通过不断改善政府组织各个层面的绩效，最终实现政府战略的手段及过程。需要明确绩效管理与绩效评价的区别以及企业绩效管理与政府绩效管理的异同。同时，政府绩效管理机构作为政府绩效管理的组织者、实施者和监督者，越来越受重视并发挥着日益重要的作用。各级政府组织在进行政府绩效管理时，应该依照政府绩效管理系统模型，即三个目的、四个环节和五项关键决策，来对政府绩效进行系统、有效的管理。

关键术语

绩效（performance）

绩效管理（performance management）

政府绩效（government performance）

政府绩效管理（government performance management）

复习思考题

1. 谈谈你对绩效的理解。
2. 阐述你对政府绩效内涵的界定。
3. 试分析企业绩效管理与政府绩效管理的异同。
4. 简述政府绩效管理系统模型。
5. 简要阐述政府绩效管理机构的类型和职责。

第2章

政府绩效管理工具

管理学是一门直接面向实践的学问，绩效管理工具作为管理实践与管理理论之间的桥梁与纽带，直接来源并应用于管理实践。纵观绩效管理工具的演变历程，它在横向上不断拓宽绩效评价范围，从单纯的财务类指标扩展到全面考察整个组织各个层面的绩效指标；在纵向上不断提升组织的经营功能，从单纯的绩效评价工具上升到实现组织战略的战略性绩效管理工具（见图 2-1）。

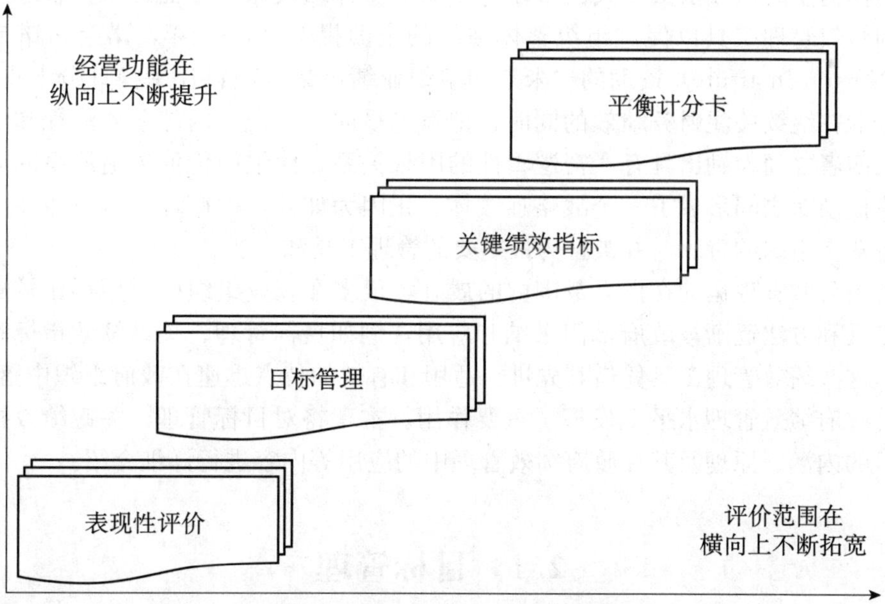

图 2-1 绩效管理工具的发展演变

截至目前，绩效管理工具的发展演变根据其代表性的绩效管理工具大体可以划分为四个阶段，具体为表现性评价阶段、目标管理（management by objectives，MBO）阶段、关键绩效指标（key performance indicators，KPI）阶段和平衡计分卡（balanced scorecard,

BSC）阶段。这四个阶段在绩效管理实践中是一个综合运用和跳跃更迭的演进过程。

20 世纪 50 年代中期以前，表现性评价是指上级领导根据绩效周期内下属的工作表现，包括工作的数量、工作的行为等，对其做出评价的管理模式。表现性评价属于绩效评价的范畴，还称不上是真正意义上的绩效管理工具。就表现性评价的评价方法而言，历史上比较典型的有 19 世纪初欧文的颜色评价，20 世纪 30 年代的图解评定尺度、40 年代的关键事件技术以及 50 年代的特征评价方法等。表现性评价的优点在于操作起来比较简单，但最大的缺陷是它只是纯粹的绩效评价工具，不能有效地确保整个组织战略的落地和执行。因此，20 世纪 50 年代以后表现性评价被更先进的绩效管理工具取代。

1954 年，彼得·德鲁克在其著作《管理的实践》一书中提出了目标管理的思想。由于目标管理适应了当时环境的变化和管理实践的需要，在随后的 30 年间获得了极大的成功，被众多组织采用。但是，目标管理对人性的假设过于乐观，对组织中存在的本位主义和员工惰性的忽视，导致其实施效果大打折扣。

20 世纪 80 年代末，真正意义上的绩效管理才正式出现，绩效管理工具随之得到长足发展。这一时期，管理学界开始将绩效管理与组织战略相结合，强调过程与结果并重，提倡采用各种评价方法对工作行为和绩效产出进行综合评价。关键绩效指标便是其中的一个代表，关键绩效指标的思路是绩效管理应该抓住对组织发展有重要意义的关键绩效指标，通过关键绩效指标来落实组织的战略目标和工作重点，传递组织的价值导向，进而有效激励员工，促进组织和员工绩效的持续改进与提升。但是，由于关键绩效指标在实现过程中存在难以协同等问题，造成了资源耗费，这一点制约了其进一步的发展。

20 世纪 90 年代之后，知识经济的崛起让无形资产的重要性充分凸显出来。传统的以财务指标为主的绩效衡量模式已难以对组织的整体绩效做出全面评价，管理实践迫切需要新的绩效管理工具以促进组织整体绩效的全面提升。1990 年，诺兰·诺顿研究所（Nolan Norton Institute）资助的"未来的组织业绩衡量"项目让平衡计分卡得以问世。平衡计分卡在继续关注财务绩效的同时，把目光投向了客户、内部业务流程和学习与成长，并在四者之间勾勒出具有严密逻辑性的因果关系，使组织价值创造源泉的无形资产和组织终极使命之间形成了一个战略连续体。正因为如此，平衡计分卡才能在问世之后迅速赢得众多组织的青睐，并被誉为最重要的管理工具和方法。

随着新公共管理运动在世界范围内的展开，很多在企业组织中应用得比较成熟的绩效管理工具和方法逐渐被政府部门采纳和应用，例如目标管理、关键绩效指标和平衡计分卡等。这些绩效管理工具凭借其先进、适用和有效的特点迅速在政府组织中落地生根，并在提升政府绩效管理水平上发挥了重要作用。本章将对目标管理、关键绩效指标和平衡计分卡的内涵、原理及其在政府绩效管理中的应用等内容进行详细介绍。

2.1 目标管理

2.1.1 目标管理的内涵

目标管理是 1954 年由美国著名管理学家彼得·德鲁克在《管理的实践》一书中提出

的。德鲁克认为一个组织的使命和任务都必须转化为目标，而目标只有分解成更小的目标后才更容易实现。不是有了工作才有目标，而是有了目标之后，根据具体的目标来确定每个人的工作。如果某个领域没有特定的目标，则这个领域必然会被忽视。各级管理者只有通过目标对下级进行领导，并以目标来衡量员工的贡献和产出，才能保证组织总目标的顺利实现。相反，如果没有一定的目标来指导员工的工作，那么随着组织规模的扩大和人员的增多，发生冲突及浪费的可能性会增大。因此，德鲁克提出让员工和上级一起，根据组织的总体目标，协商制定员工的个人目标；在目标管理的实施阶段，实行权限下放和民主协商，使员工进行自我控制，独立自主地完成工作任务，从而有效激励员工的工作热情，发挥员工的主动性和创造性。

由于以往古典管理学派偏重于以工作为中心，忽视了人性的一面，而行为科学学派又偏重于以人为中心，忽视了同工作的结合，因此，德鲁克提出的目标管理是在科学管理和行为科学的基础上把对工作的关注和人的价值统一起来，使员工能够从工作中满足社会需求，同时又能够确保组织目标的顺利实现。“目标管理和自我控制”最大的优点就在于：以目标给人带来的自我控制力取代来自他人的支配式的管控方式，从而激发人的最大潜力，把事情办好。因此，目标管理是一种参与、民主和自我控制的管理思想，也是一种把个人需求与组织目标相结合的管理思想。在这一管理思想下，上级与下级的关系是平等、相互尊重和相互支持的，下级在承诺目标和被授权之后是自觉、自主和自治的。

目标管理理论丰富了现代管理理论，在管理理论中具有十分重要的地位，其理论主要可以用道格拉斯·M. 麦格雷戈（Douglas M. McGregor）提出的X理论和Y理论等有关人性假设的研究成果来阐释。对人性的假设决定了一个管理者采取什么样的管理方式对待自己的下属员工，X理论和Y理论是两种比较极端的假设。主张X理论的管理者认为大多数人会逃避责任，工作对大多数人而言是没有乐趣的。因此，管理的行为应该是“严厉的”或“强硬的”，管理者要采取严格的监督与控制方式。而Y理论则认为工作是一种像游戏和休息一样自然的事，人在工作中可以也愿意承担责任，自我实现的需求与组织的要求并不矛盾。在《企业的人性面》一文中，麦格雷戈把Y理论叫做“个人目标和组织目标的结合”，在这种哲学的指引下，管理者的重要任务就是创造一种能够使人的才能得以发挥的工作氛围，并通过让员工参与决策、给予员工更多的自主权等对员工进行内在激励，满足其自我实现的需求。因此，目标管理正是一种以“员工”为中心，以“人性”为本位的管理思想，其本质就是以“民主”代替“集权”，以“沟通”代替“命令”，使组织成员充分而切实地参与决策，通过采用自我控制、自我指导的方式，把个人目标与组织目标结合起来。

在德鲁克之后，很多学者对目标管理进行了定义，使目标管理理论得以不断发展和完善。约翰·亨布尔（John Humble）认为，目标管理是在管理者努力发展自己的前提下，积极整合组织的需要来阐明和实现组织利益的动力系统，是对管理风格的要求与奖赏。

乔治·欧迪伦（George Odiorne）认为，目标管理是一种秩序，凭借上下层级对目标的共同了解，制定个人的工作目标及职责，使之能齐心协力地完成组织目标，并以预定的目标作为工作推进的指导原则和评审成果的客观标准。

戴尔·D. 麦康尼（Dale D. McConkey）把目标管理看成一种业务管理计划和考核方法，即每一位管理者都按其应达成的目标与成果制定一年或一定时期内具体可行的工作内容与进度，期满时以预定目标来衡量实际的成果。麦康尼在分析了近40位权威人士对目标管理的观点之后认为个体目标与组织目标应当联系起来，并且需要用具体可衡量的标准来定义目标。

尽管目标管理的具体形式多种多样，但其基本内容是一致的。简言之，目标管理可以描述为如下一个过程：组织中的上下级一起协商、共同制定目标；根据一定时期内组织的总目标，来决定上下级的职责和子目标，并把这些目标作为组织经营、评估和奖励的标准。具体而言，目标管理由明确目标、参与决策、规定期限和反馈绩效四个要素构成。正确理解目标管理的内涵，需要关注以下几个方面：

1. 明确目标

目标管理中的目标是对期望绩效的简要概括，它应该是具体的、可量化的和易操作的，研究人员和实际工作者早已认识到由员工自己先制定个人目标的重要性。美国马里兰大学的早期研究发现，高水平的绩效是和高标准的目标相联系的，明确目标比只要求人们尽力去做有更高的绩效。目标管理提倡由员工首先制定出自己的绩效目标，组织将总体目标逐级分解转换为各部门和员工的子目标，以此来确保绩效目标的切实可行、员工工作积极性的有效提高和各部门、各员工权责利的合理明确，从而使绩效目标方向一致，环环相扣，相互配合，形成一套协调统一的目标体系。

2. 参与决策

参与决策是指绩效目标的制定和行动计划的安排是由上级与下级共同商定完成的，双方需要在目标管理的实施过程中不断交换意见、达成共识。目标管理的目标转化过程既是自上而下的，又是自下而上的。目标管理的目标制定过程与传统的目标设定不同，传统的目标设定是在高度集权的模式下，以命令的形式把组织的目标按照管理层次逐级分解，员工只能被动地接受；而目标管理则是用上级与下级共同参与的方式来选择和设定各个层次的目标。通过目标制定这一过程，员工的心理状态由“要我做”转变为“我要做”；而管理者的领导风格也由单纯地下达指示，逐渐转变为重视员工参与的人性化管理模式。

3. 规定期限

规定期限是指规定每个目标开始和结束的具体时间，它是管理者检查目标完成情况的基本尺度。目标管理强调时限性，制定的每一个目标都需要有明确的时间期限，如一个月、一个季度、一年或其他适当的期限。在大多数情况下，目标的制定可与年度预算或主要项目的完成期限相一致。在管理实践中，有些目标会安排在很短的时间内完成，而有些目标则要安排在较长的时间内完成，应根据具体的实际情况来制定。

4. 反馈绩效

反馈绩效是指在目标管理的实施过程中，通过检查和评价活动，不断将目标的完成情况反馈给有关部门和个人，促使其持续调整和修正自己的行动计划。这样，每个员工对他所在部门的贡献就变得非常明确。更重要的是，管理者需要努力吸引下属员工积极参与到评价和反馈绩效的过程中，用这种鼓励员工自我评价和自我发展的方法，来提升员工的工作积极性和工作满意度。

2.1.2 政府组织目标管理的实施

20 世纪 70 年代，目标管理在企业得到广泛推广之后，德鲁克又将这一管理方法引入政府管理领域，形成适用于政府组织等公共服务机构的目标管理理论。德鲁克认为，公共部门绩效管理是当代管理工作中“最重大、最主要的任务”，政府部门可以像企业一样应用和实施目标管理。

1. 政府组织成功实施目标管理的先决条件

政府组织目标管理要取得成功，必须满足下列先决条件：

（1）参与式的管理模式。

目标管理提倡的是参与式的管理模式，强调员工的主动参与，要求下属员工参与到决策制定的过程中；同时要求上级领导善于运用下属员工的专业技能和创新能力来共同协商和解决目标管理中的关键问题，并能够与下属员工明确分享工作中的职责和权利。

（2）组织层次分明。

组织层次是指组织内纵向管理系统所划分的等级。在组织层次混乱的情况下，明确职责权限是件很困难的事情。要想取得良好的管理效果，先决条件是要求管理者为自己承担的目标肩负起责任，这就需要将每个目标切实落实到每位管理者身上。同时，每一位管理者所应负责的目标必须被授予相应的权限，职责和权限之间的不匹配往往是目标无法实现的重要原因。

（3）工作的反馈。

对员工工作情况的反馈是十分必要的，原因就在于员工的成就感越强，越需要上级对自己工作情况的及时反馈。高成就动机的员工不希望在自己采取行动、付出努力后，对工作结果的好坏一无所知。因此，及时准确的工作反馈对于员工工作行为的合理调整和工作水平的提高有着重要的意义。

2. 政府组织目标管理的实施步骤

目标管理包括两方面的重要内容：第一，必须与每一位员工共同制定一套便于衡量的工作目标；第二，定期与员工讨论其目标完成情况。具体而言，政府组织的目标管理主要包括计划目标、实施目标、评价结果和反馈四个步骤。

（1）计划目标。

计划目标是指根据组织的使命和任务制定组织的总体目标和行动计划，并依据政府部门的管理层次来确定每个部门和个人的具体目标。通常每年年初或上年年末，政府组织的高层管理者要根据实际情况和上级部门提出的要求，制定出本年度要完成的目标；然后，各部门的中层管理者与上级领导一起将组织的目标分解为本部门的目标，并最终分解为每个员工的个人目标。在制定员工个人目标时，上级领导和下属员工要及时沟通，共同协商。通过制定目标这一过程，不仅将组织的目标逐级分解为一个个细化的具体目标，而且能够使员工明确组织期望达到的结果以及为达到这一结果所应采取的措施、步骤和所需的时间及资源，使他们在为目标努力时了解自己目前在做什么，已经做了什么和下一步将要做什么，不断增强员工个人的工作积极性和组织归属感。

（2）实施目标。

目标管理的实施阶段，强调以自我管理为核心来开展工作，其主要目的是对目标计划的实施情况进行监控，保证制订的计划按照预定的步骤进行。在实施目标的过程中，上级领导的主要工作不再是严格的管理，而是根据既定的目标、行动计划和时间安排等对下属的工作进行指导、协助和监控。通过这一过程，可以及时地发现问题、纠正行为或对既定计划进行适当的修改；同时也可以使管理者注意到组织环境对下属员工工作表现产生的影响，帮助下属员工克服困难和适应他们无法控制的客观环境，创造良好的工作氛围。

（3）评价结果。

评价结果就是将实际达到的绩效结果与预先设定的目标相比较，其目的是使管理者找出未能达到目标的原因，或实际达到的目标远远超出预定目标的原因，从而帮助管理者做出合理的决策。政府部门多采用以月、季、年为周期的阶段性评价，并根据目标的达成情况、目标的复杂程度以及工作的努力程度等进行区别性的评价。通过对实际结果与设定目标的比较评价，达到扬长避短的目的。在政府部门中，评价方式主要有自评和互评两种。

（4）反馈。

反馈就是上级与下级共同回顾整个目标管理周期，对目标完成的进度和预期目标的达成情况进行讨论，从而为新目标的制定以及为实现新目标可能采取的战略做好准备。及时反馈结果很大程度上影响着个人、部门乃至整个组织工作效率的提高和工作进度的推进。但是，在我国目前的政府绩效管理中，这一环节常常被忽略。因此，首先要在政府目标管理的过程中树立结果反馈的观念，并尽可能指派专门的机构负责目标管理的反馈工作。

目标管理特别重视和强调员工对整个组织的贡献。在传统的绩效管理中，管理者的作用类似于法官；而在目标管理中，管理者发挥着顾问和促进者的作用，员工也从消极的旁观者转换成了积极的参与者。参与目标的制定使得员工成为目标制定和决策过程的一部分。在整个目标管理的过程中，管理者都要保持联系渠道公开，其目的在于能够及时地与员工沟通，帮助员工持续进步，确保工作任务能够按照既定目标顺利实现。

2.1.3 对目标管理的评价

目标管理风行一时并非偶然。第二次世界大战后，各国经济由缓慢恢复转向迅速发展，企业急需采用新的管理方法调动员工的积极性以提高竞争力，目标管理由于适应了当时环境的变化和管理实践的需要而迅速发展起来，并因为其较易理解、可操作性强等特点，在政府部门的绩效管理中得到广泛应用。与传统的表现性评价相比，目标管理已经取得了长足的进步。

1. 目标管理的优点

（1）目标管理重视人的因素，强调目标管理和自我控制。员工与上级共同协商确定绩效目标，可以使员工有机会把自己的想法纳入计划之中，也使得员工对目标的理解更为透彻，从而最大限度激发员工的工作兴趣和积极性。同时，通过让员工在达成目标的过程中进行自我控制来满足其自我实现的需要。因此，目标管理既可以对绩效目标进行有效的控制，又可以有效地激励员工，促使员工进步。

（2）目标管理可以帮助管理者理清思路，有利于组织目标的顺利实现。目标管理迫使管理者仔细思考实现目标所应采取的方式方法、所需的时间和资源以及行动计划的效果和可能遇到的问题等等，从而可以确保行动计划的切实可行。同时，目标管理强调员工参与，这能够促使组织中的各级管理者及员工明确和理解组织的目标、组织的结构、组织内的分工与合作及各自的工作任务和职责权限等，有利于目标实施过程中的相互配合和既定目标的顺利实现。

（3）目标管理能改进管理方式和改善组织氛围。目标管理以目标的制定为起点，以目标完成情况的评价和反馈为终点。工作结果是评价工作绩效最主要的依据，这样就使得在实施目标管理的过程中，员工控制目标实现的能力得以增强。同时，目标的制定和实施必须依赖于良好的上下沟通和相互配合，因此，又能够有效地改善人际关系和营造良好的组织氛围。

2. 目标管理的缺点

在实施的过程中，目标管理也暴露出一些弊端。20 世纪 70 年代末，目标管理开始遭到质疑。

（1）目标管理假定人们对成就动机、能力与自治有强烈的需求，员工愿意接受有挑战性的目标。因此，允许员工制定自己的目标与绩效标准。但它忽视了组织中的本位主义及员工的惰性，对人性的假设过于乐观，组织中的员工并非都具有高成就动机，愿意参与决策和承担挑战性任务，这使得目标管理的效果在实施过程中大打折扣。正是基于这个原因，当今许多组织将目标管理的应用范围局限于中高层管理者或技术人员。

（2）上下级为统一思想所进行的反复沟通需要耗费大量的时间和成本。罗伯特·谢弗（Robert Schaffer）指出："值得嘲讽的是目标管理经常制造的是纸片风景，计划变得越来越长，文件越来越厚，焦点散漫，质量因目标标准过多而混乱，能力都花在机制上而不是结果上。"这容易使目标管理流于形式。

（3）目标及绩效标准难以确定。目标管理过分强调通过量化指标来衡量绩效，然而组织中的许多工作是难以量化的，而且绩效标准也因人而异，难以形成一个可以互相比较的管理平台，目标管理的公平性因此受到质疑。

（4）目标管理使得员工倾向于选择短期目标，即可以在评价周期内加以衡量的目标，导致组织内部员工为了达到短期目标而牺牲长期目标，从而使组织长期利益被忽视，不利于组织的可持续发展。

尽管存在上述缺点，目标管理在管理思想史上仍具有划时代的意义。它不仅作为一种绩效管理工具，为未来绩效管理的发展奠定了基础，同时它作为一种先进的管理思想，对后期的很多管理学理论有重大影响。

2.1.4　政府组织目标管理的具体实践

目标管理由于其易于操作、便于管理等特点在政府部门得到了广泛应用。在美国，早在 20 世纪 70 年代尼克松在任时，就以备忘录的形式正式宣布对 21 个政府机构推行目标管理。1975 年，美国要求各机构必须提交机构目标及财政年度预算。到了 1976 年，41%的政府报告指出至少在若干部门实施了目标管理，而到 1987 年大约有 62%的大城市在政府报告中表明实施了目标管理。但是，到了 20 世纪 90 年代，政府部门对目标管理的信任开始有所动摇，到 1993 年只有 47%的城市还在使用目标管理。值得注意的是，即使各城市实施目标管理的比例逐渐下降，目标管理的运用仍然十分普遍。地方政府从目标管理中获益匪浅，目标管理对于提高政府的行政能力、控制成本以及改进政府组织的管理水平做出了十分重要的贡献。

自 20 世纪 80 年代中期以来，针对传统政府管理方式中存在着缺乏明确的方向和目标以及缺乏系统和完整的管理等问题，我国在政府管理中逐步运用和推广目标管理，进行以体现“结果为本”、绩效取向的市场化改革，在人事考核创新、政府绩效创新和干部制度创新等方面实施目标管理，取得了显著的效果。许多城市如武汉、南京、宁波、苏州、青岛、天津、连云港等，通过借鉴和运用目标管理来创新政府绩效管理模式，在提高政府工作效能与管理水平的基础上形成了行之有效的管理方式。

武汉市是我国较早实行政府目标管理的城市之一。1988 年，武汉市就决定在全市政府系统和各区县实行目标管理。在取得实践经验的基础上，于 1998 年又将目标管理延伸到市党群系统和有关单位。2003 年以来，武汉市委、市政府从实际出发，抓住主要工作重点，全面推行目标管理，在管理创新中实现了政府职能的转变，形成了富有特色的管理模式和良好的组织文化。

2011 年，四川省以作为全国 8 个开展绩效管理试点省市之一为契机，构建了省、市、县三级规范统一的政府目标绩效管理框架。同年 9 月，《四川省人民政府关于开展政府绩效管理试点工作的意见》正式下发。该意见指出，力争到 2012 年年底基本形成组织健全、内容科学、程序完备、操作规范、运转协调、结果公平的目标绩效管理体系，确定了“建立管理体系、优化指标设置、稳步推进实施、加强过程管理、分级考核评价、强化结果运用”等六项工作内容。2014 年 4 月，四川省人民政府印发了《四川省人民政府市（州）政府目标管理办法》，指出要建立健全科学合理的政府目标管理指标体系和考核机制，确保省委、省政府决策部署贯彻落实，推动法治政府和服务型政府建设，为促进由经济大省向经济强省跨越、由总体小康向全面小康跨越提供有力保障。政府目标管理设置三级指标体系，统称“政务目标”。一级指标和二级指标为共性要求，三级指标为一、二级指标的具体内容，三级指标的具体内容及权重根据实际情况进行调整。一级指标包括职能职责、自身建设和重点工作。

2017 年，上海开始在徐汇区推进目标管理制。区长与副区长之间、副区长与部门、街镇负责人之间进行了目标管理签约，区里一年内的专项工作、重点工作和常规工作都列出“内容、责任单位、主要节点”清单，一一对应落实。徐汇区的区级政府目标管理，涵盖了区政府工作目标、部门工作目标和街镇工作目标三个层次。其中，区政府专项工作目标包括市委市政府交办的重点任务和区委区政府关注的重点工作两大类；区政府重点工作目标包括经济、民生服务、城区环境及政府改革等五大类。徐汇区在启用政府目标管理信息系统后，工作进度和问题情况将全程网上留痕，月月有跟踪，季季有督查，年年有考核。

实行目标管理对转变政府机关工作作风，提高工作效率，维护政府形象，促进政府职能转变有着重要的意义。因此，一直到现在目标管理仍然被我国很多政府组织使用，在促进我国政府绩效管理水平整体提升等方面发挥了重要的作用。

2.2　关键绩效指标

2.2.1　关键绩效指标的内涵

进入 20 世纪 80 年代，随着管理实践的发展，管理学界开始注重将绩效管理与组织战略相结合，在这种背景下，关键绩效指标（key performance indicators，KPI）应运而生。所谓关键绩效指标，是指将组织战略目标经过层层分解而产生的用以衡量组织战略实施效果的可操作性的关键指标体系，其目的是建立一种机制，将组织战略转化为内部流程和活动，从而不断增强组织的核心竞争力，使组织持续发展。关键绩效指标的假设是组织战略的实现往往依赖于关键成功领域的某些关键绩效要素，其管理精髓就在于抓住关键、以少制多，是“二八”原理的生动体现。关键绩效指标体系有三个重要的关键词：关键成功领域（key result areas，KRA）、关键绩效要素（key performance factors，KPF）和关键绩效指标。关键成功领域、关键绩效要素和关键绩效指标的关系如图 2－2 所示。

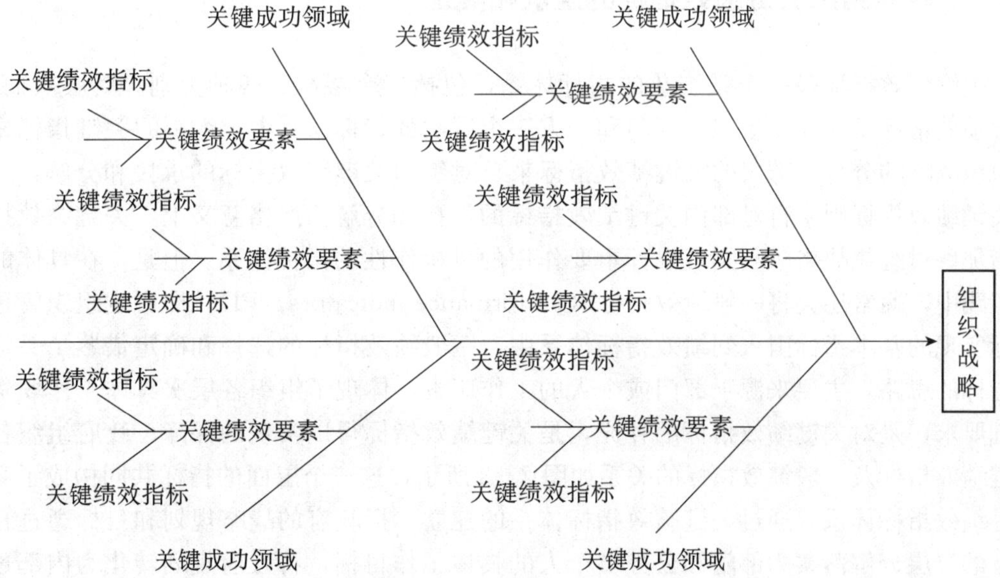

图 2－2　KRA、KPF 和 KPI 的关系：鱼骨图

对于关键绩效指标的内涵，可以这样来理解：它是对组织战略目标有增值作用的绩效指标，这种增值作用体现在它将个人绩效与组织战略目标链接起来，能够反映有效影响组织价值创造的关键驱动因素。因此，它既不是绩效目标，也不是一般的或全部的绩效指标，更不是能力或态度类指标，而是能够衡量组织战略实施效果的关键指标体系。具体而言，要正确理解关键绩效指标的内涵，需要重点关注以下几个方面：

（1）关键绩效指标是衡量组织战略实施效果的关键指标。这包含两方面的含义：一方面，关键绩效指标是战略导向的。它是由组织战略目标层层分解得出的，是对组织战略目标的进一步细化和发展。另一方面，关键绩效指标强调"关键"。它关注的是对组织成功具有重要影响的关键领域。因此，关键绩效指标需要根据组织战略目标的发展演变不断调整。当组织战略侧重点转移时，关键绩效指标也必须随之修正以正确反映组织战略的新重点。

（2）关键绩效指标反映的是最能有效影响组织价值创造的关键驱动因素。关键绩效指标是对驱动组织战略目标实现的重要因素的深入发掘，它实际上提供了一种管理的思路：作为管理者，应该抓住关键绩效指标进行管理，通过关键绩效指标将员工的行为引向组织的目标方向。其主要目的是引导管理者将精力集中在能对绩效产生最大驱动力的经营行为上，及时了解和判断组织运营过程中产生的问题，及时采取提高绩效水平的改进措施。

（3）关键绩效指标体现的是对组织战略目标有增值作用的可衡量的绩效指标体系。关键绩效指标强调对组织绩效起关键作用的指标，而不是与组织经营管理有关的所有指标，关键绩效指标是链接个人绩效与组织战略目标的最佳桥梁，通过关键绩效指标，可以落实组织的战略目标和业务重点，传递组织的价值导向，有效激励员工，确保对组织有贡献的行为受到鼓励，促进组织和员工绩效的整体改进与全面提升。

2.2.2 政府组织关键绩效指标的层次和类别

关键绩效指标是一个系统化的指标体系，包括三个层次、四种类别。就层次而言，关键绩效指标要求建立组织、部门和个人三个层次的指标。其中，组织的关键指标来自对组织战略的分析，部门的关键绩效指标来自对组织关键绩效指标的承接和分解，个人的关键绩效指标则来自对部门关键绩效指标的承接和分解。严格意义上，关键绩效指标是指那些对组织战略顺利实现发挥重要作用的可操作性的指标体系。但是，在具体的管理实践中，通常还会将一般绩效指标（performance indicators，PI），即影响组织管理和目标实现的基本指标引入到绩效指标体系中。一般绩效指标的选择和确定借鉴了关键绩效指标的思路，主要来源于部门或个人的工作职责，体现了组织各层次具体工作职责的基础要求，是对关键绩效指标的补充，是关键绩效指标得以实现的保障。政府组织各级关键绩效指标及一般绩效指标的关系如图 2-3 所示，这三个层面的指标共同构成了政府关键绩效指标体系。通过关键绩效指标体系的建立，把政府的战略规划和目标通过自上而下的层层分解落实为部门和公务员个人的具体工作目标，将政府规划转化为内部过程和活动，从而确保战略目标的有效实现。

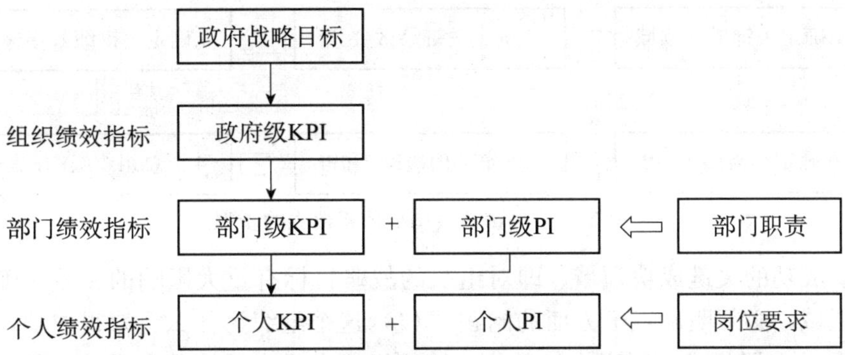

图2－3　政府组织各级KPI及PI的关系

纵观政府组织绩效、部门绩效及公务员个人绩效指标之间所呈现出的层层分解、层层支撑的关系，不难体会到“关键”一词是将三者紧密联系起来的主线。关键绩效指标强调在组织战略的牵引下，倾注全力于对组织发展至关重要的关键成功领域，这充分体现了它作为一种战略性绩效管理工具的鲜明特色。就类别而言，关键绩效指标通常采用财务指标、经营指标、服务指标和管理指标的分类方法。财务指标侧重衡量组织创造的经济价值，经营指标侧重衡量组织经营运作流程的绩效，服务指标侧重衡量利益相关者对组织及其所提供的产品和服务的态度，管理指标侧重衡量组织日常管理的效率和效果。关键绩效指标分类示例如表2－1所示。

表2－1　关键绩效指标分类示例

指标类型	关键绩效指标	单位	权重	目标值	完成情况	打分
财务指标	业务收入	亿元	25%			
	……	……	……			
经营指标	网络资源利用率	%	5%			
	……	……	……			
服务指标	服务对象满意度	%	5%			
	……	……	……			
管理指标	关键人员流失率	%	5%			
	……	……	……			

2.2.3　基于KPI的政府绩效评价体系设计

设计良好的关键绩效指标是政府组织绩效管理成功的保障，它所提供的基础性数据是绩效评价的标准和绩效改进的依据。关键绩效指标的设计通常是采用基于战略的成功关键因素分析法建立的，关键绩效指标体系的建立过程应当按照以下六个步骤进行操作（见图2－4）：

第一步，确定关键成功领域。建立有效的关键绩效指标体系之前，首先必须明确整个政府组织的战略是什么，然后根据组织的战略及战略目标，通过鱼骨图分析，寻找能

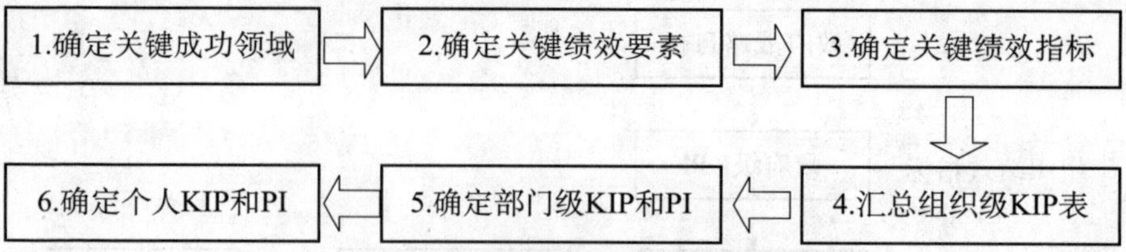

图 2－4　关键绩效指标体系建立的步骤

够促使组织成功的关键成功领域，即对组织的战略目标有重大影响的领域。确定组织的关键成功领域，必须明确三个方面的问题：（1）这个组织为什么会取得成功，成功靠什么；（2）在过去那些成功因素中，哪些能够使组织在未来持续获得成功，哪些会成为组织成功的障碍；（3）组织未来追求的目标是什么，未来成功的关键因素是什么。这实质上是对组织的战略制定和规划过程进行审视，对所形成的战略目标进行反思，并以此为基础对组织的竞争优势进行剖析。为了能够更加生动形象地阐释关键绩效指标体系的建立过程，在此以某铁路局的关键绩效指标体系为例，其关键成功领域的确定如图 2－5 所示。

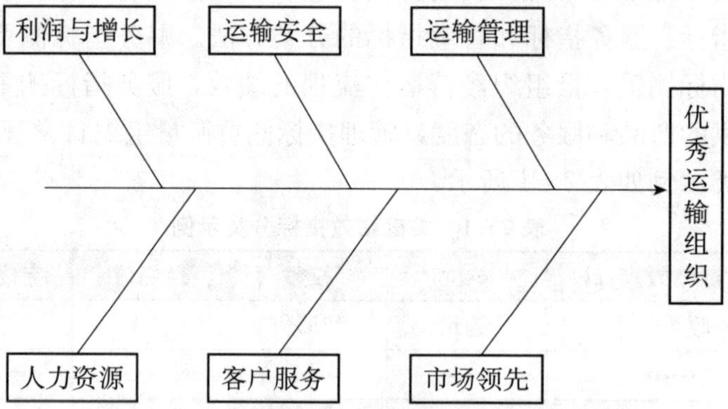

图 2－5　某铁路局关键成功领域的确定

第二步，确定关键绩效要素。关键绩效要素提供了一种“描述性”的工作要求，它是对关键成功领域的进一步解析和细化。它主要解决以下几个问题：（1）每个关键成功领域包含的内容是什么；（2）如何保证在该领域获得成功；（3）该领域成功的关键措施和手段是什么；（4）该领域成功的标准是什么。回答上述问题的有效方法就是采用头脑风暴法以集思广益，并利用鱼骨图由浅入深、由表及里地进行层次分析，如图 2－6 所示。

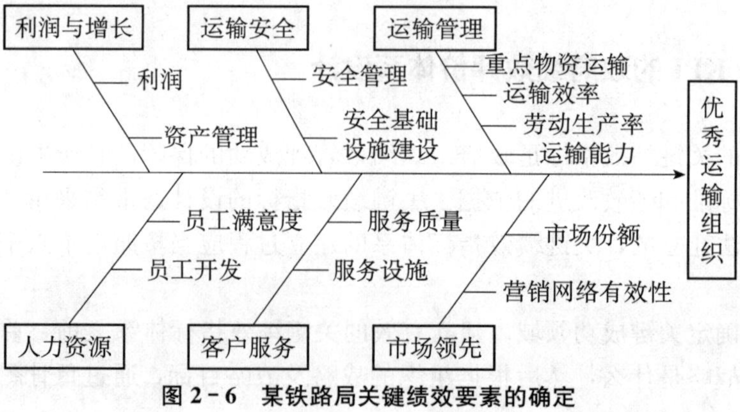

图 2－6　某铁路局关键绩效要素的确定

第三步，确定关键绩效指标。确定关键绩效指标就是对关键绩效要素进行细化和甄选，首先将关键绩效要素细化为反映其特性的指标，其次按照具体的原则从众多指标中选择出关键绩效指标，如图2-7所示。在确定关键绩效指标的过程中，一般需要遵循三个原则：（1）指标的有效性，即所设计的指标能够客观地、集中地反映关键绩效要素的要求；（2）指标的重要性，即通过对组织创造价值的流程分析，找出对其绩效影响最大的指标；（3）指标的可操作性，即指标必须有明确的定义和计算方法，能够获取客观可靠的数据。

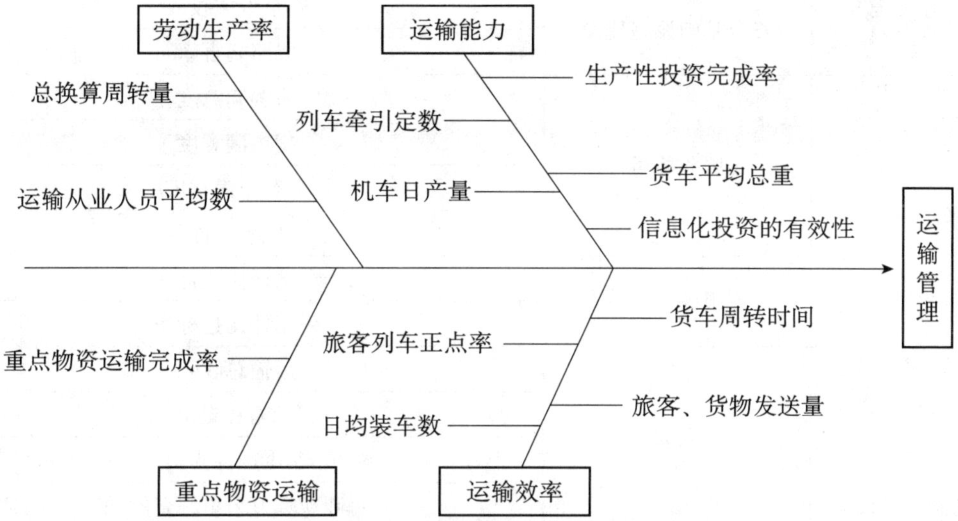

图2-7　某铁路局关键绩效指标的确定

第四步，汇总组织级KPI表。将前三个步骤分析所得出的关键成功领域、关键绩效要素和关键绩效指标汇总制表，作为整个政府组织绩效评价的依据，如表2-2所示。

表2-2　某铁路局关键绩效指标汇总表

关键成功领域	关键绩效要素	关键绩效指标
运输管理	运输能力	生产性投资完成率
		信息化投资的有效性
		列车牵引定数
		机车日产量
		货车平均总重
	运输效率	货车周转时间
		日均装车数
		旅客、货物发送量
		旅客列车正点率
	劳动生产率	总换算周转量
		运输从业人员平均数
	重点物资运输	重点物资运输完成率

续表

关键成功领域	关键绩效要素	关键绩效指标
市场领先	市场份额	客货运市场占有率
		客货运收入增长率
	营销网络有效性	客运计划完成率
		货运计划完成率
运输安全	安全管理	行车事故率
	安全基础设施建设	安全设施投入
		线路病害率
客户服务	服务质量	旅客满意度
		货主满意度
		大客户满意度
		路风事件件数
	服务设施	车站评比达标率
		列车评比达标率
利润与增长	利润	运输总收入
		运输总支出
		非生产性支出
		每吨换算万公里综合能耗
	资产管理	净资产收益率
		固定资产利用率
		资产负债率
人力资源	员工满意度	员工满意度综合指数
	员工开发	优秀员工流失率
		绩效改进计划完成率

第五步，确定部门级 KPI 和 PI。政府组织目标的实现，需要各个政府部门的全力支持。因此，政府组织级关键绩效指标需要被分配或分解到相应的政府部门，形成部门级的关键绩效指标。有些组织级的关键绩效指标可以直接被某政府部门承接，成为该部门的关键绩效指标。有些指标则不能被直接承担或由一个政府部门单独承担，这就需要对这些指标进行进一步的分解，指标的分解一般基于组织结构和内部流程两条主线进行，如图 2-8 所示。除此之外，为了全面地评价政府部门绩效，还应该根据政府部门的职责和流程等筛选出适应该部门的一般绩效指标作为补充，共同作为政府部门绩效评价的依据。

第六步，确定个人 KPI 和 PI。公务员个人关键绩效指标和一般绩效指标的确定方式同政府部门绩效指标的设定过程一样，如图 2-9 所示。一部分关键绩效指标是通过对部门关键绩效指标的承接或分解得来，一部分一般绩效指标则来自公务员个人的工作职责。

至此，组织、部门和个人三个层次的关键绩效指标得以建立。经过一段时间的发展，

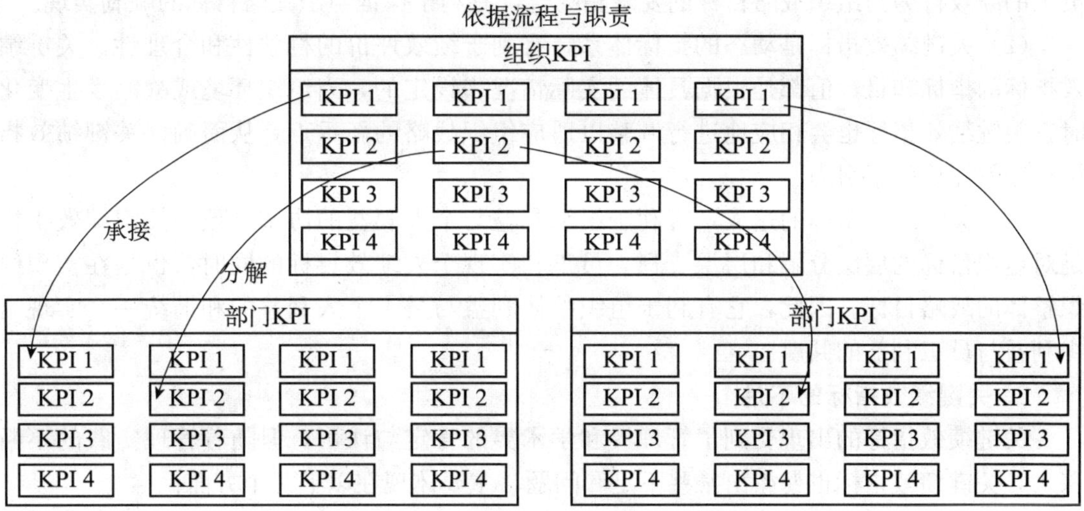

图 2-8　部门级关键绩效指标的确定

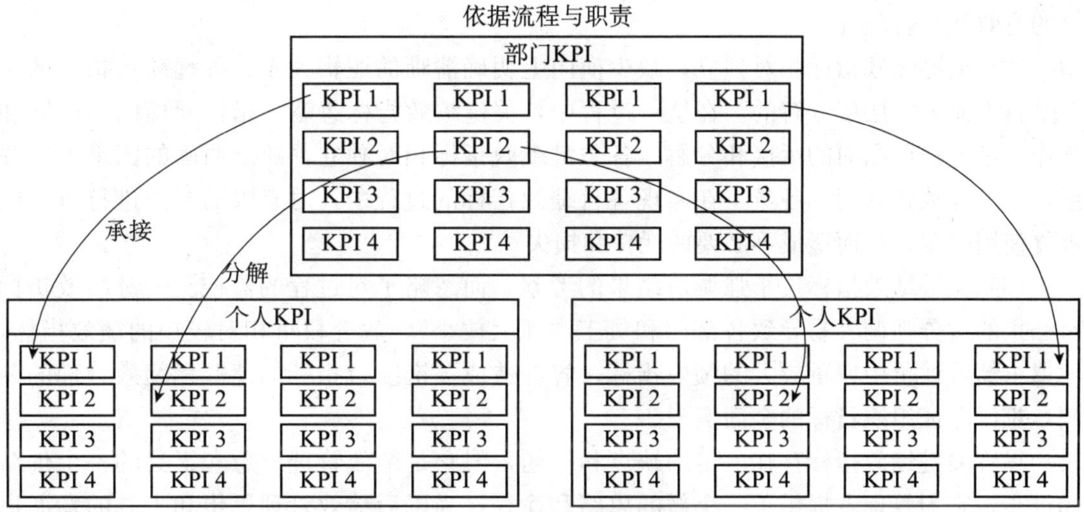

图 2-9　个人关键绩效指标的确定

整个政府组织就可以建立一个比较完整的关键绩效指标库，根据不同的发展阶段、不同的战略和组织结构选取不同的关键绩效指标，并可以随着组织的发展和战略目标的改变对关键绩效指标进行及时的调整和补充。

2.2.4　对关键绩效指标的评价

1. 关键绩效指标的优点

善于运用关键绩效指标对组织进行绩效管理，有助于发挥战略导向的牵引作用，形成对员工的激励约束机制。关键绩效指标主要有以下优点：

（1）关键绩效指标是基于组织战略的指标体系，有利于组织战略目标的实现。关键绩效指标是对组织战略目标的层层分解，通过对关键绩效指标的有效整合和控制，确保员工的绩效行为与组织战略目标的要求相吻合，有利于保证组织战略目标的顺利实现。

（2）关键绩效指标是动态的指标体系，有利于绩效评价的科学性和合理性。关键绩效指标的指标和目标值都是根据具体的实际情况来设定的，当组织环境或战略发生变化时，关键绩效指标也会相应地进行调整以适应组织战略的新重点，从而确保关键绩效指标对绩效评价的牵引力。

（3）关键绩效指标的达成，有利于组织利益与个人利益的协调一致。关键绩效指标是对组织目标的层层分解和层层支撑，员工在实现个人绩效目标的同时，也是在实现组织整体的战略目标。因此，它有利于组织整体利益与员工个人利益的和谐统一，实现组织利益与员工利益的共赢。

2. 关键绩效指标的不足

关键绩效指标的出现受到了管理界和学术界的肯定与认可，但随着管理实践的不断深入，关键绩效指标也暴露出某些不足和问题，主要体现在以下几个方面：

（1）关键绩效指标倾向于定量的绩效指标，而忽略定性的绩效指标。这容易导致评价者过分依赖量化的绩效评价指标，使绩效评价进入机械评价的误区，从而影响绩效评价的有效性和合理性。

（2）关键绩效指标相对独立，缺少横向上明确清晰的逻辑关系。关键绩效指标的制定是自上而下、层层分解的。在这一过程中，关键绩效指标忽略了指标间横向的协同和合作，过于强调纵向的承接和分解。各关键绩效指标相对独立，缺乏明确的因果逻辑关系，容易导致各部门和各员工在实现各自绩效指标的过程中，对有限的资源进行争夺或重复使用资源，从而造成不必要的耗费和损失。

（3）关键绩效指标过于强调对结果的考察，而忽略了对过程的监控。关键绩效指标对结果的过分强调容易导致各部门和员工“抓大放小”，放弃权重相对较小的绩效指标，而追求绩效评价中权重较大的绩效指标，容易造成关键绩效指标的遗漏和绩效管理的漏洞，难以保证组织目标的全面实现。

尽管关键绩效指标存在一定的缺点和问题，但它是绩效管理思想和工具的一个创新和进步。它为管理者提供了一个新的思路和途径，为以后绩效管理思想和工具的发展提供了一个新的平台。

2.2.5 政府组织关键绩效指标的具体实践

关键绩效指标强调在组织战略的指引下，经过对目标自上而下的层层分解，实现组织目标的最终达成。由于关键绩效指标在企业领域的广泛使用，国内外也有部分政府和非营利组织开始逐渐利用关键绩效指标开发本组织的绩效评价指标体系，并且取得了有效的成果。

鹤山市作为珠三角地区的县级市，20世纪八九十年代就全面实现了农业经济向工业经济的转型。进入新世纪，为了推动鹤山市的跨越式发展，鹤山市确立了“科学规划、集约发展、科教创新、生态优先”的发展战略。围绕政府转变职能，提高效率，改善形象，关注民生，鹤山市不断探索建立与基层治理、机关作风、公共财政、服务效率相关联的绩效考评制度，经历了“实绩考核—绩效评价—绩效管理”等三个阶段。2007年以后，鹤山市明确提出了绩效导向的目标定位，形成了一整套符合基层实际、具有地方特色的政府绩效评价及管理体系。鹤山市依据“促进经济发展、增加农民收入，强化公共服务、着力改善民生，加强社会管理、维护农村稳定，推进基层民主、促进农村和谐”的职能定位，按照“以结果为导向、分片考核、突出重点、体现公民导向”的设计思路，将绩效领域划分为经济发展、社会发展、人民生活、环境保护四个领域层，对镇级政府职能履行情况进行综合评价。在绩效评价的实施方面，鹤山市采用KPI考评法，根据政府职能设计了精细化的调查问卷，将话语权交给公众，形成了开放的公民参与机制。

近年来，建设生态环保城市逐渐成为国内外新兴的城市发展模式。具有代表性的世界公认的生态城市包括：泰国苏梅岛低碳示范城、中国天津于家堡世界金融区、中国新疆吐鲁番新能源示范区、中国天津生态城等。为了推动低碳示范城市的有序建设，亚太经合组织发布了亚太区生态城市KPI指标体系。这些生态城的规划与开发都是在2007年由中国与新加坡的专家们合作设定的综合KPI指导下进行的。该KPI体系涵盖了生态、经济与社会发展等方面，包括良好的自然环境、人与环境的健康平衡、良好的生活方式、发展活力与效率兼具的经济等，共计22项定量指标和4项定性指标。

2019年1月，《国务院办公厅关于加强三级公立医院绩效考核工作的意见》印发。文件指出，三级公立医院绩效考核指标体系由医疗质量、运营效率、持续发展、满意度评价等四个方面的55项指标构成。国家制定《三级公立医院绩效考核指标》供各地使用，同时确定部分指标作为国家监测指标。各地可以结合实际，适当补充部分指标。2022年3月，为持续深入贯彻落实《国务院办公厅关于加强三级公立医院绩效考核工作的意见》，国家卫生健康委印发《国家三级公立医院绩效考核操作手册（2022版）》，以保证三级公立医院绩效考核工作规范化、标准化、同质化。三级公立医院绩效考核指标体系中，包含医疗质量、运营效率、持续发展和满意度评价4个一级指标，以及功能定位、质量安全、合理用药、服务流程等56个二级指标。

2.3 平衡计分卡

20世纪90年代，随着知识经济和信息技术的兴起，无形资产的重要性日益凸显，人们对以财务指标为主的传统企业绩效评价模式提出了质疑。在此背景下，美国哈佛大学商学院教授罗伯特·卡普兰（Robert Kaplan）和复兴全球战略集团总裁戴维·诺顿（David Norton）针对企业组织的绩效评价创建了平衡计分卡。经过两位创始人近20年锲而不舍的努力，平衡计分卡得以不断地推陈出新，逐渐发展成为系统完善的战略及绩效管理工具，并被广泛应用于企业、政府、军队、非营利机构等各类组织的管理实践。

2.3.1 平衡计分卡的产生与发展

20世纪中后期，以高新技术产业为主导的新科技革命促使生产力迅猛发展，知识经济初见端倪，科学技术成为经济发展的决定因素，各类组织面临着充满生机但又荆棘遍布的生存环境。为了应对迅速变化的生存环境和市场需求，管理者需要全面掌握组织的经营业绩和运作情况，尤其是无形资产对组织价值创造的贡献。然而，传统财务绩效评价模式因其固有的滞后性，已无法满足管理实践的现实需要，平衡计分卡应运而生。

1. 平衡计分卡的产生

1990年，美国毕马威会计师事务所（KPMG）的研究机构诺兰·诺顿研究所资助了一个题为“未来的组织业绩衡量”的研究项目。该项目为期一年，共有12家单位参加，包括AMD、美国标准石油（American Standard）、苹果电脑公司、南方贝尔（Bell South）、GIGNA保险、Conner Peripherals公司、Cray Research、杜邦、EDS（Electronic Data Systems）、通用电气（GE）、惠普和加拿大壳牌石油（Shell Canada），涉及制造业、服务业、重工业和高科技等多个行业。诺兰·诺顿研究所总裁戴维·诺顿担任该项目的负责人，罗伯特·卡普兰教授则担任学术顾问。项目开始后，研究团队搜集和分析了大量有关绩效评价系统创新的案例，最终把目光锁定在模拟设备公司（Analog Devices）的“企业计分卡”上，它不仅包括传统的财务指标，还包括与交货时间、制造流程的质量和周转期、新产品开发效率等相关的绩效指标，研究团队都认为这张计分卡最能满足项目的预期要求，因此它就成了平衡计分卡的原型。在听取了模拟设备公司副总裁阿特·施奈德曼（Art Schneiderman）的经验介绍之后，小组成员进行了深入的研究和反复的讨论，最终创建了一个新的具有财务、客户、内部业务流程、学习与成长四个独特层面的绩效评价系统，这个新的评价系统被命名为“平衡计分卡”。随后，项目小组在多家参加项目的企业中运用和实施了平衡计分卡，并总结了正反两方面的经验，最终于1990年12月提交了关于平衡计分卡绩效评价系统的可行性和实施效益报告，项目圆满结束。项目结束后，卡普兰和诺顿总结了研究团队的成果，共同撰写了一篇论文《平衡计分卡——驱动业绩的衡量体系》（The Balanced Scorecard：Measures that Drive Performance），发表于1992年1—2月号的《哈佛商业评论》。该文的发表标志着最初用于衡量企业组织绩效的平衡计分卡正式问世。

2. 平衡计分卡的发展脉络

平衡计分卡自问世以来，受到社会各界的广泛认可并迅速风靡全球，成为近百年来最具影响力的管理工具之一。据统计调查，在世界500强中有80%的企业应用了平衡计分卡，《财富》杂志公布的世界前1 000位公司中，有70%的公司采用了平衡计分卡。《哈佛商业评论》在庆祝创刊75周年和80周年之际，先后评选了“75年来最伟大的75个管理工具”和“过去80年来最具影响力的十大管理理念”，平衡计分卡均名列前茅。多年来，平衡计分卡不断地丰富、发展和完善，形成了一批极具价值的研究成果，这些成果集中反映了两位创始人的思想轨迹，生动体现了平衡计分卡的理论演变脉络，如图2-10所示。

（1）描述战略。

战略地图作为一种可视化的描述工具，其贡献在于通过四个层面之间层层向下牵引和向上支撑的逻辑关系，将概括性的组织战略转化成一整套清晰明确的战略目标和衡量

图 2-10 平衡计分卡的主要理论成果

指标。相对于表述笼统的战略，这些目标和指标不仅清晰具体，而且围绕战略主题高度整合。战略目标之间具有严密的因果关系，相应的衡量指标也具有明显的关联性，战略因此得以清晰准确地描述和诠释。

（2）衡量战略。

卡普兰和诺顿指出，衡量是重要的："不能衡量就不能管理。"任何一个绩效管理系统，目的都应该是激励所有管理者和员工成功地执行战略。在无形资产决定组织未来的信息时代，组织必须摒弃传统的财务绩效评价模式，在战略的指导下综合财务、客户、内部业务流程、学习与成长四个层面，建立一套全面的、紧密关联的、相互平衡的绩效目标和指标体系，以充分发掘组织核心竞争力的价值源泉。

（3）管理战略。

由于平衡计分卡提供了一个从四个不同层面来描述战略的管理框架，使组织的管理者能够站在全局的高度审视价值创造的绩效结果和驱动因素，因此利用平衡计分卡作为管理平台构建战略中心型组织是管理者的优先选择，而战略中心型组织的根本特征就在于将战略作为组织变革和管理流程的核心。

（4）协同战略。

平衡计分卡针对传统的职能壁垒提出了创造组织衍生价值的主张，介绍了实现战略协同的八个查验点，并阐释了如何在董事会、组织总部、经营单位、支持单元、外部合作伙伴和客户之间实现密切合作、协同作战，对协同效果进行评估以及对协同流程进行管理的详细方法。

（5）链接战略和运营。

卡普兰和诺顿以战略为纲、以运营为目的、以平衡计分卡为管理工具构建起一套包括开发战略、诠释战略、协同组织、规划运营、监控学习和检验调整六个阶段的战略管理体系。该体系从战略制定开始，将关键流程改进和运营计划编制作为链接的节点，以结构化会议形式的战略检验调整为终点形成了一个良性的管理循环，从而将战略执行和运营管理有效地整合与协同起来。

2.3.2 平衡计分卡的框架及要素

对平衡计分卡的理解，有广义和狭义之分。广义的平衡计分卡指的是一种先进的战略及绩效管理工具，狭义的平衡计分卡是指与战略地图相并列的一种管理表格。战略地图侧重于描述战略，而狭义的平衡计分卡则侧重于衡量战略，两者通过战略目标这一关键要素紧密连接在一起。运用狭义的平衡计分卡和战略地图来描述战略、衡量战略、管理战略、协同战略以及链接战略和运营，可以确保组织战略的成功实施和组织绩效的全面提升。

1. 战略地图及其基本框架

战略地图是对组织战略要素之间因果关系的可视化表示方法，是一个有效诠释和沟通组织战略、说明价值创造过程和描述战略逻辑性的管理工具。为了便于读者理解和记忆，我们把通用的战略地图形象地比喻为一座四层的房子。位于楼房顶端的是组织的使命、核心价值观、愿景和战略；房子的主体部分为四个楼层，从上往下依次是财务层面、客户层面、内部业务流程层面和学习与成长层面。战略地图的基本框架如图2-11所示。使命和愿景为组织的发展制定了总的目标和方向，帮助股东、客户和员工正确理解组织的目的和期望。战略是平衡计分卡的核心，是组织在认识其经营环境和实现使命过程中所接受的显著优先权和优先发展方向。组织必须通过制定战略将使命和愿景落实到执行层面，把有限的资源集中到对组织目标实现具有重要推动作用的行动计划上去。

（1）使命。

使命（mission）是组织存在的根本价值和追求的终极目标，概括了组织为人类所做出的贡献和创造的价值。卡普兰和诺顿认为，使命是一个简明的、重点清晰的内部陈述，说明组织存在的原因，指引组织行动的基本目标和明确员工行动的价值。一个组织的使命可能简单明了，但能够激励人心。使命不等于经济目标，“利润最大化”并不能激励组织中各个层级的成员，并且不具有指导作用。正如管理学家吉姆·C. 柯林斯（James C. Collins）所言：“对于那些尚未认清真正核心目的的组织来说，‘股东财富最大化’是一种现成的、标准的目的，但它实际上是一种无效的替代品。”使命可以延续上百年，因此不能将其和具体的目标、战略混为一谈。目标和战略可以随着组织环境和发展的需要而改变，但是使命却恒久不变；目标和战略可以一步一步地实现，但使命却不可能完全实现。使命就像是地平线上的启明星，是组织永远不可及的追求。虽然使命本身不变化，但是它可以激发改变。“使命永远不可能完全实现”这一事实，恰恰激励着组织持久地去追求。使命就像组织远航时的灯塔，指引着组织发展的方向，指导和鼓舞着组织成员不

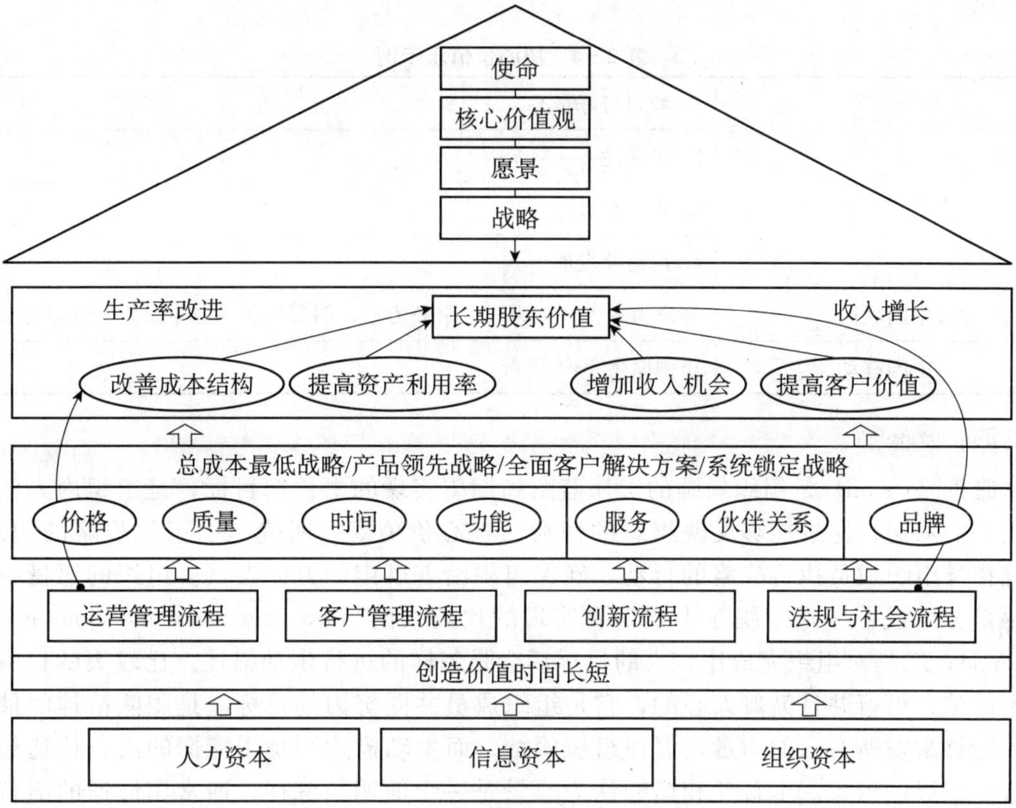

图 2－11　战略地图的基本框架

懈努力。因此，在现在这个环境日益多变、竞争日益激烈的时代，组织比以往任何时候都更需要明晰自身的使命，这样才能使组织的工作变得更有意义，更能吸引、激励和留住杰出的人才。表 2－3 列出了几个组织的使命陈述。

表 2－3　使命陈述示例

索尼	用创意和科技的力量感动世界
中国石化	为美好生活加油
国家电网	为美好生活充电 为美丽中国赋能

（2）核心价值观。

核心价值观（core value）是指组织中指导决策和行动的永恒原则，体现在组织成员日复一日的行动中，反映了组织深层的信仰。卡普兰和诺顿认为："组织的价值观（通常被称为核心价值观）体现了组织的态度、行为和特质。"高瞻远瞩的组织通常只有几条核心价值观，一般为 3～5 条。因为只有少数的价值观才是深植于组织内部的、最为根本的指导原则。核心价值观是促使组织长盛不衰的根本信条，不能将其与特定的文化或作业方法混为一谈，也不能为了经济利益或短期权益而自毁立场。核心价值观可以来源于领导者的个人信仰，但真正的价值观必须可以接受时间的考验，成为组织文化长期积累和沉淀的结果，为全体成员所共同认可和遵从。表 2－4 列出了几个组织的核心价值观。

表 2-4 核心价值观示例

索尼	1. 梦想与好奇心
	2. 多样性
	3. 正直与真诚
	4. 可持续发展
中国联通	客户为本、员工为根、服务为上、创新为魂、奋斗为荣、清廉为基
中国移动	正德厚生 臻于至善

（3）愿景。

愿景（vision）是组织勾画的宏伟蓝图和期望实现的中长期目标，是组织内人们发自内心的意愿。愿景能够反映组织的使命、核心价值观，明确指引组织战略的制定，正确指导组织成员执行战略的行动，确保组织沿着既定的方向发展。组织的愿景一般由两部分组成：一是组织在中长期要实现的比较大的目标（big hairy audacious goals，BHAG）；二是对组织完成比较大的目标后会是怎样的进行生动描述。比较大的目标应该是简洁、可行并且鼓舞人心的，它是组织成员共同努力的目标，是团队精神的催化剂，能够激发所有人的力量，促使组织团结。而生动描述则是用憧憬的语言传达想要展现给世界的形象。卡普兰和诺顿认为愿景是一个简明的陈述，通常用憧憬的语言传达组织在中长期（3～10 年）想要展现给世界的形象。一个清晰的、具有说服力的愿景陈述一般包括三个关键因素：挑战性目标、市场定位和时间期限。表 2-5 是愿景的几个示例。

表 2-5 愿景示例

华为	把数字世界带入每个人、每个家庭、每个组织，构建万物互联的智能世界
腾讯	用户为本，科技向善
中国石油	建设基业长青世界一流综合性国际能源公司
中国石化	打造世界领先洁净能源化工公司

（4）战略。

战略（strategy）是一种假设，是关于为或不为的选择，是组织在认识其经营环境和实现使命过程中所接受的显著优先权和优先发展方向，描述了组织打算为谁创造价值以及如何创造价值，它是平衡计分卡的核心。卡普兰和诺顿主要秉承战略定位学派的观点，尤其是迈克尔·波特的思想，从竞争战略层面来探讨战略。波特把战略分为三个层次：一是定位，即战略就是一种独特、有利的定位，关系到各种不同的运营活动；二是抉择，即在市场竞争中做出取舍；三是配置，即在组织的各项运营活动之间建立一种有效的联系。因此，一份完整的战略既要定义“战略是什么”，又要指出“如何实现战略”。具体如图 2-12 所示。

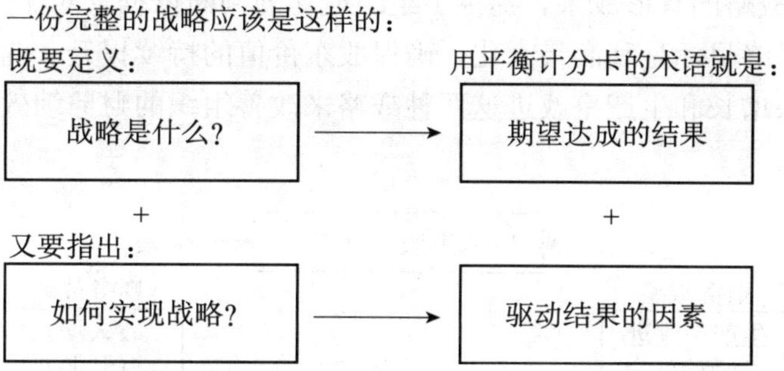

图 2-12　战略的构成

需要注意的是，战略是从组织使命到员工行动这一连续统一体中的一环，它自身无法构成一个独立的管理系统。通常，战略由多个并存且互补的战略主题组成。在制定战略时，全面准确的战略表述需要包括三项基本要素：目标、优势和范围。战略表述示例如表 2-6。

表 2-6　美国西南航空公司战略表述

目标	战略要达到的最终结果	成为美国最赢利的航空公司
优势	组织达到目标采用的方法	以公共汽车、火车的价格、频率及可靠性，提供快速的航空服务
范围	组织想要经营的领域与市场	针对那些注重飞行便利性并对价格敏感的乘客

(5) 战略地图的四个层面。

战略地图的主体由四个层面构成，从上到下依次是财务层面、客户层面、内部业务流程层面以及学习与成长层面。前两个层面描述了组织所期望的最终成果，后两个层面则描述了实施战略的过程。战略地图四个层面的关系如图 2-13 所示。

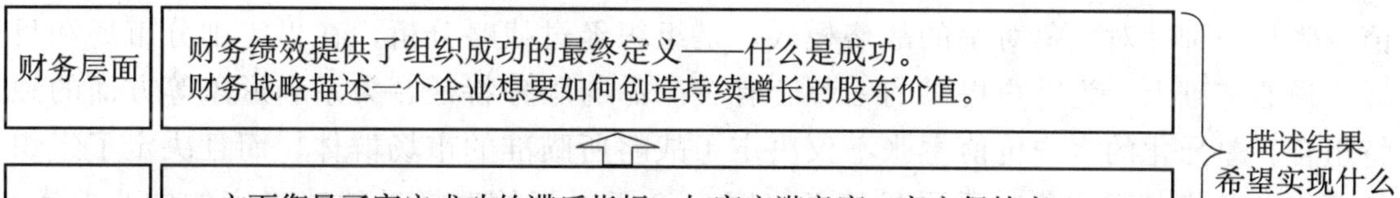

图 2-13　战略地图四个层面的关系

1) 财务层面。

财务层面 (financial perspective) 以传统财务术语 (如投资报酬率、收入增长和单位成本等），描述了战略的有形成果，提供了组织成功的判断依据。对于企业来说，平衡计分卡财务层面的最终目标是利润最大化，确保股东价值的持续提升。为了达成这一目标，组织可以通过收入增长和生产率改进这两种战略来改善组织的财务绩效。具体如图 2-14 所示。

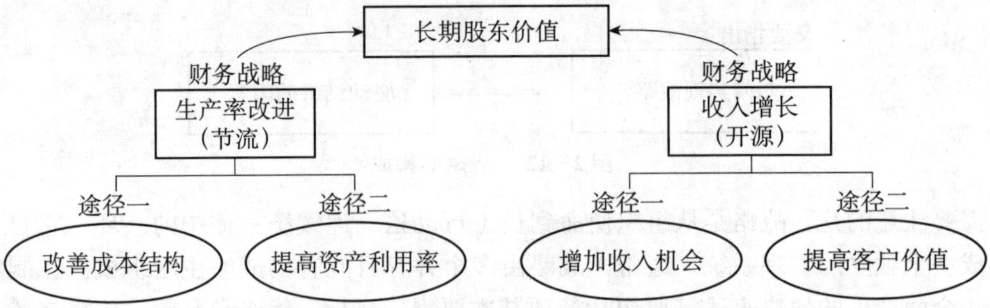

图 2-14 平衡计分卡的两大财务战略

第一，收入增长战略，即“开源”，可以通过两种途径实现：一是增加收入机会，通过销售新产品或发展新客户来创造收入增长。二是提高客户价值，即加深与现有客户的关系，销售更多的产品和服务。第二，生产率改进战略，即“节流”，也可以通过两种途径实现：一是改善成本结构，即通过降低直接或间接成本来改善成本结构，使得生产同样数量的产品却消耗更少的人、财、物等资源。二是提高资产利用率，即通过更有效地利用财务和实物资产，减少达到既定业务水平所必需的流动资金和固定资本。相比而言，收入增长通常比生产率改进花费更长的时间。因此，在确定这一层面的目标时，必须同时关注长期（收入增长）和短期（生产率改进）两个方面，使组织能够在短期利益和长期目标之间保持平衡。

2）客户层面。

客户层面（customer perspective）定义了组织战略所选择的客户价值主张。客户价值主张是一种针对竞争对手的战略模式，是组织经过战略分析，在界定细分市场和目标客户的基础上，为客户提供的一整套有关产品与服务特征、关系和形象等方面的独特组合。差异化的客户价值主张不仅决定了战略所瞄准的市场群体，而且决定了组织如何使自己相对于竞争对手更具特色。客户价值主张的选择是战略确定的中心要素。卡普兰和诺顿在前人研究的基础上总结出了四种通用的客户价值主张：总成本最低战略、产品领先战略、全面客户解决方案以及系统锁定战略。此外，客户层面还包括衡量客户价值主张成功的滞后和结果性指标，如客户满意度、客户保持率、客户增长率等。

特定的客户价值主张定义了组织的战略，战略的本质在于选择。因此，组织应当在综合分析环境因素以及自身情况的基础上选择一种合适的客户价值主张，并将其转化为特定的目标、指标、目标值和行动方案，以便组织成员更深入地认识、更准确地把握体现差异化的战略要素，从而把客户价值主张落实到每个组织成员的具体工作当中。四种客户价值主张的内涵及相互间的区别如表 2-7 所示。

表2-7 四种通用的客户价值主张

项目	总成本最低	产品领先	全面客户解决方案	系统锁定
价值定位	为客户提供可靠的、及时的、低成本的、有限选择的产品和服务	为客户提供高品质的、领先的、选择多样化的产品和服务	为客户提供全面的、定制化的产品和周到的、持续性的服务	为客户提供难以转换的、标准化的产品、服务或交流平台
差异化因素	关注价格、时间、质量和品牌	关注时间、功能和品牌	关注服务、伙伴关系和品牌	关注功能、服务、伙伴关系和品牌
代表性企业	丰田、松下电器、西南航空、戴尔、麦当劳、沃尔玛	宝马、奔驰、耐克、索尼、英特尔	IBM、美孚石油	微软、思科、eBay、黄页、美国运通、维萨、万事达
基本要求	具有很强的成本控制能力，对大众消费口味的调查很在行	具有很强的创新和产品研发能力，能够快速地将新产品投入市场	对客户关系管理十分在行，强调同客户建立长期的友好关系	拥有专利、许可协议或专有知识，能够创建行业标准并持续创新

3）内部业务流程层面。

内部业务流程层面（internal process perspective）阐述了创造价值的少数关键业务流程，即为实现客户价值主张所必需的重点工作。根据创造价值时间的长短，内部业务流程又可以分为运营管理流程、客户管理流程、创新流程以及法规与社会流程四类。运营管理流程是指生产和交付产品或服务的流程，卓越的运营可以为企业带来质量、成本、生产周期和服务效率等方面的巨大改进；客户管理流程是建立并利用客户关系以提高客户价值的流程，它反映了组织选择、获得、保留目标客户并不断扩大客户规模的能力；创新流程是指开发新产品、新服务、新流程和新关系的流程，它是提升客户获得率和增长率、提高客户忠诚度和增加利润的必要条件；法规与社会流程主要是指改善社区和环境的流程，有效的法规与社会流程可以驱动长期股东价值的创造。具体如图2-15所示。

4）学习与成长层面。

无形资产是组织持续创造价值的源泉，学习与成长层面（learning and growth perspective）描述了组织的无形资产及其在战略中的作用，具体包括人力资本、信息资本和组织资本三个方面。人力资本是指执行战略所需的知识、技能和才干，信息资本指的是支持战略所需的信息系统、数据库、网络和技术基础设施，组织资本体现了执行战略所需的动员和持续变革流程的组织能力。这些资产必须相互协调并与关键内部流程保持战略的一致性。具体如图2-16所示。

第一，人力资本。在战略地图中，人力资本被划分为知识、技能、价值取向等三个方面。其中，知识是指执行工作所要求的一般基础知识；技能是指弥补一般基础知识要求的技能，如谈判、协商和项目管理等技能；价值取向是指在既定工作中能产生

运营管理流程	客户管理流程	创新流程	法规与社会流程
生产和交付产品或服务的流程	提高客户价值的流程	创造新产品或服务的流程	改善社区和环境的流程
生产并向客户提供产品和服务	建立并利用客户关系	开发新产品、新服务、新流程和新关系	遵章守法 满足社会的期望 建立繁华的社区
1.从供应商处获得原材料 2.将原材料转变为产品或服务 3.向客户分销产品或服务 4.管理风险	1.选择目标客户 2.获得目标客户 3.保留目标客户 4.增长客户业务	1.识别新产品和服务的机会 2.管理研发组合 3.设计和开发新产品和服务 4.将新产品和服务推向市场	1.环境业绩 2.安全和健康业绩 3.员工雇用 4.社区投资
短波	中波	长波	长期

图 2-15　四类创造价值的内部业务流程

资料来源：卡普兰，诺顿．战略地图：化无形资产为有形成果．广州：广东经济出版社，2005：158.

人力资本	信息资本	组织资本
执行战略所需的知识、技能和才干等	支持战略所需的信息系统、数据库、网络和技术基础设施	执行战略所需的动员和持续变革流程的组织能力
有用性（战略能力）	有用性（战略信息）	有用性（变革议程）
1.知识（工作所需的一般知识） 2.技能（谈判、协商、项目管理） 3.价值取向	1.信息系统 2.数据库 3.网络和技术基础设施	1.文化 2.领导力 3.协调一致 4.团队工作

图 2-16　三种无形资产

资料来源：卡普兰，诺顿．战略地图：化无形资产为有形成果．广州：广东经济出版社，2005：158.

突出绩效的特性和行为，例如有些工作要求团队合作精神，有些则要求以客户为导向等。

第二，信息资本。信息资本可以分为“硬件”和“软件”两个部分，即技术基础设施和信息资本应用程序。管理者必须知道如何为组织的特定战略选择相应的信息资本组合，以及如何管理支持战略所需的信息资本组合。

第三，组织资本。组织资本被定义为执行战略所需的动员和持续变革流程的组织能力，即将组织拥有的能力和技术协同起来以实现战略目标的能力。为了有效地描述和衡量组织资本，平衡计分卡将组织资本划分为四个组成部分：文化、领导力、协调一致和团队工作。

综上所述，战略地图的四个层面先后回答了四个问题：财务层面回答的是我们如何满足股东的期望，客户层面回答的是我们如何满足目标客户的需求，内部业务流程层面回答的是我们必须做好哪些重点工作，学习与成长层面回答的是我们必须在哪些无形资产上做好准备。这四个层面以特定战略为核心，从上往下层层牵引，从下往上层层支撑。具体如图 2－17 所示。

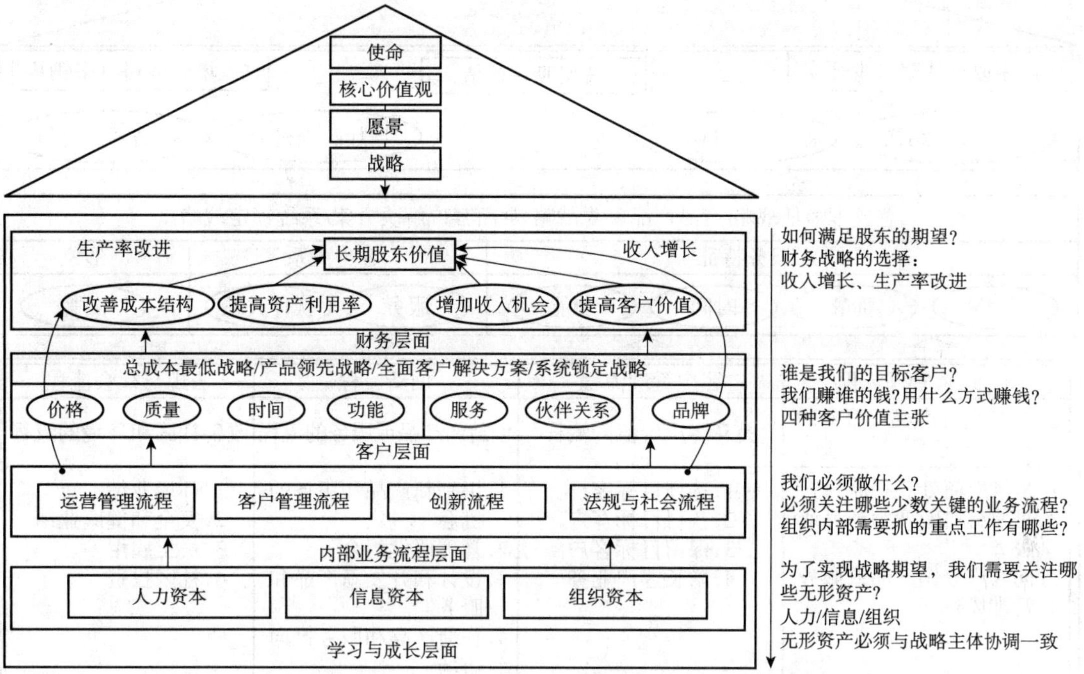

图 2－17　战略地图四个层面回答的四个问题

使命、核心价值观、愿景、战略四个层面及其构成要素通过逻辑因果关系有效整合起来，形成了战略地图的具体框架，如图 2－18 所示。这个框架就是卡普兰和诺顿的战略地图通用模板，主要适用于以营利为目的的企业组织，政府、事业单位、军事机关等公共组织的战略地图框架则需根据组织属性及相应的运营实际进行必要的调整。

2．平衡计分卡的关键要素

狭义的平衡计分卡是一个由财务、客户、内部业务流程、学习与成长等四个层面构成，用以将战略地图的目标转化为可量化的衡量指标和目标值，并制订相应行动方案和预算计划的管理表格。通过制作平衡计分卡，组织建立了用以衡量战略的绩效指标体系，明确了未来所要达到的绩效水平，确定了实现战略所需的行动方案以及相应的资源。需要强调的是，平衡计分卡不是绩效评价量表，其首要目的在于管理而非评价。

平衡计分卡的表现形式是一张二维的表格，如表 2－8 所示。纵向是财务、客户、内部业务流程、学习与成长等四个层面，横向是目标、指标、目标值、行动方案和预算。

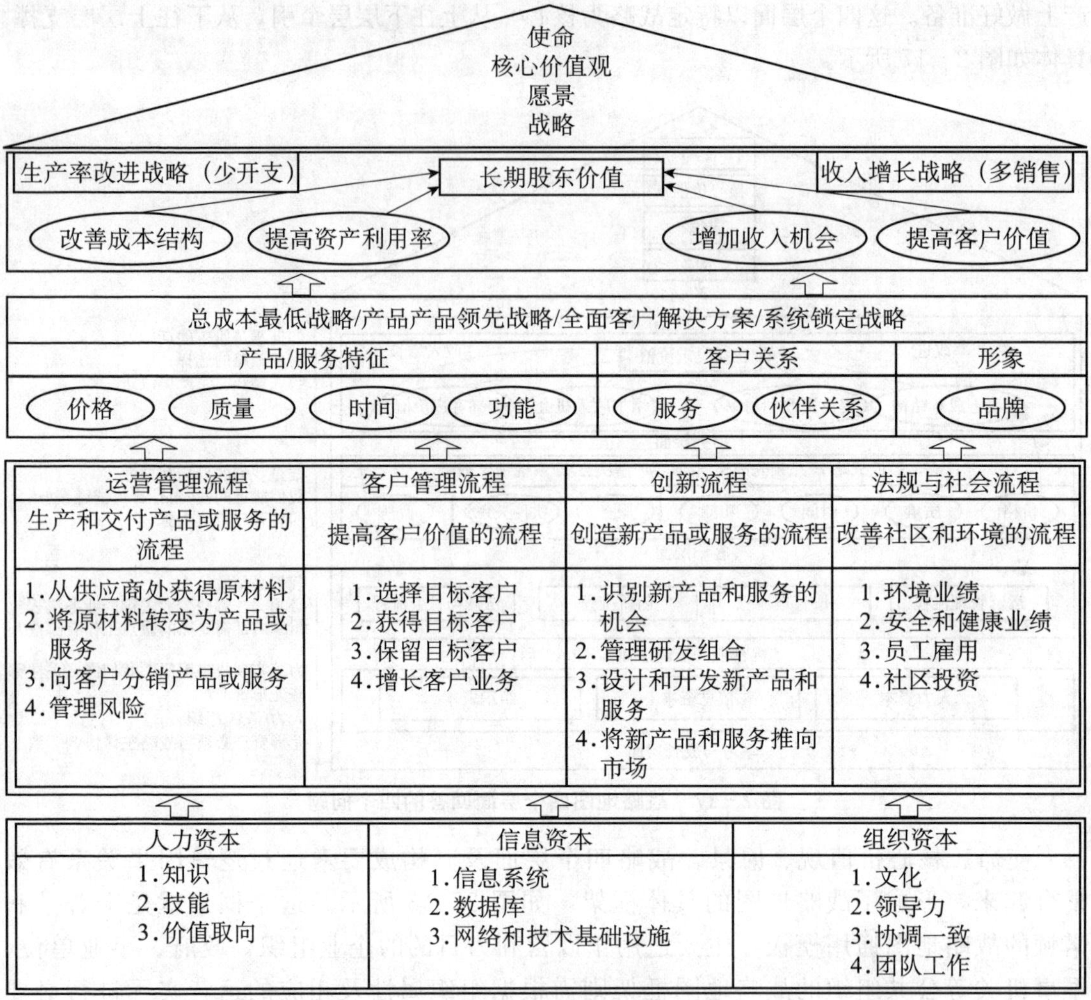

图 2-18　战略地图通用模板

资料来源：卡普兰，诺顿．战略地图：化无形资产为有形成果．广州：广东经济出版社，2005：269.

表 2-8　平衡计分卡（样表）

层面	要素				
	目标	指标	目标值	行动方案	预算
财务					
客户					
内部业务流程					
学习与成长					

目标是战略与绩效指标之间的桥梁，它说明了战略期望达成什么，即若想实现战略在各层面中要做好哪些事情，通常用动宾短语来表达；指标则紧随目标，用以衡量目标的达成情况，通常以名词的形式出现；目标值是针对指标而言的，设定了目标在特定指标上的未来绩效水平；行动方案说明了怎么做才能实现预定的战略目标，通常是指某种计划或项目，制订行动方案时要综合考虑目标、指标和目标值；预算则说明了实施行动方案所需的人、财、物等资源。由于指标是由目标推导出来的，而目标之间具有因果关系，因此指标之间也形成了紧密的关联关系。从整体上看，平衡计分卡的逻辑关系呈现为一个由纵向因果关系、横向推导关系以及指标关联关系构成的网状结构，如图 2-19 所示。

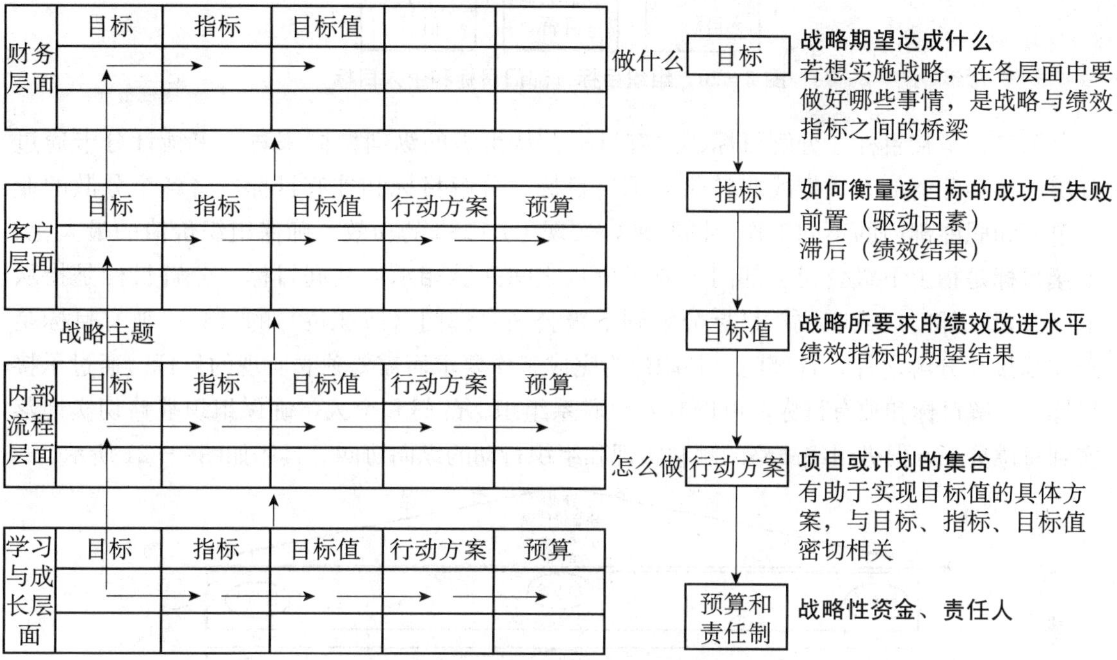

图 2-19　平衡计分卡的逻辑关系

（1）目标。

目标是在一定时期内，组织在特定绩效领域所希望取得的理想成果。目标指出了有效实施战略所必须做好的事情，是对组织使命、愿景和战略的进一步展开和细化，是组织协调一致的核心和关键。具体而言，平衡计分卡的目标主要可以分为以下几种类型：

第一，长期目标、中期目标、短期目标。根据价值创造周期，平衡计分卡中内部业务流程层面的目标可以划分为长期目标、中期目标和短期目标。平衡计分卡的构成是以战略主题为基本单元的，而单个战略主题的确定主要是对内部业务流程层面中少数关键流程的组合。不同时限战略主题的组合能够从整体上直接反映战略的意图，保证组织在短期利益和长远发展之间取得有效平衡，从而实现股东价值的持续性增长。

第二，组织目标、部门目标、个人目标。根据组织的管理层次，平衡计分卡的目标可以划分为组织目标、部门目标和个人目标。组织目标是对组织战略的具体细化和明确界定；部门目标主要是对组织目标的承接和分解；个人目标则是根据职位职责，对其所在部门的目标的承接和分解。具体如图 2-20 所示。

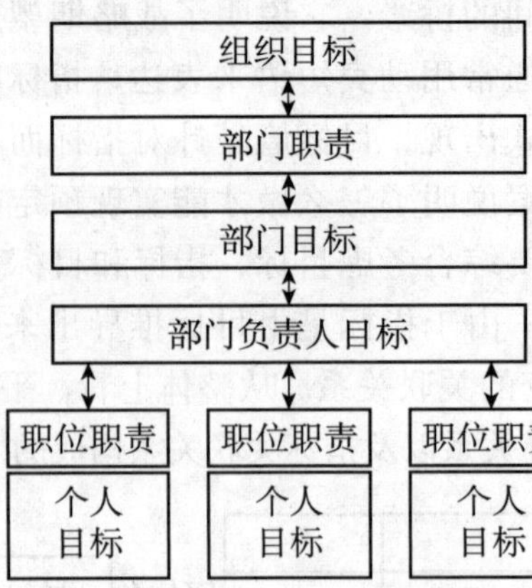

图 2-20　组织目标、部门目标和个人目标

第三，承接目标、分解目标、独有目标。从组织的纵向协同来看，平衡计分卡通过分层承接和分解的方式把战略转化为承接目标、分解目标和独有目标，将各个分散的业务单元和职能部门的不同工作协同起来，实现 1+1>2 的功效，确保组织价值的最大化。承接目标是指上下级公司、部门（或职位）之间一脉相承的共同目标；分解目标是指从上级公司、部门（或职位）目标分解到下级公司、部门（或职位）的目标；独有目标是指在承接和分解之外，各部门、各职位为完成工作要求而需要独立实现的目标。通过承接目标、分解目标和独有目标，可以有效地联系组织、部门和个人，确保组织战略切实地落实到每位员工，促进组织战略的顺利实现和组织行动的纵向协同。具体如图 2-21 所示。

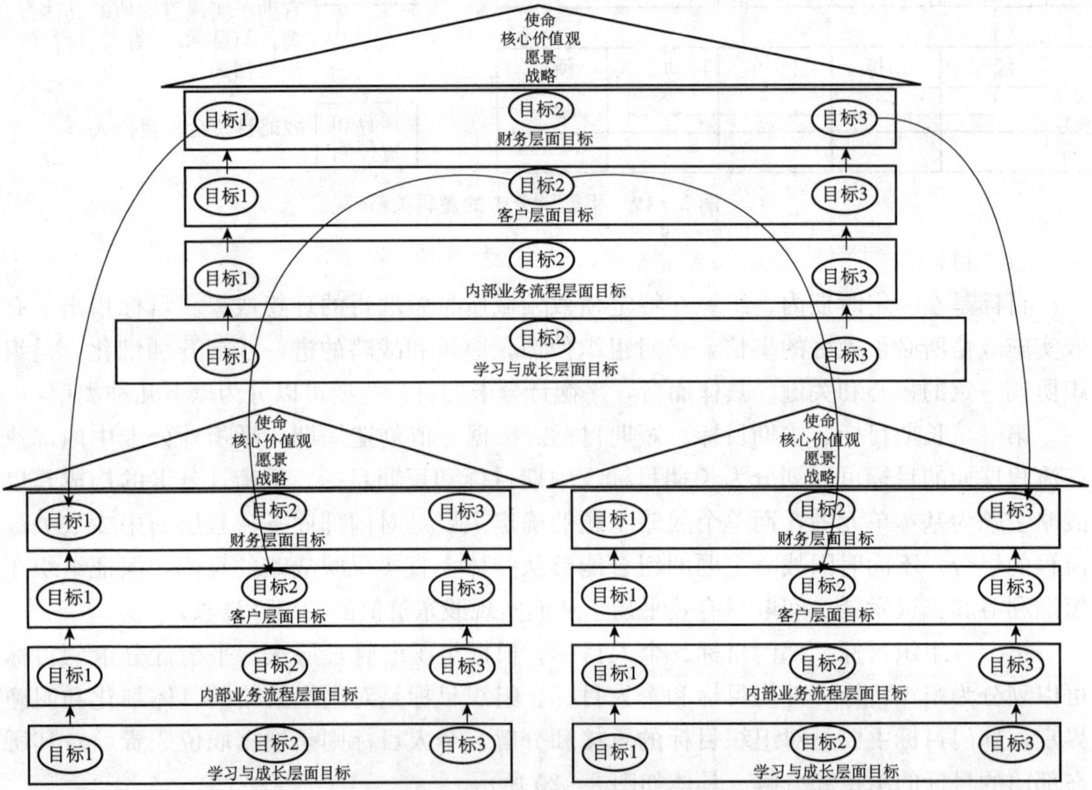

图 2-21　组织纵向协同：承接目标、分解目标、独有目标

第四，共享目标、分享目标、独有目标。从组织的横向协同来看，平衡计分卡是按照分工与协作相结合的原则，把部门和个人的目标划分为共享目标、分享目标和独有目标。共享目标是指目标所确定的事项是一个整体，不可分解，需要不同部门或不同员工合作才能完成的目标；分享目标是指目标所确定的事项虽然是一个整体，但是可以分解，不同部门或不同员工根据各自的职责承担部分任务，按照各自所处的流程节点位置进行衔接和配合才能完成的目标；独有目标则是根据职责权限的划分，由单个部门或员工独立完成的目标，通常不需要与他人进行协作。通过目标来实现组织的纵向协同和横向协同，可以有效提高组织的战略执行力，提升组织的核心竞争力，确保组织战略的顺利实现。具体如图 2-22 所示。

（2）指标。

指标是指用以衡量目标实现程度的标尺。通常对单个指标进行评价所形成的结果只能反映绩效目标的某一个方面，只有根据工作的数量、质量、时间、成本等不同维度进行指标设计和组合，才能得到一个综合的评价结果，从而真实地反映预期绩效和实际绩效的吻合程度。因此，在平衡计分卡中，指标也被划分为不同类别：

第一，财务指标与非财务指标。平衡计分卡在保留财务指标的同时，将非财务指标分为客户类指标、内部业务流程类指标和无形资产类指标，从而形成一个基于目标因果关系链的绩效指标体系。

第二，客观指标与主观判断指标。将指标分为定性指标和定量指标是管理实践中最常见的做法。实际上，无论是定性指标还是定量指标都能转化为数值形式，从而模糊了两者之间的界限。为避免这一现象，平衡计分卡将定性和定量指标改为主观判断指标和客观指标。客观指标的评价依赖于直接的数据，而主观判断指标的评价建立在对数据和信息的综合分析之上，受制于评价者的知识、经验和主观感受。

第三，前置指标与滞后指标。平衡计分卡为了凸显价值创造过程中绩效结果和驱动因素之间的因果关系，将指标划分为前置指标和滞后指标，并力求在两者之间取得平衡。把前置指标纳入到组织绩效管理的体系中来，弥补了以往绩效管理工具只重视滞后指标的片面性，使得那些对组织成功有利的、不容易发现和评价的行为能够得以衡量，如表 2-9 所示。

表 2-9 前置指标与滞后指标的比较

	前置指标	滞后指标
定义	推动实现滞后指标的指标 通常评价目标实现过程和活动的绩效	一段时期结束时的结果指标 通常具有历史绩效的特征
举例	花在客户身上的时间 缺勤率	销售额 员工满意度
优势	起预测作用 允许组织根据结果随时调整	易于辨别和确认
劣势	难以辨别和确认 许多新指标在组织里缺乏历史数据支持	侧重于历史，无法反映现时活动 缺乏预测力

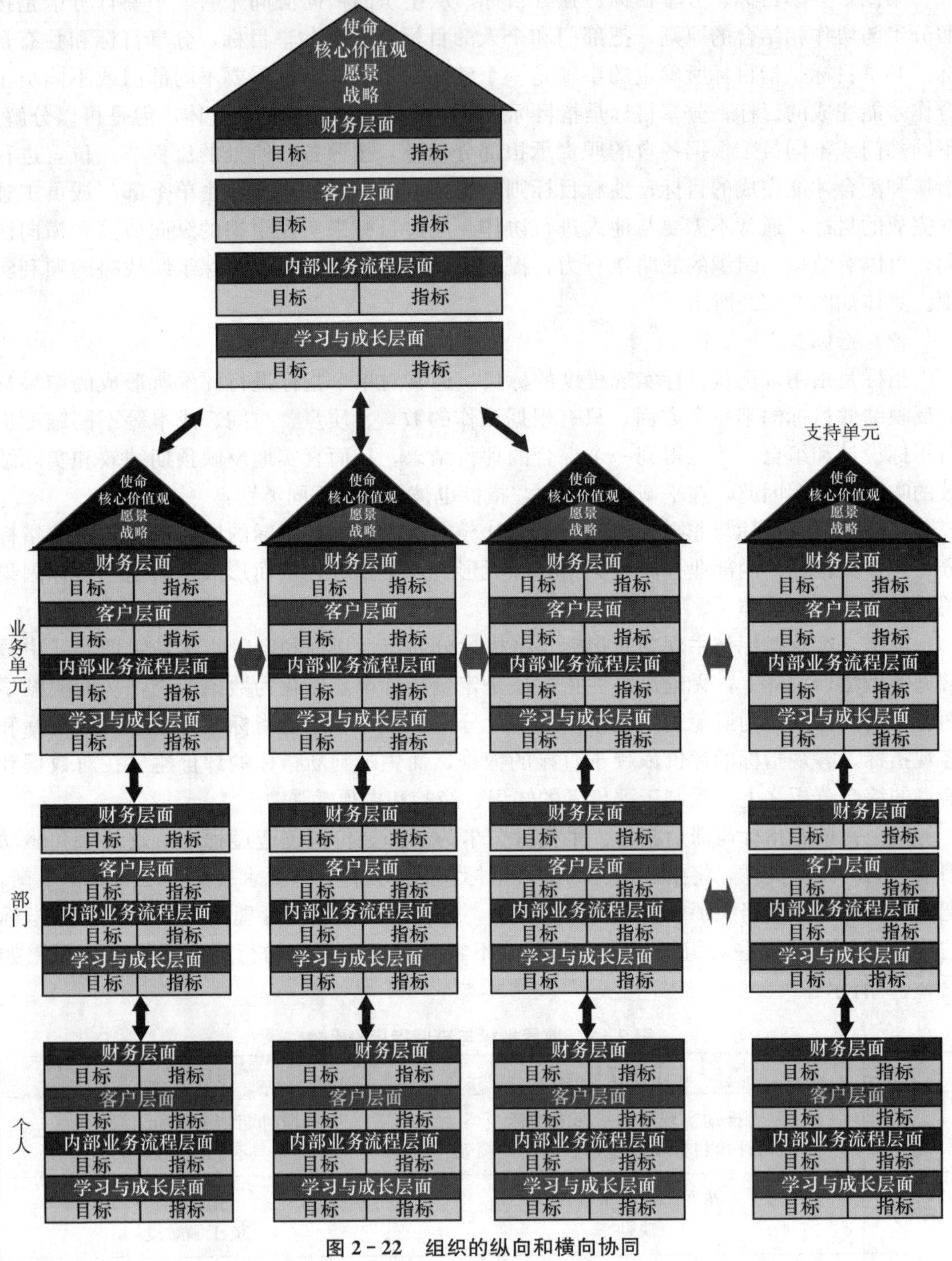

图 2－22　组织的纵向和横向协同

第四，计分卡指标和仪表盘指标。计分卡指标涉及财务、客户、内部业务流程和学习与成长四个层面，通常是员工的日常行为不能直接影响到的战略性和结果性的指标，并多为聚焦于跨业务和跨职能的滞后指标，其更新频率往往是以月或年为周期，作用在于牵引组织对关系组织战略实现的关键目标进行衡量；而仪表盘指标则主要涉及内部业务流程层面，通常是员工的日常行为可以影响到的运营性和过程性的指标，并多为聚焦于局部的部门、职能和流程的前置指标，其更新频率往往是以天甚至小时为周期，作用在于规范员工的具体行为和监测日常运营过程。计分卡指标和仪表盘指标之间通过目标的衔接而相互联结在一起，两者之间形成一个有机的整体。

第五，评价指标和监控指标。为了从众多指标中找出对组织战略成败最具影响的因素，平衡计分卡将绩效指标分为评价指标和监控指标。评价指标又称战略性指标，是指组织为了取得竞争优势而用来界定战略的指标，这类指标一般都需纳入绩效评价量表以便定期对目标进行衡量；监控指标又称诊断性指标，是指那些可以监控组织是否按部就班地运转并在出现异常现象时需要立刻注意的指标。平衡计分卡中的指标多是帮助组织达成战略的战略性指标，仅有少数监控组织运行的诊断性指标。通常，一个高水平的平衡计分卡大约包括 30 个指标，只有将平衡计分卡指标控制在一定的数量范围之内，才能有效聚焦管理者的注意力和精力，集中有限的优势资源促进组织战略的顺利实现。

（3）目标值。

目标值是指既定目标在相应指标上所期望达到的绩效标准。如果说目标描述了实现战略所需做好的事项，指标显示了如何追踪和评价目标的实现程度，那么目标值则说明了这些关乎战略成败的事项应该做到何种程度。通过有时间限制和具体量化的目标值，可以把笼统的描述性目标转变为明确细化的绩效任务。目标值提供了奋斗的方向，指明了需投入的资源规模和应付出的努力程度，对员工也能产生内在的激励作用；但是，激励作用的形成取决于合理的目标值设置。目标值既要有一定的挑战性，即需要员工经过一定的努力才能达成，又不宜设置得太高，以免员工望而生畏，影响战略目标的顺利实现和员工自我效能感和工作满意度的提升。

（4）行动方案。

行动方案是指有时间限制的、自主决定的项目或计划。行动方案的制订需要兼顾目标、指标和目标值的要求，将具有时间限制的、量化的目标值转化成为具体可操作的实际行动，从而明确实现战略目标所需的途径和方法，帮助组织达成绩效目标。通常，每个非财务类目标至少有一个行动方案支撑。战略主题将不同目标的行动方案绑定在一起，形成一个整体性的行动方案组合，基于同一战略主题的行动方案必须协调同步。因此，管理者需要对行动方案进行严格的筛选、管理和评估，确保所选的行动方案能够全面支撑战略目标并切实得到有效执行。至此，组织的战略经过目标、指标、目标值和行动方案的步步诠释，已经从一个静态的、笼统的战略谋划变成了组织在一段时间内必须完成的若干个具体的计划或项目。

（5）预算和责任制。

与行动方案密切相关的是预算和责任制。其中，预算要解决的问题是为行动方案提供合理的资金支持，责任制则是要明确实施和管理行动方案的责任人及其职责。平衡计分卡主张将组织的战略制定过程和预算编制过程结合起来进行。利用平衡计分卡来驱动预算程序，可以使组织明确制定预算的根本目的是什么，确保组织将有限的资金分配给最重要的战略性行动方案。同时，在为行动方案提供资金保证的同时，组织应该建立起有关战略执行的责任机制。通常，平衡计分卡要求组织根据管理层级、职责权限以及管理跨业务和跨职能流程的需要，以战略主题为单元为相应的行动方案选择主题负责人和执行团队，并通过一系列管理会议来定期回顾行动方案实施的进程和效果。由此，组织的战略及绩效管理过程形成了一个包括计划、监测、执行、评价、调整和问责等环节在内的良性循环，为组织战略的顺利实现提供了清晰的思路和有力的保障。

2.3.3 平衡计分卡的特点与功能

作为一个新的战略及绩效管理工具，平衡计分卡具有自身的鲜明特点和功能定位。了解这些特点及功能，不仅可以将平衡计分卡与其他管理理论和工具有效区分开来，例如目标管理、关键绩效指标等，而且能够与伪平衡计分卡划清界限，例如 KPI 平衡计分卡和利益相关者平衡计分卡等。同时，还有助于我们在平衡计分卡的设计与实施过程中准确把握其内在本质，充分发挥平衡计分卡的优势和功能。

1. 平衡计分卡的主要特点

（1）始终以战略为核心。

平衡计分卡以提升战略执行力为出发点，结合时代背景和环境特征，围绕组织战略，通过描述战略、衡量战略、管理战略、协同战略以及将战略管理与运营管理有效链接等环节，来确保组织战略的有效落地和组织绩效的显著突破。

（2）重视协调一致。

为了实现化战略为行动的目的，平衡计分卡将协调一致提升到了战略的高度，认为协同不仅是创造组织衍生价值的根本途径，也是实现客户价值主张的必要保障。因此，平衡计分卡从逻辑上明晰协同思路、从体系上整合协同主体、从机制上保障协同效果，从而形成一套严谨有效的协同机制以保障组织战略的成功执行。

（3）强调有效平衡。

为了弥补传统绩效评价模式单纯依赖财务绩效指标的局限性以及管理上的短视行为，确保绩效评价的科学合理性，平衡计分卡非常强调有效平衡，即财务指标与非财务指标的平衡，长期目标与短期目标的平衡，外部群体评价指标与内部群体评价指标的平衡，客观指标与主观判断指标的平衡，前置指标与滞后指标的平衡等，以此来确保组织战略的全面实现和组织绩效的整体提升。

2. 平衡计分卡的功能定位

整体来看，平衡计分卡的功能随着理论体系本身的不断发展和完善而变化。这种变化表现在它由最初的绩效评价工具转变为战略及绩效管理工具，乃至发展为整个组织的管理平台，其应用领域也由企业组织逐步扩展到政府部门、非营利组织和军事组织。

（1）战略管理工具。

卡普兰和诺顿指出："战略地图创新的重要性丝毫不亚于最初的平衡计分卡本身。管理层找到了战略内在属性和外在力量的可视化表述方法。"平衡计分卡理论通过战略地图和平衡计分卡建立了战略协同的机制，填补了传统战略管理过程中战略规划和战略实施之间的模糊地带；同时，尝试通过战略地图、平衡计分卡以及仪表盘等工具将战略和运营进行有效链接。这是平衡计分卡的新理论成果，尽管还存在有待完善之处，但是实现战略和运营无缝链接的取向是将战略转化为员工日常行为，确保战略落地的必然选择。

（2）绩效管理工具。

随着平衡计分卡理论的丰富和发展，绩效管理的计划、监控、评价和反馈环节都纳入到平衡计分卡的理论范畴之中，涉及绩效目标的设置和评价指标的选择、绩效沟通和辅导、绩效监测和评估、绩效结果的反馈和应用等诸多内容，平衡计分卡也因此成为一个以战略为核心的绩效管理工具。作为一个新的绩效管理工具，平衡计分卡不仅克服了传统财务绩效衡量模式的片面性和滞后性，而且相对于目标管理、关键绩效指标等绩效管理工具也在目标制定、行为引导、绩效提升等方面具有明显的管理优势，因而能够为组织绩效目标的顺利实现提供有力保证。

（3）管理沟通工具。

平衡计分卡为组织提供了一个有效的管理沟通平台。首先，平衡计分卡具有一套层次分明、意义明确、表述统一的概念和术语，例如使命、愿景、战略、无形资产、人力资本、客户价值主张、战略主题等。这些词在统一的平衡计分卡框架内形成了一种新的语言，保证了信息沟通的统一和规范。其次，平衡计分卡是一个具有严密逻辑关系的管理工具。目标之间严密的因果和协作关系以及指标之间的关联关系，明确界定了组织各构成单元和员工所应遵循的沟通渠道、沟通内容以及职责权限。最后，平衡计分卡构建了一套良好的沟通机制。这套机制包括领导者的沟通责任、战略沟通的七七原则、员工培训、战略反馈、结构化会议等，从而可以对沟通的渠道、传播媒介、沟通方式和频次以及沟通管理等内容做出明确界定。

2.3.4　政府组织的平衡计分卡

平衡计分卡最初是针对企业组织开发设计的，随着平衡计分卡在企业组织获得极大成功，逐渐被政府组织采纳。卡普兰和诺顿认为："虽然平衡计分卡最初是运用于改善营利性企业的管理，但是平衡计分卡在改善政府部门和非营利性组织的管理上效果更好。"美国的夏洛特市、美国商务部经济发展署、美国能源部、英国国防部、伦敦自治区、澳大利亚梅尔维尔市、奥地利维也纳财政部、日本姬路市、韩国富川市和新加坡地方法院等政府组织都成功应用了这一绩效管理工具。我国台湾地区公共行政部门、香港特别行政区、黑龙江省海林市的一些部门也采用了平衡计分卡这一绩效管理工具。据国际社会保障协会2004年发布的报告，在被调查的社会保障机构中，有60％的单位使用平衡计分卡来实施绩效管理和加强社会保障服务，其中80％的单位认为平衡计分卡对组织绩效的提升产生了积极的影响。现在，已经有越来越多的政府组织开始或者着手实施平衡计分卡，平衡计分卡的运用对于政府组织绩效管理来说，是一个必然的发展趋势。

1. 政府组织的使命、核心价值观、愿景及战略

与企业组织相比，政府组织的使命、核心价值观和愿景不仅要体现组织内部管理的特性，还要满足所辖区域内服务对象的需求，因而更具有"组织—社会"的特点。这是因为：一方面，政府组织作为一个组织实体，充分实现内部管理的最优化是政府组织不可回避的关注点，其使命、核心价值观及愿景的设定必须要围绕"打造卓越的组织"这一中心任务；另一方面，对于任何一个政府组织而言，其存在的意义就是要为社会提供更好的公共服务，确保公共利益最大化，政府组织社会公共服务这一特性同样不容忽视。因此，在许多政府组织的具体实践中，使命、核心价值观及愿景的“组织-社会”特点都体现得十分明显。

（1）政府组织的使命。

政府组织的使命相对清晰，归根结底是使公众利益最大化。世界银行早在1997年的世界发展报告中就指出，“每一个政府的核心使命”包括五项最基本的责任：1）确定法律基础；2）保持一个未被破坏的政策环境，包括保持宏观经济的稳定；3）投资于基本的社会服务和社会基础设施；4）保护弱势群体；5）保护环境。确定政府组织使命的难点就在于，政府组织通常需要同时负责多个相对独立的基本职责，难以通过概括性的语言进行整合。因此，这就需要政府组织的高层管理团队和员工一起讨论，共同参与制定，明晰对于本级政府组织而言最根本的存在理由和所做出的最终贡献。正如戴维·奥斯本在《摒弃官僚制：政府再造的五项战略》中所指出的：“充分讨论组织根本方向的过程——争辩各种不同的假设和组织成员所持的各种不同观点，达成一个共同的使命，这是一个有效的过程。如果这件事情做得好，使命陈述可以贯穿组织的始终。”表2-10列举了一些政府组织的使命陈述。

表2-10 政府组织使命陈述示例

密歇根州商业局	我们支持并促进建立一种增加商业投资、职位及其保有量、州整体经济竞争力的经济发展环境。我们这样做是为了提高密歇根州人民的生活水平和生活质量
美国土地管理局	为美国现在与将来持续享用健康、丰富多彩和多产的土地资源服务
俄勒冈市波特兰警察局	通过与市民合作，保护生命、维护人权、保护财产安全、提升个人责任感和社区认同感，从而保持和改善社区的宜居性
中国疾病预防控制中心	通过对疾病、残疾和伤害的预防控制，创造健康环境，维护社会稳定，保障国家安全，促进人民健康

（2）政府组织的核心价值观。

政府组织核心价值观的提炼必须从高层管理者开始，但不能止步于此。许多政府组织的高层管理者将核心价值观理解为一个静心思考后形成的信条，或者灵光一闪所产生的顿悟式的押韵口号，事实远非如此。虽然我们认为核心价值观大多来源于创始人或高层领导的个人信仰，但是除非它引起员工的共鸣，否则难以推行。因此，高层管理者应该积极主动地将员工纳入到组织核心价值观的形成过程中，让每一位员工都有机会发表自己的意见，大家共同思考、发现、讨论、检验和提炼组织的核心价值观。当组织的核心价值观与员工个人的信仰融为一体时，好处是显而易见的，包括：1）培养强烈的个人效能感；2）培养身为组织一员的自豪感；3）提高对组织的忠诚感；4）促进对工作期望的理解；5）培养协作和团队精神等。表2-11列举了一些政府组织核心价值观的表述。

表 2－11　政府组织核心价值观示例

美国凤凰城政府	我们致力于服务我们的顾客；我们学习、变革和提高；我们注重团队工作；我们以结果为导向；我们尊重多样性；我们尽我们所能工作；我们用正直之心工作；我们要使凤凰城变得更美好
黑龙江省海林市政府	学习创新、艰苦创业、团结务实、民主廉政

（3）政府组织的愿景。

与使命和核心价值观的形成过程一样，政府组织的愿景描述需要高层管理者和全体成员一起讨论并反复沟通才能完成。这一过程要求参加讨论的成员明确表达未来一段时间所期望达到的目标。彼得·圣吉（Peter Senge）指出："如果人们没有愿景，他们所做的一切就是签字画押。其结果就是顺从，从没有承诺。"当组织成员将自己内心的愿景表达出来后，通常会发现许多人都有着与自己相同的个人愿望，当这些共同愿景与组织的使命和未来发展趋势结合起来之后，就形成了组织未来一段时间的理想蓝图。

专　栏

愿景描述的经典案例

案例一：1963 年 8 月 28 日马丁·路德·金在纪念林肯的集会上所做的演说《我有一个梦想》。下面是那次激动人心的演说的一部分：

> 朋友们，今天我要对你们说，尽管目前还有种种困难和挫折，我仍然怀有一个梦想。这是深深扎根于美国梦中的一个梦想。
>
> 我梦想有一天这个国家将站立起来，实践其信念的真谛："我们认为这些真理是不言而喻的：人生来都是平等的。"
>
> 我梦想有一天在佐治亚州的红土丘陵上，原奴隶的儿子们和原奴隶主的儿子们将能够像兄弟般坐在一起。
>
> 我梦想有一天我的四个小孩将生活在一个不以他们的肤色而以他们的品格内涵来评价他们的国家里。
>
> 我今天有一个梦想。

案例二：1961 年 5 月 25 日美国总统约翰·F. 肯尼迪（John F. Kennedy）在美国国会针对将人送到月球的指控做了一场激动人心的演讲。下面是肯尼迪演讲词的一小部分：

> 现在是我们加大步伐前进的时候了——建立新型美国企业的时候，是美国在空间发展领域占据独特领先地位的时候了。在许多方面，这是我们地球未来的关键。
>
> 我认为美国应该在十年内实现将人送到月球然后再安全返回地球这个目标。

肯尼迪总统的这些话激励了一代人，赢得了他们对这样一件看起来难以实现的任务的认同感。也许，你没有肩负激励数百万人的重任，但作为领导，你确实有责任帮助自己和员工找到工作的价值，成就伟大的事业。

（4）政府组织的战略。

政府组织的战略是指政府组织为达成使命和愿景所选择的一种显著优先权，是在可以预见的较长时期内需要集中精力完成的关键任务。卡普兰曾指出："对于公共部门而言，战略可能是一个不相关的观念，这些机构缺乏长远考虑。它们试图为每个人做任何事情，结果什么事情也没有做。"这直接指出了明晰战略对于政府组织而言的重要性，只有通过制定战略，才能够明确政府组织期望达成的结果和确定整体的实施途径。保罗·尼文（Paul Niven）提出了一种制定战略的简单方法，这个方法有以下五个步骤：

1）开始。第一步需要评估准备工作、编制战略制定计划、讨论国家政策和上级指令，并从历史的角度审视组织，包括组织所提供的产品和服务、具有里程碑意义的事件等。

2）实施利益相关者分析。辨认所有关键利益相关者及其对机构的需求。为了取得成功，考虑组织对利益相关者的需求同样重要。

3）开展 SWOT 分析。优势与劣势通常是组织的内部因素，而机会与威胁则体现组织的外部环境。在规划战略时，审视 SWOT 各个因素之间的相互影响至关重要。

4）确认战略主题。战略主题一般与影响组织使命、核心价值观和愿景的基本政策问题或重要挑战密切相关。利用前面步骤获取的信息，可以顺利提炼出组织的战略主题。

5）制订行动方案。通过战略主题分析，形成战略问题清单之后，针对这些问题寻找解决方案。将这些解决方案进行整合并描述，就能够明确组织整体发展的优先方向。

在明确使命、核心价值观、愿景和战略之后，政府组织应当根据组织的特性选择相应的战略地图模板，并在此基础上设计组织平衡计分卡、部门平衡计分卡和个人平衡计分卡。

2. 政府组织战略地图四个层面的内涵

虽然政府组织和企业组织的战略地图都是由财务、客户、内部业务流程以及学习与成长层面构成，并通过各层面间的因果关系形成严密的逻辑体系，但是由于公私部门之间的差异，两者在各层面的具体内涵上有所区别。

（1）财务层面。

对于大多数政府组织来说，其最终目标是提供社会公共服务，确保公共利益最大化，而不是取得财务上的成功。但是，财务问题很重要，各种财务指标既是促进组织成功的重要因素，也是完成使命的限制条件。卓越的运营、以低成本创造价值等财务层面上的有效性，对于政府组织同样具有重要意义。但是，传统上基于预算的衡量政府组织财务绩效的方式，只是在财务控制方面具有一定的作用，并不能激励政府组织自觉地去提高资金的使用效率。财务层面的安排则可以使政府组织的财务衡量更加平衡，既关注政府组织的预算支出，从"节流"的角度关注财务，又注重政府组织的收入增长，从"开源"的角度衡量财务。但是由于政府组织类型的多样性，在设计政府组织的财务层面时，需要根据政府组织的不同类型来选择相应的战略地图模板。

（2）客户层面。

奥斯本和盖布勒指出，传统的政府组织从未将服务对象当成顾客看待，它们往往不去关注服务对象而是关注与其利益密切相关的部门和群体。这种导向使政府组织忽略了自身最重要的职能——提供社会公共服务。战略地图的客户层面将有助于政府组织改变这种狭隘的思维方式，使其认识到服务对象的广泛性和多元性。为此，一些学者和组织对“客户层面”的名称进行了修改，博奇（Bocci）将其界定为“社会团体（community）层面”，并根据公民与组织的关系划分为“作为顾客的公民”“作为所有者的公民”“作为守法者的公民”“作为合作者的公民”几个方面①；韩国富川市将“客户层面”修改为“市民层面”，认为市民才是其最重要的“客户”，该层面的目标主要依据市民的需求而制定；中国海林市则将该层面称为“利益相关者层面”，因为利益相关者包含的内容更广泛，既包括政府组织的上级、同级以及下级部门，又包括作为其服务对象的群众、企事业单位和社会团体等。

（3）内部业务流程层面。

在政府组织的战略地图中，内部业务流程对客户层面目标的实现发挥着重要的驱动和支撑作用，该层面目标的实现程度决定了政府组织公共产品和服务的质量，并最终影响着社会公众的满意度。因此，政府组织在确定内部业务流程层面的目标时，一项关键原则就是要以政府组织的客户需求为导向，根据客户层面的目标来确定在内部业务流程层面应该重点关注的具体工作。需要注意的是，由于政府组织绩效领域的宽泛性以及绩效目标的多元化，其内部业务流程层面的内涵要广泛得多，它超越了企业组织对内部业务流程的定义。除了要关注组织内部管理的效率和效果之外，还要切实考虑到政府组织在其所辖范围内需要履行的社会职能和所承担的社会职责以及必须完成的阶段性工作任务等。

（4）学习与成长层面。

在当今社会，无形资产是组织创造价值的真正源泉。对于政府组织来说，无形资产的重要性也日渐凸显出来。“学习型政府”“电子政务”“组织发展”等新的管理理念已逐渐引入到政府组织当中，“人力资本”“信息资本”“组织资本”等无形资产也受到政府组织管理者的高度关注。就人力资本而言，政府组织对人力资源的重视程度日益提高，不断通过加强培训等方式提升员工的基本素质和业务能力；就信息资本而言，政府组织的信息化建设在提高行政效率和改善服务质量等方面发挥着日益重要的作用；就组织资本而言，文化、团队、领导力、激励机制等方面的建设日益成为政府组织提升内部凝聚力、改善管理水平的重要途径。总之，在政府组织战略地图的学习与成长层面，人力资本、信息资本与组织资本应受到同样的关注，并进行合理有效的配置和衡量。

3. 政府组织战略地图的基本模式

卡普兰和诺顿指出：“衡量政府机构和非营利性组织的经营是否成功，应该视其能否有效地满足纳税人和利益相关者的要求，它们必须为客户或利益相关者定义一个具体的目标。财务因素可以发挥促进或约束的作用，但是很少成为主要的目标。”保罗·尼文同样认为，当平衡计分卡基本模式被应用于公共组织时，战略制定和财务、客户、内部业务流程、学习与成长等层面具体内容的确定就要围绕公共组织的特点进行，充分体现公共组织的非营利性。具体而言，政府组织的最终目标是为公众提供服务，而企业存在和发展的最大动力是获取利润。因此，政府组织战略地图四个层面的设置应该与企业组织

---

① Bocci F. A New BSC Architecture for the Public Sector. Perspectives on Performance，2005，4（3）：30-32.

有所区别，并且需要充分反映政府组织的管理特点和战略逻辑。

对于政府组织战略地图基本模式的探讨可谓“仁者见仁，智者见智”。一些学者认为，政府组织的目标是使公共利益最大化，其财务目标不应是组织最重要的关注点，所以在政府组织的战略地图中可以省略财务层面。比如，卡普兰和诺顿提出的政府组织战略地图模板中就没有包含财务层面。但是，更多的学者认为，财务层面应该是任何组织都必须关注的重要领域，正如保罗·尼文所言：“任何组织，不论其状况如何，都需要财务资源，这样才能成功经营并满足客户需求。”① 因此，在保罗·尼文提出的政府组织战略地图模板中，客户层面的位置得到了提升，而财务层面作为一项约束条件位于战略地图的底端。与之类似，韩国富川市在设计战略地图时，同样将财务目标作为提升客户满意度的一项重要驱动因素，将财务层面放在与内部业务流程层面并列的位置予以关注。不过也有研究认为，财务层面作为组织的一项产出结果，应该与客户层面并列位于战略地图的顶层，共同作为政府组织最终关注的产出结果，以反映政府组织的经济性。夏洛特市政府的战略地图就反映了这一观点。针对不同类型的政府组织，我们对政府组织战略地图的应用模式进行了总结，并对战略地图的构成部分进行了调整，形成了适用于政府组织的战略地图模板。相比企业组织的通用模板而言，政府组织战略地图模板主要是对财务层面的位置进行了调整，具体如图 2－23。

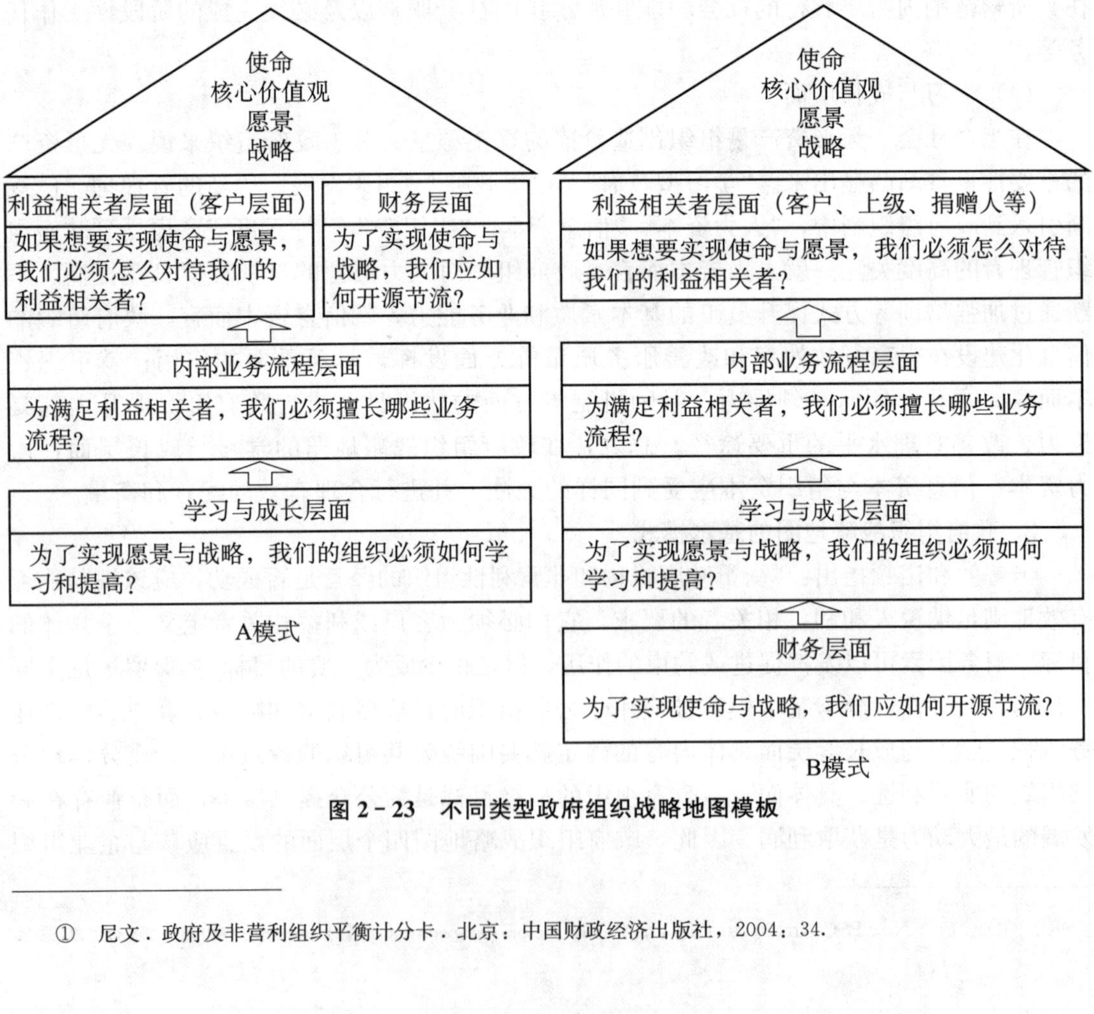

图 2－23　不同类型政府组织战略地图模板

① 尼文．政府及非营利组织平衡计分卡．北京：中国财政经济出版社，2004：34.

（1）A 模式。

图 2－23 左边的模板主要适用于一级政权组织，例如县级党委政府、乡镇党委政府。作为国家的一级政权组织，这类政府组织拥有和行使公共权力，对政治、经济、社会、文化等各项事业进行管理，拥有广泛的利益相关者，并将公共利益最大化作为追求的重要结果，因此，需要将利益相关者层面（客户层面）放到战略地图的顶端。同时，尽管这类政府组织不以营利为目的，并且运营费用全部来自财政拨付，但是承担着发展和管理国民经济的重任，并将经济建设作为工作的重心，因此财务层面应当放在与利益相关者层面并列的位置。采用这一模板的政府组织，还应包括一些具有财税创收任务的政府部门或事业单位，其中政府部门主要是指经济管理部门，它们需要从上级战略地图中承接经济建设方面的目标；事业单位主要指那些运营经费部分由财政拨付、部分自筹，实行企业化经营的单位。由于这类组织的运营经费部分来源于社会，只有其产品或服务得到社会的认可，才能从财务上保障组织的延续和发展，因此其财务层面应放到战略地图的顶层。

（2）B 模式。

图 2－23 右边的模板主要适用于绝大部分政府职能部门和公益性事业单位，例如市委组织部、公安局等。这类组织拥有和行使公共权力，从事社会公共事务管理，提供公共产品和服务，运营经费全部来源于国家财政，不需承担财税创收任务。因此，利益相关者的需求是否得到切实满足成为其关注的最终结果。财务层面置于战略地图的底部，作为利益相关者、内部业务流程、学习与成长这三个层面的驱动因素和约束条件。对于这种类型的政府组织，财务目标除了涉及降低成本和提高资金使用效率外，争取外部资金支撑也可能成为其需要关注的目标之一。

在对政府组织战略地图模板的研究过程中，我们归纳出一些关键特征：首先，客户层面应该位于战略地图的顶端。对于大多数政府组织来说，“客户”这一概念的外延更宽泛，包括社会公众、上级部门、捐赠者、社会团体、中介机构等不同的利益相关群体。政府组织最终目标是为利益相关者提供服务而非营利。因此，在政府组织的战略地图中，客户层面的位置需要被提升至顶层。其次，财务层面根据组织性质的不同，有不同的摆放方式。尽管财务目标不是政府组织的终极目标，但同样不容忽视。对于有些政府组织而言，财务层面是衡量组织成功与否的最终结果，而更多的政府组织则将其作为影响组织工作效果的驱动因素和约束条件。最后，内部业务流程层面和学习与成长层面是实现组织最终目标的重要支撑。无论是政府组织还是企业组织，内部业务流程和无形资产的作用都是至关重要的，它们最终决定着组织能否长期可持续发展。

2.3.5　平衡计分卡在我国政府组织中的应用

平衡计分卡是一种战略及绩效管理工具，凭借其理念的先进性和设计的科学性，迅速被众多政府组织关注。我国于 2005 年开始，在中共中央组织部（简称中组部）领导干部考试与测评中心的组织与领导下，由黑龙江省海林市、广西壮族自治区桂平市平山镇、四川省乐山市五通桥区等政府组织作为试点单位相继设计和推行了平衡计分卡，拉开了平衡计分卡在中国政府部门应用的序幕。本书将在第 9 章详细介绍平衡计分卡在我国政府部门的具体设计和应用。

1. 构建我国政府组织平衡计分卡的基本原则

由于政府组织的特殊性，政府组织的高层管理者在运用和推行新的绩效管理工具时，需要仔细权衡可能产生的社会影响、可能带来的利益和风险等，因此在设计政府组织平衡计分卡之前，明确构建政府组织平衡计分卡的基本原则十分必要。

（1）兼顾共性和个性。从共性来看，政府组织都是在党的领导下开展工作，以建设服务政府、责任政府、法治政府和廉洁政府为总体目标。因此，在构建政府组织平衡计分卡时，既要充分贯彻党的路线方针政策，坚持行政管理体制改革的正确方向，又要充分考虑到各利益群体的实际诉求，达成各方利益的和谐统一。从个性来看，不同类型、层级和区域的政府组织在发展环境、工作任务、自身特性等诸多方面都存在差异。因此，各政府组织应根据具体情况规划战略和制定目标，不能照搬照抄，否则设计出来的绩效管理体系会因水土不服而无实际效用。

（2）兼顾战略性和协同性。明确战略导向是政府组织平衡计分卡构建过程中应始终坚持的重要原则。具体而言，在设计政府组织平衡计分卡时，要在组织使命、核心价值观、愿景的牵引下，重点抓住组织的战略绩效领域、少数关键业务流程、核心员工以及战略信息，切忌“眉毛胡子一把抓”。同时，还应紧紧抓住平衡计分卡各层面目标之间的因果支撑关系和指标之间的关联关系，处理好长期利益与当前利益之间的矛盾，协调好组织与外部环境之间的关系，把握好不同部门和个体之间的职能权限，以保证政府组织平衡计分卡从整体上形成协同效应。

（3）兼顾前瞻性和可行性。一方面，政府引入平衡计分卡的根本目的在于提高为经济社会发展服务、为人民服务的能力和水平，因此，在构建政府组织平衡计分卡时要严格遵循这一先进工具的核心理念，切忌将平衡计分卡直接套用在已有的管理方法上，影响平衡计分卡功能的充分发挥。另一方面，政府组织在设计平衡计分卡时，要正确处理继承与创新的关系，深入探讨平衡计分卡与整个政治体制的兼容问题，以便设计出来的政府组织平衡计分卡切实可行。

2. 政府组织平衡计分卡体系设计

政府组织平衡计分卡体系设计主要有四个步骤：第一步，通过绘制战略地图来描述战略，将组织战略转化为四个层面的具体绩效目标；第二步，根据目标依次导出具体的衡量指标、目标值和行动方案，使战略目标能够被有效地衡量；第三步，通过分级设计战略地图和平衡计分卡，将战略目标落实到部门和个人，从而形成上下联动、左右贯通的平衡计分卡体系；第四步，通过建立绩效评价量表，来实现对绩效的衡量与监控。下面将结合政府组织的基本特点，对上述各步骤逐一进行详细介绍。

（1）绘制战略地图。

卡普兰和诺顿曾指出：“战略如果不能被描述，就不能被衡量；如果不能被衡量，就不能被管理。”因此，利用战略地图来描述战略是构建政府组织平衡计分卡体系的首要环节。具体而言，主要包括以下几个步骤：

第一步，明确使命、核心价值观和愿景。由于政府组织与企业组织的差异，政府组织在确定使命、核心价值观以及愿景时要特别注意：一方面，政府组织作为一个独立的组织实体，追求组织管理的最优化是其不可推卸的责任；另一方面，作为促进当地社会经济发展的责任主体，其社会职能也不能忽视。因此，政府组织在确定使命、核心价值观以及愿景时，需要兼顾组织管理和社会发展两方面的需求。

第二步，确定战略和战略主题。组织在明确了使命、核心价值观和愿景之后，接下来就是据此来确定相应的战略和战略主题。在确定战略主题时，需要坚持两个基本原则：第一，战略主题应基于政府组织的工作职责，要尽量涉及与组织职责有关的关键绩效领域，既不能溢出也不能缺失。第二，战略主题应该能够有效界定政府组织一定时期的战略重点。尽管政府组织所涉及的工作领域非常广泛，但是在一定时期内必须将有限的资源集中在最重要的工作上。战略主题应该有所侧重，要体现出组织在一段时期内最关注的重要工作内容。因此，战略主题的数量不宜过多，否则会导致组织战略的稀释或模糊。

第三步，分层制定目标。在分层制定目标时，需要重点关注以下几个事项：首先，每个层面的战略目标应该根据战略地图四个层面间的因果逻辑关系从上往下分层制定，以确保战略目标能够从下至上层层支撑；其次，战略目标表述应该清晰、明确，能够切实体现组织的重要工作；最后，由于战略地图是描述战略的工具，因此体现在战略地图上的目标应该是组织工作的重点，一般而言，战略目标的总数控制在 10～20 个比较合适。

（2）制作平衡计分卡。

战略地图将战略转化为具体目标，而平衡计分卡的主要作用是根据目标导出指标、目标值和行动方案。具体而言，平衡计分卡的设计可以分为以下几个步骤：

第一步，设计指标。在构建政府组织平衡计分卡时，指标的设计是一个难点所在。一方面，由于政府组织的公共性，其很多工作及产出往往难以用客观指标予以表示；另一方面，很多政府组织的绩效管理基础相对比较薄弱，对一些具体工作的衡量办法研究不足，这两方面因素共同导致了政府组织在设计指标时困难重重。基于已有的理论研究和具体的管理实践，我们认为政府组织在设计绩效指标时可以借鉴以下几点经验：第一，由于指标是对绩效目标的具体衡量，因而在设计指标时，应该在对目标进行充分分析的基础上，根据目标的具体内涵和主要特征进行设计；第二，为了确保目标能够充分衡量，有时一个目标可能需要导出多个绩效指标，因此指标的数量往往多于目标数量，总指标数大概是总目标数的 1.5 倍；第三，在设计指标时，邀请有关领导、专家、绩效评价主体以及被评价者等共同参与到指标的设计过程中，有利于集思广益，确保指标设计的科学性和合理性。

第二步，设定目标值。目标值是为绩效指标设定的数量化衡量标度，为了使其对员工具有激励作用，目标值的设定必须合理。如果目标值过高，员工会对工作望而却步而不付出努力；如果目标值偏低，员工则会因为工作没有挑战性而失去追求高绩效的动力。目标值的设定主要可以分为两个步骤：一是将整体的价值差距分解到每个战略主题；二是在每个战略主题内，根据战略地图的因果关系分别设置目标值。在设置目标值时，有多种参考标杆：既可以根据上一个绩效周期的目标实现情况及发展趋势，也可以借鉴地区或行业在该指标上的平均值，还可以源于对利益相关者需求的充分调查等。

第三步，确定行动方案和预算。行动方案是平衡计分卡的一大特色，它使组织不仅关注如何对绩效进行衡量，还帮助管理者和员工明确绩效目标该如何达成。制订行动方案的过程，就是组织中相关人员深入思考和探讨如何完成绩效目标的过程。预算的编制则可以确保组织将有限的资源有效地投入对组织战略实现最重要的关键领域。要决定每个战略主题行动方案的资金投入数量，就需要有一个自上而下的流程来确定资金配置的等级，同时还需要一个自下而上的流程，来选择应给予资金支持的行动方案。因此，行动方案和预算的确定需要经过相关责任人和主管领导共同协商，以使其能够与绩效指标及目标值合理匹配，确保组织战略目标的顺利实现。

（3）分级开发平衡计分卡。

组织层面的战略地图和平衡计分卡设计完成后，还需要将其逐级分解，依次建立部门及个人层面的战略地图和平衡计分卡，使得战略目标能够层层落实。分级设计平衡计分卡的思路主要是基于目标的承接或分解，而承接或分解的方式既可以根据组织架构，也可以基于业务流程。在这一过程中，协同的理念要贯彻始终。成功的组织不仅需要强有力的领导，而且需要在战略、组织、员工和管理系统之间形成良好的协同。通过战略目标在纵向上将组织、部门、团队和个人协调和整合起来，在横向上将组织中的业务单元和支持单元协调和整合起来，以达到整合组织创造协同效应的目的，具体如图 2-24 所示。

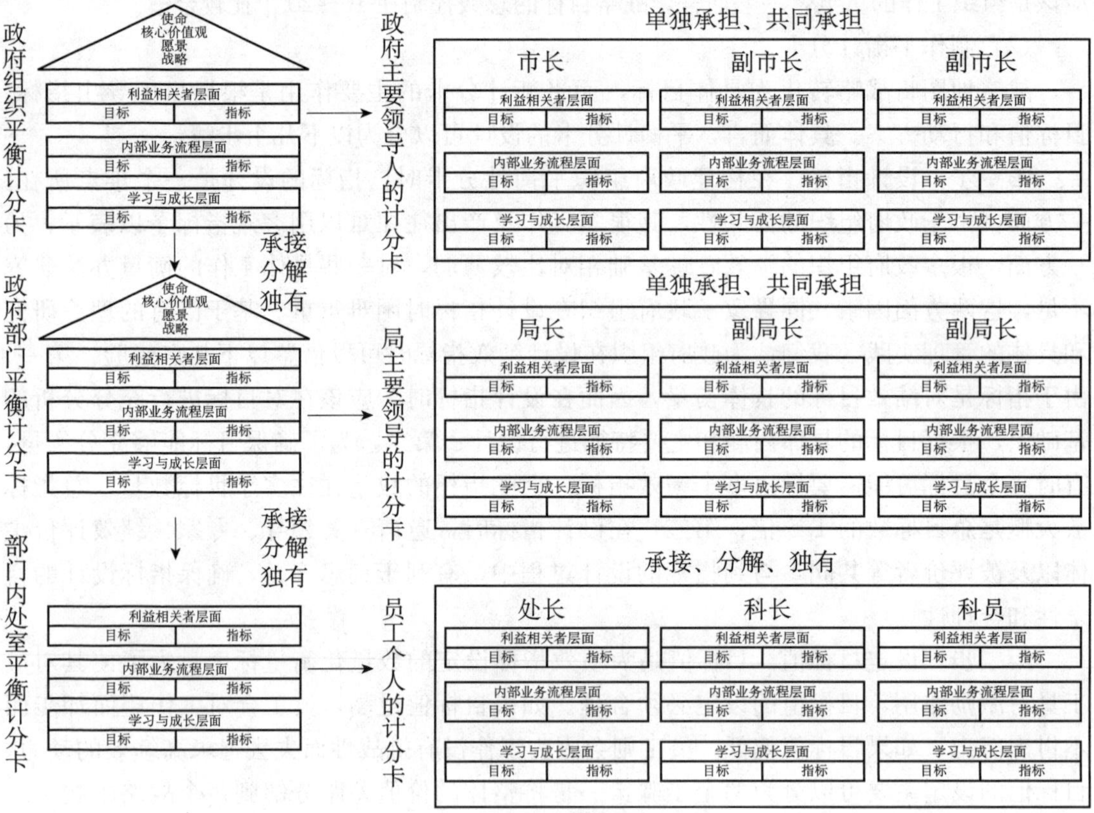

图 2-24 分级开发平衡计分卡

（4）建立绩效评价量表。

利用战略地图和平衡计分卡，组织能够确定不同层级、不同单元的绩效目标、指标和目标值，为了确保这些绩效目标及指标在实际的管理实践中能够被有效地衡量，组织还应该建立相应的绩效评价量表。绩效评价量表的作用之一就是确定各个绩效指标的权重、评价主体、评价周期及评价方法等一系列决策。权重是用于确定“指标的重要程度”的问题，因此权重的设置既要体现指标重要性的区别，又不能使权重间的差距过大，导致被评价者“抓大放小”；评价主体是用于确定“谁来评价”的问题，对于政府组织而言，绩效评价的主体既可以是上级主管部门，也可以是组织内部的工作人员或外部的群众及企事业单位等，组织应该根据具体的评价内容，选择合理的评价主体；评价周期是用于解决“多长时间评价一次”的问题，对于不同的指标，评价周期不能一概而论，应根据具体情况加以区别；评价方法是用于解决“如何评价”的问题，政府组织通常采用的评价方法主要是根据绩效指标的内容收集绩效信息，从而对指标的实现程度予以判断，这些绩效信息既包括客观的定量数据，也有主观的定性测评，组织应该将定性评价和定量评价有机地结合起来。

通过以上各步骤，政府组织的平衡计分卡体系就得以建立起来。最后，组织还应建立相应的绩效管理制度和办法，对绩效管理的负责机构、绩效管理的流程、绩效管理结果的应用与反馈等方面进行详细规定，以确保所构建的政府组织平衡计分卡能够切实落到实处，真正发挥作用。

3. 政府组织平衡计分卡设计与实施过程中需要注意的问题

为了使平衡计分卡能够在政府组织中发挥出最大效用，政府组织除了要对平衡计分卡的设计环节给予高度重视，还要充分考虑构建政府组织平衡计分卡的准备和实施环节，尤其是要对以下具体问题予以关注。

第一，要正确认识和看待平衡计分卡。随着理论的发展和实践的深入，平衡计分卡已经由最初的绩效评价工具发展为有效的战略管理工具，它通过描述战略、衡量战略和管理战略，将战略管理和绩效评价有机结合起来。但是在一些政府组织应用平衡计分卡时，由于目前组织对组织战略的重视不足，并且对平衡计分卡的理解不够深入，因而常常将平衡计分卡仅作为一种绩效评价工具来看待，出现“重评价、轻战略”的情况。事实上绩效评价的目的不只是要对员工的工作进行评定，更重要的是能够使员工在平衡计分卡体系的引导和管控下顺利完成工作任务，最终实现组织的战略目标。因此，政府组织在构建平衡计分卡体系时，应首先从组织的战略入手，对现有战略的有效性进行检验，并据此调整战略或开发新战略，避免根据以往的工作计划或总结来绘制战略地图这种“新瓶子装旧酒”的做法。

第二，应用平衡计分卡需要获得高层领导的支持。构建平衡计分卡体系是一项“一把手工程”，有无高层领导成员支持和参与是决定平衡计分卡体系设计成功与否的关键所在，也是影响平衡计分卡体系推广程度和实施效果的重要因素。一方面，平衡计分卡体系的设计和实施不仅需要组织在时间和财力上的大力投入，而且需要动员组织全体成员共同参与，而领导者的态度则直接影响到组织资源的投入力度和员工的参与程度；另一方面，组织中的领导成员对组织的发展战略最为了解，他们最能够把握组织的前进方向，平衡计分卡中的战略目标恰恰必须根据这些发展方向来确定。因此，在平衡计分卡体系的设计与实施过程中，获得高层领导的支持是一项不可或缺的必要条件。

第三，让组织中每个成员理解并接受平衡计分卡。在政府组织推行平衡计分卡时，还经常会遇到员工不配合甚至抵触的情况。这是因为很多人认为平衡计分卡太过复杂、难以理解，并且实施起来费时费力，不愿意参与其中。另外，由于一些政府组织以往的绩效管理不正规、不系统，有些员工“干多干少一个样，评与不评一个样”的思想根深蒂固。而平衡计分卡的应用将会彻底改变这一状况，它通过建立科学、规范的绩效管理体系，切实对员工起到激励和约束作用。这也就不可避免地会影响到一些人员的思维习惯和既得利益，引发他们的不满和抵触。对于这种情况，组织应该采取外部培训与内部沟通相结合等方式，积极地帮助员工理解并接受平衡计分卡，使他们认识到平衡计分卡对于个人及组织的重要意义，吸引其真正地参与到平衡计分卡的推行过程当中，鼓励其为平衡计分卡的设计和完善献计献策、贡献力量。

第四，在实践中不断更新和完善平衡计分卡。建立科学的平衡计分卡体系并不是一时之功，而是一个在实践中不断发展和完善的长期过程。因此，不可以抱有一劳永逸的思想，也不能为了追求“完美的设计”而在应用时缩手缩脚。比较可行的做法是在适当时机将平衡计分卡付诸实践，在实践中进行检验和调整。随着时间的推移，目标、指标、目标值和行动方案都会不断改变，平衡计分卡体系也会变得更加科学和完善。

2.4 主要绩效管理工具的比较及发展趋势

2.4.1 主要绩效管理工具的比较

前面对主要绩效管理工具的演变过程、具体内涵及特点等内容进行了详细介绍，为了帮助读者加深对绩效管理工具的理解以便在管理实践中正确应用，下面我们将从工具的性质、适用对象、基本特征、主要功能、构成要素以及指标体系等方面对目标管理、关键绩效指标和平衡计分卡进行全面的比较，如表 2-12 所示。

表 2-12 主要绩效管理工具的比较

工具	目标管理	关键绩效指标	平衡计分卡
应用时代	20 世纪 50—70 年代	20 世纪 80 年代	20 世纪 90 年代以后
性质	重视工作与人的结合	指标分解的工具与方法 将战略与评价指标结合	集大成的理论体系 将战略管理与绩效管理有机结合
适用对象	个人	组织、群体、个人	组织、群体、个人
基本特征	员工参与管理 体现“我想做” 自我管理与自我控制	战略导向 指标的承接与分解 指标层层分解、层层支撑	战略导向 目标的共享与分享、承接与分解 强调因果关系、平衡
主要功能	管理、考核 （关注结果）	考核、管理 （关注结果）	管理、考核 （关注过程和结果）

续表

工具		目标管理	关键绩效指标	平衡计分卡
构成要素		目标 指标 目标值	战略 关键成功领域 关键绩效要素 关键绩效指标	使命、核心价值观、愿景、战略、客户价值主张、四个层面目标、指标、目标值、行动方案
指标体系	设计	根据组织目标由上下级协商确定	根据战略自上而下层层分解	根据使命、核心价值观、愿景、战略、客户价值主张等，依据目标分层分别制定
	关系	指标之间基本上独立，彼此没有联系	指标之间基本上独立，彼此没有联系	目标之间的因果关系导致四个层面的指标之间有关联性
	类型	侧重定量指标	无前置指标和滞后指标之分，强调客观指标	有前置指标和滞后指标之分，兼顾客观指标、主观判断指标

1．性质

三种绩效管理工具的性质截然不同。目标管理是作为一种管理思想提出的，它既纠正了古典管理学派偏重以工作为中心而忽视人的一面，又纠正了行为科学学派偏重以人为中心而忽视与工作结合的一面，把工作和人的需要统一起来。关键绩效指标则是一种指标分解的工具和方法，它通过对战略目标从上至下的层层分解，将组织战略转化为易于衡量的指标体系。平衡计分卡则是管理思想的集大成者，是一套“描述战略、衡量战略、管理战略、协同组织以及链接战略与运营”的系统完备的管理理论体系。

2．适用对象

三种绩效管理工具的适用对象也有所区别。目标管理的出现，虽然可以使组织能够根据组织目标来制定个人目标，但是二者之间并未建立起直接的联系，在实践中常常存在个人目标与组织目标相脱离的现象。之后出现的关键绩效指标，尤其是平衡计分卡，则开始将个人目标与部门和组织的目标联系起来，使个人目标、部门目标以及组织目标协调一致，从整体上对个人绩效、群体绩效以及组织绩效进行全方位的衡量和管理。

3．基本特征

三种绩效管理工具各具特征。目标管理强调“参与管理和自我控制”，通过以目标给人带来的自我控制力取代来自他人的支配式管理，从而激发人的内在动机和最大潜力，使员工做到“我想做，我要做”。关键绩效指标则把目光投向有益于达成组织战略的关键成功领域，通过层层选择来确定组织、部门以及个人的关键绩效指标，继而通过对指标的衡量和管理来驱动个人和部门为实现组织目标而努力。平衡计分卡则强调各战略要素之间的协调一致，在维持各种力量和利益平衡的基础上，理顺各层面目标之间的因果关系以及指标之间的关联关系，制定相应的战略性行动方案和预算，以确保组织战略的顺利实现。

4．主要功能

三种绩效管理工具所发挥的功能不同。目标管理、关键绩效指标以及平衡计分卡都强调绩效评价应该从组织的战略层面做起，目标和指标必须与战略相联系，但是，三者的关注点各有侧重。目标管理虽然强调在员工实现工作目标的过程中应为员工提供必要的指导、训练、协助和奖励，但是该工具的关注点始终在于预期目标的达成与否，因此主张建立一套控制系统，以确保最终实现组织的总目标。与目标管理相比，关键绩效指标的结果导向更为明显，它把管理者的注意力完全集中在绩效周期开始时绩效指标体系和绩效评价标准的确立以及绩效周期结束时绩效结果的评价和衡量上，至于员工的工作过程则不在考虑范围之内。平衡计分卡则兼容并蓄，既要求对绩效目标和指标进行清晰界定，又要求引导员工在目标实现过程中及时制定和调整行动方案及预算，同时强调对绩效周期中阶段性成果的反馈和总结，以及在绩效周期结束后对战略的检验和调整。

5. 构成要素

所谓构成要素是指绩效管理工具的关键组成部分。目标管理根据组织目标制定个人目标，然后确定指标和目标值，其主要构成要素包括目标、指标和目标值。关键绩效指标则按照先后顺序逐层分析和确定组织的战略、关键成功领域和关键绩效要素，并以此为依据确定关键绩效指标。因此，关键绩效指标的主要构成要素包括战略、关键成功领域、关键绩效要素和关键绩效指标。平衡计分卡通过明晰组织的使命、核心价值观、愿景和战略，继而明确组织的客户价值主张，并在此基础上按照逻辑关系设计四个层面的目标、指标以及相应的目标值和行动方案。因此，平衡计分卡的主要构成要素包括使命、核心价值观、愿景、战略、客户价值主张、四个层面目标、指标、目标值和行动方案。相对而言，平衡计分卡的构成要素更为全面和系统。

6. 指标体系

三种绩效管理工具在指标的设计、指标之间的关系以及指标的类型上也明显不同。就指标的设计而言，目标管理重视目标制定过程中的上下级沟通，要求先由下属根据组织的总目标提出自己的工作目标，然后通过上下级之间的协商来确定目标；关键绩效指标则依据组织的战略，通过层次分析和指标分解得出组织、部门和个人的关键绩效指标；而平衡计分卡是根据组织的使命、核心价值观、愿景和战略，在协调一致的原则下，按照分层、分类、分级的思路设置不同绩效主体的目标和指标。就指标之间的关系而言，目标管理设置的指标较为分散，基本上相互独立，彼此之间没有紧密联系；关键绩效指标在既定关键成功领域的层级之间具有承接或分解的关系，但不同关键成功领域之间的指标则相互独立；而平衡计分卡的所有指标通过目标之间的因果关系相互联系在一起，构成了一个科学的指标体系。就指标的类型而言，目标管理为了便于对目标达成情况进行分析和衡量，偏重于采用定量指标；关键绩效指标通常也侧重于采用客观和可量化的指标，很少涉及主观判断指标；而平衡计分卡则兼顾了客观指标和主观判断指标、前置指标和滞后指标，从而能够确保对组织绩效进行全方位多角度的衡量与监控。

目标管理、关键绩效指标、平衡计分卡等绩效管理工具，都是现代管理实践和理论的产物。比较而言，目标管理盛行于 20 世纪 50—70 年代，其缺陷在于过于偏重量化的结果性指标，没有明确目标与战略的关系。关键绩效指标在 80 年代广受追捧，但是关键绩效指标的局限性也非常明显，那就是没有涉及使命和核心价值观，使组织的绩效管理系统脱离了核心理念的指引；没有明确各战略构成要素之间的因果关系，容易导致绩效管理体系设计偏离战略方向；指标分类落后于时代的需求，忽视了非财务类指标和无形资产的重要性；受制于指标分解的思路，难以帮助组织创造协同效应；过分关注量化指标和结果性指标，忽视了对绩效创造过程的有效监控等。因此相对来说，诞生于90年代初的平衡计分卡整合了以往绩效管理工具的优点并较好地解决了上述问题，成为一个具有严密逻辑体系的战略性绩效管理工具。随着时代的发展，平衡计分卡逐渐取代关键绩效指标是管理理论和实践发展的必然趋势，同时平衡计分卡也将通过不断的自我否定来持续完善以充分满足管理实践的实际需要。

2.4.2 绩效管理工具的发展趋势

通过学习和研究绩效管理工具的演变过程和绩效管理理论和实践的发展方向，可以对绩效管理工具的发展趋势做出如下判断：

1. 战略导向

随着战略对于组织发展的重要性的日益提升，组织的绩效目标与战略目标将紧密联系在一起，而这种联系则需要通过科学的绩效管理工具呈现出来，以便管理者能够将战略管理融入绩效管理过程。因此，绩效管理工具的战略导向必将越来越明显。

2. 多维度评价

早期的绩效评价，尤其是对企业组织绩效的评价，通常是单一维度的，多限于财务类指标。在当今复杂动荡的环境下，当前财务状况优良的组织并不意味着具有持续的竞争力。因此，对组织发展前景的判断不能仅仅依据财务报表就妄下结论，必须把影响组织正常运转和持续进步的各种关键因素都考虑进来，所以从多个维度对组织进行系统诊断非常必要。

3. 结果与过程并重

在客户的市场主导地位日益强化的形势下，组织对客户需求及其变化的回应速度便成为组织制胜的关键因素。在这种情况下，组织管理者的决策位置必须前移以加大对经营过程的关注，防止组织陷入被动的局面。由此，绩效管理要做出相应的调整，通过过程评价、动态评价、趋势评价等方式加强对目标实现过程的监督和调控，以确保组织不偏离预定轨道。

4. 多层次评价

在以往的绩效评价模式中有两种现象：一是组织主要对员工，尤其是基层员工的个人绩效进行评价，管理者只充当评价者；二是只对组织绩效进行单一维度的评价，即根据利润目标的达成情况判断绩效的优劣等级，据此决定全员的薪酬水平。众所周知，组织绩效源于群体绩效，而群体绩效以个人绩效为基础，但是个人的高绩效并不意味着群体和组织的高绩效，还涉及绩效目标之间是否协调一致的问题。因此，从个体、群体、组织等不同层次对绩效进行全面管理和评价，是提升组织整体绩效的必然选择。

本章小结

绩效管理工具作为管理实践与管理理论之间的桥梁与纽带，直接来源并应用于管理实践。从目标管理、关键绩效指标到平衡计分卡，绩效管理工具的演变历程在横向上不断拓宽绩效评价范围，从单纯的财务类指标扩展到全面考察整个组织各个层面的绩效指标；在纵向上不断提升组织的经营功能，从单纯的绩效评价工具上升到实现组织战略的战略性绩效管理工具。

具体而言，目标管理是一种参与、民主和自我控制的管理思想，也是一种把个人需求与组织目标相结合的管理思想。它通过让员工和上级一起，根据组织的总体目标，协商制定员工的个人目标，并在目标管理的实施阶段，实行权限下放和民主协商，使员工进行自我控制，独立自主地完成工作任务，从而有效激励员工的工作热情，发挥员工的主动性和创造性。关键绩效指标的思路侧重于绩效管理应该抓住对组织发展有重要意义的关键绩效指标，通过关键绩效指标来落实组织的战略目标和工作重点，传递组织的价值导向，进而有效激励员工，促进组织和员工绩效的持续改进与提升。平衡计分卡则在关注传统财务绩效的同时，把目光投向了组织的客户、内部业务流程和学习与成长，并在四者之间勾勒出具有严密逻辑性的因果关系，使组织价值创造源泉的无形资产和组织终极使命之间形成一个有效的战略连续体。概括而言，目标管理以“员工参与”为核心，关键绩效指标以“战略分解”为重点，平衡计分卡则以“平衡协同”为标志，这充分体现了不同绩效管理工具的优势与特点。随着知识经济的快速发展，绩效管理工具向战略导向、多维度评价、结果与过程并重、多层次评价发展的趋势日益明朗。政府组织应在清晰认识和正确对待绩效管理工具优势与不足的基础上，结合政府组织的具体情况和实际特点，科学、合理地导入、应用和完善绩效管理工具，以持续改进政府绩效，不断提高政府绩效管理水平。

关键术语

目标管理（management by objectives，MBO）

关键绩效指标（key performance indicators，KPI）

关键成功领域（key result areas，KRA）

关键绩效要素（key performance factors，KPF）

平衡计分卡（balanced scorecard，BSC）

复习思考题

1. 简要回答目标管理的内涵及其在政府组织中的实施步骤。
2. 谈谈关键绩效指标在政府组织中应用的设计理念和思路。
3. 简述平衡计分卡的框架及要素。
4. 试分析平衡计分卡在我国政府组织中应用需注意的问题。
5. 简析主要绩效管理工具的差异及发展趋势。

第3章

政府绩效计划

政府绩效计划是政府绩效管理的第一个环节，是政府绩效管理成功的首要一步。政府绩效计划是指在新的绩效周期开始时，各级政府就其在该绩效周期内要做什么、为什么做、需做到什么程度、何时应做完以及下属的决策权限等问题进行讨论，并最终促进理解、达成协议的过程。通过制订政府绩效计划，可以将政府的总体发展目标形成系统、全面的绩效目标和指标体系，并明确落实至各个单位及相应人员，使得各级政府组织和公务员能够清楚政府绩效目标的实现路径，进而提高其对政府绩效管理的认同感和承诺感。因此，政府绩效计划在整个政府绩效管理的过程中具有非常重要的地位。本章将对政府绩效计划的相关内容进行全面介绍，重点阐释政府绩效计划的重要作用及主要内容、政府绩效计划的制订步骤以及政府绩效评价体系中指标和其他相关决策的设计思路。

3.1 政府绩效计划概述

3.1.1 政府绩效计划的内涵

计划是对未来进行预测并制订相应行动方案的过程。现代社会处于急剧变化的环境中，政府所面临的宏观、微观环境无时无刻不在发生着变化，政府要想真正履行自己的职能，比以往任何时候都需要系统化的前瞻性思考。政府管理者必须具有远见并为未来做好准备，否则就会陷入难以预见的困境之中。

根据管理学的一般原理，计划既是制定目标的过程，也是这一过程达成的预期目标，既涉及目标（做什么），也涉及达到目标的方法（怎么做）。计划的目的和作用在于：给出行动的方向，降低变化的冲击，减少浪费和冗余，设立标准以利于控制。同样，绩效计划既是对工作绩效有目的地进行计划的过程，也是这一过程所最终形成的绩效计划协议，因此绩效计划同样具有计划的一般功能和特点。

政府绩效计划（government performance planning）是评价双方就评价对象应该实现的工作绩效进行有效沟通，并将沟通的结果落实为签订正式的书面协议，即双方在明晰责、权、利的基础上协商签订绩效计划协议的过程。绩效计划是政府绩效管理过程中的首要环节，在政府绩效管理体系中具有不可忽视的重要作用。

3.1.2 政府绩效计划的特征

作为政府绩效管理体系的首要环节，绩效计划与传统政府部门强压式分配任务的计划方式相比，具有以下主要特征。

1. 政府绩效计划是一个双向沟通的过程

传统上，政府绩效计划的制订通常是一个单向的过程，即由上级制定总体目标，下级部门具体执行。在这种体制下，下级在绩效计划环节没有发言权，完全处于被动接受的地位，这不仅会导致绩效指标及标准的设定出现不合理的情况，而且缺乏对绩效目标实现路径的有效沟通。新的政府绩效管理理念要求政府绩效计划必须经过双向沟通，这样做至少有三点好处：第一，通过沟通，上级在制订绩效计划时能够更加全面地考虑下属实际情况，使指标及目标值的设定更加科学；第二，在沟通的过程中，上下级还可就为了达成绩效结果需要采用什么样的方式、做出什么样的努力、进行什么样的绩效改进或技能开发等交换意见，有助于绩效目标的实现；第三，研究表明，人们对于自己亲自参与做出的选择投入程度更大，如果让下级参与到绩效计划环节，则能够增加下级对绩效目标的承诺感，愿意主动付出更大的努力，增加了目标的可执行性。

2. 政府绩效计划是关于政府工作目标和标准的契约

在政府绩效计划过程中，上级和下级共同制定绩效目标以及实现目标所需的步骤，这包含两方面的内容：做什么和怎么做。所谓做什么，实际上就是组织的绩效目标；而怎么做是实现目标的手段，对于不同组织，它可能包含着不同的内容。政府绩效计划强调通过互动式的沟通，使上下级在制定绩效管理周期内的绩效目标及如何实现预期绩效目标的问题上达成共识。通常，经过政府绩效计划这一过程后，上下级组织应该能够就以下问题达成共识：政府绩效计划要面向绩效评价、以结果为导向；各项工作在本绩效管理周期内的目标是什么；每项工作要达到什么样的结果；每项工作完成的期限是什么时候；每项工作目标在绩效结果中的权重怎样；如果对这些工作结果进行衡量，评判的标准是什么；为完成工作目标，需要提供哪些资源与支持；从什么地方获取工作结果的信息；等等。

3. 政府绩效计划应面向评价并以结果为导向

政府绩效结果必须得到客观公正的评价才能形成有效的绩效信息，并推动政府绩效管理战略目的、开发目的和管理目的的实现，因此，这就要求政府绩效计划必须面向评价，以评价结果的实现为基本导向，不然无论多完美的计划都难以达到预期效果。具体而言，在政府绩效计划环节应注意以下几个方面的内容：第一，政府绩效计划应具有可操作性，即所有的指标应该能够反映所要评价的基本内容，并且可以被有效测量；第二，政府绩效计划应具有可达成性，尽管为激励公务员实现目标而努力可以适当设置一些有难度的绩效目标，但是目标的制定也必须在可达成的范围内，若评价对象认为目标难以实现，就会倾向于放弃努力，影响组织目标的最终实现；第三，政府绩效计划应具有可控性，即组织的管理体系及配套设施能够与之相匹配，设置一些不切合组织实际的目标，会为绩效信息收集阶段增加难度，最终导致政府绩效评价结果出现不客观的情况。

3.1.3 政府绩效计划的类型

明确政府绩效计划的分类是理解政府绩效计划概念外延的有效途径。根据不同的分类标准，可以将政府绩效计划分为不同的类别。根据绩效层次的差别，可以将政府绩效计划分为政府组织绩效计划、政府部门绩效计划、公务员个人绩效计划；根据绩效周期的差别，可以将政府绩效计划分为任期绩效计划、年度绩效计划、半年绩效计划、季度绩效计划、月度绩效计划、周计划甚至日计划等。各类绩效计划并不是独立的，而是相互影响、相互渗透、相互融合的。绩效管理实践中最普遍的分类方式仍然是政府组织绩效计划、政府部门绩效计划、公务员个人绩效计划。

（1）政府组织绩效计划。政府组织绩效计划是对政府组织战略目标的分解和细化，政府组织绩效目标通常都是战略性的目标。政府组织绩效目标和绩效指标是整个政府绩效计划体系的指挥棒和风向标，决定着政府绩效计划体系的方向和重点。

（2）政府部门绩效计划。政府部门绩效计划的核心是从政府组织绩效计划分解和承接而来的部门绩效目标体系，是在一个绩效周期之内部门必须完成的各项工作任务的具体化。同时，政府部门绩效计划还需要反映部门职责相关的工作任务。

（3）公务员个人绩效计划。从广义上讲，公务员个人绩效计划包含组织内所有人员的绩效计划，既包括领导干部的绩效计划，也包括普通公务员的绩效计划。领导干部的绩效计划一般直接来源于组织或者部门的绩效计划，是对组织或者部门绩效计划的承接；普通公务员个人绩效计划则是对部门绩效计划的分解和承接，同时也反映个人岗位职责的具体要求。

专 栏

中华人民共和国国民经济和社会发展第十四个五年规划和2035年远景目标纲要

2021年3月，《中华人民共和国国民经济和社会发展第十四个五年规划和2035年远景目标纲要》正式发布，“十四五”规划纲要共19篇65章，主要阐明国家战略意图，明确政府工作重点，引导规范市场主体行为，是我国开启全面建设社会主义现代化国家新征程的宏伟蓝图，是全国各族人民共同的行动纲领。纲要指出，“十四五”时期我国经济社会发展瞄准六大主要目标，即经济发展取得新成效、改革开放迈出新步伐、社会文明程度得到新提高、生态文明建设实现新进步、民生福祉达到新水平和国家治理效能得到新提升。展望2035年，我国将基本实现社会主义现代化。经济实力、科技实力、综合国力将大幅跃升，经济总量和城乡居民人均收入将再迈上新的大台阶，关键核心技术实现重大突破，进入创新型国家前列。

3.1.4 政府绩效计划的作用

“凡事预则立，不预则废。”计划工作在整个管理活动中具有非常重要的作用，在绩效管理活动中也是如此。如果没有完备的绩效计划，整个绩效管理过程将无法有效运行，绩效管理的目的也难以达成。因此，绩效计划在政府绩效管理体系中具有不可替代的重要地位。

1. 政府绩效计划是政府绩效管理体系的首要环节

在整个政府绩效管理体系中，绩效计划是最先进行的一个环节，后面几个环节都需围绕该环节来展开。政府绩效计划明确规定了政府绩效评价的对象、指标、标准以及完成期限等具体内容，政府绩效监控、绩效评价以及绩效反馈都必须以此为基础。如果没有明确的计划，后面的所有工作就无从着手。首先，政府绩效计划为政府绩效监控提供了参考，管理人员可以按照政府绩效计划中的内容和标准检查评价对象的工作完成情况，并给予相应的监督和指导，确保各项工作目标能够顺利完成；其次，政府绩效计划为政府绩效评价提供了依据，也就是说，在绩效周期结束时所评价的内容，都应该是在计划阶段就规定好的，而不是随意进行评价，这样既可以使绩效评价的目标明确，又能够避免因沟通不畅而导致的各种问题；最后，政府绩效计划为政府绩效反馈提供了参照，绩效反馈中的内容必须围绕绩效计划环节设定的目标而进行，通过将绩效评价结果与计划目标相比较，使评价对象认识到自身的优势与不足，以达到绩效改进的目标。

2. 政府绩效计划是一种有效的前置控制手段

绩效评价是确保组织及个人工作目标得以实现的有效控制手段，能够使各级单位及人员按照组织的要求开展工作，促进整体目标的顺利实现。而政府绩效计划作为政府绩效管理的首要环节，在组织资源投入阶段起到了前置控制的作用，政府绩效计划不仅能够合理规划任务目标、有效分配组织资源，而且可以加强全体人员对组织目标的认同感和承诺感，提高绩效目标的可实现性。因此，在整个政府绩效控制过程中，政府绩效计划作为一种具有前瞻性的控制手段，为后面的整体控制设定了标准和依据，从源头上提升了控制效果，避免了资源的浪费。

3. 政府绩效计划是实现高水平政府绩效的必要条件

从具体的表现形式看，政府绩效计划是用于指导政府行为的计划书。通过制订这样一份计划，各级政府以及部门可以了解本绩效周期的工作安排和目标，以及将会遇到的障碍和可能的解决方法。由此可以看出，政府绩效计划不仅仅是完成一份工作计划那么简单。作为政府绩效管理系统的一个环节，政府绩效计划的过程更加强调通过互动式的沟通手段使上下级管理者之间在如何实现预期绩效的问题上达成共识。同时，在政府绩效计划环节，应当根据计划的内容，明确评价指标和评价周期两个关键决策，为后面的绩效监控、绩效评价和绩效反馈提供信息，以实现政府绩效管理的目的。

4. 政府绩效计划是落实政府战略规划的重要方式

为了有效提升服务水平、加强对资源的统筹规划，各级政府会制定相应的中长期发展规划和每年的工作计划，但是很多内容常常因为没有落实办法和控制机制而变成空中楼阁。通过政府绩效计划，可以将政府战略规划细化为具体的目标和指标体系，并落实到各级单位和每一位工作人员身上，以保证规划的可操作性和可达成性。

3.2　政府绩效计划的制订

3.2.1　制订政府绩效计划的原则

在制订政府绩效计划的过程中，为了充分发挥政府绩效计划的指引作用，应该遵循一些基本原则。

（1）战略性原则。政府组织的发展战略明确了在未来一定时期内的阶段性发展重点和努力方向，对于政府组织及公务员的具体行动具有重要的指引作用。在制定政府绩效计划体系时，必须坚持战略性原则，在政府组织使命、核心价值观和愿景的指引下，依据战略目标制订政府组织绩效计划，然后通过目标的分解和承接，制订出政府部门绩效计划和公务员个人绩效计划。

（2）协同性原则。随着政府组织面临的发展环境日趋复杂，单一部门在很多情况下难以有效执行政府政策和方案，加强政府组织与部门之间的沟通与协作已经成为当前的发展趋势。政府绩效计划体系是以绩效目标为纽带形成的全面协同系统。在纵向上，要求依据战略目标制定的政府组织绩效目标、政府部门绩效目标和公务员个人绩效目标是一个协同的系统。在横向上，不同政府职能部门的目标也需要相互协同，通过职能部门间的有效联动，创造协同价值。

（3）参与性原则。在制订绩效计划的过程中，为了确保政府绩效目标顺利完成和提高公民满意度，必须加强组织内外部利益相关者的参与。从组织内部而言，上下级之间必须进行充分的沟通，确保上下级都对绩效计划中的绩效目标、绩效指标、行动方案等内容达成共识，以保障在签订绩效协议的时候，做出充分的承诺。从组织外部而言，政府组织要提供有效的公共产品和公共服务，必须充分听取公众等利益相关者的利益诉求，并且在制订政府绩效计划时给予妥善的考虑和安排，才能增强政府的回应性，提高公民满意度。

3.2.2　政府绩效计划的步骤

在制订政府绩效计划时，首先需要对政府绩效计划的步骤和方式进行明确的规定，围绕政府的发展战略和总体目标来制订绩效计划，以确保制订的计划能够引导各级单位及全体成员沿着组织战略的方向前进。

1. 准备阶段

在新的绩效周期开始之前，需要由上级主管领导及绩效管理机构的相关成员组成一个绩效管理委员会，开始对组织的整体战略和具体目标进行讨论和规划。在政府绩效计划的准备阶段，主要工作是进行 SWOT 分析、交流信息以及沟通和培训。

SWOT 分析是将组织内外部环境和条件等各方面因素进行综合和概括，进而分析组织的优势（strength）、劣势（weakness）、机会（opportunity）和威胁（threat）的一种分析方法。其中，优势和劣势是组织的内部因素，机会和威胁则是组织的外部因素。一个组织的战略应是该组织“能够做的”（分析组织的优势和劣势）和“可能做的”（分析环境的机会和威胁）的有机组合。因此，通过 SWOT 分析，可以帮助政府组织把资源和行动聚集在自己的强项和机会最多的地方，从而使组织的战略更加清晰明了。表 3-1 是黑龙江省海林市 2010 年的 SWOT 分析示例。

表 3-1 黑龙江省海林市 SWOT 分析示例

内部优势（S）	海林市四次党代会确定的目标绝大部分提前两年完成，综合实力迈进“全省十强第一军团”；招商引资“一号工程”成为普遍共识和自觉行动，大项目建设实现历史性突破；城市建设兑现了施工期让群众“一月看到一次变化”的承诺，向“北方生态文明城”目标又迈进了一大步；统筹城乡协调发展，在新农村建设上实现了新跨越；深入开展学习实践科学发展观活动，广大党员干部干事创业的激情进一步释放。
内部劣势（W）	“经济总量不大，发展速度不快”的矛盾依然突出；重大项目进展乏力，财源结构还不够合理；经济结构调整尤其迫切，主导产业升级任务繁重；群众关注的一些热点难点问题还没有完全解决好，信访稳定压力仍然较大；部分干部作风还不实，服务意识不强，群众还有怨言，客商还有意见。
外部机会（O）	中央继续实施积极的财政政策和宽松的货币政策，继续加大对基础设施、社会事业等方面的投入力度；我省建设“八大经济区”、实施“十大工程”，大力支持县域经济发展，加快旅游名镇建设；绥芬河保税区今年将正式运营，“长吉图先导区”上升为国家级战略；等等。这为我们加快项目建设，转变发展方式，扩大对外开放提供了更广阔的舞台。
外部威胁（T）	我国正面临着国际贸易保护主义的重压，部分国家资源出口限制性政策加剧，对我市的部分战略投资者和林木加工业冲击较大；区域竞争更加激烈，肇东、双城、阿城等“第一军团”发展态势依然迅猛，尚志、宾县、安达竞相发展，穆棱、宝清等地发展迅速，部分县市视我市为赶超对象，既给我们带来了压力，也增添了动力。

交流信息主要是在绩效管理委员会和评价对象之间进行，需要交流的信息主要包括两方面的内容：一是政府组织的使命、核心价值观、愿景和战略。无论是下属单位还是公务员个人，都需要对政府组织的发展战略和整体目标有一个全面、深入的理解和把握，这样既可以增强评价对象的大局观念，从整体的视角和组织的高度对自身的绩效目标进行审视，又可以使其明确自己对于组织总体绩效的贡献程度，从而激励其努力实现绩效目标。二是评价对象工作和职位的相关信息，如组织职能、职位职责、绩效诉求等等，沟通这些信息有助于使绩效目标的设置更加科学、合理。具体而言，信息沟通的渠道包括每年的总结大会，各单位以及部门的例会和传达会，领导干部的走访和调研，各种文件、通告、内部网络以及内部刊物等，另外一些非正式的沟通渠道也是信息交流的重要方式。

除了 SWOT 分析和交流信息之外，沟通和培训也是这一阶段的主要任务。通过沟通和培训，评价对象能理解政府绩效管理的重要作用、政府绩效评价体系的运行机制以及相应管理结构的职责权限、自身的权利和义务等内容，这些对于科学地评价政府绩效、确保政府绩效管理系统有序运行非常必要。通常，政府绩效计划阶段的沟通和培训应由政府绩效管理的主管机构组织实施，并通过自上而下、层层传达的方式确保各级政府组织和全体成员都能够清晰地了解和理解政府组织的使命、核心价值观、愿景、战略及自身的职位职责和绩效之间的关系和链接机制等，认识到绩效管理不是束缚的枷锁，而是提升绩效的有效手段，从而使全体成员都积极投身到政府组织的绩效管理之中。

2. 沟通阶段

沟通是现代管理实践中的一个重要课题，几乎任何工作都离不开有效的沟通，在政府绩效计划阶段也是如此。在做好了充分的准备后，上下级双方可就绩效管理周期内的评价内容、评价方法、评价主体、评价周期等进行深入的沟通和讨论。在此，再次强调政府绩效计划是一个双向沟通的过程，评价对象如果能够成功地参与到政府绩效计划的制订过程中，他们就会认为自己是组织中重要的组成部分，从而激发其对组织的满足感和认同感。政府绩效计划并不是一纸空文，而是各级政府组织、部门和公务员日后的努力目标和行动纲领，如何达成绩效计划对于政府绩效计划的实施有着非常重要的意义。在任何类型的设计活动中都有一个根本原则，那就是把将要使用系统的相关人员吸纳到这个系统的设计过程中来。这意味着上级领导和下属公务员都要对政府绩效计划的形成付出自己的努力和贡献，使得评价对象在参与自己绩效目标和标准的计划过程中形成一种心理承诺。

在准备阶段，各级政府组织和公务员都已经了解了政府组织的使命、核心价值观、愿景、战略以及组织的总体目标，并且明确了自身的职位职责和工作要求，接下来就需要沟通有关具体绩效目标、评价指标以及行动方案的问题。在此阶段，绩效计划会议是最主要的沟通方式。召开这种会议首先要注意创造一种良好的环境和气氛，尽可能减少环境和气氛所带来的压力，同时减少来自外界的干扰，并要注意避免任何可能的中断。双方进行政府绩效计划沟通时的一个重要原则就是多问、少讲，采用引导的方法让评价对象为自己设立目标，而不是告诉其要做什么。在通常的情况下，政府绩效计划沟通时应该至少回答以下四个问题：

(1) 该达成什么工作目标?

(2) 按照什么样的程序达成目标?

(3) 何时达成目标?

(4) 花费多少? 使用哪些资源?

3. 制订阶段

在经过周密的准备，进行了多次沟通之后，政府绩效计划就初步形成了。为了使政府绩效计划真正发挥作用，还需要对政府绩效计划进行审查和检验，确定以下要求是否达到。

(1) 各级政府组织和公务员的绩效目标与政府组织的使命、核心价值观、愿景、战略和整体目标紧密相连，并且清楚地知道自己的绩效目标与整体目标之间的关系。

(2) 政府绩效评价指标体系能够切实反映绩效管理周期内各级政府组织和公务员的

工作职责和职位要求，且没有缺失或溢出的情况。

(3) 政府绩效计划中已经对各级政府组织和公务员的主要工作任务、各项工作任务的重要程度、完成任务的标准以及在完成任务过程中享有的权限等都达成了共识。

(4) 评价双方都十分清楚在完成工作目标的过程中可能遇到的困难和障碍，并且明确相关单位及人员所能提供的支持和帮助。

(5) 形成了一个经过双方协商讨论的政府绩效协议，该协议包括具体的绩效目标、绩效评价指标、绩效评价标准及权重，主管人员和评价对象双方都要在该协议上签字。

最后要说明的是，保证计划的时效性十分重要，应随时更新和补充内容使政府绩效协议更具灵活性和动态性，以适应环境的变化和挑战。

3.3 政府绩效目标

3.3.1 政府绩效目标的内涵

在政府绩效管理系统模型中，政府绩效目标是指上级与下级在政府组织的使命和核心价值观的指引下，对愿景和战略进行分解和细化，具体体现为绩效主体在绩效周期内需要完成的各项工作。目前对政府绩效目标的理解主要有两种：一种是将政府绩效目标理解为“绩效指标加上目标值”，比如“中心城绿色出行比例达到75%”和“城镇登记失业率小于4%”等；另一种则是将绩效目标理解为绩效的行为对象，具体表现为一个动宾词组，比如“促进基本公共服务均等化”和“保障食品药品安全”等。

政府绩效目标的来源主要有两类。首先，政府绩效目标来源于对政府组织战略的分解和细化。我国从中央到各级地方政府每隔五年都会制订一次发展规划，明确未来五年时间的发展目标和具体战略。通过对政府组织发展战略的分解与细化，可以形成政府组织绩效目标、政府部门绩效目标和公务员个人绩效目标，进而引导各个政府部门和公务员都按照组织要求的方向去努力，从而确保组织战略的顺利实现。其次，政府绩效目标来源于职位职责。职位职责描述了一个职位在组织中扮演的角色，即这个职位对组织有什么样的贡献或产出。职位职责相对比较稳定，除非该职位本身从根本上发生变化。

3.3.2 政府绩效目标的类型

对政府绩效目标进行分类，可以更好地理解什么是政府绩效目标。但是，政府绩效目标存在多种分类方式，不同的分类标准确定了不同的政府绩效目标类型。

第一，按照绩效层次的不同，可以将政府绩效目标分为政府组织绩效目标、政府部门绩效目标和公务员个人绩效目标。政府组织目标也可称为政府整体目标，是政府组织战略的重要组成部分，一般直接指向政府组织在一定绩效周期内达成的最终结果；政府部门绩效目标主要来自对政府组织绩效目标的分解和承接，同时还包括基于政府职能部门自身的职责所确立的目标；公务员个人绩效目标则描述了为了实现政府组织和部门的目标而需要完成的工作任务和达成的结果。

第二，按照绩效周期的长短，可以将政府绩效目标分为短期绩效目标、中期绩效目标和长期绩效目标。短期绩效目标通常是在几天、几周或几个月内完成的绩效目标；中期目标是指半年或一年，甚至一年多内完成的绩效目标；而长期绩效目标则是指完成时间更长一些，可能要 2～3 年，甚至更长时间，或者指需要划分为几个关键性阶段的绩效目标。

第三，按照目标领域的差异，可以将政府绩效目标划分为政治绩效目标、经济绩效目标、文化绩效目标、社会绩效目标和生态绩效目标。政治绩效目标描述了政府在政治领域期望获得结果，其最高目标应该是实现政治文明，一般包括民主、法治等内容；经济绩效目标描述了政府在经济领域期望获得的结果，其最高目标应该是实现物质文明，一般包括经济发展与增长、物价稳定、产业结构合理等内容；文化绩效目标描述了政府在文化领域期望获得的结果，其最高目标应该是实现精神文明，一般包括国民素质、文化产业、社会风尚等内容；社会绩效目标描述了政府在社会领域期望获得的结果，其最高目标应该是构建和谐社会，一般包括公共服务、城乡差距、社会保障等内容；生态绩效目标描述了政府在生态领域期望获得的结果，其最高目标应该是生态文明，一般包括绿色发展、环境治理、和谐共生等内容。

3.3.3 政府绩效目标的制定

在政府绩效计划制订的过程中，设定绩效目标是其中最重要的内容，政府绩效目标设置的好坏直接影响到后面政府绩效管理的各个环节，因此必须对此予以高度重视。

1. 政府绩效目标制定的 SMART 原则

在制定政府绩效目标时应遵循以下五条原则，通常我们将它们简称为 SMART 原则。这五条原则分别是：

（1）绩效目标应该是明确具体的（specific）。所谓明确具体指的是绩效目标应该尽可能明细化和具体化。各级政府组织、部门和公务员的情况各不相同，政府绩效目标应该明确、具体地体现出相应的绩效要求。只有将这种要求表达得尽可能准确和可操作，才能够引导各级政府组织和公务员更好地去实现绩效目标。例如，“尽可能使群众满意”这样的目标就不如“群众满意度达到 80%”这样的目标明确具体，如果用前面这个目标来评价政府，不仅会使各级政府组织和部门无所适从，而且在政府绩效评价时也缺乏有效的依据，而后者则非常清楚地界定了绩效目标的目标值，为政府绩效评价提供了可以参考的标准。

（2）绩效目标应该是可衡量的（measurable）。设定政府绩效目标是为了能够根据政府绩效计划来对各级政府组织、部门及其成员起到激励和约束作用。因此，政府绩效目标必须可衡量，才能够进行有效监控、评价和反馈。所谓可衡量，就是可以将各级政府组织、部门和公务员的实际绩效表现与绩效目标相比较，即绩效目标应该提供一种可供比较的标准和目标值。需要指出的是，可衡量并不意味着一定要绝对的定量指标。对于政府组织和部门而言，定性指标也经常出现在政府绩效评价体系当中。

（3）绩效目标应该是行为导向的（action-oriented）。绩效目标应该能够引导各级政府组织、部门及公务员的行为，因此政府绩效目标应具有行为导向的特征。这实际上要求绩效目标不应该仅仅是一个能够衡量的最终结果，还应该包含对各级政府组织、部门和公务员在实现绩效目标过程中行为的约束和引导。举例来说，在对政府组织经济绩效的衡量上，如果仅衡量 GDP 指标，就有可能导致政府组织为了 GDP 的快速增长而盲目投资和建设，甚至以牺牲生态环境和可持续发展为代价，而如果再加上与资源消耗、环境质量相关的绩效评价指标，则能够有效避免上述现象的发生，促进经济又好又快发展。

（4）绩效目标应该是切实可行的（realistic）。在设置政府绩效目标时，还需要考虑到目标的可行性，即制定的政府绩效目标既不能过高也不能过低，应该刚好反映组织的绩效期望，又能够使各级政府组织、部门和公务员通过努力而达成。政府绩效目标的切实可行包含了两层含义：一是政府绩效目标的设置不能过高。当知道无论如何努力，绩效目标都无法实现时，人们通常会放弃努力。二是政府绩效目标的设置也不能过低，当绩效目标水平太低时，各级政府组织、部门和公务员无须努力便可以实现目标，便失去了政府绩效目标应具备的约束性和激励性。因此，政府绩效目标的设置要兼具可行性和挑战性，需要各级政府组织、部门和公务员为之付出一定的努力才能实现，这样才能真正、有效地发挥政府绩效目标的作用。

（5）绩效目标应该是受时间和资源限制的（time and resource constrained）。政府绩效目标应带有时限要求和资源限制，比如“在 A 时间内，投入不超过 10 000 元使 S 指标增长 30%”，而不是“在 A 时间内，在合理投入的情况下使 S 指标增长 30%”。这种时间和资源限制实际上是对目标实现方式的一种引导。不论是时间限制还是资源限制，都有一个程度的问题。在目标一定的情况下，这一程度应该根据绩效要求和工作能力等方面的情况确定。另外，政府往往会根据需要制定不同阶段的分目标，不论是整个绩效计划中的总目标还是分阶段的分目标，每一个目标都应受到时间和资源的限制。

2. 政府绩效目标制定的注意事项

SMART 原则对政府绩效目标的设计具有切实的指导作用，但是实施起来并不容易，特别是在政府部门绩效管理经验不足以及政府绩效相对模糊的情况下，各级政府组织、部门和公务员在制定绩效目标的过程中会遇到诸多挑战。为了确保能够更好地完成对政府绩效目标的设计，还需注意以下几点：

第一，政府绩效目标的设计应该以客观事实为基础。在制定政府绩效目标时，切忌“拍脑袋”做决策，脱离客观事实的绩效目标往往是不合理的。因此，政府组织和部门在设定绩效目标时，必须尊重现实，既不能急功近利将目标设得过高，也不能为了容易达成而将目标设得过低，应该综合考虑总体发展战略、具体的现实情况、环境和资源的限制以及人员的能力与水平等因素，结合以往的绩效目标、发展预期以及标杆单位的情况等，合理确定绩效目标。

第二，让评价对象参与到政府绩效目标的设计过程中。前面已经强调，政府绩效计划是一个双向沟通的过程，政府绩效目标需要经过评价双方的沟通和协商才能最终确定。但是在实际的政府绩效管理过程中，绩效目标往往是上级指令和摊派的结果，这就不可避免地出现政府绩效目标不够科学和合理的情况。让评价对象参与到政府绩效目标的制定过程中，能够在一定程度上规避这一问题。当然，在政府绩效目标设定的博弈过程中，必须充分考虑评价对象为减轻压力而一味讨价还价的情况，主管人员不能盲从评价对象的要求和理由，而应该在充分调查和听取意见的基础上合理制定绩效目标。

第三，在实践中不断完善绩效目标。建立科学的政府绩效目标体系并不是一时之功，而是一个在实践中不断发展和完善的长期过程。因此，各级政府组织和部门切不可抱有一劳永逸的思想，也不能为了追求“完美的设计”而在应用时缩手缩脚。尽管有时政府绩效目标的设计难免有不尽如人意的地方，但是如果迟迟不推行实施，不仅会影响到工作人员的积极性，而且无法及时发挥出政府绩效管理应有的效果。可行的做法是在实践中不断进行检验和调整，并随着时间的推移不断完善和改进政府绩效目标和指标体系。

3.4 政府绩效指标

在确定政府绩效目标之后，为了衡量这些目标是否达成，需要进一步开发政府绩效指标。将政府绩效目标转化为可衡量的政府绩效指标，是政府绩效计划阶段又一项具有较高技术含量的工作。

3.4.1 政府绩效指标的内涵

指标是一种反映事物性质的量化确定手段，国外的有关文献通常把它看成一种量化的统计的确定方法。例如，雷蒙德·鲍尔（Raymond Bauer）在《指标》一书中提出：“指标是一种量的数据，它是一套统计数据系统，用它来描述社会状况的指数，制定社会规划和进行社会分析，对现状和未来做出估价。”联合国教科文组织指出，指标是“通过定量分析评价社会生活状况的变化”。政府绩效指标（government performance indicator）是用来衡量政府绩效目标达成的标尺，即通过对政府绩效指标的具体评价来衡量政府绩效目标的实现程度。由于政府绩效指标是直接面向绩效评价，因此政府绩效指标也叫政府绩效评价指标或政府绩效考核指标。

综合性的绩效评价体系具有多重的价值标准、多向的维度以及多元的评价主体，而单一的成本、效率、产出等指标已经难以反映出大型复杂组织的绩效状况和未来的发展趋势，因此，构建一个有效可行的政府绩效评价指标体系成为实施政府绩效管理的重要前提。约翰·劳斯（John Rouse）认为，有效的绩效指标对于公共组织绩效管理的成功开展起着非常重要的作用。

首先，有效的绩效评价指标有助于改善政府组织的内部管理。毫无疑问，在政府组织的决策、执行和监督过程中，政府绩效评价指标能够在公共服务方面为各级管理者提供有关效率、效益以及质量的各种有效信息。与组织所拥有的其他信息不同的是，政府绩效评价指标所反映的信息应该与组织的使命以及各层级的目标体系密切相关。如果缺乏有效的政府绩效评价指标体系，政府组织就难以明确当前的组织绩效以及组织绩效与期望绩效之间存在的差距。因此，西方各国政府在实施绩效管理的过程中，都普遍重视政府绩效管理信息系统的建设，并将政府绩效评价指标体系视为政府绩效管理信息系统中的重要内容。

其次，有效的政府绩效评价指标有助于增强政府组织的责任性。由于政府绩效评价的主体多来自政府组织的外部群体，如立法机关、社会公众、大众媒体以及各种社会中介组织等，因此政府绩效评价指标的设计应直接反映各级政府组织和管理者履行自身责任的指向和达成程度。各种政府绩效评价指标可以使各级政府组织和公务员清楚地了解到自己应该承担什么责任，应该对谁负责，以及如何承担具体的责任等。

最后，有效的政府绩效评价指标有助于指引公务员的行为与组织整体目标保持一致。在实施政府绩效管理过程中，切忌将政府绩效评价指标仅仅置于“控制”的目的，即强调“纠正错误的行为或活动”，使得公务员的主动性、积极性和创造性难以得到有效发挥，甚至造成公务员的低落情绪和抵触心理。有效的政府绩效评价指标应该立足于“发展”的目的，即强调政府绩效评价指标是“旨在改进和提高管理绩效过程的一部分”，因此它们必须能够切实得到尽可能多的公务员内心的认可和承诺。

3.4.2 政府绩效指标的类型

政府绩效指标有多种分类方式，为了更好地理解和构建政府绩效指标体系，我们需要熟悉政府绩效指标的分类，并将各类评价指标纳入到政府绩效评价指标体系当中。

（1）工作业绩评价指标和工作态度评价指标。

根据绩效评价的内容不同，可以将政府绩效指标分为工作业绩评价指标和工作态度评价指标。

第一，工作业绩评价指标。所谓工作业绩，就是政府组织在履行职能和职责所产生的结果。工作业绩评价指标是对政府履行职责效果的直接衡量，反映了政府组织的既定目标是否实现。组织成功的这些关键要素决定了绩效评价中需要确定的关键绩效结果。这种关键绩效结果规定了在评价员工绩效时应着重强调的工作业绩指标。这些指标可能表现为该职位的关键工作职责或一个阶段性的项目，也可能是年度的综合业绩。在设计工作业绩指标时，通常的做法是，将业绩具体表现为完成工作的数量指标、质量指标、工作效率指标以及成本费用指标。这四类指标都属于工作业绩评价指标。

第二，工作态度评价指标。在组织中常常可以看到这样的现象：一个能力很强的人出工不出力，未能实现较高的工作业绩；而一个能力一般的员工兢兢业业，却做出了十分突出的工作业绩。这两种不同的工作态度产生了截然不同的工作结果。因此，工作态度在一定程度上也影响了一个员工的实际工作业绩。为了对员工的行为进行引导从而达到绩效管理的目的，在绩效评价中应引入对工作态度进行评价的指标。

（2）硬指标和软指标。

根据绩效指标的形式，政府绩效指标可以分为硬指标和软指标。

第一，硬指标。所谓硬指标，指的是那些可以统计数据为基础，把统计数据作为主要评价信息，建立评价数学模型，以数学手段求得评价结果，并以数量表示评价结果的评价指标。

使用硬指标进行绩效评价能够摆脱个人经验和主观意识的影响，具有相当的客观性和可靠性。在处理硬指标的评价结果时，如果需要完成复杂多变的计算过程，还可借助电子计算机等工具来进行，以有效提高评价的可行性和时效性。但是，当评价所依据的数据不够可靠，或者评价的指标难以量化时，硬指标的评价结果就难以客观和准确了。另外，硬指标的评价过程往往比较死板，在评价的过程中缺乏人的主观性对评价过程的影响。一方面评价结果具有客观准确性的优点；另一方面也产生了缺乏灵活性的弊端，毕竟统计数据本身并不能完全说明所要评价的事实情况。

第二，软指标。软指标指的是主要通过人的主观评价得出评价结果的评价指标。在行为科学中，人们用专家评价来指代这种主观评价的过程。所谓专家评价，就是由评价者对系统的输出做出主观的分析，直接对评价对象进行打分或做出模糊评判（如很好、好、一般、不太好或不好）。这种评价指标完全依赖于评价者的知识和经验来做出判断和评价，容易受各种主观因素影响。所以，软指标的评价通常由多个评价主体共同进行，有时甚至由一个特定的集体共同做出一个评价结论，以相互补充，从而产生一个比较完善的结论。之所以将软指标评价称为专家评价，是因为这种主观评价在客观上要求评价者必须对评价对象所从事的工作相当了解，能够通过不完整的数据资料，在利用大量感性资料的基础上看到事物的本质，做出准确的评价。

运用软指标的优点在于，这类指标不受统计数据的限制，可以充分发挥人的智慧和经验。在这个主观评价的过程中往往能够综合更多的因素，考虑问题更加全面，避免或减少统计数据可能产生的片面性和局限性。另外，当评价所需的数据很不充分、不可靠或评价指标难以量化的时候，软评价能做出更有效的判断。因此，能够更广泛地用于评价各种类型的员工。随着科学的发展和模糊数学的应用，软指标评价技术得到了迅猛发展。通过评价软指标并对评价结果进行科学的统计分析，我们能够将软指标评价结果与硬指标评价结果共同运用于各种判断和推断，以提高绩效评价结果的科学性和实用性。当然，软指标同时也具有不可忽视的弱点。对软指标进行评价的结果容易受评价者主观意识的影响和经验的局限，其客观性和准确性在很大程度上取决于评价者的素质。对软指标进行评价得出的评价结果往往缺乏稳定性，尤其在民主氛围不佳的环境中，个人专断性的主观判断经常造成严重的不公平，引起评价对象对评价结果的强烈不满。

在实际评价工作中，往往不是单纯使用硬指标或软指标进行评价，而是将两类指标加以综合应用，以弥补各自的不足。在数据比较充足的情况下，以硬指标为主，辅以软指标进行评价；在数据比较缺乏的情况下，则以软指标为主，辅以硬指标进行评价。在绩效评价中，对于硬指标的评价往往需要一个定性分析的过程，而对于软指标评价的结果也要应用模糊数学进行定量化的换算过程。因此，我们在建立指标体系的时候，应尽量将指标量化，收集相关的统计资料，提高评价结果的精确度。同时，还要考虑评价对象的具体情况，将硬指标与软指标的评价技术有效地结合起来使用。

（3）特质指标、行为指标和结果指标。

在很多理论和实证研究中，综合运用特质、行为、结果这三类指标进行绩效评价指标体系的设计是一种比较常见的方式，这三类评价指标详细比较如表3-2所示。

表 3-2　特质、行为、结果三类绩效评价指标对照表

	特质绩效评价指标	行为绩效评价指标	结果绩效评价指标
适用范围	适用于对未来的工作潜力做出预测	适用于评价可以通过单一的方法或程序化的方式实现绩效标准或绩效目标的岗位	适用于评价那些可以通过多种方法达到绩效标准或绩效目标的岗位
不足	没有考虑情境因素，通常预测效度较低； 不能有效地区分实际工作绩效，员工易产生不公正感； 将注意力集中在短期内难以改变的人的特质上，不利于改进绩效	需要对那些同样能够达到目标的不同行为方式进行区分，以选择真正适合组织需要的方式，这一点是十分困难的； 当员工认为其工作重要性较小时，意义不大	结果有时不完全受评价对象的控制； 容易诱使评价对象为了达到一定的结果而不择手段，使组织在获得短期效益的同时丧失长期利益

资料来源：杨杰，方俐洛，凌文辁．对绩效评价的若干基本问题的思考．中国管理科学，2000（4）．

西方学者指出，在这三类绩效评价指标中最好的选择就是：将评价指标名称冠以“特质”的标签，评价指标的定义和尺度则采用行为导向与结果导向相结合的方式。关于这一点，我们将在介绍绩效评价方法时做进一步的论述。

此外，按照不同分类标准，绩效指标还有多种分类方式。比如，在平衡计分卡中还将绩效指标分为如下几类：财务指标和非财务指标、客观指标与主观判断指标、前置指标与滞后指标、计分卡指标和仪表盘指标、评价指标和监控指标。这种分类方法具有较高的科学性和合理性，越来越多的管理者采用这种分类方式来认识或管理绩效指标。

专　栏

“十四五”时期经济社会发展主要指标

类别	指标	2020 年	2025 年	年均/累计	属性
经济发展	1. 国内生产总值（GDP）增长（%）	2.3	—	保持在合理区间、各年度视情提出	预期性
	2. 全员劳动生产率增长（%）	2.5	—	高于 GDP 增长	预期性
	3. 常住人口城镇化率（%）	60.6*	65	—	预期性
创新驱动	4. 全社会研发经费投入增长（%）	—	—	>7、力争投入强度高于“十三五”时期实际	预期性
	5. 每万人口高价值发明专利拥有量（件）	6.3	12	—	预期性
	6. 数字经济核心产业增加值占 GDP 比重（%）	7.8	10	—	预期性

续表

类别	指标	2020年	2025年	年均/累计	属性
民生福祉	7. 居民人均可支配收入增长（%）	2.1	—	与GDP增长基本同步	预期性
	8. 城镇调查失业率（%）	5.2	—	<5.5	预期性
	9. 劳动年龄人口平均受教育年限（年）	10.8	11.3	—	约束性
	10. 每千人口拥有执业（助理）医师数（人）	2.9	3.2	—	预期性
	11. 基本养老保险参保率（%）	91	95	—	预期性
	12. 每千人口拥有3岁以下婴幼儿托位数（个）	1.8	4.5	—	预期性
	13. 人均预期寿命（岁）	77.3*	—	(1)	预期性
绿色生态	14. 单位GDP能源消耗降低（%）	—	—	(13.5)	约束性
	15. 单位GDP二氧化碳排放降低（%）	—	—	(18)	约束性
	16. 地级及以上城市空气质量优良天数比率（%）	87	87.5	—	约束性
	17. 地表水达到或好于Ⅲ类水体比例（%）	83.4	85	—	约束性
	18. 森林覆盖率（%）	23.2*	24.1	—	约束性
安全保障	19. 粮食综合生产能力（亿吨）	—	>6.5	—	约束性
	20. 能源综合生产能力（亿吨标准煤）	—	>46	—	约束性

注：带*的为2019年数据。

3.4.3 政府绩效指标的设计

1. 政府绩效指标的设计要求

在政府绩效评价指标体系的设计过程中，需要根据绩效评价的总体原则，遵守指标设计的具体要求，以体现和反映政府绩效评价活动的科学性和严谨性。

（1）整体性。政府评价项目和指标若是单一的，就无法有效地反映指标之间的有机联系。因此，有必要选择有代表性的、能反映政府管理客观实际的重要指标，来构建政府绩效评价指标体系。根据前面提到的政府绩效管理的内涵和结构，可以从管理层级、政府职能、价值标准和运作流程等几个方面设计政府绩效评价指标体系的总体框架，进而在每个内容中选择有代表性的指标组成指标体系。

（2）准确性。指标含义界定和表述的准确性程度直接影响到绩效评价指标的正确执行、监控、评价和反馈。因此，若有的政府绩效评价指标有多种口径，就需要选择最接近实际的内涵界定。另外，为了使不同地区、不同层级的政府组织和部门之间有一定的可比性，政府绩效评价指标一般使用平均数、比例、指数等相对数作为目标值，而尽量避免采用绝对数。

（3）权值。人们在对政府管理活动进行评价时，往往发现不少绩效评价指标所起的作用不同。也就是说，不同的绩效评价指标对绩效评价结果的影响存在着一定的差异性，有些绩效评价指标影响大，有些绩效评价指标影响小。这些绩效评价指标对绩效评价结果的影响大小，有赖于通过一定的数量值来说明它们的重要性，这就是指标的权值，也称“权重”或“加权”。一般来说，指标值比较重要的，它的权值就较大；相对次要的指标，它的权值就较小。绩效评价指标的权值大小，往往由政府评价主体、专家学者使用排序法、层次分析法、权值因子判断法等来决定。

2. 政府绩效指标设计的影响因素

由于政府绩效结构的多元化和绩效内容的复杂性，根据不同的评价导向和具体环境，政府绩效评价指标体系的内容也会有所不同。概括起来，影响政府绩效评价指标设计的因素主要包括地方经济与社会发展水平、政府发展战略、利益相关者的诉求以及政府绩效管理的价值取向等几个方面。

（1）地方经济与社会发展水平。经济与社会发展水平不同，将直接影响社会各类主体对政府管理和服务的不同需求。例如，对于经济欠发达地区，社会各界可能更倾向于要求政府着重搞好经济建设，将提高 GDP 作为政府工作的重心，因而相应的政府绩效评价指标以经济类指标为主，同时兼顾一些其他类型的指标；而对于经济发达地区来说，社会各类主体对公共服务的需求趋于多元化，而不仅仅满足于经济水平的提高，同时，政府也因具有较强的财力而能够提供多元化的公共服务，这在政府绩效评价指标设计上则表现为评价重点可能不再是经济类指标，而是公民的满意度、环境生态状况等指标。

（2）政府发展战略。随着战略管理在政府组织中的逐渐兴起，实行政府绩效管理就成为落实政府组织战略的有力工具。不少国家的政府绩效管理都借鉴和采用了企业的目标管理、关键绩效指标和平衡计分卡等绩效管理工具，以实现对政府战略规划和目标的层层分解和支撑，进而推动政府战略的有效实施。政府的发展战略和规划对政府绩效评价指标体系的构建起到了导向性的重要作用。例如，一个城市的战略目标如果是“争创文明旅游城市”，那么该城市的绩效评价指标的设计就应重点突出“旅游景点创优争先”“社会治安”“风景园林建设和保护”“城市合理布局和规划”“娱乐文化设施建设”等；一个城市的战略目标如果是“创建最适合投资的经济开发区”，则其绩效评价指标就应突出“税收和投资政策”“公正执法”“政府办事效率”等。

（3）利益相关者的诉求。要使政府绩效评价指标能够切实体现公共利益和公共价值，健全的民主制度和公民诉求机制是不可缺少的前提条件。社会公众参与各级政府组织和部门绩效评价指标和标准的设计、参与绩效评价和对绩效评价过程的监督过程，可以有效强化“以民为本”的价值。但是，究竟哪些政府工作是最符合长期和整体的公共利益的，则需要经过多元主体之间的博弈、协调和整合。一种可行的路径就是建立政府、专家、公众和其他社会组织的沟通与协商机制，通过多种形式的博弈与磨合，找到真正的公共利益。

（4）政府绩效管理的价值取向。政府绩效管理的价值取向，是指政府在绩效管理过程中对其利益和导向所做的一种理性选择。价值取向作为政府绩效管理的灵魂，影响着政府绩效管理的各个方面，从战略定位到指标的设计，再到评价主体的选择和评价结果的运用等，无不受到价值取向的影响。比如英国政府在20世纪70年代末到80年代中期奉行以经济效率为导向的绩效评价，这一时期采取的雷纳评审计划、部长信息管理系统、财务管理新方案和下一步行动方案等一系列改革措施和绩效评价方案，都是围绕节约政府开支、提高行政效率等进行的；进入20世纪80年代后期，英国政府的绩效管理由以经济效率为主的阶段进入了以质量为导向的阶段，追求高质量的服务和高水平的公众满意度成为这一时期的主导思想，英国政府先后发起了“公民宪章运动”、“竞争求质量运动”以及“政府现代化运动”，希望通过在公共服务供给中引入竞争机制、对公共服务品质的公开承诺以及将政府管理与现代化手段相结合等方式来改善和提升公共服务的质量。同样，美国政府绩效管理也先后经历了“效率政府”、“预算政府”、“管理政府”、“民营政府”以及“重塑政府”的不同阶段，每一阶段的价值导向都对当时的政府绩效管理产生了十分重要的影响。

3. 政府绩效指标的筛选原则

政府绩效评价指标是一种度量政府绩效优劣的工具，要使这种测度工具有效而可信，评价结果能够全面、客观、准确地反映政府绩效的实际水平与发展趋势，那么，政府绩效评价指标的筛选应该遵守以下几项基本原则：

（1）系统性原则。政府绩效系统是由公共管理、经济发展、社会稳定、教育科技、生活质量和生态环境等方面综合集成的，各个模块必须通过一些相应指标才能反映出来，这就要求所建立的政府绩效评价指标体系具有足够的涵盖面，能够充分反映政府绩效的系统性特征。同时，政府绩效评价指标体系并不是各个政府绩效评价指标的简单堆积，而应该是根据某些因果关系合理地将各个政府绩效评价指标有效地链接起来。

（2）目标一致性原则。政府绩效评价指标体系是一组既相互独立又相互关联的，能够完整地反映政府绩效管理系统战略和导向的评价要素。它需要与政府组织的战略目标和政府绩效管理的最终目的保持一致。具体而言，一方面，政府绩效评价指标体系要充分体现出不同的政府绩效管理导向对政府绩效评价指标体系的要求。在不同的战略导向、评比导向以及测评导向下，政府绩效评价指标体系的设计是不尽相同的。当政府组织的战略和目标导向发生变化时，政府绩效评价指标也需相应地发生变化。另一方面，政府绩效评价指标体系应充分体现评价对象的绩效输出，并能够有效引导评价对象产生符合政府组织总体发展目标的行为和产出，既不能缺失，也不能溢出。

（3）可操作性原则。政府绩效评价指标体系设计的首要目的是确保其在政府绩效评价中能够得到有效应用，这就要求所建立的绩效评价指标体系具有可行性和可操作性。具体而言，它主要包括四方面的内容：一是数据信息的可获得性，数据资料尽可能通过查阅全国性和地方性统计年鉴和各种专业年鉴（如地区统计年鉴、教育统计年鉴、科技统计年鉴、工业统计年鉴等）获得，或者在现有资料上通过简单加工整理获得，或是通过对研究对象进行问卷调查和现场访谈获得；二是数据资料可量化，定量的政府绩效评价指标数据要保证其真实、可靠和有效，并尽可能少采用定性指标或尽量选取那些能够通过专家间接赋值、测算以转化为定量数据的定性指标；三是政府绩效评价指标体系的设置应尽量避免形成数量庞大或层次复杂的指标，绩效评价指标应尽可能少而精，否则会导致政府绩效评价缺乏重点、流于形式；四是选入政府绩效评价指标体系的各项指标应具有不可替代性，要选择反映信息多、最能恰当反映目标工作特点和完成程度的绩效评价指标。

（4）突出重点与全面系统相结合原则。政府管理工作的多重性和复杂性，决定了政府绩效评价指标体系必须是一个既突出重点又全面开放的系统。一方面，政府绩效评价指标体系要突出一些重点领域和关键性的工作，设计一些关键性的指标来反映政府组织的绩效水平。另一方面，政府绩效评价指标体系也是一项涉及面广的工作，必须对其做出恰如其分的全面评价，使得政府绩效评价工作真正达到总结经验、肯定成绩、找出差距、不断提高政府绩效水平的目的。因此，在确定政府绩效评价指标体系时，既要做到全面概括又要突出重点，系统地反映出政府绩效的实际内容。

4．政府绩效评价指标体系设计的基本思路

从国内外政府绩效评价的研究与实践出发，政府绩效评价指标体系设计的基本思路主要包括以下几种类型：

（1）以政府内部管理为视角设计政府绩效评价指标。

美国希拉丘斯大学马克斯韦尔学院的帕特丽夏·英格拉姆教授等学者，推崇从管理能力的视角设计政府绩效评价指标体系，这一观点主要反映在美国联邦政府绩效项目（government performance project，GPP）中。在该项目中，研究者提出了“管理黑箱理论”，认为人们对公共部门内部输入与输出之间相互转化的过程知之甚少，政府绩效就像是经过暗箱里的一系列操作而产生的。在GPPⅠ中他们将绩效评价指标体系分为财政管理、信息技术管理、人力资源管理、资本管理和面向结果的管理，对每个体系相应地设计了一系列评价指标，并根据被评价政府部门的反馈意见加以完善。在GPPⅡ中，研究者对前一阶段的指标体系进行了修正和调整，将GPPⅠ中所关注的绩效项目由原来的5个减少到4个，并加入了信息和基础设施的绩效评价内容。

（2）以绩效审计为视角设计政府绩效评价指标。

在现代政府中，政府绩效审计为各国政府提高公共管理的效果、明确公共管理责任、加强公众对政府的监督、提高政府行为透明度等提供了一种有效的手段和途径。经过半个多世纪的发展，政府绩效审计已形成了包括经济性、效率性和效果性三个方面的评价要素体系。经济性、效率性和效果性三个要素是相互区别而又相互联系的。经济性审计主要局限于资源方面，即“投入”方面。效率性审计主要涉及对资源使用情况的审查，即“投入”与“产出”的关系。如果以较少的投入取得一定数量的产出，或以一定数量的投入获得更多的产出，都可以说效率是高的。效果性审计则是对经济活动后产出情况的审查。目前，随着社会的不断发展和政府职能的进一步转变，一些学者还提出了政府绩效审计应该增加两个新的要素：公平性以及环保性。

（3）以项目逻辑为视角设计政府绩效评价指标。

根据政府绩效产出的逻辑关系，政府绩效的产生过程可简单划分为投入、过程、产出和结果四个环节，这四个环节构成了政府组织绩效产出的价值链。投入类指标通常是对支持所有政府工作的资源的衡量，例如工作人员数量、工作场所、信息化程度等。过程类指标来源于开展政府各项工作的基本过程，包括具体的工作量、工作时间投入、工作实施的具体状况等。需要特别区分的是产出类指标和结果类指标，二者在政府绩效评价的过程中常常被混淆或被忽略，有效区别二者之间的逻辑关系对全面有效地衡量政府绩效具有非常重要的意义。具体而言，产出表示的是一个项目操作过程的表现及阶段性成功，而结果是项目最终的成果或者效果。根据项目逻辑，产出几乎没有内在的价值，因为它并不直接构成收益，但产出是必要的，因为它会影响未来的收益或者引发改变而达到理想的期望值。产出类指标应该被看做成功的必要条件而非充分条件，产出是一个项目工作的直接产品和服务，如果没有高质量的数量适宜的产出，一个项目工作就不能产生预期的结果。通常来说，产出的产生在很大程度上受项目的管理者控制，而结果则更多受项目外所不能控制的因素影响。因此，产出的产生并不能保证会得出预想的结果。产出类指标和结果类指标的区别如表 3－3 所示。为了监控项目工作的绩效，对产出和结果进行评价是非常必要的。

表 3－3　产出类指标与结果类指标的区别

项目工作	产出类指标	结果类指标
犯罪控制项目工作	对求助电话的应答 犯罪调查成效 进行拘捕 破案	减少犯罪行为 减少犯罪导致的伤亡 减少犯罪导致的财产破坏和损失
公路建设项目工作	项目设计 建成公路的里程 重建公路的里程	公路容量增加 提高车流量 减少旅程耗时
艾滋病预防项目工作	应答热线电话 测试艾滋病抗体研讨会 治疗艾滋病患者 接待患者的咨询并指导	增加与艾滋病相关的知识和治疗方法 减少危险的行为 减少 HIV 携带者 ……

资料来源：波伊斯特．公共与非营利组织绩效考评：方法与应用．北京：中国人民大学出版社，2005：39.

（4）以战略管理导向为视角设计政府绩效评价指标。

20 世纪 80 年代以来，随着政府组织战略思维的逐渐兴起及其对科学化绩效管理的迫切需求，战略性绩效管理进入了政府组织的视野，并在管理实践和理论研究方面取得了迅速的发展，逐渐成为帮助政府组织落实组织战略、强化绩效管理的有效途径。

美国行政学会（American Society for Public Administration，ASPA）的“责任和绩效中心”（Center for Accountability and Performance，CAP）通过五年的研究探索，于 2000 年开发出了一个实施绩效管理的战略框架，如图 3－1 所示。这一模型的特点主要包括以下几个方面：一是系统性强，层次清晰，有较强的可操作性。由环境分析、明晰使命和愿景、设置目标体系、制订整合各种资源的行动方案、评价和测量结果、实施跟踪和监控这一逐级递进的过程组成。二是这一模型的目的在于建立“以结果为导向”的公共服务提供体系。三是该模型强调绩效测量的目的在于落实责任和持续改进。四是通过这一模型可以整合并且提高组织各层面以及各领域的绩效水平，并使其保持相互之间的协调一致。每个部门和人员都可以通过这一框架提供的逻辑思路，清楚地了解自己未来工作的路线图：我们现在身处什么位置？我们将要到哪里？我们如何到达那里？为了到达那里，我们如何测定进程？我们如何和何时能知道自己是否达到目标？在所有的管理模型中，对核心概念的界定是非常重要的一步。在“责任和绩效中心”的战略管理模型中，这些重要概念包括使命、愿景、目的、目标、产出和结果等。

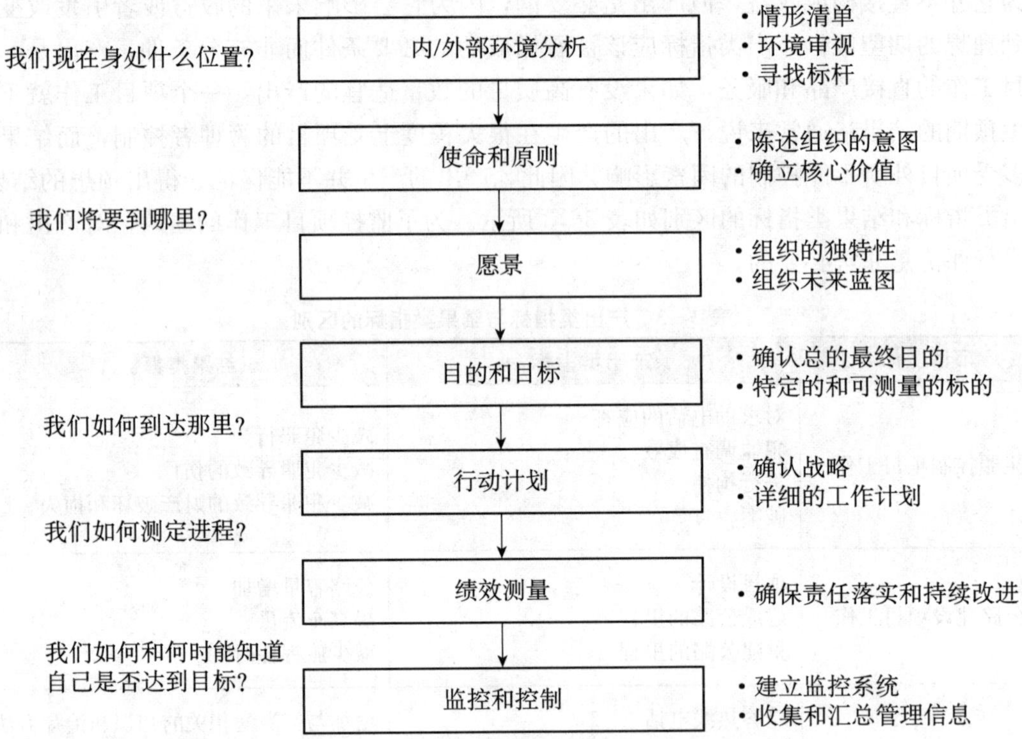

图 3-1　融入目的、目标和绩效测量的战略管理模型

资料来源：CAP. Performance Maesurement：Concepts and Techniques. Washington D. C.：ASPA. 2000.

此外，随着目标管理、关键绩效指标、平衡计分卡等绩效管理工具在企业组织中的应用日趋成熟，政府组织也开始逐步引进和导入先进的绩效管理工具来探索和构建有效的政府绩效评价指标体系，以确保政府组织使命、核心价值观、愿景和战略的全面落地。美国在尼克松政府时期曾举国推行目标管理，而源于目标管理思想的“目标责任制”也是我国最早应用于政府组织绩效管理实践的探索之一；关键绩效指标近些年在政府组织中的应用也日渐广泛，很多关于政府绩效评价指标体系设计的研究都借鉴了关键绩效指标的思想；平衡计分卡更是凭借其理念的先进性和设计的科学性，迅速被很多政府组织关注，美国、英国、韩国以及日本等国家的政府组织和部门都引进并实施了平衡计分卡，我国的一些政府部门也于近些年开始了平衡计分卡的应用探索。关于平衡计分卡在我国的具体实践，本书将在第 9 章进行详细介绍。

3.4.4 政府绩效指标的评价尺度及权重

评价指标的设计是构建绩效评价体系的核心内容，但是评价指标并不是评价体系的全部，在绩效评价指标体系设计完成后，还需要明确与之相关的评价尺度、评价权重等一系列相关决策。只有这样，才能确保政府绩效评价能够切实可行，真正发挥政府绩效评价指标体系的衡量作用和引导作用。

1. 评价尺度

评价尺度是指绩效评价指标的标志和标度，标志是指评价指标中用于区分各个级别的特征规定，而标度则用于对标志所规定的各个级别的范围进行界定，即标度是用于揭示各级别之间差异的规定。下面以“协作性”这一绩效评价指标为例，具体对指标的标志和标度进行解释，如表3-4所示。

表3-4 “协作性”的标志和标度

标志	S	A	B	C	D
标度	合作愉快	肯合作	尚能合作	偶尔合作	我行我素

从表3-4中我们可以看到，绩效评价指标的标志和标度是一一对应的。标志和标度就好比一把尺子上的刻度和规定刻度的标准。根据标志和标度的不同形式，评价尺度存在多种具体的表现形式。为了使整个评价工具具有统一性，人们在针对不同指标设计不同标度的基础上，规定统一的标志以便于进行综合衡量和统计。在这种情况下，标志和标度是可以相区别的。但是，当标度本身就较为简单时，标志和标度往往合二为一。标度规定本身就形成了一系列的标志。区分不同评价尺度的关键问题并不在于是否同时具有标志和标度，而在于评价尺度以什么样的形式规定了评价中所应依据的标准。常见的评价尺度主要包括以下四种：

(1) 量词式评价尺度。这种评价尺度采用带有程度差异的形容词、副词、名词等词组表示不同的等级水平，例如，“较好”“好”“一般”“差”“较差”。

(2) 等级式评价尺度。这种评价尺度使用一些能够体现等级顺序的字词、字母或数字表示不同的评价等级，例如，“优”“良”“中”“差”，“甲等”“乙等”“丙等”“丁等”以及“1等”“2等”“3等”“4等”。

(3) 数量式评价尺度。数量式的评价尺度是用具有量的意义的数字表示不同的等级水平。数量式评价尺度包括离散型和连续型两种。下面的两个例子分别是离散型评价尺度（见表3-5）和连续型评价尺度（见表3-6）。其中，后者又可以说是连续型评价尺度与量词式评价尺度混用的做法。

表3-5 离散型评价尺度示例

评价指标	指标定义	标志（尺度）				
计划能力	是否能够有计划、有步骤地完成领导交给的工作，使本业务领域的工作与整个部门或所在工作团队的工作目标相匹配	0分	3分	6分	9分	12分

表 3-6 连续型评价尺度示例

评价指标	标志（尺度）				
	3 分以下	3～3.4 分	3.5～3.9 分	4～4.4 分	4.5～5 分
协作性	极差	较差	一般	尚可	很好

(4) 定义式评价尺度。当设计者对评价尺度中的标度进行了详细的定义和界定时，我们就将这种评价指标的尺度称为定义式的评价尺度。在定义式的评价尺度中，设计者针对每一个评价指标的不同标志制定了相应的标度。相对于前面三种评价尺度而言，定义式的评价尺度较为复杂，但这种评价尺度体现出的评价标准更具体也更有针对性，能够有效地提高评价的客观程度，更好地实现绩效评价的行为引导作用。因而，在政府绩效评价中得到了越来越广泛的运用。表 3-7 是定义式评价尺度的一个例子，在这个例子中，设计者为“组织文化建设”这一指标设计了不同的定义式评价尺度。

表 3-7 定义式评价尺度示例

评价要素	优秀（A）	良好（B）	合格（C）	需改进（D）
内部沟通制度建设	建立了规范的内部沟通制度，能够及时有效地传递和正确诠释信息，沟通顺畅	建立了较规范的内部沟通制度，能够有效传递和正确诠释信息，沟通情况较好	建立了内部沟通制度，能够传递和正确诠释信息，沟通情况一般	内部沟通制度不完善，无法有效传递和正确诠释信息，沟通较差

为指标确定评价尺度，实际上就暗含了一个因素，那就是指标的目标值。对于任何一套政府绩效评价指标体系来说，指标的目标值是其基本构成要素，每一个指标的目标值反映了政府组织在这个指标所衡量的绩效领域内要达到的预期结果。因此，我们在确定绩效评价指标的同时，要为指标设定一个合理的目标值，目标值既要达到促使政府绩效优化的目的，又要保证政府通过努力确实能够达到，任何脱离实际的目标值都会使政府工作陷入混乱，导致整个政府绩效评价指标体系失去实际意义。

2. 评价权重

政府绩效具有多样性和复杂性，涉及政治、经济、社会等多个领域和多个层面，各项工作又相互联系、互相作用，这就决定了政府绩效评价指标体系必须是一个既突出重点又全面开放的系统。政府绩效评价指标的设计必须覆盖政府工作任务和责任的所有重要方面和关键领域，任何重要领域的指标缺失都会产生严重的误导，在理论上影响评价体系的科学性和合理性，在实践中导致有关部门不重视该项工作，产生消极后果。但是，作为一个绩效评价指标体系而言，不可能也没有必要面面俱到、事无巨细，必须突出一些重点领域和战略性的工作，设计一些关键性的指标来综合反映政府组织和部门的绩效水平，这就需要我们在指标体系全面的基础上，根据政府组织工作的重要程度和难易程度等，对不同的指标进行权重的划分。因此，在进行政府绩效评价指标体系设计时，要根据政府组织的使命、核心价值观、愿景、战略以及宏观的整体目标，有倾向性地设计指标权重。对于不同类型的指标，可以利用不同的方法确定权重，对于定量指标来说，可以通过层次分析等统计学方法为其设定权重，这样既可以保证权重设定的客观性，也相对简便。但是，对于政府绩效评价指标体系来说，其中有很大一部分指标是非量化的，不能够用统计分析的方法确定权重，这时就需要专家进行主观判定，利用专家的经验和知识，尽可能准确地为定性指标确定权重。具体而言，常见的权重设计方法主要有以下几种：

（1）专家经验判定法。

专家经验判定法是最简单的权重确定方法。它是决策者个人根据自己的经验和对各项评价指标重要程度的认识，对各项评价指标的权重进行分配。有时决策者也会召集相关人员和专家学者共同讨论，听取大家的意见，共同商定权重的大小。

这种方法基本上是基于个人的经验决策，往往带有片面性。对于比较简单的绩效评价工作，这种方法花费的时间和精力比较少，容易被接受。但在实际的应用过程中，应注意不同利益主体之间观点的平衡，避免决策专断的行为。

（2）权值因子判断表法。

权值因子判断表法是指由评价人员组成评价专家小组，由专家组制定和填写权值因子判断表，然后根据各位专家所填写的权值因子判断表来确定权重的方法。这种方法的实施主要由以下几个步骤构成：

1）组成评价的专家组。专家组一般由绩效管理部门的人员、评价专家以及其他相关人员构成。根据不同的评价对象和目的，专家组的构成可以有所不同。

2）制作评价指标权值因子判断表，如表 3－8 所示。

表 3－8　权值因子判断表

行$_i$ / a_{ij} / 列$_j$		评价指标			
		F_1	F_2	…	F_n
评价指标	F_1				
	F_2				
	⋮				
	F_n				

3）专家填写权值因子判断表。方法如下：将行因子与每列因子相互对比，采用四分制时，非常重要的指标为 4 分，很重要的指标为 3 分，比较重要的为 2 分，不太重要的为 1 分，相对很不重要的为 0 分。

4）对各位专家所填写的权值因子判断表进行统计。

首先，计算每一行评价指标得分值：

$$D_{iR} = \sum_{\substack{i=1 \\ j\neq i}}^{n} a_{ij}$$

式中：n——评价指标的项数；

ij——评价指标 i 与评价指标 j 相比时，指标得分值；

R——专家序号。

其次，求评价指标平均分值：

$$P_i = \sum_{R=1}^{L} \frac{D_{ir}}{L}$$

式中：L——专家人数。

最后，评价指标权值计算：

$$D_{iR} = W_i = \frac{p_i}{\sum_{i=1}^{n} P_i}$$

（3）层次分析法。

层次分析法是对人们的主观判断进行形式的表达、处理与客观描述，通过判断矩阵计算出相对权重后，进行判断矩阵的一致性检验，克服两两相比的不足。层次分析法确定权重的步骤如下：

1）建立树状层次结构模型。在政府绩效评价中，该模型就是政府绩效评价指标体系。

2）确立思维判断定量化的标度。在两个因素互相比较时，需要有定量的标度，假设使用前面的标度方法，则其含义如表 3－9 所示。

表 3－9　因素比较定量标度

标度	含义
1	表示两个因素相比，具有同样重要性
3	表示两个因素相比，一个因素比另一个因素稍微重要
5	表示两个因素相比，一个因素比另一个因素明显重要
7	表示两个因素相比，一个因素比另一个因素强烈重要
9	表示两个因素相比，一个因素比另一个因素极端重要
2，4，6，8	为上述相邻判断的中值

3）构造判断矩阵。运用两两比较方法，对各相关元素进行两两比较评分，根据中间层的若干指标，可得到若干两两比较判断矩阵，如表 3－10 所示。

表 3－10　因素比较矩阵

A	A_1	A_2	…	A_n
A_1	a_{11}	a_{12}	…	a_{1n}
A_2	a_{21}	a_{22}	…	a_{2n}
⋮	⋮	⋮		⋮
A_n	a_{n1}	a_{n2}	…	a_{nn}

4）计算权重。第一，将判断矩阵每列正规化；第二，将正规化后的判断矩阵按行相加；第三，计算权重；第四，计算矩阵的最大特征根。

（4）加权平均法。

传统的确定绩效指标的方法是将绩效指标人为地划分为一定比例，这种方法在管理实践中常常出现权重分配不完全的现象。采用加权平均法来确定绩效指标权重的方法，操作性和科学性都较高。具体做法包括如下三个步骤：首先，将所有指标划分为三类并赋予不同的权重系数，即全局性指标的权重系数为 5，局部性指标的权重系数为 3，事务性指标的权重系数为 1；其次，每个指标的满分赋值为 100 分，考核主体依据考核标准进行打分，经权重系数加权，得到每个指标的加权得分；最后，对所有指标加权得分进行求和，并根据指标数量对权重进行求和，取两者的商即为最终评价得分。计算公式如下：

$$\bar{x}=\frac{x_1f_1+x_2f_2+\cdots+x_kf_k}{f_1+f_2+\cdots+f_k}=\frac{\sum_{t=1}^{k}x_tf_t}{\sum_{t=1}^{k}f_t}\quad (\text{可简记为}\ \bar{x}=\frac{\sum x_tf_t}{\sum f_t})$$

下面以北京市延庆县* 八达岭镇领导班子的绩效评价为例对此进行讲解。我们对每个指标都按照全局性指标、局部性指标和事务性指标分别赋予权重系数为 5、3 和 1，而每个指标的满分都为 100 分，每个指标的具体得分乘以权重系数就是该项指标的最后得分。但是不同类型的组织或部门在分配不同层面的绩效指标的权重系数时，比重需要根据自身特点进行调整。比如八达岭镇突出过程导向，将利益相关者层面的权重设定为 20%，实现路径层面定为 60%，保障措施层面权重则定为 20%，三个层面合计 100%。该镇绩效指标的具体情况（示例）如表 3-11 所示。也有的组织在绩效评价中突出结果导向，那么该组织在设计组织层面绩效指标权重分配的时候就需要与之相适应。比如北京市延庆县环保局的绩效指标权重分别是利益相关者层面占 50%，实现路径层面占 30%，保障措施层面权重占 20%。

表 3-11 北京市延庆县八达岭镇领导班子绩效评价量表（示例）

层面	指标	目标值	满分	权重系数	数据来源	评价主体
利益相关者（20%）	农村经济总收入年增长率	10%	100 分	5		
	旅游收入年增长率	25%	100 分	5		
	空气质量二级和好于二级的天数占全年比重	85%	100 分	3		
	大气指数	达到县级要求	100 分	1		
实现路径（60%）	有机农业产值年增长率	达到县级要求	100 分	5		
	以旅游为基础的消费性服务业年收入	达到县级要求	100 分	3		
	食品安全事件发生次数	达到县级要求		减分项		
	创建绿色村庄数量	1 个		加分项		
保障措施（20%）	党建工作	达标	100 分	5		
	各类基础数据库健全度	达标	100 分	3		
	行政问责次数	0 次/年		减分项		
	社会融资总额	元		加分项		

这一思路的特点是所有指标的满分赋值相同，所有情形下同一指标的权重系数相同。其优点在于，指标的权重结构统一、简单，便于进行指标设计与管理；被考核对象的得分不受指标数量及其权重结构的限制，突破了组织指标设计时经常遭遇的容量问题；指

* 2015 年 11 月撤销北京市延庆县，设立北京市延庆区。这里因为沿用之前的案例，取旧称。

标赋值和权重系数的统一，便于对不同组织、岗位的绩效进行比较分析，也有利于指标权重分配保持一致性。当然，这一思路也有其难点，即如何科学划分指标类型。也就是说，如何确定哪些指标是全局性的、哪些指标是局部性的、哪些指标是事务性的，全局性、局部性和事务性的判定标准是什么。实际上，这些问题的根源存在于考核内容本身，其破解之道依赖于考核内容的设计思路和质量。

3.4.5 政府绩效指标体系示例

美国和欧洲政府绩效管理开展得比较早，不仅通过立法的形式对政府绩效管理进行了规范，而且很多政府组织和研究机构都对政府绩效管理进行了深入研究。近年来，我国政府绩效管理在评价指标体系方面也进行了许多探索。本节将选取几个比较有代表性的政府绩效评价指标体系和框架进行介绍。

1. 美国国家绩效审查委员会的绩效评价指标体系

20 世纪 90 年代初，重塑政府成为美国公共绩效管理发展的新目标。1993 年 3 月，克林顿政府专门成立了由副总统戈尔领导的国家绩效审查委员会（National Performance Review，NPR），负责统筹联邦政府绩效改革计划的实施，同年通过的《政府绩效与结果法案》（Government Performance and Results Act，GPRA）要求所有的联邦机构采用和实施绩效评价技术并向公民报告绩效状况。1997 年 2 月，美国国家绩效审查委员会召开首次政府间基准比较研讨会，会议颁布了《顾客需求战略规划最佳实践的基准比较研究报告》，并希望借此引发一场政府绩效评价的新高潮。

在《政府绩效与结果法案》指导下，美国国家绩效审查委员会建立了一整套较为完善的衡量政府部门和个人工作绩效的绩效评价指标体系，该体系包括以下六大类指标：

（1）投入指标。这些指标衡量某一项目或服务消耗的资源，如提供某一项服务所花费的资金数量和雇员小时数。

（2）能力指标。这些指标度量一个机构提供服务的能力，可以帮助部门主管评价本部门雇员培训的程度、物质设施状况及系统准备就绪的程度。

（3）产出指标。这些指标衡量是为服务对象提供的产品数量或服务单位，同时也包括“工作量”指标，如警察逮捕罪犯的人数等。

（4）结果指标。这些指标衡量项目和服务的结果和效果，如社会公众满意度等。

（5）效率和成本效益指标。这些指标集中于一个项目是如何实现的，效率指标反映服务的程度和提供服务所需资金与人力资源的成本之比，用来衡量单位产出或结果的成本，如收集每吨垃圾所花费的成本。

（6）生产力指标。根据戴维德·阿曼斯的理解，生产力指标将效率与效益结合成一个单一指标，如“每个劳动时间修补路程数”反映效率，“正确修补路程数的百分比”（如 6 个月内不需要重新修补）反映效益，“有效修补每公尺路所需的单位成本（或劳动小时）”则反映生产力。

2. 欧盟通用评价框架指标体系

20 世纪 80 年代之后，在席卷西方的公共管理改革运动的影响下，许多公共部门开始尝试引入私营部门的一些管理方法和工具，以推进政府管理的现代化，提高政府管理水平。1998年，欧洲质量管理基金会将其开发的"卓越模型"（Excellence Model）引入公共部门，并专门设立了公共部门质量奖，对公共机构的绩效进行评价和管理。1998年和1999年，欧盟成员国公共管理局局长会议下属的一个非正式的工作小组——公共服务创新小组的专家们，在欧洲质量管理基金会"卓越模型"的基础上，初步开发设计了通用评价框架（common assessment framework，CAF）。经过一些公共部门试用之后，在2000年第一届欧洲公共管理质量大会期间，欧盟发布了通用评价框架的正式版本。根据随后两年在多个欧洲国家公共部门的应用经验，专家们对该模型进行了修改与完善，并于2002年在第二届欧洲公共管理质量大会期间发布了通用评价框架的修订版本。通用评价框架中指标体系的结构设计及内涵表述等对政府组织绩效评价指标体系的设计和制定具有一定的指导和借鉴意义。

在2002年通过的新版通用评价框架中，指标体系仍然分为促进（enables）要素和结果（results）要素两部分，共九大指标。其中，有五个指标属于促进要素，四个指标属于结果要素，具体如图3-2所示。此外，这九大指标下的次级指标数目，由旧版通用评价框架的43个减少到27个，具体如表3-12所示。

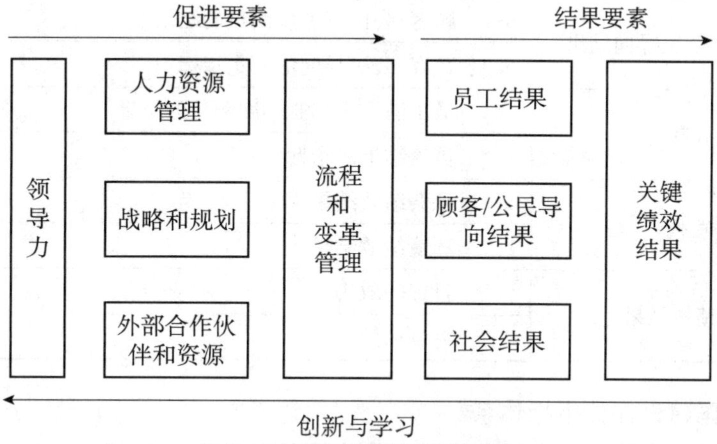

图3-2　通用评价框架的结构

资料来源：孙迎春，周志忍．欧盟通用绩效评估框架及其对我国的启示．兰州大学学报（社会科学版），2008（1）．

表3-12　通用评价框架指标体系

要素	指标	次级指标
促进	1. 领导力	1.1　在开发和传递组织愿景、使命和价值观方面给予的指导
		1.2　开发和实施组织管理的系统
		1.3　激励和支持员工并担当起恰当角色
		1.4　协调与政治家和利益相关者之间的关系
	2. 战略和规划	2.1　收集与利益相关者当前和未来需求有关的信息
		2.2　开发、评估和修正组织的战略和规划
		2.3　在整个组织内实施战略和规划

续表

要素	指标	次级指标
促进	3. 人力资源管理	3.1 规划、管理和改进与战略和规划密切相关的人力资源
		3.2 围绕个人、团队和组织的目标，确认、开发和运用员工能力
		3.3 面向员工开展对话和授权
	4. 外部合作伙伴和资源	4.1 开展和实施关键的合作伙伴关系
		4.2 与公民/顾客开展和实施合作伙伴关系
		4.3 知识管理
		4.4 财务管理
		4.5 技术管理
		4.6 房屋和资产管理
	5. 流程和变革管理	5.1 确认、设计、管理和改善过程
		5.2 面向公民/顾客开发和提供服务和产品
		5.3 对现代化和创新的规划和管理
结果	6. 顾客/公民导向结果	6.1 顾客/公民满意度测量的结果
		6.2 顾客/公民导向的测量指标
	7. 员工结果	7.1 员工满意度和激励度测量的结果
		7.2 员工结果的指标
	8. 社会结果	8.1 社会绩效结果
		8.2 环境绩效结果
	9. 关键绩效结果	9.1 目标的取得
		9.2 财务绩效

3．美丽中国建设评估指标体系

2020 年 2 月，为贯彻落实习近平新时代中国特色社会主义思想，推动实现党的十九大提出的美丽中国目标，发挥评估工作对美丽中国建设的引导推动作用，国家发展改革委会同有关部门制定了《美丽中国建设评估指标体系及实施方案》。美丽中国建设评估指标体系包括空气清新、水体洁净、土壤安全、生态良好、人居整洁五类指标。按照突出重点、群众关切、数据可得的原则，注重美丽中国建设进程结果性评估，分类细化提出 22 项具体指标，如表 3－13 所示。

表 3－13　美丽中国建设评估指标体系

评估指标	具体指标（单位）	数据来源
空气清新	地级及以上城市细颗粒物（PM2.5）浓度（微克/立方米）	生态环境部
	地级及以上城市可吸入颗粒物（PM10）浓度（微克/立方米）	
	地级及以上城市空气质量优良天数比例（%）	

续表

评估指标	具体指标（单位）	数据来源
水体洁净	地表水水质优良（达到或好于III类）比例（%）	生态环境部
	地表水劣V类水体比例（%）	
	地级及以上城市集中式饮用水水源地水质达标率（%）	
土壤安全	受污染耕地安全利用率（%）	农业农村部、生态环境部
	污染地块安全利用率（%）	生态环境部、自然资源部
	农膜回收率（%）	农业农村部
	化肥利用率（%）	
	农药利用率（%）	
生态良好	森林覆盖率（%）	国家林草局、自然资源部
	湿地保护率（%）	
	水土保持率（%）	水利部
	自然保护地面积占陆域国土面积比例（%）	国家林草局、自然资源部
	重点生物物种种数保护率（%）	生态环境部
人居整洁	城镇生活污水集中收集率（%）	住房城乡建设部
	城镇生活垃圾无害化处理率（%）	
	农村生活污水处理和综合利用率（%）	生态环境部
	农村生活垃圾无害化处理率（%）	住房城乡建设部
	城市公园绿地500米服务半径覆盖率（%）	
	农村卫生厕所普及率（%）	农业农村部

方案规定，美丽中国建设由第三方机构（中国科学院）对全国及31个省、自治区、直辖市开展进程评估。评估周期以2020年为基年，以5年为周期开展2次评估。在评估方法方面，由第三方机构确定美丽中国建设评估指标体系各指标的权重系数，制定美丽中国建设进程评估技术方法，对照阶段性目标值，计算美丽中国建设综合指数，衡量美丽中国目标的实现程度。在结果应用方面，评估结果不进行地区排名，不作为政府政绩考核内容，由第三方机构发布，引导各地区落实和推动工作，助力美丽中国目标实现。

4. 国家高新技术产业开发区综合评价指标体系

2020年7月，《国务院关于促进国家高新技术产业开发区高质量发展的若干意见》发布，提出推动国家高新区建设成为“创新驱动发展示范区和高质量发展先行区”，国家高新区在新时代被赋予新使命和新定位。2021年4月，科技部正式印发《国家高新技术产业开发区综合评价指标体系》，提出当年净增、企业培育、生态环保等关键词，为国家高新区未来发展定新调子、明新方向。

国家高新技术产业开发区综合评价指标体系体现了“创新、协调、绿色、开放、共享”五大发展理念和创新驱动、高质量发展的总要求，由5个一级指标和46个二级指标构成，如表3-14所示。其中，二级指标包括41个定量指标和5个定性指标。定量指标主要来源于企业年报、综合年报、孵化器年报等统计数据，主要反映企业和产业发展状况以及园区的生态环保和宜居包容性。定性指标主要来源于定性调查问卷和年度总结，主要反映高新区管委会工作及其绩效。

表3-14　国家高新技术产业开发区综合评价指标体系

一级指标	二级指标
创新能力和创业活跃度（20%）	1.1 国家级和省级研发机构数
	1.2 从业人员中研发人员全时当量数占比
	1.3 研发经费内部支出占营业收入比例
	1.4 每万人当年发明专利授权数
	1.5 当年每千万研发经费支出的发明专利申请数
	1.6 国家级创业服务机构数
	1.7 当年新注册企业数
	1.8 当年登记入信息库的科技型中小企业数
	1.9 当年孵化器、加速器和大学科技园内新增在孵企业数
	1.10 园区管委会营造创新创业环境及发展导向符合国家总体要求评价
结构优化和产业价值链（20%）	2.1 营业收入中高技术服务业营收占比
	2.2 从业人员中本科及以上学历人员占比
	2.3 人均技术合同成交额
	2.4 当年净增营业收入
	2.5 企业利润率
	2.6 当年净增高新技术企业数
	2.7 当年获得风险投资的企业数
	2.8 企业每100亿元营业收入所含有效发明专利数和注册商标数
	2.9 企业增加值率
	2.10 园区推动产业技术创新、自立自强、保证供应链自主可控的政策措施和成效评价
绿色发展和宜居包容性（15%）	3.1 单位增加值综合能耗
	3.2 园区二氧化碳排放量增长率
	3.3 园区总绿地率
	3.4 园区各级医院和各类学校数
	3.5 当年净增从业人员数
	3.6 单位增加值中从业人员工资性收入占比
	3.7 从业人员平均月工资性收入与当地每平米房价的比例
	3.8 园区管委会当年可支配财力
	3.9 园区促进产城融合、以人为本、共享发展与生态环保、绿色发展、引领示范作用评价

续表

一级指标	二级指标
开放创新和国际竞争力（15%）	4.1 设立境外研发机构（含境外孵化器）的内资控股企业数
	4.2 企业引进技术、消化吸收再创新和境内外产学研合作经费支出总额占营业收入比例
	4.3 当年获得境外注册商标或境外发明专利授权的内资控股企业数
	4.4 当年新增主导制定国际标准的内资控股企业数
	4.5 出口总额中技术服务出口占比
	4.6 营业收入中高新技术企业出口总额占比
	4.7 从业人员中外籍常驻人员和留学归国人员占比
综合质效和持续创新力（30%）	5.1 园区全口径增加值占所在城市 GDP 比例
	5.2 全员劳动生产率的增长率
	5.3 当年内部研发投入强度达 5%企业的营收合计占营业收入比例
	5.4 营业收入中数字产业相关企业营收合计占比
	5.5 当年新晋高成长（瞪羚企业）企业数
	5.6 当年在境内外上市（不含新三板）企业数
	5.7 当年内部研发投入强度达 5%且营业收入超 5 亿元的企业数
	5.8 拥有国家级研发机构的企业数
	5.9 园区抓党建守规矩、权责健全、体制机制创新、先行先试以及依法施政、严管安全生产、建设平安社区评价
	5.10 园区参与评价所报数据和相关材料的及时性、准确性以及重视火炬统计工作的评价

本章小结

政府绩效计划是政府绩效管理的第一个环节，是政府绩效管理成功的第一步。政府绩效计划是指在新的绩效周期开始时，各级政府就其在该绩效周期内要做什么、为什么做、需做到什么程度、何时应做完以及下属的决策权限等问题进行讨论，并最终促进理解、达成协议的过程。正确理解政府绩效计划的概念，需要把握以下几点：首先，政府绩效计划是一个双向沟通的过程；其次，政府绩效计划是关于政府工作目标和标准的契约；最后，政府绩效计划应面向评价并以结果为导向。在政府绩效计划制定的过程中，应遵循 SMART 原则，兼顾影响绩效目标和绩效评价指标设计的相关因素，综合运用科学的方法明确评价尺度、评价权重和评价周期，以确保政府绩效计划的合理性和科学性。

有效的政府绩效评价指标体系有助于改善政府组织的内部管理、增强政府组织的责任性以及引导公务员的行为与组织整体目标保持一致。但是，由于政府绩效结构的多元化和绩效内容的复杂性，根据不同的评价导向和具体环境，政府绩效评价指标体系的内容也会有所不同。概括起来，影响政府绩效评价指标设计的因素主要包括地方经济与社会发展水平、政府发展战略、利益相关者的诉求以及政府绩效管理的价值取向等几个方面。在对政府绩效指标进行设计时，通常有以下四种思路：以政府内部管理为视角设计政府绩效评价指标，以绩效审计为视角设计政府绩效评价指标，以项目逻辑为视角设计政府绩效评价指标和以战略管理导向为视角设计政府绩效评价指标。最后，本章对美国国家绩效审查委员会的绩效评价指标体系、欧盟通用评价框架指标体系、美丽中国建设评估指标体系等进行了介绍，使我们明确了通过制订政府绩效计划，可以将政府的总体发展目标转化为系统、全面的绩效目标和指标体系，并最终落实至各个单位及相应人员，从而使得各级政府组织和公务员能够清楚政府绩效目标的实现路径，增强其对政府绩效管理的认同感和承诺感。

关键术语

政府绩效计划（government performance planning）
政府绩效目标（government performance objectives）
SMART 原则（SMART principles）
政府绩效指标（government performance indicators）

复习思考题

1. 简述政府绩效计划的内涵。
2. 阐述政府绩效计划的制订过程。
3. 简述目标制定的 SMART 原则。
4. 试分析影响政府绩效指标设计的主要因素。
5. 简答政府绩效指标设计的基本思路。
6. 简述政府绩效指标权重设计的主要方法。

第4章

政府绩效监控

政府绩效管理的目的不仅仅是客观地评价政府绩效，更为重要的是帮助各级政府组织、部门和公务员实现其既定的绩效目标。有效的政府绩效监控可以全面监测政府绩效目标的完成情况，及时发现并解决政府绩效目标实施过程中出现的问题与偏差，确保政府绩效目标顺利完成。因此，政府绩效监控作为政府绩效计划和政府绩效评价的中间环节，在政府绩效管理中具有非常重要的地位和作用。与政府绩效相对应，政府绩效监控体现为对政府组织绩效、部门绩效和公务员绩效的监督与控制。从具体的政府绩效监控实践来看，组织、部门的绩效监控最终可以落实和归结为政府绩效监控主体与政府组织和部门绩效负责人之间的绩效沟通和改进。因此，本章将着重论述个体层面的绩效监控、领导风格、绩效辅导以及绩效沟通的相关知识和技巧。

4.1 政府绩效监控概述

4.1.1 政府绩效监控的内涵

过去在研究效率和效果问题时，人们主要关注输入与输出这两个端点的问题。然而，现在越来越多的学者和实践者已经认识到，在输入与输出之间存在着一个对输出结果至关重要的监控过程。正如在播种之后还需要杀虫、除草、施肥等辛勤劳动一样，在明确绩效计划之后，只有持续不断地监控绩效，才能确保政府绩效目标的顺利实现。因此，以往那种认为绩效计划制订之后就能够被正确地执行的想法是十分错误的。在整个绩效周期内，绩效监控主体必须实施持续有效的绩效监控。

政府绩效监控（government performance monitoring）是指在政府绩效目标的引导下，通过对政府绩效的进展和效果进行持续的监测和控制，及时发现并纠正绩效目标实现过程中的各种偏差，以确保各级政府绩效目标顺利实现的过程。对政府绩效监控概念的把握，需要注意以下几个方面：

第一，政府绩效监控旨在通过提高公务员个体绩效水平来改进部门和政府组织的绩效。政府绩效监控的重点是上级对下级的绩效计划实施情况全面监控，即通过对下级工作行为及结果的全面监控，来实现政府部门和组织绩效的持续提升，绩效监控的最终目的是实现政府组织的既定发展战略目标。

第二，政府绩效监控是一个持续沟通的过程。政府绩效监控是上级管理者为了掌握下属的绩效情况而进行的一系列沟通活动。一个优秀的管理者必须善于通过与下属持续沟通，以便观察、预防和解决绩效周期内可能存在的问题，从而更好地完成绩效计划。绩效监控的优点就是通过持续的绩效沟通，随时发现绩效计划执行过程中出现的问题并及时加以调整。

第三，政府绩效辅导和收集绩效信息是绩效监控的重要任务。政府绩效监控的工作重点是在发现问题或潜在危机之后，提供及时的绩效辅导，清除绩效计划执行过程中可能出现的障碍。另外，绩效监控和绩效评价都需要建立在准确、有效的绩效信息之上，因此，准确记录并定期汇总员工工作中的关键事件和绩效数据是政府绩效监控的重要任务之一。

4.1.2 政府绩效监控的类型

政府绩效监控作为政府绩效管理过程中耗时最长的一个环节，其监控内容需要与政府绩效计划和政府绩效评价保持高度一致，以达成政府绩效管理的最终目的。需要注意的是，针对不同层级的政府组织、不同类型的政府部门以及不同级别的公务员，政府绩效监控的具体内容并不是统一固定的，需要根据实际情况来具体确定。政府绩效监控可以分为对政府组织和部门的绩效监控以及对公务员个体的绩效监控。

1. 政府组织和部门的绩效监控

在政府绩效监控的组织和部门层面，政府绩效监控从监控主体上可以分为外部绩效监控和内部绩效监控。外部绩效监控主体可以分为社会公众、社会中介机构以及大众媒体等；在实际的政府绩效监控实践中，内部绩效监控主体主要分为上级主管部门、政府机关内设的监察部门和效能办（机关效能建设领导小组）等。监察部门的主要职责是贯彻落实各级政府组织和部门有关行政监察工作的决定，监督各级政府组织和各部门执行国家政策和法律法规、国民经济和社会发展计划及上级政府组织颁发的决议和命令的情况等；而效能办的主要职责体现为制订和实施行政效能监察工作计划，协调、督促和指导行政效能监察工作以及接受与处理对政府机关的效能投诉等工作。因此，对于政府组织或部门绩效，政府绩效监控机构的职能具体可以概括为两项主要工作：第一，通过持续不断的绩效沟通，发现和指出各级政府组织及部门在工作中存在的问题和偏差；第二，通过深入调研和积极反馈，科学处理和帮助解决各级政府组织和部门在绩效实施过程中出现的问题和障碍，以保证政令畅通、维护行政纪律、改善行政管理、提高行政效能。

2. **公务员的绩效监控**

公务员的绩效监控主体主要指政府组织内部的监察部门、效能办等政府绩效监控机构以及公务员个体的直接上级领导。政府监察部门和效能办等对公务员个体实施绩效监控的重点是监察各级政府组织和部门党政领导干部和公务员的党风廉政情况，以及处理各级政府组织和部门党政领导干部和公务员违反法规法纪的行为等；而上级领导作为公务员个体的直接管理者，对下属公务员具体的工作职责、工作目标和工作进度等有着更为深入的了解和把握。因此，对于公务员个体而言，最直接和有效的政府绩效监控主体无疑是其上级领导。在政府绩效监控阶段，上级管理者主要承担两项任务：一是通过持续不断的绩效沟通对下属公务员的工作给予支持和指导，并及时调整和合理修正绩效计划；二是观察和记录公务员在绩效目标实施过程中的关键事件或绩效数据，为后续的政府绩效评价提供有效的绩效信息。因此，为了开展有效的绩效监控，上级领导应采取恰当的领导风格，积极指导下属公务员的工作，与其进行定期的绩效沟通和辅导，预防和解决绩效周期内可能发生的各种问题，从而更好地实现既定的绩效目标。

4.1.3 政府绩效监控的目的

政府绩效监控对实现基于政府绩效监控信息的政策制定、绩效管理以及行政问责必不可少且至关重要。具体而言，持续有效的政府绩效监控对于政府组织绩效管理活动的目的和意义主要体现在以下几个方面：

（1）为各级政府组织和部门管理决策的制定提供支持。政府绩效监控可以识别和掌握政府组织、部门和公务员的绩效完成情况及其原因，为更有效的政府管理活动提供可靠的绩效监控信息和数据。

（2）帮助政府组织和部门进行有效的管理。通过政府绩效监控可以及时发现和识别政府组织、部门和公务员在实现绩效目标过程中的问题和困难，比较和分析相似政府组织、部门和公务员之间的绩效差距，有利于进行有针对性的绩效沟通和辅导，从而保证绩效目标的顺利实现。

（3）增强政府绩效的透明度和行政问责关系。有效的政府绩效监控，可以增强政府绩效的透明度，巩固和强化问责关系。例如政府与公民之间的问责关系，政府内部的中央政府部门和地方政府之间、各级政府组织与部门机构之间以及上级领导与下属公务员之间的问责关系等。强有力的行政问责关系可以为持续的政府绩效改进提供有效的激励诱因。

4.2 政府绩效沟通

政府绩效管理是一个包括政府绩效计划、政府绩效监控、政府绩效评价以及政府绩效反馈的循环系统。政府绩效沟通作为贯穿整个政府绩效管理过程的重要内容，是促进政府绩效管理目标顺利达成的有效途径。但是，在具体的政府绩效管理实践中，人们往往忽视了政府绩效沟通的重要作用。为了有效地开展政府绩效沟通，更好地运用各种沟通技巧，首先应当对政府绩效沟通的内涵有一个深入的理解和把握。

4.2.1 政府绩效沟通的内涵

沟通是指按照一定的目标，把信息、观念和情感在个人、群体和组织之间进行传递，并最终达成共识的过程。简而言之，沟通就是意义的传递和理解。在这个定义中，首先强调的是意义的传递。如果信息没有被传送到，就意味着沟通没有发生。更为重要的是，沟通还包含着意义的理解。如果传递的信息没有被接收方所理解，就意味着沟通没有成功。

在整个绩效管理过程中，绩效沟通是关系到绩效管理能否达到预期目的的关键因素。随着生产方式的演变和科技的进步，绩效沟通的意义越发突出。实际上，早在 1916 年，亨利·法约尔（Henry Fayol）就把管理的职能定义为计划、组织、协调、指挥和控制五个方面。后来的学者们认为，这样的分类方式仍然不足以明确管理者在管理中所要执行的工作。20 世纪 60 年代末期，亨利·明茨伯格（Henry Mintzberg）提出了著名的管理者角色理论。他指出管理者在日常管理活动中扮演着十种不同却高度相关的角色：挂名首脑、领导者、联络者、监听者、传播者、发言人、企业家、混乱驾驭者、资源分配者、谈判者等。在管理者扮演这些角色的过程中，沟通始终发挥着重要的作用。此后，弗雷德·卢森斯（Fred Luthans）和他的助手从不同的角度考察了“管理者究竟在做什么”。他们提出的问题是：在组织中提升最快的管理者与在组织中总成绩最佳的管理者从事的工作相同吗？他们对管理工作强调的重点相同吗？卢森斯和他的助手对 450 名管理者进行了研究，结果发现这些管理者主要从事以下四种活动：

（1）传统管理：决策、计划和控制。

（2）沟通：交流信息、处理各类书面文件等。

（3）人力资源管理：激励、惩戒、协调冲突、人员配备和培训。

（4）网络联系：社交活动、政治活动和外界交往。

如图 4-1 所示，三类不同的管理者在这四项活动的时间分配上表现出了不同的特征。在这里，成功的管理者被定义为那些在组织中晋升速度最快的人，而有效的管理者指的是那些工作业绩的数量最多、质量最优，下属对他的满意度和承诺度最高的管理者。从组织的角度出发，我们最关注的就是有效的管理者在四类活动中的时间分配情况。

研究表明，有效的管理者花费了最多的时间（44%）用于沟通。即使对于普通的管理者和成功的管理者，沟通所占用的时间在这四类工作中也处于第二名的位置。可见，绩效沟通是一项十分重要的管理活动。目前，理论界对绩效沟通的定义主要是以组织内部人员为对象来进行界定的。通常，绩效沟通是指管理者与员工在共同工作的过程中传递和接收绩效相关信息的过程。这些信息包括：绩效目标的制定、工作进展情况、工作中的潜在障碍和问题以及绩效评价结果等。但是，由于政府绩效的层次性，绩效沟通的上述定义并不能直接应用到政府绩效沟通的界定当中。

政府绩效沟通贯穿整个政府绩效管理的全过程，概括而言，政府绩效沟通是指将政府绩效信息传递给相关信息接收方（政府组织、部门、公务员、社会公众、中介机构和

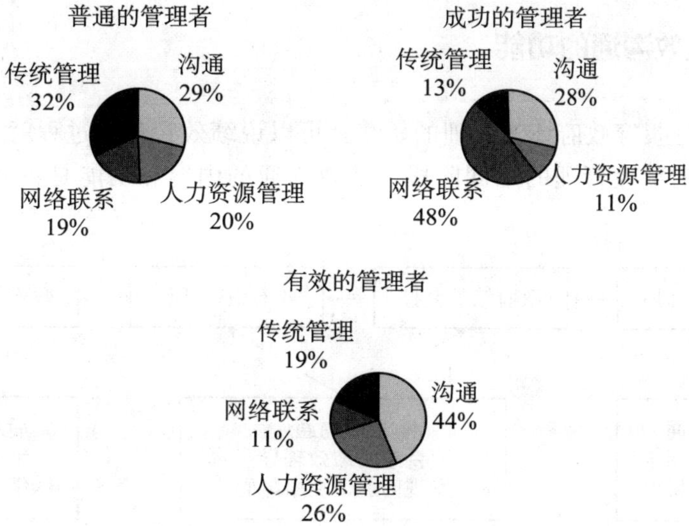

图 4－1　不同管理者用于沟通活动的时间分布

资料来源：罗宾斯，库尔特．管理学：第 7 版．北京：中国人民大学出版社，2004：12.

媒体等)，使得政府绩效信息得以传达、理解和回应的过程；在这一互动的沟通过程中，政府绩效目标能够被更好地执行和实现，政府绩效水平能够持续提高。

4.2.2　政府绩效沟通的类型

具体来说，根据政府绩效沟通的对象不同，可以将政府绩效沟通分为内部沟通和外部沟通。政府绩效内部沟通是指在政府绩效管理过程中，政府组织内部即政府组织上下级之间、政府部门之间以及公务员之间就相关绩效信息进行的沟通。政府绩效外部沟通是指在绩效管理过程中，政府作为一个组织整体与社会各界之间就相关政府绩效信息进行的沟通互动活动。

根据政府绩效沟通的方向，政府绩效沟通可以分为横向沟通和纵向沟通。横向沟通主要是指政府组织之间、部门之间、公务员之间为了达成既定的政府绩效目标所进行的沟通协调的过程，同时还包括政府组织与社会公众、社会中介机构、大众媒体之间关于政府绩效信息的传递和理解过程；纵向沟通主要是指政府组织内部上级与下级之间就绩效相关信息进行沟通的过程。具体如图 4－2 所示。

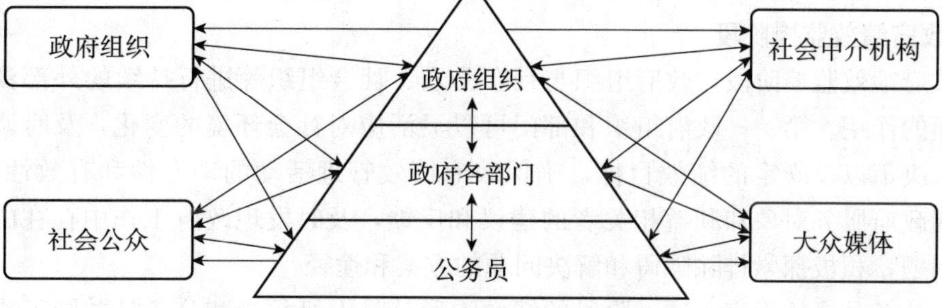

图 4－2　政府绩效沟通示意图

4.2.3 政府绩效沟通的功能

政府绩效沟通贯穿政府绩效管理的始终，可以说绩效管理的过程就是绩效沟通的过程。但是，在政府绩效管理的不同阶段，绩效沟通的内容和功能是不同的，如图 4-3 所示。

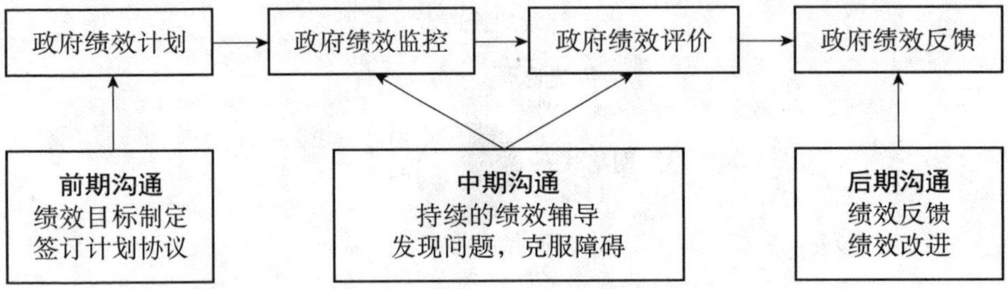

图 4-3 政府绩效沟通过程及内容

1. 政府绩效计划阶段

从政府组织和部门层面来看，政府绩效计划制订是政府与社会公众、社会组织等通过充分沟通，对政府的绩效计划达成一致的过程。在这个过程中，政府要向社会公众和社会组织等阐明政府发展的战略规划和绩效目标，社会公众和社会组织等则要向政府表达自己对政府目标的理解和认识。但是，在传统的政府绩效计划制订过程中，政府更多地强调自己的主导地位。因此，为了确保政府战略规划和绩效目标的制定能够得到社会各界的充分理解与支持，政府部门应该改变传统的沟通方式，积极开展多种沟通形式，如及时更新政府网站，召开新闻发布会、记者招待会等，把政府绩效的相关信息传递给社会各界，并通过多种形式广泛地听取社会各界的意见和建议。这样，可以保证政府绩效计划符合广大人民群众的利益要求，并保证政府绩效计划科学合理，避免决策失误带来的巨大浪费。

从公务员个体层面来看，公务员绩效计划要与政府整体绩效计划相适应，服从整个政府组织绩效计划的要求。在制订公务员绩效计划时，上级领导和下属公务员应以相对平等、坦诚的关系进行有效的沟通。上级领导要充分调动下属公务员的积极性和主动性，加深公务员个体对绩效计划的理解和认可，使下属公务员能够更好地接受和执行绩效计划。通常，公务员的绩效计划协议书至少应包括工作目标、绩效指标、目标值、衡量结果的评价标准、获得工作结果信息的途径以及各项目标的权重等内容。

2. 政府绩效监控阶段

在政府绩效监控阶段，政府组织与社会公众、社会组织等进行持续的外部沟通主要有两方面的作用。第一，政府组织和部门可以灵活应对社会环境的变化，及时调整政府的政策、决策以及既定的绩效目标，确保政府绩效管理活动的动态性和有效性。第二，准确掌握政府服务对象和利益相关者的建议和反馈，及时发现政府工作中存在的困难和潜在的问题，积极探索排除障碍和解决问题的方案和途径。

对于公务员个体而言，这一阶段的绩效沟通就是上级领导和公务员共同工作以分享相关绩效信息的过程。绩效计划制订以后，公务员需要根据绩效计划执行工作，而上级领导的主要工作则是给予下属公务员必要的辅导和帮助，确保绩效目标的顺利达成。这要求上级领导与下属公务员进行持续不断的沟通，既要及时对偏离绩效目标的下属进行纠正和指导，也要对表现优秀的下属进行表扬和肯定。同时，上级领导还需要记录下属的关键事件及有效的绩效信息，为政府绩效反馈阶段的沟通做好准备。

3. 政府绩效评价阶段

有效的绩效沟通是政府绩效评价过程中十分关键的步骤，直接影响着政府绩效评价的效果，政府绩效评价的意义和作用需要通过政府绩效沟通才能到得充分实现。在政府绩效评价阶段，政府组织和部门层面的绩效沟通主要在政府绩效评价主体与政府组织和部门之间进行，沟通的内容主要围绕政府绩效目标的完成情况来展开。通过良好的政府绩效沟通，可以充分了解政府组织和部门的绩效达成情况、绩效计划实施过程中的问题和不足等，从而增加政府绩效评价过程的透明度，减少政府绩效评价主体与政府组织和部门之间的分歧和误解，得出客观、公正的绩效评价结果。

对于公务员个体而言，政府绩效沟通要求评价主体对公务员个体绩效的完成情况进行客观、准确的判断，并将相关信息与公务员个体进行沟通和核实，以确保政府绩效评价的准确性和有效性，帮助公务员个体充分理解和接受政府绩效评价的结果。

4. 政府绩效反馈阶段

将政府绩效评价结果及时地反馈给政府组织和部门，是政府组织和部门绩效改进的前提条件。公布和反馈政府绩效，可以使社会各界了解政府绩效的完成情况，确保政府绩效结果的公开化和透明化，树立政府的良好形象，增强政府的凝聚力和向心力。同时，政府组织和部门层面的绩效沟通还有利于集思广益，吸纳社会各界有益的建议和意见，帮助政府组织和部门进行进一步的决策和绩效改进。

在政府绩效反馈阶段，公务员个体层面的绩效沟通主要包括三方面的内容：一是政府绩效评价主体与公务员就其绩效表现达成一致意见，使公务员全面、客观地了解自身的绩效水平，从而避免分歧和矛盾。二是政府绩效评价主体与公务员一起就公务员在工作中出现的问题和绩效差距进行分析，共同找出绩效不佳的原因并制订相应的绩效改进计划。三是通过有效的沟通，使公务员认识到自己的贡献和成就，增强其自信心和工作积极性。

4.2.4 政府绩效沟通的方式

政府绩效沟通能保持信息渠道的畅通，确保政府绩效管理的科学性、客观性和民主性。对于各级政府组织和部门的领导干部而言，与下属之间的沟通是一门科学，更是一门艺术。下面将对政府组织内部上级管理者与下属公务员之间沟通的方式及技巧进行简要的介绍。

1. 正式的政府绩效沟通

正式的政府绩效沟通是指在政府组织或部门内部，依据一定的组织原则所进行的信息传递与交流，如书面报告和定期会面等。

（1）书面报告。

很多领导都会要求下属定期上交工作汇报，以了解下属的工作情况和遇到的各种问题。书面报告最大的优点就是简单易行，并且能够提供文字记录。但是，下属通常认为书面报告浪费了大量的时间，将其视为工作负担，往往敷衍了事。实际上，这正是书面报告的优点所带来的问题：书面报告简单易行的原因在于它不需要双方之间进行面对面的会谈，从而使沟通成为一种单向的信息流动，而没有及时的信息反馈过程。因此，在实际的管理工作中，还需要结合其他沟通方式来克服正式书面报告的这个弊端。例如，当上级领导通过报告提供的信息了解到工作过程中出现的问题时，可以直接到工作现场指导下属解决问题，或通过面谈与下属进行交流，共同寻求解决问题的途径。另外，书面报告在很大程度上还取决于下属的文化水平。对于不同文化程度的下属，工作报告的要求往往是不同的。为了让下属能够更好地完成书面报告，上级领导应该让下属有机会决定他们在报告中写些什么，而不应由领导全盘决定。当双方就这个问题达成一致后，上级领导可以设计出一个统一的样表，以方便下属公务员填写。

（2）定期会面。

书面报告毕竟不能够代替上级领导与下属公务员之间面对面的口头沟通。为了更好地寻求解决问题的途径，领导与下属之间的定期会面是十分必要的。这种面对面的会谈不仅是信息交流的最佳机会，而且有助于在领导与下属之间建立亲近感，培育凝聚力和鼓励团队合作。最常见的会面形式是上级与下属之间一对一的面谈、正式会议和电子邮件沟通。

1）一对一的面谈。每次面谈开始时，上级领导应该让下属了解本次面谈的目的和重点。例如，领导可以这样开头："今天我想和你谈一谈你的工作进展情况。上次会谈中谈到的问题是否得到了解决，是否又有什么新的问题……"大多数领导都会犯的一个错误就是过多地"训导"而忘记倾听。因此，在一对一的面谈时，上级领导应该将面谈的重点放在解决下属面临的问题上，更多地鼓励下属进行自我评价和报告，然后再进行评论或提出问题，以确保面谈更具实效。

2）正式会议。群策群力是解决问题最好的方式之一，正式会议能够做到信息共享，使得每个下属都会因为了解和掌握了其他同事的工作信息和观点而从中受益。但是，这也意味着选择恰当的交流内容变得更加重要。会议的目的和重点要明确，不恰当的内容会浪费更多人的时间，而且可能造成下属之间不必要的摩擦或矛盾。这就要求上级领导对哪些信息需要共享做出判断。上级领导可以要求每个与会人员都介绍一下工作的进展和遇到的困难，并通过使用结构化的问题提纲和时间表来控制进程。例如，上级领导可以要求每个参会的人员谈一谈工作的进展情况、遇到的问题以及可能的解决方法。如果找到了问题并能够很快地解决，就应立即将责任落实到人，以确保问题得到及时解决。如果不能在规定的时间内找出问题的解决方法，可采取的解决方式是：计划开一个规模更小的小组会或要求某个人在规定时间内草拟一份方案等。不能因为个别难以解决的问题而影响整个会议的进度。需要注意的是，涉及个人绩效方面的严重问题不应轻易成为正式会议的话题。任何人都有犯错的时候，这种公开的讨论是最严厉的惩罚。不同的文化背景决定了人们对这种情况的承受能力和接受能力。通常情况下，这种针对个人的绩效警告应该私下进行。

（3）电子邮件沟通。

在信息技术迅速发展的今天，电子邮件沟通成为一种经济、方便、快捷的沟通方式。这种沟通方式不受地理位置的限制，可以实现远距离、低成本、高效率的沟通，因此，已被各级政府组织和部门广泛地使用。通常，这种方式一般在解决简单的问题或发布信息时采用。如下几种情形可以采用电子邮件方式进行沟通：发送文件，沟通简单的工作问题，提交工作报告和发布信息等。

2．非正式的政府绩效沟通

上级领导与下属之间的绩效沟通并不局限于定期会面或书面报告等正式沟通的形式。对于各种亟待解决的问题，必须采取更加灵活的沟通方式——非正式绩效沟通。非正式绩效沟通的最大优点在于它的及时性。事实上，上级和下属在工作过程中或工作之余的各种非正式会面为他们提供了非常好的沟通机会。当下属在工作中发生问题时，上级领导可以与之进行简短的交谈，从而促使问题得到及时解决。非正式绩效沟通没有固定的模式，是正式沟通渠道以外的信息交流和传递，它不受组织的监督，不需要按照正规的组织程序、隶属关系和等级层次来进行沟通。非正式沟通的形式主要有走动式管理、开放式办公、各种聚会等。

（1）走动式管理。

走动式管理是指上级领导在工作期间，抽出时间前往下属的工作地点走动，通过关心和了解下属的工作情况，解释下属提出的问题，及时解决下属的困难，以获得更丰富、更直接的一线信息。因此，走动式管理并不是简单地到各个部门走走而已，而是搜集最直接的信息以弥补正式沟通渠道的不足。正式沟通通过管理层级逐级上传或下达，容易产生过滤作用。不论是由上而下还是由下而上的信息传达，在经过层层转达之后，不是原意尽失就是上情没有下达或下情没有上传；此外，通过正式沟通渠道搜集到的信息，缺乏实际情境的辅助，不易于上级领导做出正确判断，因而往往会失去解决问题的先机。走动式管理要求上级领导勤于搜集最新信息，并结合情境做出最佳的判断，尽早发现并解决问题。但是，这种方式可能产生的问题是如果上级领导掌握不好走动的频率和方式，就会让下属产生被监视和不信任的感觉，进而产生由于过多干涉而导致的逆反情绪。

（2）开放式办公。

开放式办公是指上级领导的办公室随时向下属开放，在非特殊情况下，下属可以随时进入领导的办公室与领导进行交流，向他们咨询问题。目前，这种方式已经被很多政府组织采用，其最大的优点是下属处于相对主动的位置，能够及时与领导讨论所遇到的问题和汇报近期的想法。但是，这个沟通方式也有其不可避免的不足。首先，下属随时进入领导的办公室会干扰领导的正常工作，使领导忙于解答下属的问题而影响本职工作的进度；其次，下属来回走动会在一定程度上影响组织的工作气氛，可能会引起其他同事的猜疑和不满，不利于组织气氛的融洽。

（3）各种聚会。

聚会包括联欢会、文体活动和各种宴会等。通过这些聚会，上级领导可以与下属在一种较为轻松愉快的氛围中进行沟通，从而达到更好的沟通效果。此外，在各种庆祝活动的宽松环境中，绩效评价负面反馈信息的刺激效果也会大大降低，从而变得相对易于接受。另外，这种团队式的沟通还有助于领导发现存在的问题并及时解决。

根据不同的沟通时机、对象与内容，正式沟通与非正式沟通会发挥各自不同的作用和达到不同的效果。非正式沟通作为正式沟通的重要补充，往往能更迅速、灵活地适应事态的变化，并能够提供大量正式沟通渠道难以获得的信息，以真实反映下属的思想、态度和动机，从而为领导的管理决策做出重要贡献。因此，在政府绩效沟通过程中，应该合理搭配、综合使用正式沟通和非正式沟通，以确保政府绩效沟通的有效性。

4.2.5 政府绩效沟通的技巧

1. 坚持建设性沟通的基本原则

政府组织内部的绩效沟通是发生在上级领导和下属公务员之间就绩效问题进行的沟通。所谓建设性沟通，是指这种沟通是在不损害人际关系的前提下进行的，具有解决特定问题的作用。为了确保上级领导与下属公务员之间的沟通准确高效，应该坚持建设性沟通的以下基本原则。

（1）完全性原则。

所谓完全性原则，指的是沟通信息的发出者应在沟通中注意：沟通中是否提供了全部的必要信息；是否根据听者的反馈回答了全部问题；是否为了实现沟通的目的，提供了必要的额外信息。我们往往会以为已经把需要告诉对方的信息都表达了，但实际上，这往往只是自己的一厢情愿。在政府绩效管理实践中，信息不完全的情况是十分常见的。在为新入职的公务员做上岗培训时，完全性原则就可能被忽视。由于该职位的工作内容是该部门领导所熟知的，因此往往会忽略一些他认为新入职公务员理所当然应该知道，但实际上却是新入职公务员从未涉及的工作内容。这种信息的不完全不利于新入职公务员更快地适应新的工作岗位。

（2）对称性原则。

所谓对称性原则，指的是提供的信息对沟通双方来说应该是准确、对称的。如果说完全性原则要求信息源提供全部的必要信息，那么对称性原则就是要求信息源提供精确的信息。沟通信息的精确性要求根据不同的环境和对象采用相应的表达方式，从而帮助对方精确领会全部的信息。为了实现对称性原则的要求，我们应注意以下两个方面。首先，对于沟通双方来说，信息来源都应该是准确和可靠的，这是对称性原则的基本要求。其次，沟通者应采用沟通双方都能接受的表达方式。这包括两层含义：一是采用双方都能够理解的媒介手段，二是采用恰当的语言表达方式。所谓媒介手段，包括会谈、书面报告、电子公告栏等各种各样的形式。在选择媒介时，不能仅凭信息发出者的意愿，而要根据沟通对象的特征、沟通的目的以及各方面的环境因素等进行综合考虑。语言表达方式包括恰当的词汇和恰当的语言风格两个方面。沟通的语言可以分为正式语言、非正式语言和非规范语言三个层次。这三个层次的语言适用于不同的沟通方式，服务于不同的沟通对象和沟通目的。在上级领导与下属之间进行非正式沟通时，人们更多地运用非正式的语言进行交流，甚至会使用一些在工作场所中大家都能够理解的非规范语言。但是在正式的书面沟通（如定期的工作报告）中，就会倾向于使用正式的语言来精确地表达信息内容。

（3）对事不对人原则。

在政府绩效沟通中经常存在两种导向：问题导向和人身导向。问题导向指的是沟通关注问题本身，注重寻找解决问题的方法；而人身导向指的是沟通更多地关注出现问题的人，而不是问题本身。人身导向的沟通往往会带来很多负面的影响。但是，人们在遇到问题时往往会非常直接地将问题归咎于人。人身导向的沟通往往会引起对方的逆反和防卫心理，而不能为解决问题提出任何积极可行的措施。在这种情况下，沟通不但不能解决问题，还会对双方的关系产生破坏性的影响。需要注意的是，人身导向的沟通不适用于批评，也不适用于表扬。即使你告诉对方“你非常优秀”，但如果没有与任何具体的行为或结果相联系，也可能被认为是不切实际的吹捧或虚伪的讽刺而造成对方的极度反感。因此，建设性沟通中“对事不对人”的原则要求沟通双方针对问题本身提出看法，充分维护他人的尊严，不轻易对人下结论，从解决问题的目的出发进行有效的沟通。

（4）责任导向原则。

所谓责任导向，就是在沟通中引导对方承担责任的沟通方式。与责任导向相关的沟通方式有两种——自我显性的沟通与自我隐性的沟通。典型的自我显性的沟通使用第一人称的表达方式；而自我隐性的沟通则采用第三人称或第一人称复数，如“有人说”“我们都认为”等。人们通过自我显性的沟通方式，能够更好地与对方建立联系，表达合作与协助的意愿。“我想这件事可以这样……”“在我看来，你的问题在于……”等说法都能够给人这样的感受。与此相对应，人们往往通过自我隐性的沟通方式逃避责任。这往往给人一种不合作、不友好的感受。如果不能引导对方从自我隐性的沟通方式转向自我显性的沟通方式，就不能实现责任导向的沟通，不利于实际问题的解决。在建设性沟通中，人们应该使用责任导向的自我显性的表达方式，与沟通对象建立良好的关系。因此，当下属员工使用自我隐性的沟通方式时，上级领导应该使用要求对方举例的方式引导下属采用自我显性的沟通方式。下面一组对话就是一个很好的例子：

下属：人们都对我得到最低等的评价而为我感到不公。

上级：没有人对你的工作态度提出过什么意见吗？

下属：……

上级：在上次的评价会上，你听到一些意见了吧？

下属：……有两个人说我将工作推到别人身上。

上级：你觉得他们说得对吗？

下属：也许我有时会这样。

上级：你为什么要这样做呢？

下属：我刚接触这个新项目，工作起来不太熟练。一看到工作那么多，害怕完不成。

上级：你觉得推托是正确的方式吗？

下属：不是。

…………

从上面的例子可以看出，上级领导通过连贯性的提问，引导下属从“人们如何认为”的说法转变到“我如何认为”的说法。这样一来，下属自然而然地开始对自己的行为承担责任。

（5）事实导向原则。

事实导向原则在沟通中表现为以描述事实为主要内容的沟通方式。特别是在上级领导向下属指出其缺点和错误的时候，更应该恪守这一原则。在这种情况下，通常上级领导可以遵循以下三个步骤进行描述性的沟通：第一步，上级领导应描述需要修正的情况。这种描述应基于事实或某个特定的、公认的标准。例如，“你在本年度的服务对象满意度调查排名中处于本部门最后一名的位置”“这个月你迟到了三次”等。这种描述能够在很大程度上避免下属的抗拒心理。但是，仅仅描述事实是不够的。第二步，在描述事实之后，还应该对这种行为可能产生的后果作一定的描述。例如，“你的评价结果出乎我的意料，这对我们整个部门的形象产生了不良的影响”“迟到次数超过 3 次将会影响你年终奖的评比和奖金的发放”等。在这里，上级领导应该注意不要使用过于严厉的责备式的口吻，否则下属会将精力集中于如何抵御和反驳，而不是接受和解决问题。第三步，上级领导可以提出一个具体的解决方式或引导下属主动寻找可行的解决方案。当然在现实的政府绩效沟通中，并不是所有情况下都能够遵循这三个步骤。但需要明确的是，在可能的情况下用事实根据来代替主观判断，能够最大限度地避免对方的不信任感和抵御心理，有助于更加顺利地进行建设性沟通。

2. 积极倾听

每个人在形成对某种事物或观念的正确判断之前，往往只有一些简单的、模糊的认识。仅仅通过自己的思考很难得到充分的信息。在这种情况下，积极的倾听能够帮助我们获取信息，整理思路，从而更好地解决问题。但在实际的政府绩效沟通过程中，大多数领导经常忽视积极倾听的意义。尤其是在与下属进行沟通时，他们往往会失去应有的耐心。领导常常会面临这样的问题：当他们发现工作中存在的问题时，往往会形成自己的看法，并将自己的看法视为正确的观点。这种先验意识阻碍了他们与下属之间有效的沟通，因为先验意识使上级领导难以接受与自己观点相左的看法，从而无法进行积极的倾听。这样的做法将严重影响政府绩效沟通的质量，甚至影响上级领导与下属之间的良好关系。事实上，领导有时并没有意识到自己的行为阻碍了沟通的有效进行。沟通的实践表明，传递信息不仅可以通过口头或书面语言，还可以通过肢体语言。例如，当下属走进上级领导的办公室，开始汇报工作情况时，领导一边嘴里“嗯、嗯”着，一边还在翻看手中的文件。这时，上级领导就使下属接收到了这样的反馈信息：他手中的文件才是有意义的事，他并不关心我要谈的问题。可想而知，这样的沟通无法达到应有的效果。因此，积极倾听的沟通技巧是每一名政府组织和部门领导必须具备的管理技能之一。具体而言，积极倾听的技巧分为以下五种，如图 4－4 所示。

（1）解释。

倾听者要学会用自己的词汇解释讲话者所讲的内容，从而检验自己是否理解了。

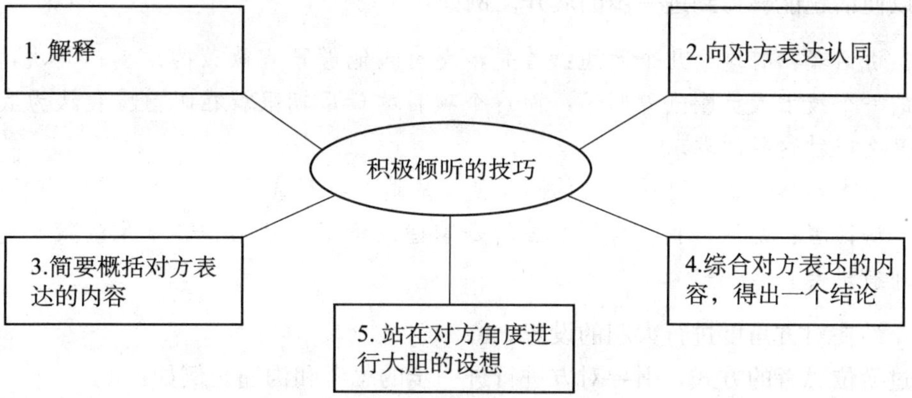

图 4－4　积极倾听的五个技巧

例如：

讲话者：我觉得很压抑，因为我自愿加班加点，尽了最大努力，按时完成了项目，可是好像人人都不赞同我。

听者：看上去你很失望，你没有得到足够的支持。

讲话者：是的，正是这样，并且……

（2）向对方表达认同。

当有人表达某种情感或很情绪化时，对对方的感受表示认同能够帮助对方进一步表达他的想法。例如：

讲话者：我真是烦极了。这项预算非常不精确，他们希望我严格管理，我花费了大量的时间来熟悉它、发现错误，却耽误了我的正常工作。

听者：是的，这真是够烦的。

讲话者：就是啊！关键是我还有好多其他的事要做，而且我的大脑需要休息。

听者：听起来你确实烦恼极了，该怎么办呢？

讲话者：我想建议……应该……就好了。

（3）简要概括对方表达的内容。

将对方所说的内容进行简要的概括，表明确实了解了对方所要表达的内容，并促使对方进一步说明他的观点，将谈话推向更进一步的话题。例如：

讲话者：你不在时发生了许多事情。李撞了车，需要好几天才能治好；王患了流感；张扭伤了脚。此外，我们的一份重要文件还莫名其妙地丢失了，我正在做一个替代的文件。这一切真是糟透了，你回来了我真高兴。

听者：看来这段时间你做了大量的工作，一直忙到现在，对吗？

讲话者：是呀！如果由我来安排，我会让一切都井井有条的。当然，现在我已经在做了。

（4）综合对方表达的内容，得出一个结论。

与第三种做法不同，听者不仅可以总结概括对方的观点，还可以形成一个结论性的观点，以使话题能够得到进一步的展开。例如：

讲话者：有这么几个问题：首先，没有人能够预言政策的改变；其次，我们最好的一个技术人员刚刚辞职了，而这个项目的最后期限就在眼前！我认为我们该想想怎么应付这些问题。

听者：你是说，这一系列的障碍使完成这个项目成了一件十分困难的事？

讲话者：是的，我认为最关键的是掌握政策变化的动向。如果政策不变，我们就还有机会。

（5）站在对方角度进行大胆的设想。

通过换位思考的方式，引导对方进行进一步的思考和沟通。例如：

讲话者：我真不知该如何抉择，每项议案都有人提出赞成和反对的意见，而且反应都相当强烈。

听者：如果我处在你的位置上，我想我宁愿慢些做出决定，以免得罪某一方。

讲话者：是的……我想我需要更多的信息，或许应该再收集一些意见，向所有在这方面有经验的人请教一下。

3. 重视非言语沟通的作用

沟通并不是一个简单的语言传递的过程。在沟通的过程中，沟通双方往往需要通过非言语的信息传递各自的想法。在讨论积极倾听的技巧时，我们已经谈到了肢体语言对沟通对象的影响。沟通双方能否很好地运用非言语沟通技巧，是影响沟通成败的一个重要因素。

有学者列举了各类肢体语言的基本含义，这些肢体语言基本上涵盖了日常生活中各种常见的情况。需要注意的是，当肢体语言脱离了具体的沟通环境时，这些肢体语言往往是空洞、没有意义的。为了真正理解肢体语言所表达的内容，我们必须结合沟通发生的环境、双方的关系和沟通的内容等进行综合的判断。但是，了解下列常见肢体语言的一般含义能够帮助我们更敏锐地观察和理解沟通对象的想法，并从中学会更好地控制自己的行为，以免造成不必要的误解和沟通障碍。常见肢体语言及其基本含义如表 4－1 所示。

表 4－1　常见肢体语言及其基本含义

肢体语言	基本含义
1. 说话时捂嘴	说话没有把握或撒谎
2. 摇晃一只脚	厌烦
3. 把铅笔等物放到嘴里	需要更多的信息，焦虑
4. 没有眼神的沟通	试图隐瞒什么
5. 脚置于朝着门的方向	准备离开
6. 擦鼻子	反对别人所说的话
7. 揉眼睛或捏耳朵	疑虑
8. 触摸耳朵	准备打断别人
9. 触摸喉部	需要加以重申
10. 紧握双手	焦虑

续表

肢体语言	基本含义
11. 握紧拳头	意志坚决、愤怒
12. 手指头指着别人	谴责、惩戒
13. 坐在椅子的边侧	随时准备行动
14. 坐在椅子上往前移	赞同
15. 双臂交叉置于胸前	防御，不同意
16. 衬衣纽扣松开，手臂和小腿均不交叉	开放
17. 小腿在椅子上晃动	不在乎
18. 背着身坐在椅子上	支配性
19. 背着双手	优越感
20. 脚踝交叉	不安
21. 搓手	有所期待
22. 手指叩击皮带或裤子	一切在握
23. 无意识地清嗓子	担心、忧虑
24. 有意识地清嗓子	轻责、训诫
25. 双手紧合指向天花板	充满信心和骄傲
26. 一只手在上，另一只手在下，置于大腿前部	十分自信
27. 坐时架二郎腿	舒适、无所虑
28. 眨眼过于频繁，不停地做吞咽动作，冒虚汗和频繁地耸肩	撒谎

上面这些肢体语言往往是人们在沟通过程中无意识地表现出来，或无意识地接受并做出反应的。学习肢体语言的可能含义能够帮助我们在沟通中对这些无意识的反应做出有意识的认识，从而更好地把握沟通对象的真正意图。

4.3　政府绩效辅导

在日趋复杂和充满挑战的社会环境中，任何部门、组织乃至国家都离不开管理者的领导和管理。领导和管理是两个互不相同但又互为补充的行为体系，两者相辅相成、缺一不可。约翰·P. 科特（John P. Kotter）认为，领导的工作是确定方向、整合资源、激励和鼓舞下属，其最终目的是产生变革；而管理的工作是计划、组织、配置、控制及解决问题，其最终目的是建立秩序。只有领导而无管理，领导的意图和目的往往难以实现；而只有管理而无领导，则管理的愿望和目的同样难以达成。因此，在政府绩效监控的过程中，不仅需要系统、有效的组织、监督和控制，以预防和解决绩效目标实施过程中出现的问题和偏差，而且需要持续有效的指导、辅导和激励，促使其努力工作以实现既定的组织目标。在这一监控、辅导和帮助各级政府组织、部门和公务员实现其绩效目标的过程中，各级政府组织和部门的管理者发挥着至关重要的作用。

4.3.1 政府绩效辅导的内涵

所谓绩效辅导（performance coaching），是指管理者采取恰当的领导风格，在进行充分的绩效沟通的基础上，根据绩效计划，针对下属工作进展中存在的问题和潜在的障碍，激励和指导下属，以帮助其实现绩效目标，并且确保其工作不偏离组织战略目标的持续过程。管理者作为绩效辅导的主导者和推动者，不仅需要向下属提出的各种要求做出积极回应，还需要能够前瞻性地发现潜在问题并在问题出现之前解决。绩效辅导包含以下几个方面的内容：

第一，管理者提供帮助是绩效辅导的关键。绩效辅导的目的是通过帮助下属完成绩效目标来实现部门和组织的绩效目标，进而实现组织战略目标。下属在执行绩效计划的过程中遇到困难或障碍而需要帮助时，管理者需要及时地提供各种必要的帮助和支持；在必要的时候，还应该为下属提供培训的机会，使其具备完成绩效计划必备的知识和技能。管理者不仅应在问题出现时进行辅导，还应着眼于提升下属获取持续高绩效的能力。

第二，激励下属是绩效辅导的重要职能。绩效责任制是实现绩效目标的基本保障。绩效辅导不是管理者越俎代庖，绩效改进的主要责任人还是下属本人。因此，在绩效辅导中，管理者需要注重培养下属对绩效的主人翁意识和责任感，帮助其树立自信和提高工作的成就感，促使其为了实现绩效目标而不断自我超越，为承担更具挑战性的工作任务而不断提升知识、技能和对组织的承诺水平。

第三，领导风格对绩效辅导效果有重要影响。管理实践中面对的实际情况是多种多样的，但是管理者的领导者风格却相对稳定。绩效辅导由管理者具体执行，管理者的领导风格和特征对绩效辅导有较大的影响。因此，在绩效管理实践中，需要注意管理者领导风格和绩效辅导之间的匹配。

第四，根据绩效计划的执行情况，及时与下属沟通是绩效辅导成功的基本保障。这要求管理者全面收集绩效计划执行的各种信息，做出正确的辅导决策。对绩效不佳的员工给予及时的辅导，甚至为其提供培训机会；对成功达成或超额完成预期目标的员工，需要及时表扬，激励其为实现更高的绩效目标不断努力。

所谓政府绩效辅导（government performance coaching），是指在政府绩效监控过程中，各级政府组织和部门的管理者根据绩效计划，采取适宜的领导风格，对下属公务员进行合理的指导和帮助，以持续提高其绩效水平的过程。

4.3.2 政府绩效辅导的风格

领导风格的不同是决定管理者领导效果的关键因素之一。不同的管理者在政府绩效监控过程中，通常会表现出不同的领导风格。在实际工作中，一些管理者往往会忽视下属的心理感受和主观能动性的发挥，选取和表现出下属难以接受的领导风格，造成与下属之间不应有的误解和摩擦，影响预期效果的达成和工作的顺利开展。因此，如何选取适宜和有效的领导风格是摆在每个政府组织和部门管理者面前的重要课题。目前，这方面的研究主要集中在组织行为学领域的领导权变理论。领导权变理论认为，领导的有效性依赖于情境因素，而这些情境因素可以被分离出来，作为影响管理者行为和绩效结果的中间变量。经常被使用的中间变量包括：领导-成员的关系、任务的结构化程度、管理者的职位权力、下属的成熟度、群体规范、下属对管理决策的认可度以及下属的工作士气等。被广泛接受的领导权变理论有情境领导理论和路径-目标理论等。

1. 情境领导理论

保罗·赫西（Paul Hersey）和肯·布兰查德（Ken Blanchard）在1969年提出的情境领导理论又被称做领导生命周期理论，是一个具有较大影响力的领导权变理论。情境领导理论把领导划分为任务行为和关系行为两个维度，并根据这两个维度组合成四种不同的领导风格：指示型、推销型、参与型和授权型（见图4-5）。

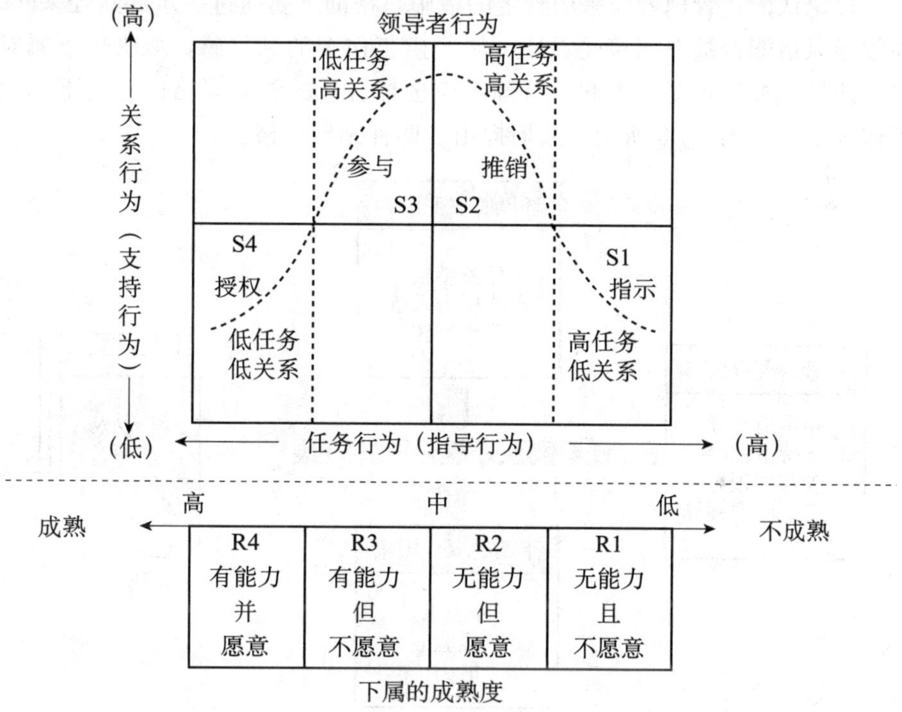

图4-5 情境领导理论

S1 指示型：高任务低关系领导风格；

S2 推销型：高任务高关系领导风格；

S3 参与型：低任务高关系领导风格；

S4 授权型：低任务低关系领导风格。

情境领导理论认为，领导风格的选择实际上取决于下属的接纳程度和能力水平的高低。可以根据下属的成熟度，即下属完成任务的能力和意愿程度，将下属分成四种类型：

R1：下属既无能力又不愿意完成某项任务，这时是低度成熟阶段；

R2：下属缺乏完成某项任务的能力，但是愿意去从事这项任务；

R3：下属有能力但不愿意去从事某项任务；

R4：下属既有能力又愿意完成某项任务，这时是高度成熟阶段。

情境领导理论的核心内容就是将四种基本的领导风格与下属的四种成熟度阶段相匹配的过程。随着下属成熟度水平的提高，管理者不但可以减少对工作任务的控制，而且可以减少关系行为。具体来讲，在 R1 阶段，管理者应采用给予下属明确指导的指示型风格，告诉下属应该做什么以及如何去做；在 R2 阶段，管理者需要高任务高关系的推销型风格，为下属提供相关的帮助和指导，以强化下属的工作意愿和工作热情；到了 R3 阶段，参与型风格的领导最有效，管理者应当采取鼓励下属参与管理的态度，以增强彼此之间的信任；而当下属的成熟度达到 R4 阶段，管理者则无须再做太多的事情，只需授权即可。

2. 路径-目标理论

罗伯特·豪斯（Robert House）于 1971 年提出了另一种领导权变模型，即路径-目标理论。该理论认为，管理者应采用特定的措施，帮助下属通过一定的路径来实现目标。管理者的领导风格能否被下属接受，使下属产生工作上的满足感，取决于下属对管理者领导风格的认知和拥护程度。因此，管理者应选择合适的领导风格以适应下属的需求和下属的工作环境。如图 4-6 所示，豪斯提出了四种领导风格。

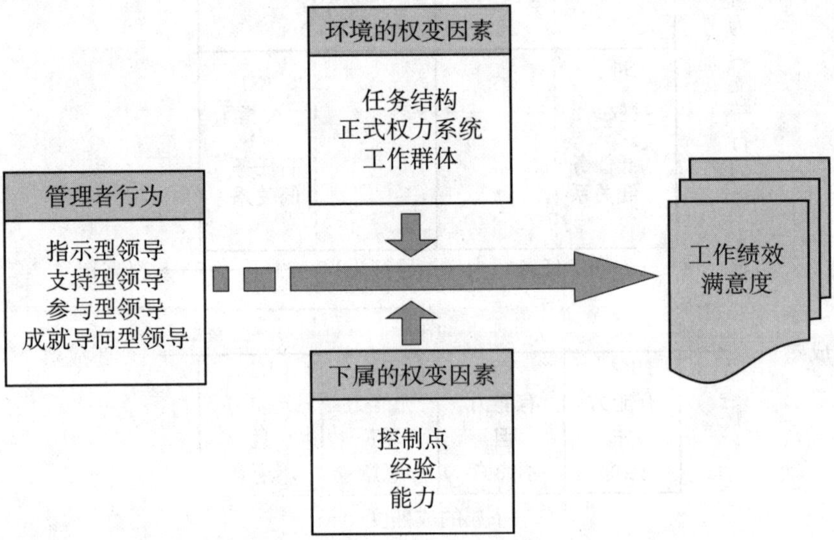

图 4-6 路径-目标理论模型

（1）指示型领导。由管理者发布指示，下属不参加决策。

（2）支持型领导。管理者对下属很友善，而且更多地考虑下属的要求，关怀下属。

（3）参与型领导。下属参与决策和管理，管理者主动征求并采纳下属意见。

（4）成就导向型领导。管理者为下属设置挑战性的目标，并相信下属能达到这些目标。

路径-目标理论同时提出了两种权变因素作为管理者行为与绩效结果之间的中间变量：一种是下属控制范围之外的环境，包括任务结构、正式权力系统、工作群体等；另一种是下属个性特点中的一部分，如控制点、经验、能力等。豪斯指出，领导风格的选用是弹性灵活的，没有固定不变的公式，同一位领导可以根据不同的情境因素选择不同的领导风格。

路径-目标理论认为，领导就是通过指导、引导和培养下属，帮助下属实现目标的过程。管理者应该帮助下属明确他们的目标以及达到这些目标的路径。如果遇到障碍，管理者需要帮助下属排除或者绕开这些障碍。因此，当面对模糊不清的任务时，指示型领导会带来更高的满意度；而当任务明确具体时，支持型领导会获得较高的绩效水平和满意度；对于内控型下属应采取参与型领导，而对外控型下属应采取指示型领导；成就导向型领导可以激发下属的成就动机和自信心，使其坚信他们有能力实现目标等等。

在崇尚绩效管理的今天，绩效管理的理念逐渐被接受，在任何一个组织中承担绩效管理责任的管理者正在或即将发挥越来越重要的作用。在整个绩效周期内，管理者的领导风格对下属乃至整个组织绩效目标的实现有着极其重要的作用。随着知识经济时代的到来，公务员受教育程度不断提高、学习能力不断增强、需求层次不断提升，越来越追求自我价值的实现。因此，在对这些知识型下属的领导和管理上，建议管理者采用合作、参与和授权的领导风格，以强化下属的工作动机，帮助其更好地实现绩效目标。

4.3.3 政府绩效辅导的实施

为了顺利地实现既定的绩效目标，在政府组织内部还需要实施积极的绩效辅导。政府绩效辅导关注的基本问题是通过监控下属的工作过程，发现问题并及时进行指导，从而培养下属在工作中所必需的能力和技巧。优秀的绩效辅导者应该在以下三个方面发挥辅导作用：

第一，与下属建立一对一的密切联系，向他们提供反馈，帮助下属制定能拓展他们目标的任务，并在他们遇到困难时提供必要的支持。

第二，营造一种鼓励下属承担责任、勇于创新的氛围，促使其能够自我发展、不断进步。这包括让下属反思他们的经历并从中获得经验，向他人学习，不断地进行自我挑战并寻找学习新知识的机会等。

第三，为下属提供学习机会，使他们有机会与不同的人一起工作。把他们与能够帮助其发展的人联系在一起，为他们提供新的挑战性的工作以及接触某些人或情境的机遇，使其掌握不同的知识和能力，从而更好地完成绩效目标。

1. 辅导时机

为了对下属进行有效的辅导，及时帮助下属发现问题、解决问题以更好地实现绩效目标，管理者必须把握好进行辅导的时机。一般来说，在以下时间进行辅导会获得较好的效果：

（1）正在学习新技能时；

（2）正在从事一项任务，而如果采取其他方法能够更加有效地完成任务时；

（3）被安排参与一项大的或非同寻常的项目时；

（4）面临新的职业发展机会时；

（5）未能按照标准完成任务时；

（6）不清楚工作的重要性时；

（7）刚结束培训学习时。

在对下属进行绩效辅导时，管理者首先需要掌握关于下属的绩效信息。需要注意的是，政府绩效监控不是一项被动或偶尔为之的活动，而是通过使用特定的方法持续长久地收集数据的过程。因此，在政府绩效辅导之前，持续的政府绩效监控将有助于各级政府组织和部门管理者获得反映下属绩效情况所必需的信息，从而确保管理者绩效辅导能够有的放矢。

2. 辅导方式

每个人都有一种天生的或者具有倾向性的辅导风格。各级政府组织和部门的管理者需要根据自己的辅导风格，结合恰当的辅导时机，最大限度地提高对下属的辅导效果。图 4-7 是一个简单的辅导风格图，其中一端是教学型辅导者，另一端是学习型辅导者。尽管管理者的“自然”风格可能在这个连续区间内保持不变，但为了获得满意的绩效辅导效果，必须采用权变的观点，即根据具体的实际情况采用不同的风格来进行辅导。

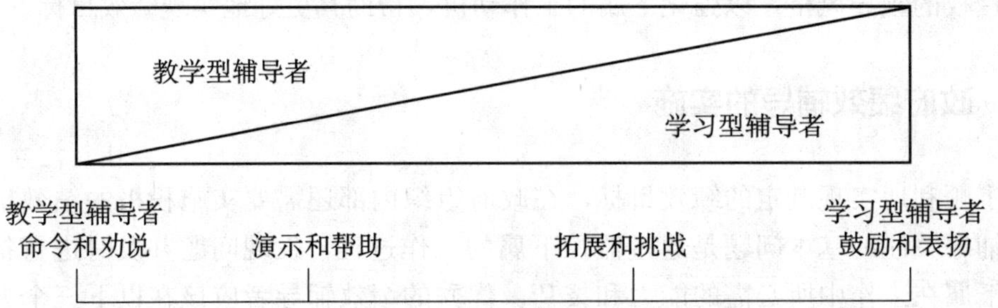

图 4-7　辅导风格

(1) 教学型辅导者。这种类型的辅导者喜欢直接告诉下属该如何去做。通常，他们都具有某一方面的专长，他们凭借自身的经验向下属传授完成工作所需的技能和知识，并希望通过向下属传授知识和经验使其能够独立完成一项具体的工作。一般这种辅导非常适合那些需要依据某种“恰当”方法反复操作的工作人员。

(2) 学习型辅导者。这种风格的辅导者更加喜欢提问和倾听，而不是直接告诉下属该如何去做。这种辅导者传授的是他们广博的专业知识，而不是实际的技术经验。他们相信每个人都有潜力，他们能够为下属提供各种迎接挑战、施展才能以及学习知识的机会。通常，这种辅导在一个问题存在多种解决方案，而不是只有唯一解决途径的时候非常有效。

4.4　政府绩效信息

政府绩效监控是贯穿整个政府绩效管理过程的重要环节，其最终目的是实现政府组织的既定发展战略目标。为了对政府组织和公务员个体的行为表现及结果做出及时有效的监控和评价，需要及时、准确地收集政府绩效信息。政府绩效信息是政府绩效管理的关键所在，为了充分发挥政府绩效信息对政府绩效管理的支撑作用，需要充分明确政府绩效信息的内涵和来源，及时准确地收集政府绩效信息。

4.4.1　政府绩效信息的内涵

政府绩效信息是在政府绩效管理过程中所产生的与政府结果与产出有关的信息，为判断政府组织或者个人的行为表现和绩效结果提供依据。政府绩效信息一般与公共服务的产出、结果、效率和效果等密切相关，多数情况下是量化、加总且公开的数据。波利特（Pollitt）将绩效信息定义为“由旨在生产这些信息的系统和流程产生的（不管是有意的还是无意的），描述公共项目和组织的产出与结果的系统性信息”[①]。为了充分认识政府绩效信息的内涵，需要把握以下几个方面。

第一，政府绩效信息是政府绩效管理的基础。政府绩效管理是在政府组织使命和愿景的指引下，确保组织成员的行为和结果与组织期望保持一致，从而实现组织目标和战略。衡量政府组织的使命和核心价值观是否得到有效贯彻落实，判断政府组织成员的具体行动是否与组织的愿景和战略保持一致，都需要政府组织及时正确地收集和处理政府绩效信息。政府绩效管理划分为政府绩效计划、政府绩效监控、政府绩效评价和政府绩效反馈四个环节，每一个绩效环节的实施和开展都离不开政府绩效信息的支持。

第二，政府绩效信息是以定量为主的信息。政府绩效信息是关于政府组织或个人的产出、结果或效率的信息，因此往往是以定量的信息为主。有学者认为政府绩效信息是关于城市公共服务提供结果的数值信息或指标，如效率、质量或案件处理时间等。政府绩效信息的量化特征为政府绩效的评价和判断提供了一种尺度，便于对政府组织的绩效做出比较和判断，从而为政府绩效改进和管理决策制定提供依据。

第三，政府绩效信息应体现政府组织的价值取向。与企业等私营组织的绩效信息相比，政府绩效信息应体现出公共性、服务性等价值追求。政府的主要职能在于提供公共产品和社会服务，其宗旨在于满足社会、公众等利益相关者的需求。政府绩效信息不应局限于对经济发展指标的关注，还需要将社会建设、公众满意考虑进来，以此来检验政府职责是否得到有效履行。

专　栏

天津市财政局做好绩效信息公开 主动接受人大和社会监督

为全面推进预算绩效管理、提升财政信息透明度，天津市财政局选取了部分重要绩效目标、绩效评价结果与预决算草案同步报送市人大审阅，同步向社会公开，直观详细地汇报了财政资金使用效能。

本次绩效信息公开具有以下两个特点：一是范围持续扩大，2021年公开了12个项目绩效目标、15个项目绩效评价报告，公开数量比上年大幅增长，为历年公开数量之最；二是关注重点民生领域，公开项目涉及社会救助、灾害防治、医疗卫生、污染治理等与人民生活息息相关的各个方面，体现了“心系群众、财政为民”的民生情怀。

下一步，天津市财政局将持续深化预算绩效管理改革，推动各部门将绩效目标、绩

① Pollitt C. Performance Information for Democracy：The Missing Link？. Evaluation，2006，12（1）：38－55.

效自评和部门评价等绩效信息全方位公开，并借助人大、审计等部门和全社会的监督力量，构建多方参与、齐抓共管的工作局面，推动各部门各单位把“花好钱”和“办好事”紧密结合，切实做到“花钱必问效，无效必问责”。

4.4.2 政府绩效信息的来源

目前，通常采用多渠道保障政府绩效信息的准确性和客观性。很多组织会 360 度地全方位收集绩效信息，要求政府组织部门及个人等都参与绩效信息的收集。针对具体岗位，需要明确每种信息来源在绩效评价中的权重，对于最重要的绩效信息应该保证其完整、全面和准确。下面对不同绩效信息来源进行简要说明。

（1）上级是绩效信息的主要来源。上级掌握的绩效信息比较全面，能够从宏观和整体上看待下属的绩效表现，对绩效结果的判断也比较客观和全面。在任何类型的组织中，上级都是最主要的信息来源之一。但是，上级不可能了解下属工作的所有信息；另外，上级也有个人喜好和价值取向，在绩效信息收集过程中可能存在偏见。因此，仅有上级信息来源还不够，必须保证绩效信息来源的多样性。

（2）同事、下级、本人也是绩效信息收集的重要来源。随着战略协同和团队化工作在组织管理中的普及，同事作为绩效信息的来源在绩效信息系统中的重要性越来越受到重视，同级评价所占的权重也越来越大。在对管理人员的绩效进行评价时，下级成为重要的信息来源。下级在对管理人员进行评价的时候，必须采取完全匿名且保密措施非常好的评价方法，否则很难收集到真实信息。在现代管理中，自我管理和自我评价也越来越受到重视。虽然目前自我评价在绩效信息收集实践中受重视程度仍然不高，但是评价者可以通过对比真实绩效水平和自我期望或自我评价的差距，做出积极主动地调整，这对绩效目标的达成和绩效改进具有重要的作用。

（3）外部公众是必要的信息来源。作为政府组织的服务对象，外部公众对政府组织的绩效表现有着更直观的认识。为了全面判断政府组织的真实绩效情况，在政府绩效信息的收集过程中需要更加重视外部公众的意见和看法。针对公众收集的政府绩效信息应具有针对性，应坚持知情原则，从而确保从外部公众获取的绩效信息的真实性和客观性。

4.4.3 政府绩效信息的收集

采用科学的信息收集方法获取准确、有效和全面的政府绩效信息，是做出科学的绩效管理决策的基础，对提升政府绩效管理的决策质量有重要的意义。不同的政府绩效信息需要通过合适的绩效方法收集，管理者在设计信息收集渠道的时候需要选择最优的方法以保障信息收集工作的质量。目前主要的政府绩效信息收集方法有如下几种：

第一，工作记录法。对需要详细工作记录的工种进行监管的时候，需要使用工作记录法收集相应的绩效信息。工作记录法要求使用规范的信息收集表格，在条件允许的情况下，也需要使用电子表格或绩效信息系统进行收集，便于信息的存储、统计、汇总和分析。

第二，观察法。观察法是指管理者直接观察下属的工作表现。在各种渠道中，观察一般是最可靠的。观察是一种收集信息的特定方式，通常是由管理者亲眼所见、亲耳所闻，而不是从别人那里得知。管理者常常采用走动式管理，对工作现场进行不定时的考察，从而获取第一手绩效信息。

第三，抽查或检查法。这种方法常常与工作记录法配合使用，是为了核对相关绩效信息的真实性而采用的一种信息收集方法。管理者或专门的部门可以对绩效信息进行抽查，确保原始信息的真实性。

第四，关键事件法。这种方法要求在绩效信息收集过程中，特别对突出或异常失误的关键性事件进行记录，为管理者对突出业绩进行及时奖励、针对重大问题进行及时辅导或纠偏做准备，并为绩效评价和绩效改进做基础信息收集。

具体来讲，管理者在绩效信息收集过程中主要做如下几个方面的工作：定期安排与下属的会面来评价他们的绩效；对照事先建立的职位说明书或行动计划检查工作的进展，考察绩效是否达到了目标；回顾在评价周期开始的时候形成的报告或者目标列表；到各处巡视工作的进展情况，并与下属进行非正式的讨论；从下属的同事那里获得关于下属绩效相关信息的反馈（正式或非正式的）；检查工作的产出和结果，以检查其质量或者准确性；要求下属做工作进展报告；提出要求后，检查任务完成情况，或者看是否有需要帮助下属解决的问题；通过分析工作结果、讨论改进方案，评价工作任务或绩效目标完成的情况；关注“顾客”的投诉和满意度（内部或外部），以便评价、检查员工的绩效。

4.4.4　政府绩效信息的使用

赫伯特·西蒙认为：“决策过程中至关重要的因素是信息联系，信息是合理决策的生命线。”全面准确和客观公正的政府绩效信息是做出政府绩效管理相关决策的基础，政府绩效信息的质量在一定程度上决定了政府绩效管理的成败。在政府绩效监控过程中，管理者需要持续地收集和积累大量准确有效的政府绩效信息，为政府绩效管理的监控和评价工作提供翔实的信息基础，这也是政府绩效管理成功的基础和关键之一。作为一项长期的基础性工作，政府绩效信息主要用于以下几个方面：

第一，政府绩效信息为政府绩效监控提供基础。通过对政府绩效计划执行过程中各种绩效信息的收集和分析，可以发现政府绩效计划执行中存在的问题。这有利于管理者对政府绩效计划总体情况的通盘掌控，在下属需要帮助的时候提供及时有效的帮助和支持，更重要的是做出正确的预判，从而避免重大绩效事故的发生。同时，也可以通过关键事件树立典型标杆，以利于员工在计划执行过程中自我改进和调整；在员工需要绩效辅导时，能基于现有信息给出正确的辅导措施，以帮助员工达成绩效目标。

第二，政府绩效信息为政府绩效评价提供依据。政府绩效评价的权威性、科学性和公平性是保障政府绩效管理系统有效性的重要方面。政府绩效评价需要建立在准确翔实的绩效信息基础上，同时避免评价的主观随意性或根据记忆来进行评价。因此，在政府绩效监控过程中，收集政府绩效信息为政府绩效评价环节提供全面的信息基础，具有重要的意义和价值。

第三，政府绩效信息为政府绩效改进提供保障。通过对政府绩效信息的系统整理和全面分析，梳理和挖掘出绩效优秀的原因，并发现影响政府绩效提升或导致绩效低下的各种问题，为组织绩效的持续提升提供信息资源保障。比如，可以对绩效优秀者和绩效一般者进行全面的对比研究，特别是对绩效优异的关键事件和绩效低下的关键事件进行对比分析，挖掘其深层次的原因，对成功经验及时推广，对绩效低下者提供培训，对系统性的问题及时整改，以达到绩效持续改进的目的。

本章小结

政府绩效管理的目的不仅仅是客观地评价政府绩效，其更为重要的一个作用是帮助各级政府组织、部门和公务员实现其既定的绩效目标。有效的政府绩效监控可以全面监测政府绩效目标的完成情况，及时发现并解决政府绩效目标实施过程中出现的问题与偏差，确保政府绩效目标的顺利完成。根据监控对象的不同，可将贯穿整个政府绩效管理过程始终的政府绩效监控，具体细化为对政府组织绩效、部门绩效和公务员绩效的监督与控制。

在政府绩效监控的组织和部门层面，政府绩效监控从监控主体上可以分为外部绩效监控和内部绩效监控。外部绩效监控主体可以分为社会公众、社会中介机构以及大众媒体等，内部绩效监控主体主要分为上级主管部门、政府机关内设的监察部门和效能办（机关效能建设领导小组）等。从具体的政府绩效监控实践来看，组织、部门的绩效监控最终可以落实和归结为政府绩效监控主体与政府组织和部门绩效负责人之间的绩效沟通和改进。在对公务员层面进行绩效监控时，为了顺利地实现既定的绩效目标，政府绩效监控主体在政府组织内部还需要实施积极的绩效辅导。所谓政府绩效辅导是指在政府绩效监控过程中，各级政府组织和部门的管理者根据绩效计划，采取适宜的领导风格，对下属公务员进行合理的指导和帮助，以持续提高其绩效水平的过程。政府绩效辅导关注的基本问题是通过监控下属的工作过程，发现问题并及时进行指导，从而培养下属在工作中所必需的能力和技巧。因此，在整个政府绩效监控的过程中，绩效监控主体需要慎重思考和合理选取适当的领导风格和绩效沟通方式。领导理论中的情境领导理论和目标-路径理论为领导风格的选择提供了有益的参考和指导。在绩效辅导和绩效沟通过程中，沟通的方式、时间和技巧等会对整个绩效沟通和绩效辅导的效果产生至关重要的影响。政府绩效信息是在政府绩效管理过程中所产生的与政府结果与产出有关的信息，为了促进政府绩效管理决策的科学化和保障其有效性，必须重视政府绩效信息的收集和使用。

关键术语

政府绩效监控（government performance monitoring）

政府绩效沟通（government performance communication）
政府绩效辅导（government performance coaching）
情境领导理论（situational leadership theory）
政府绩效信息（government performance information）

复习思考题

1. 简述政府绩效监控的内涵。
2. 简述情境领导理论的主要内容。
3. 简述政府绩效沟通的技巧。
4. 简述政府绩效辅导的时机和方式。
5. 简述政府绩效信息使用的目的。

第5章

政府绩效评价

政府绩效评价作为政府绩效管理的关键环节和提高政府绩效的有效途径，在合理界定政府角色、改进政府管理理念、增强政府管理能力、提高行政服务质量和降低行政成本等方面发挥着重要的作用。政府绩效评价已成为当今世界各国政府绩效管理研究和创新的热点和难点。20 世纪 80 年代中后期，我国政府组织在公共管理研究和政府绩效管理研究浪潮的引领下开始了对政府绩效评价的探索和实践，经过多年的发展，在形式和内容等方面已经渐趋完善。但是由于起步较晚，我国政府绩效评价的发展尚处于初级阶段，存在着对政府绩效评价理论和实践研究不深入、规范化程度不足、绩效指标体系设置不合理等问题。为了加强和改善我国政府绩效评价的现状，借鉴和引用国外政府绩效评价的先进经验，结合我国的具体实际，探讨和建立适合我国国情的具有中国特色的政府绩效评价理论框架、体系及操作流程，成为我国政府绩效管理改革和创新的迫切要求。因此，正确、深入地了解和掌握政府绩效评价的相关知识，对推进我国政府绩效评价的发展具有十分重要的意义。本章将对政府绩效评价的内涵界定、评价主体和评价方法、评价程序、评价周期等进行介绍。

5.1 政府绩效评价概述

5.1.1 政府绩效评价的内涵[①]

对于政府绩效评价的内涵，中外学者从不同的角度进行了界定。经过梳理和比较，

① 在英文文献中，performance appraisal，performance evaluation 和 performance measurement 几个概念的含义非常相近，特别是 performance appraisal 和 performance evaluation 几乎没有区别，两者和 performance measurement 的区别也不是很大。略微的差别在于，前者是指针对绩效所做的评价或考核，强调的是过程，而后者更多是指如何对绩效进行衡量，强调的是方法。需要注意的是，在中文文献中，绩效评价、绩效测评、绩效考核、绩效考评等都是上述几个英文概念的中文译法，本书将它们作为同一层面的概念使用。

可以将政府绩效评价的定义分为以下几种类型：

1．从评价目的的角度进行定义

一些学者从评价目的的角度对政府绩效评价进行了界定，认为政府绩效评价的目的是建立一种体系或机制，从而据此来评价政府绩效，改善政府管理水平，提高政府工作的效率和效果。

詹姆斯·Q. 威尔逊（James Q. Wilson）认为，政府绩效评价意味着这样一种制度设计：在该制度框架下以取得的结果而不是投入要素作为评判政府部门的标准。

菲利普·J. 库珀（Phillip J. Cooper）认为，政府绩效评价是一种责任机制，这种机制包括四个方面的含义：(1) 经济学的效率假设；(2) 采取成本-收益的分析方式；(3) 按投入和产出的模式来确定绩效标准，注重对产出的评价；(4) 以顾客满意为基础来定义市场责任机制。

奥斯本和盖布勒认为，政府绩效评价就是改变照章办事的政府组织，谋求有使命感的政府；改变以过程为导向的控制机制，谋求以结果为导向的控制机制。

美国《国家绩效评论》(1993) 认为，政府绩效评价的目的在于把公务员从繁文缛节和过度规则中解脱出来，发挥他们的积极性和主动性，以使他们对结果负责，而不再仅仅是对规则负责。因此，政府绩效评价就是以结果为本，建立一种新的公共责任机制：既要放松具体的规则，又要谋求结果的实现；既要增强公务员的自主性，又要保证公务员对民众（顾客）负责、对结果负责；既要提高效率，又要切实保证效能。

哈利·P. 哈特（Harry P. Hart）则给出了一个更全面的定义，他认为政府绩效评价就是基于服务或者项目的结果和效率的常规评价。它至少有三个方面的目的：(1) 为每个计划的绩效指标提供基准价值以及提供必要的行动；(2) 为指标提供历史数据，使得每一个需要测量的指标有所比较；(3) 为工作进展是否符合战略计划目标提供数据。

2．从评价内容的角度进行定义

一些学者从评价内容的角度对政府绩效评价进行了定义，认为政府绩效评价是检验政府效率、服务质量、公共责任和公众满意程度等内容的方法，通过这些方面的分析和比较对政府绩效进行评定。

肯尼斯·普莱维特（Kenneth Prewitt）指出，政府绩效评价是根据管理的效率、能力、服务质量、公共责任和社会公众满意程度等方面的判断，对政府公共部门管理过程中的投入、产出、中期成果和最终成果所反映的绩效进行评定和划分等级。

桑助来等认为，政府绩效评价就是政府或社会其他组织通过多种方式对政府的决策和管理行为所产生的政治、经济、文化、环境等短期或长远的影响和效果进行综合分析和科学测评。

3．从评价过程的角度进行定义

一些学者从评价过程的角度对政府绩效评价进行了定义，将政府绩效评价定义为一个包括收集绩效信息、评定绩效结果等环节的管理过程。

美国1993年《政府绩效与结果法案》对政府绩效评价作了说明，认为政府绩效评价是一种通过客观的测量和系统的分析，确定联邦政府的项目是否达到预定目标的评价方式。

克莱格·福尔廷（Craig Foltin）认为：政府绩效评价是确定纳税人资源是否有效地用于服务和行政管理项目的过程。

彭国甫认为，政府绩效评价是运用科学的标准、方法和程序，对政府绩效进行评定和划分等级。政府绩效评价以绩效为本，以服务质量和社会公众需求的满足为第一评价标准，蕴含了公共责任和顾客至上的管理理念。

范柏乃认为，政府绩效评价是根据统一的评价指标和标准，按照一定的程序，通过定量定性对比分析，对评价对象（政府或政府部门）一定时期内的业绩做出客观、公正和准确的综合评判的过程。

中国行政管理学会联合课题组的研究成果指出，政府绩效评价就是运用科学的方法、标准和程序，对政府机关的业绩、成就和实际工作做出尽可能准确的评价，在此基础上对政府绩效进行改善和提高。

4. 从综合性角度进行定义

除上述定义外，还有一些学者采用了综合的定义方式，这些定义中包括政府绩效评价的目的、内容以及过程等多方面的内容。

加拿大审计署将政府绩效评价定义为：对政府活动进行系统的、有目的的、有组织的检查和评估，并将评价结果报告议会以促使政府活动透明性和公共服务质量的提高。政府绩效评价的内容包括政府活动的经济性、效率、效果、成本效益，对环境的影响，对公共财产的保护以及政府活动合规合法性等。

张定安指出，政府绩效评价就是对政府部门的工作效率、能力、服务质量、公共责任和公众满意度等方面进行分析与评价，对其管理过程中投入和产出所反映的绩效进行评定和划分等级，由收集资料、确定评价目标、划分评价项目、绩效测定及其评价结果应用等组成的行为体系，也是公众表达利益和参与政府管理的重要途径与方法。

综合国内外学者的观点，本书认为政府绩效评价是指相关评价主体依据政府组织的既定使命和目标，遵循一定的程序，综合运用多种评价方法和技术，对一定时期内政府的管理和服务情况进行评定和判断的过程，其最终目标是通过绩效评价来提高政府的效率和效果，促使政府绩效持续改进。与政府绩效可划分为组织、部门和个人三个层面相对应，政府绩效评价也可以从以下三个角度来界定：

（1）从宏观层面来看，政府组织绩效评价主要是对各级政府组织在管理公共事务和提供产品及服务过程中的效率、效果、经济及公平性等方面进行评价。

（2）从中观层面来看，政府部门绩效评价是对政府各部门职能履行情况和既定目标完成情况的评价。

（3）从微观层面来看，公务员个人绩效评价是对公务员个人绩效及其对组织贡献的评价。

5.1.2 政府绩效评价的类型

对于政府绩效评价，根据不同的划分原则有不同的划分方式，比如根据评价主体的特征可以将政府绩效评价划分为内部评价和外部评价，根据评价指标的属性可以将绩效评价划分为定性评价和定量评价等。本书根据政府绩效评价的对象，将其划分为组织和部门绩效评价、公共政策评价、项目绩效评价以及公务员个人绩效评价等类型。

1. 组织和部门绩效评价

组织和部门绩效评价是指运用科学的方法、标准和程序，对各级政府组织和部门的业绩、成果和实际作为，从组织、部门层面做尽可能全面、准确的评价。政府的组织绩效评价具有复杂、多层次和难以界定的特点，因而难度相对较大，这是世界各国面临的共同难题。近年来，随着政府行政体制改革的深化，政府组织层面的绩效评价也受到了越来越广泛的关注，成为公共管理理论和实践研究领域的新热点。到目前为止，在世界范围内已经涌现出许多卓有成效的绩效评价方法与技术，比较有代表性的有目标管理、标杆管理及平衡计分卡等，这些方法与技术在提高公共产品与服务质量、改善政府形象、推动政府职能转变等方面发挥了重要的作用。

2. 公共政策评价

政府制定的公共政策是否取得了预期的目标和效果，必须采用有效的评价标准和方法来进行衡量。具体而言，公共政策评价是依据一定的标准和程序，对政策的效益、效率及价值进行判断的过程，目的在于获得这方面的信息，作为决定决策变化、政策改进和制定新政策的依据。公共政策评价不仅有利于发现政策取得的成绩和存在的问题，而且有利于根据政策的执行情况对政策进行及时的修改和更正。根据各国政府实行政策评价的情况，可以将其分为单项政策评价和全面政策评价两种类型。其中实施全面政策评价的代表国家是英国、法国、日本及韩国等，这些国家通过立法、设立专门评价机构等方式对政策进行全面系统的评价。实施单项政策评价的国家则有很多，例如，实施环境政策评价的国家有美国、加拿大、西班牙、荷兰、德国、澳大利亚、新西兰等；在开展住房政策评价方面，比较有代表性的国家是新加坡，并且几乎所有实行市场经济的国家都在实施财政政策评价；此外，许多国家也实施土地政策、教育政策、产业政策及科技政策评价等。目前，公共政策评价在世界范围内已经成为一种趋势，政策评价对于改进政策制定系统、克服政策实施中的弊端和障碍、增强政策活力和效益等方面具有重要的作用。

3. 项目绩效评价

项目绩效评价是指评价主体运用社会研究方法，定期系统地对公共项目的进展情况进行调查和监控的过程。根据实施项目绩效评价的阶段，项目绩效评价可以分为项目中期评价、项目终期评价和项目后评价；根据项目绩效评价的评价主体，项目绩效评价可以分为外部评价、内部评价和联合评价；根据项目绩效评价的内容，项目绩效评价可以分为项目需求评价、项目理论评价、项目过程评价、项目效果及效率评价等。在美国、加拿大、澳大利亚等国的政府绩效评价体系中项目绩效评价占据着十分重要的位置，我国的项目绩效评价尚处于起步阶段，还需在不断的研究和实践摸索中进一步完善和发展。

4. 公务员个人绩效评价

所谓公务员个人绩效评价，是对公务员在实现其既定目标过程中的工作业绩和工作态度所进行的客观、准确的评价。公务员绩效评价有利于培养、开发和激励公务员的工作潜力，加强上级领导和下属公务员之间的有效沟通，促使公务员个人目标与政府组织目标的协调一致及绩效目标的顺利实现。20世纪末，英、美等国家逐渐废除了公务员的终身制和资历工资制，注重对公务员个人的绩效评价，并将评价结果作为决定公务员薪酬、培训和职位变动的主要因素。随后，很多国家相继制定了公务员的评价办法和评价机制。我国自1993年起，颁布了《国家公务员暂行条例》、《国家公务员考核暂行规定》、《公务员法》和《公务员考核规定（试行）》，对公务员考核的基本原则、内容和标准、程序、结果的使用及相关事宜作了全面的规定，为我国公务员个人绩效的评价提供了依据。

政府绩效评价是一个多层次、宽范畴的概念，对于不同的绩效评价内容，其评价方法、技术、程序以及结果应用等方面可能会存在一些不同，需要有针对性地加以区别对待。通常所说的政府绩效评价是指对政府组织和部门整体绩效的评价以及对政府组织内部公务员个人绩效的评价，而项目评价、政策评价往往被视为政府绩效评价的补充内容。因此，本书所涉及的政府绩效评价主要是指政府组织和部门绩效评价以及政府组织内部公务员的个人绩效评价。

5.1.3 政府绩效评价的功能

作为政府绩效管理的核心环节，政府绩效评价是改善政府绩效的有效途径。美国学者奥斯本指出，政府绩效评价可以帮助公民判断政府为其所创造的价值，还可以为管理者和雇员提供改进绩效的依据。他将政府绩效评估看做政府推进核心战略、顾客战略、控制战略和文化战略所需要的一种核心能力。从政府组织内部而言，政府绩效评价可以提升政府绩效水平和激发公务员个人动机；从政府组织外部而言，政府绩效评价可以提高公民满意度和改善政府形象。概括起来，政府绩效评价的功能包括以下四个方面。

第一，提高政府绩效。政府绩效管理的核心目的在于提高政府组织的绩效水平。要提高政府绩效，必须先了解政府组织当前的绩效表现如何。如果不能测量政府绩效，就不能改进政府绩效。由于政府组织的特殊性，政府的绩效产出难以有效衡量，政府组织的运行效率也比较低下。政府绩效评价作为一种有效的管理工具，采用科学的评价方法，对政府组织的产出从效率、效益、服务质量、公众满意度等方面做出比较全面的判断。通过政府绩效评价，首先可以对政府绩效计划的实施进行有效的监控，发现政府工作中存在的问题及障碍，使管理者能够及时提出针对性的解决方案与对策，确保政府计划能够顺利地落实和完成；其次可以进一步优化政府的运行管理流程，政府绩效评价不仅强调对绩效结果的判断，还重视对绩效完成过程的把控，从而为下一个绩效流程的优化提供依据；最后，可以为公务员的培养开发提供依据，管理者可以通过政府绩效评价结果对下属员工的工作能力和素质进行有效的判断，确定下属是否能够胜任工作岗位，同时还可以针对下属在任务完成过程中的不足之处提出进一步的人才培养和开发计划，从而提高下属的工作能力和胜任素质。

第二，促进政府问责。政府绩效评价可以向社会公众提供客观、可靠的政府绩效信息，为促进政府问责提供依据。政府问责是一个具有前瞻性的过程，通过它，政府官员就其行政决策、行政行为和行政结果进行解释和正确性的维护，并据此接受失责的惩罚。政府问责的主要内容包括两个方面：一是制度问责，强调制度规则，以防止政府官员腐败和违法；二是绩效问责，强调工作结果，旨在提高政府行为的效率和效果。经合组织发展援助委员会指出，政府绩效评价的目的主要有二：一是通过对经验教训的反馈来改进未来的援助政策、计划和项目；二是提供问责的基础，包括向援助者、利益相关者和公众提供政府绩效信息①。政府作为社会公众的代理人，享有社会公众让渡的公共权力，必须不断改善公共服务，提高行政效能，以实现公众满意。通过政府绩效评价，可以检验政府的职责是否得到有效履行，判断政府组织的预期目标是否顺利达成。如果没有政府绩效评价，政府问责就难以有效实施。

第三，完善政府管理。政府绩效评价不仅可以为促进政府问责提供依据，还能完善政府管理。通过对政府绩效完成过程的监控与结果的评价，政府组织和部门可以发现、甄别政策制定落实中存在的主要问题，并且提出针对性的对策与方案，从而做出更科学合理的政策方案。而且，政府绩效管理包括战略目的、管理目的和开发目的。政府绩效评价不仅可以提升组织绩效和实现组织发展战略，还可以为政府组织的人力资源管理和开发决策提供依据。政府绩效评价并不局限于对目标达成与否的评价，还十分关注公务员个体在任务完成过程中的行为表现。通过对公务员能力素质的判断可以制订相应的培训开发计划，而公务员的绩效考核结果又为其职位升迁、薪酬调整等提供了直接的参考依据。

第四，改进政府激励。政府管理与企业管理虽然存在较大的差异，但是二者都追求提高组织成员的工作积极性，从而提升工作效率和改善绩效结果。戴维·奥斯本和彼得·普拉斯特里克（Peter Plastrik）认为，绩效激励必须与绩效评价结合起来，即“你提供什么样的结果，就会得到什么样的奖励”。他们还指出，可以将激励与政府提供产品和服务的增加、效率的提高、服务质量的改进、组织工作影响力的提高和服务提供成本的减少等联系起来，鼓励公共组织更加关注改进政府活动的结果，从而改进政府的激励方式与效果。此外，通过政府绩效评价结果的沟通和反馈，可以将公务员的职务升迁、薪酬调整和培训开发等决策联系起来，充分发挥政府绩效评价的激励作用②。很多国家都将公务员的绩效评价结果用于人事管理与开发决策，对于绩效表现优异的公务员给予薪酬的增加和福利的发放，在职务升迁时也予以优先考虑，借此激发公务员的工作动力，不断改善工作绩效。对于绩效表现欠佳的公务员，则会在进行绩效结果反馈的基础上，明晰公务员的能力发展需求，通过制订专门性的培训开发计划，提高公务员的能力素质。

5.2 政府绩效评价主体

政府绩效评价主体是政府绩效评价的核心要素，是影响政府绩效评价顺利实施的关

① 施青军．政府绩效评价：概念、方法与结果运用．北京：北京大学出版社，2016：16－17.

② 奥斯本，普拉斯特里克．政府改革手册：战略与工具，2004.

键。政府绩效评价主体选择的合理与否，在很大程度上影响着政府绩效评价的结果和效果。由于政府组织的绩效具有复杂性和宽泛性的特点，任何一个单独的评价主体都无法对政府绩效进行全面准确的判断，政府绩效评价主体多元化成为保证政府绩效评价的准确性、客观性和公平性的迫切要求。

5.2.1 政府绩效评价主体的理论依据

政府绩效评价主体的选择既是政府绩效评价的重要研究视角，又是政府绩效评价实践过程中的关键问题。“由谁来评价”决定了政府绩效评价标准的选择和评价结果的有效性，引导了评价对象的工作活动和努力方向。以下理论基础为政府绩效评价主体提供了合理的依据和支撑。

1. 科层制理论

科层制理论又称理性官僚制或官僚制，最早由德国社会学家马克斯·韦伯提出。科层制理论的基本精神与价值是理性，它主张建立以合理-合法权威和法理型统治为基础，以专门化、权力等级、规章制度以及非人格化为基本特征的组织体制和管理模式。正如沃伦·G. 本尼斯（Warren G. Bennis）所指出的：“科层制举起理性和逻辑的旗帜，批判和否定了产业革命初期通过个人专制、裙带关系、暴力威胁、主观武断和感情用事进行管理的做法。”从组织结构和管理层级的角度，科层制赋予了上级政府组织或领导对下级政府部门或公务员进行绩效评价的依据和标准，规范了基于理性和权力等级的自上而下的政府评价程序，奠定了上级政府组织及相关政府主管部门、职能部门作为政府绩效评价主体的主导地位。在科层制理论的影响下，上级政府组织、部门及主管领导对下级政府绩效水平的高低、任务完成情况的好坏享有重要的评价权，同时也为政府组织的高效运转和管理者的有效管理提供了动力和保障。

2. 利益相关者理论

利益相关者是指那些能够影响组织目标实现或被组织目标实现影响的个体或群体。政府作为公众利益的代表和不同利益的协调者，牵动着代表不同利益的相关个体和群体。因此，与政府公共管理行为息息相关的社会公众、社会中介、大众媒体、企业和非营利组织等都是政府组织的利益相关者。在选择政府绩效评价主体时，需要针对不同的政府绩效评价指标选择与其相对应的、真正熟悉和了解绩效评价指标完成情况的利益相关者作为政府绩效评价主体。这样既有利于体现政府绩效评价客观、公正、公开的原则，也有助于对政府进行全方位的监控，保证政府的行政行为和行政过程始终处在社会的有效监督之下，形成“鱼缸效应”，使政府组织、部门和个人的工作活动就像鱼缸中的金鱼一样，时刻都受到各相关评价主体的审视和评判。

3. 治理理论

全球治理委员会在题为“我们的全球伙伴关系”的研究报告中指出：治理是各种公共的或私人的个体和机构管理其共同事务的方式的总和。它是使相互冲突的不同利益得以调和并采取联合行动的持续过程。治理理念的提出使得人们以一种更灵活的互动论的视角，从政府、市场、企业、公民、社会等多个角度观察和思考问题。同时，该理论突破了政府作为公共管理唯一主体的传统模式，致力于寻求政府与非政府组织、公民等共同治理的多元主体模式，以最广泛地汲取公众智慧，最充分地调动社会资源，最大限度地凝聚公众力量，从而持续提高政府绩效、不断满足公众需要，最终达成善治的治理目标、实现公众福祉。因此，治理理论从治理的角度强调了引入多元评价主体对政府绩效实现多维度、多层次立体评价的重要性，并确立了公共权力组织、公共性社会中介组织、社会公众等在政府绩效评价中的主体地位。

5.2.2　政府绩效评价主体的内涵和类型

政府绩效评价主体即政府绩效的评价者，是对政府绩效进行价值判断的组织、部门和个体。与政府绩效的层次相对应，政府绩效评价主体在纵向上分为组织、部门绩效评价主体以及公务员绩效评价主体。从评价主体与评价对象的相对位置又可以将政府绩效评价主体分为内部评价主体和外部评价主体。政府绩效评价主体类型及结构框架如图5-1所示。

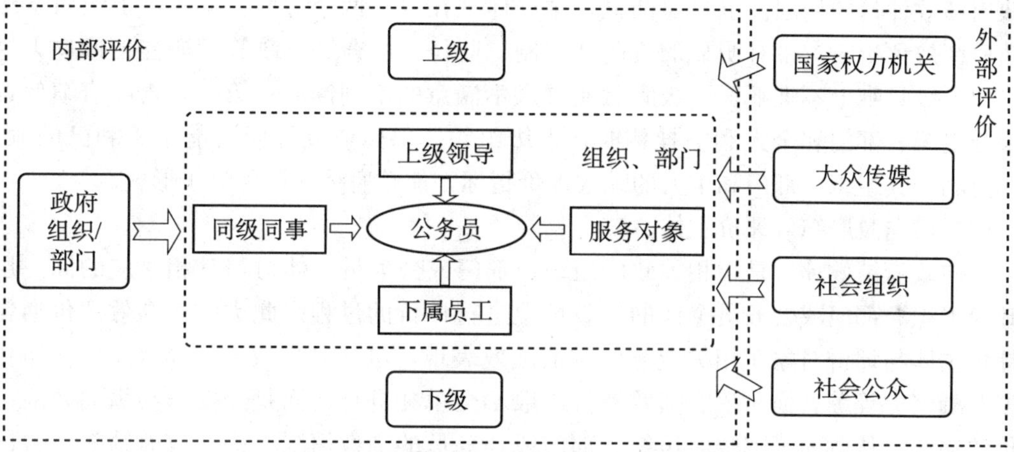

图5-1　政府绩效评价主体类型及结构框架

对于公务员个体绩效而言，内部绩效评价主体类型分为上级领导、下属员工、同级同事、服务对象以及自身，外部绩效评价主体分为国家权力机关、大众传媒、社会组织以及社会公众；对于政府组织或部门绩效而言，内部绩效评价主体类型分为上级政府组织或主管部门、同级相关政府组织或部门、下级政府组织或部门以及自身；外部绩效评价主体分为国家权力机关、大众传媒、社会组织以及社会公众。下面将对主要政府绩效评价主体的类型及内涵进行介绍。

1. 内部政府绩效评价主体

内部政府绩效评价主体是指从评价对象的组织管理体系内部产生的政府绩效评价主体。同时，他们对评价对象的政府绩效所进行的评价也称为内部政府绩效评价。在我国政府绩效评价的实践中，根据政府绩效评价主体的相对位置及作用，可以将内部政府绩效评价主体分为四种：

（1）纵向政府绩效评价主体。

纵向政府绩效评价是指政府组织、部门和公务员根据各自上下级隶属关系开展的政府绩效评价过程。纵向政府绩效评价分为上级评价和下级评价，对应的政府绩效评价主体有两类：一是上级政府组织、主管部门或上级主管领导；二是下级政府组织、隶属职能部门或下属公务员。由于纵向政府绩效评价主体在日常的工作活动中接触沟通的机会较多，对彼此的工作职责、职能和绩效目标都相对熟悉，更容易了解双方政府绩效评价的目的、内容和目标完成情况。这构成纵向政府绩效评价主体在政府绩效评价中的独特优势，也成为它们广泛参与政府绩效评价的主要原因。

以广泛采用的上级政府绩效评价为例，上级政府组织、主管部门或领导作为对下级政府组织、部门或公务员的评价主体具有明显的优势：一方面，上级政府组织、主管部门和领导熟悉下级的工作职能和运作方式，了解下属的工作态度和工作业绩，有利于政府绩效评价的准确性和有效性；另一方面，政府绩效评价作为政府绩效管理的重要环节，为上级政府组织、主管部门或领导提供了一种引导、激励和监督下级行为和绩效的重要手段，有利于帮助他们促进和推动工作计划的有效实施和绩效目标的顺利实现。但是上级政府绩效评价的局限性也日益凸显，主要体现在以下两个方面：第一，上级对下级进行政府绩效评价时，带有明显的规范、控制、监督、检查等行政管理职能的倾向，这样会导致下级只唯上不唯下、上级满意而群众不满意的不利倾向；第二，当政府绩效评价结果与组织、部门和个人利益挂钩时，上级组织、部门或领导便可能出于利己的倾向，采用有利于其组织、部门和个人的绩效评价指标，使政府绩效评价流于形式。

（2）横向政府绩效评价主体。

横向政府绩效评价是指相关政府组织、部门或公务员个体对与其相对应的同一层级的政府组织、部门或公务员个体的绩效情况进行评价的过程。此类政府绩效评价通常强调评价主体与评价对象在相关业务领域的绩效表现，包括办事效率、办事态度、协作满意度及凝聚力等等。横向政府绩效评价一般不会单独进行，而是经常作为纵向政府绩效评价的补充，从侧面了解政府组织、部门或公务员的绩效情况。横向政府绩效评价的主要优点在于评价主体熟悉评价对象的工作，通过对评价对象之间的比较、评价对象与评价主体之间的比较，可以在一定程度上保证政府绩效评价的客观性。但其缺点在于直接相关的同级评价主体和评价对象在绩效评价结果上会出现“友情分”的情况，评价主体不是对评价对象绩效评价指标完成情况做出评价，而是对评价主体和评价对象之间关系好坏和紧密程度做出判断。

（3）自身。

自我评价是指政府组织、部门或公务员个体针对自身绩效而开展的评价过程。美国《政府绩效与结果法案》规定，美国所有的联邦机构都要制定一个至少未来5年工作目标的战略规划，并将战略规划分解成年度执行计划，同时每年都要对年度计划执行情况进行评价，形成年度计划执行情况报告。各机构的规划制定情况及工作绩效的评价结果将与来年的财政预算相联系。而对于公务员个体而言，自我评价一般通过述职报告的形式完成。自我评价的优势体现在以下几个方面：首先，自我评价的评价主体能更直接和详细地了解评价内容、评价指标和评价标准，有利于节约评价成本和提高评价效率；其次，自我评价可以促使政府组织、部门和公务员在评价的过程中发现绩效差距，激励其自我完善和自我发展的内在动机；最后，自我评价可以提升政府组织、部门和公务员参与政府绩效管理过程的积极性和主动性，促进政府绩效管理和绩效评价工作的顺利开展。但是，自我评价的局限性体现在评价主体既是运动员又是裁判员，在评价结果上容易倾向于突出成绩而回避不足，不利于政府绩效评价的客观性和公正性。

(4) 专职评价机构。

专职机构评价是指由政府组织内部专门的政府绩效评价机构开展的绩效评价过程。专职评价主体具有专职的机构和人员，在进行政府绩效评价时具有一定的优势：第一，了解和熟悉政府绩效评价过程中的重点和难点；第二，熟练掌握政府绩效评价的方法和工具；第三，专职评价主体的立场相对客观和中立，能够在一定程度上保障政府绩效评价的公正性和有效性。但其局限性在于专职机构评价成本相对较高，需要较多的人力物力来组织、实施和配合政府绩效评价工作。在我国，政府绩效的专职评价分别由政府组织内部的审计部门、人力资源部门、监察部门和效能办来完成。其中，审计部门是对政府及其各职能部门、直属机构的行政行为、行政活动等的效率性、效果性和经济性具有独立审计权的政府绩效评价主体。在美国、英国、澳大利亚等国家，政府绩效审计是政府绩效评价的主要构成部分；而我国现阶段的政府审计尤其是中央一级的审计开始由单纯的财务审计向绩效审计发展。

2. 外部政府绩效评价主体

外部政府绩效评价主体是指从政府体系外部对政府绩效进行评价的主体。外部政府绩效评价主体的情况比较复杂，大体可以划分为国家权力机关评价主体、社会公众评价主体、社会组织评价主体和大众传媒评价主体四类。

(1) 国家权力机关评价主体。

我国国家权力机关是指各级人民代表大会及其常务委员会。国家权力机关评价是指国家权力机关为维护国家宪法、法律的尊严和统一，维护人民的根本利益和代表人民的意志，运用国家权力依照法定形式和程序对国家行政、审判、检察机关的工作所采取的监督、督促、纠正和处置的过程。政府是国家权力机关的执行机关，它由国家权力机关产生并对国家权力机关负责。因此，在我国，各级人民代表大会及其常务委员会是政府绩效评价的权威主体。全国和地方各级人民代表大会审查政府工作报告的工作，既是权力机关履行自身职责和权力的过程，也是对政府在过去一年中的工作绩效进行评价的过程。在美国，国会主要通过其所辖的政府问责办公室（Government Accountability Office，GAO）来实现自身的评价主体资格。政府问责办公室的工作集中表现为两个方面：一是调查、评价联邦政府政策制定、项目执行以及预算使用的效率和效果；二是汇总和发布政府绩效评价结果，并提供建设性的意见和改进措施。国家权力机关在政府绩效评价中发挥着非常重要的作用。首先，国家权力机关通过行使立法权，制定有关政府绩效评价的法律法规，确保政府绩效评价有法可依。其次，国家权力机关对政府行使监督权，通过听取工作报告和汇报、质询和询问、视察和调查等方式了解政府绩效的相关信息，公布针对政府绩效评价结果的改进意见和处理方法，以指导和监督政府。最后，通过对政府财政预算、决算进行审议监督，建立和推行以绩效为本的预算制度，提高政府工作的透明度和公共服务质量。

（2）社会公众评价主体。

社会公众评价主要是公民以个人或团体的名义对政府绩效进行直接评价。社会公众作为社会活动的主要参与者，在政府管理和社会自治方面起着重要的作用。政府绩效管理的好坏与政策执行情况的优劣，都与社会公众的合法权益有着密切的联系。因此，作为关键性的政府绩效评价主体，社会公众影响甚至决定着政府绩效评价的内容、标准及方式等。美国国家公共生产力中心主任马克·霍哲（Marc Holzer）非常重视社会公众作为政府绩效评价主体的作用，他认为："只有社会公众积极主动地参与到政府绩效评价活动中，即参与到让政府对其开支、行动和承诺负责的评价过程中，政府制定的多重目标才能够有效实现。"许多西方国家都通过法律、法规和相关规范性文件的形式将社会公众作为政府绩效评价主体的资格予以界定。比如，英国通过《公民宪章》明确将社会公众纳入政府绩效评价的主体范畴之中。通常，社会公众主要通过两种途径来参与政府绩效的评价过程：其一，政府绩效及其评价指标的设计需要以"社会公众导向"为原则；其二，政府通过吸引社会公众参与满意度调查问卷以反映公众对政府服务的满意度及政府绩效水平的高低。作为政府行政相对人和服务对象的社会公众参与到政府绩效评价的过程中，可以体现政府绩效管理的核心准则，反映政府以公众满意为服务导向，强化社会公众的主人翁意识、平等意识和大局观念，确保社会公众民主政治权利和经济合法权益得到充分尊重和保障，促进政府绩效评价的价值取向由"政府本位"向"民众本位"转变。但是，社会公众评价的主要缺陷在于社会公众缺乏专业的评价技术，信息获取渠道有限。因此，在选择公众作为政府绩效评价主体时要注重选择的范围、数量及构成比例等问题。

（3）社会组织评价主体。

社会组织评价主体是指国家或政府之外的所有与政府绩效评价相关的民间组织，其组成要素是各种非国家或非政府所属的公民组织，包括各种行业性评价机构、部门性评价机构、各类专家委员会、高校研究评价机构以及由专家、学者和公民代表等共同组成的综合性委员会等。社会组织由于其公共性、公益性、非市场性、非公共权力性的基本特征，在从事政府绩效评价方面具有不可取代的独特优势。在欧美等地，政府绩效评价一个很重要的经验就是社会组织积极、广泛的参与。例如，美国著名的民间政府绩效评价与研究机构——锡拉丘兹大学坎贝尔研究所，自 1998 年以来每年都对各州或市的政府绩效进行评价并发布评价报告，其报告的客观公正性得到了美国政府和社会公众的广泛关注和好评。从社会发展趋势看，代表不同利益群体的社会组织参与政府绩效评价是一个开放、分权和多中心治理社会的重要表现和内在要求。这些社会组织通过发挥自身的作用，来表达不同利益群体或公众的心声和诉求，监督和揭示政府管理过程中出现的问题和不足，提供合理化、专业化的改进意见和建议，为政府绩效水平的提高起到积极的促进作用。

（4）大众传媒评价主体。

大众传媒是指拥有读者、观众或听众的信息传播载体，如报纸、期刊、广播、电视和网站等。大众传媒的主要任务是发布信息，最大限度地满足公众对社会信息获取的需要；其主要目的在于传递国家和社会的有关信息，表达媒体自身及社会、公众的观点，期望引起公众对某一现象、某一事件的了解、关注和评论。大众传媒是政府与公众之间的桥梁和纽带，一方面它把有关政府绩效的信息传递给社会公众，另一方面它又通过民意调查等形式把公众的意见和建议反馈给政府。大众传媒引发的强大的社会舆论力量对政府行为形成了有力的监督和约束，使其成为社会公众对政府行为进行监督和评价的主要形式之一，并在政府绩效评价中发挥着不可替代的作用。特别是随着信息时代的到来，大众传媒对政府行为、政策制定、项目执行的监督和评价力度越来越大，其所提供的信息不仅影响或引导着政府部门的注意力，而且在某种程度上决定着政府决策的轻重缓急。

5.2.3 政府绩效评价主体的选择与培训

政府绩效评价主体的选择和培训是决定政府绩效评价科学性和有效性的一个关键因素。首先，政府绩效评价主体需要与评价目的、评价内容、评价对象合理对应，对多元评价主体进行有效选择成为政府绩效评价的一个重要问题；其次，无论选取哪一类评价主体，政府绩效评价主体都由具有不同心理特征和心理活动的具体的个人组成，难免会出现绩效评价时常见的心理误区，为了避免和减少心理误区，对政府绩效评价主体进行培训，可以有效提高政府绩效评价的专业性和客观性。

1. 政府绩效评价主体选择的一般原则

政府绩效评价的评价主体选择在很大程度上与所要评价的内容相关，同时也影响着政府绩效评价内容的选择。通常，政府绩效评价主体选择的一般原则有以下三个：

第一，政府绩效评价主体所评价的内容必须基于政府绩效评价主体可以掌握的情况。如果要求政府绩效评价主体对其无法了解和掌握的情况做出评价，那么这种评价一定是不准确的，必将对整个政府绩效评价的准确性和公正性产生不良的影响。

第二，政府绩效评价主体需要对评价对象的工作职责有一定的了解。政府绩效评价主体除了需要熟悉评价内容，还需要对评价对象的工作职责进行全面了解和把握。政府绩效评价对象的投入、行为和产出等并不是孤立的，而是基于其工作职责为了实现绩效目标而做出的努力，因此，缺乏对评价对象工作职责的了解容易做出以偏概全的错误判断。

第三，政府绩效评价主体必须坚持客观、公正的原则，秉持严谨、认真的专业精神。政府绩效评价是政府绩效管理过程中十分严肃和重要的活动，对政府绩效进行评价的多元评价主体的素质和能力有着较高的要求，因此，政府绩效评价主体必须熟悉和掌握国家和相关部门的方针、政策，始终坚持原则、客观理性、公道正派。

2. 政府绩效评价主体的心理误区

政府绩效评价的信度不仅取决于政府绩效评价指标的信度和效度，而且直接受政府绩效评价主体心理因素的影响。在政府绩效评价的过程中，政府绩效评价主体的经历、知识、态度、偏好以及绩效信息的收集和感知等方面的偏差都可能会造成政府绩效评价主体的心理误区。常见的评价主体误区有以下八种。

（1）晕轮效应。

晕轮效应（halo effect）最早由美国著名心理学家爱德华·桑代克（Edward Thorndike）于20世纪20年代提出。他认为，人们对人的认知和判断往往只从局部出发，扩散而得出整体印象，即常常以偏概全。一个人如果被认为是好的，他就会被一种积极肯定的光环笼罩，并被赋予一切都好的品质；如果一个人被认为是坏的，他就被一种消极否定的光环所笼罩，并被认为具有各种坏的品质。当我们以个体的某一种特征形成对该个体的总体印象时，就会受到晕轮效应的影响。在政府绩效评价过程中，晕轮效应是指政府绩效评价主体对政府绩效评价对象个别特性的判定会影响对其整体印象的倾向。例如，下属公务员一般会对那些和颜悦色、平易近人的上级领导有好感。即使这样的上级工作能力不强、绩效目标完成情况一般，下级评价主体也往往倾向于对该上级评价对象的整体绩效给予较高的评价。因此，由于晕轮效应的存在，政府绩效评价主体往往容易形成对评价对象的成见或偏见，这对政府绩效评价结果的有效性会产生非常不利的影响。

（2）逻辑误差。

逻辑误差（logic error）是指评价主体在对某些具有逻辑关系的评价要素进行评价时，根据评价对象外部的一些表面特点为线索，结合自己的固有经验，运用简单的逻辑推理而形成的知觉偏见。在政府绩效评价中产生逻辑误差的主要原因是评价要素之间高度相关的逻辑假设。例如，在实际的政府绩效评价当中，很多政府绩效评价主体认为工作能力强与工作绩效良好之间有着必然的逻辑关系。政府绩效评价主体会做出这样的推理："该评价对象的工作能力强，工作能力强的员工工作绩效必然好，所以该评价对象的工作绩效肯定优秀。"但事实上，工作能力强的员工并不一定能够很好地完成既定的绩效目标，这与努力程度、工作态度等各方面因素有关。因此，这种凭借经验和假设进行推理的方法是一种简单化的人际知觉方法，往往会造成与事实不相符的认知偏差，干扰和影响政府绩效评价主体的准确判断。

（3）宽大化倾向。

宽大化倾向（leniency tendency）是指评价主体放宽评价标准，对评价对象做出高于其实际成绩的主观评价。这是在实际政府绩效评价工作中最常见的一种绩效评价误差。评价主体宽大化的原因主要有：绩效评价标准不明确导致评价主体对绩效评价标准的理解出现偏差；评价主体对评价工作缺乏自信，试图避免引起评价结果纠纷；评价主体刻意偏袒和保护评价对象；等等。在宽大化倾向的影响下，政府绩效评价的结果会产生极大的偏差和不良的影响。第一，绩效出色的评价对象会对没有区分度的评价结果产生不满，影响他们的工作积极性和持续提升绩效水平的动力；第二，绩效较差的评价对象无法了解自身的绩效差距，使得绩效水平难以提高，导致绩效管理的目的无法实现。

（4）严格化倾向。

严格化倾向（strictness tendency）是与宽大化倾向相对应的一种评价主体的心理误区，是指评价主体对评价对象的绩效评价过分严格的倾向。现实中，有些政府绩效评价主体在对评价对象进行评价时，喜欢采用比绩效评价标准更苛刻的判定标准。通常，产生严格化倾向的原因有：评价主体对评价标准的错误理解，评价主体自身利益的驱使，评价主体的情绪不佳等。绩效评价结果的应用与评价对象的切身利益息息相关。如果对评价对象的绩效评价过分严格，就会在很大程度上影响评价对象的晋升、奖金和荣誉等，也会误导评价对象对自身实际绩效水平的了解，打击评价对象的自信心，不利于评价对象的发展和进步。

（5）中心化倾向。

中心化倾向（central tendency）是指评价主体对一组评价对象做出的评价结果相差不大或都集中在评价尺度的中心附近，使得绩效评价结果呈现居中趋势，导致绩效评价结果难以区分优劣和拉开差距。例如，在公务员年度绩效评价中，绩效评价等级分为优秀、称职、基本称职和不称职四个等次。公务员绩效的评价主体往往会避开最高的等级（优秀）和最低的等级（不称职），而将评价对象评定为称职和基本称职这两个等级，使得政府绩效评价难以达到预期的目的和效果。通常，造成绩效评价中心化倾向的主要原因有：评价主体不愿意做出极端评价，规避责任；评价主体对评价对象缺乏深入了解，难以做出准确评价；评价要素的说明不准确；等等。

（6）首因效应。

首因效应（primacy effect）在心理学中也叫“第一印象”效应，第一印象是指在短时间内以片面的资料为依据在头脑中形成并占据主导地位的印象。在绩效评价中，首因效应是指评价对象在绩效评价初期的绩效表现会对评价主体以后的绩效评价产生延续性的影响。例如，某公务员在进入某个部门之初踏实肯干、工作成绩突出，给上级评价主体留下了深刻的印象。因此，在绩效评价时评价主体根据先入为主的最初印象给予其高度评价。但事实上，该评价对象在整个绩效评价周期的综合表现和工作绩效并不一定很好。因此，首因效应会给政府绩效评价工作带来消极的影响，使绩效评价结果不能正确地反映评价对象的真实情况。

（7）近因效应。

近因效应（recency effect）与首因效应相反，是指评价主体只凭评价对象在绩效评价周期末期的绩效表现情况来进行评价，掩盖了其以往形成的对评价对象的判断和评价。在实际的绩效评价工作中，评价主体不可能回想起评价对象在整个绩效评价周期中发生的与评价要素相关的行为表现。因此，评价主体很容易倾向于根据评价对象在评价周期结束前的绩效情况来对其进行评价。评价主体这种只注重评价对象近期的表现和绩效，以近期印象代替评价对象整个绩效评价周期绩效的情况，容易造成绩效评价的误差，影响绩效评价的客观、公正和准确。

（8）刻板效应。

刻板效应（stereotype effect）是指人们把自己头脑中的关于某人、某一类人的固定印象作为其判断和评价依据的心理现象。刻板印象在绩效评价中通常表现为评价主体根据以往的经验对评价对象的个人特征或人格特质等进行归纳和固化。例如，认为男性的工作能力、事业心和竞争力更强，而女性的依赖性、归属需求更强。这种主观臆断的认知偏差会对评价对象造成极大的不良影响，不利于评价对象公平竞争和发展。因此，评价主体应该抛开自己的个人偏见，从实际出发，用事实说话，进行客观、公正的评价。

3. 避免政府绩效评价主体心理误区的方法

政府绩效评价归根结底是评价主体根据其主观价值判断对政府组织、部门和公务员个人的绩效进行判断和评估的过程，在实施评价的过程中难免会产生各种各样的心理误差。因此，为了提高政府绩效评价的信度和效度，应采取有效的措施和方法避免和降低政府绩效评价主体的心理误差。

第一，清晰界定绩效评价指标，避免晕轮效应、逻辑误差以及各种错误倾向的发生。绩效评价指标的内涵和标准需要具体明确、具有可操作性，并应极力避免指标内涵和标准表述含糊不清和相互重叠的情况发生。为了确保评价主体和评价对象对绩效评价指标和标准有全面深刻的把握，在计划绩效时两者需共同参与绩效目标协议的商讨和制定。这样政府绩效评价主体在进行评价时，就能够根据清晰的绩效评价指标和标准对评价对象进行有针对性的判断和评定。

第二，综合运用多种绩效评价方法。每一种绩效评价方法所采用的信息、切入的角度和思路都是不同的，因此，各绩效评价方法都有其优点和不足。在具体的政府绩效评价实践中，应该综合运用多种绩效评价方法。例如，运用目标管理法和量表法对绩效评价指标和标准进行界定，采取强制分布法对绩效评价结果进行规范和约束，从而有效避免和减少宽大化倾向、严格化倾向和中心化倾向等，提高绩效评价结果的信度和效度。

第三，优化政府绩效评价主体构成，提高政府绩效评价主体的责任感。政府绩效评价主体多元化是确保政府绩效评价有效性的一个重要原则。多元评价主体可以有效克服和消除各类绩效评价主体的局限性，减少评价误差。但是，政府绩效评价主体多元化并非全员参与，需要考虑绩效评价的目的和成本，适当增加专家和专业社会中介组织的比重，优化政府绩效评价主体的构成。同时，为了避免政府绩效评价主体的心理误差，应使政府绩效评价全过程透明化和规范化，以此来约束政府绩效评价主体的行为，增强其责任感。

4．政府绩效评价主体培训的主要内容

训练有素和专业严谨的政府绩效评价主体是政府绩效评价结果客观公正的重要保证。但多元政府绩效评价主体的知识、背景和经历等方面的差异，导致政府绩效评价主体的相关实践经验和理论基础水平参差不齐。因此，加强对政府绩效评价主体的理论指导和培训十分必要。通过政府绩效评价主体培训可以达到以下几个方面的目的：一是使政府绩效评价主体掌握具体的绩效信息收集方法和评价方法，熟悉政府绩效评价的程序和流程；二是统一政府绩效评价主体对评价指标和评价标准的理解；三是帮助政府绩效评价主体学习绩效反馈和绩效辅导的方法等。一般来说，政府绩效评价主体培训主要包括以下几个方面的内容。

（1）政府绩效信息收集方法的培训。

政府绩效信息是政府绩效评价的基础和依据。国外政府绩效信息收集已形成长期记录、定时收集的制度，但在我国具体的政府绩效评价实践中，政府绩效信息的收集方法尚不规范，甚至出现在政府绩效评价时缺乏必要的历史数据和绩效信息的情况。因此，对政府绩效评价主体进行绩效信息收集方法的培训，使政府绩效评价主体掌握绩效信息收集的方法和技能，成为政府绩效评价主体培训的重要内容。政府绩效信息的方法主要有审阅法、访谈法、调查问卷法、抽样法、观察法等等。通常，政府绩效评价主体的培训一般以讲座的形式进行，同时，也可以通过生动的视频来进行现场演示或练习。需要注意的是，不同工作性质、不同职位的绩效信息获取的渠道各不相同，在进行这方面的培训时应根据评价主体的具体情况有针对性地进行。

（2）政府绩效评价指标和标准的培训。

政府绩效评价主体如何理解政府绩效评价指标及其标准会在很大程度上影响他们对每个评价对象的评价结果。政府绩效评价主体只有在正确理解各个政府绩效评价指标和评价标准的基础上，才能够准确、客观地对评价对象的绩效水平进行评价。因此，政府绩效评价指标和标准的培训，可以使政府绩效评价主体熟悉和掌握各个政府绩效评价指标的真正内涵及其标准，统一各个政府绩效评价主体对同一绩效指标及其尺度的理解，确保政府绩效评价主体对政府绩效评价指标及其标准理解的同质性，减少和避免晕轮效应、逻辑误差以及其他心理误区所造成的评价误差。

（3）政府绩效评价方法的培训。

政府绩效评价中可能采用的绩效评价方法多种多样、各有利弊。政府绩效评价方法的选择必须与政府绩效评价指标相匹配是选取政府绩效评价方法的一个重要原则。因此，要针对不同的政府绩效评价指标，对政府绩效评价主体进行培训，使政府绩效评价主体充分掌握在实际政府绩效评价过程中需要采用的各种评价方法及其注意事项，以充分发挥该绩效评价方法的优势，提高政府绩效评价的效率和效果。

（4）政府绩效反馈的培训。

政府绩效反馈培训是政府绩效评价主体培训中的一个重要内容，它关系到政府绩效管理目标的顺利实现。通过政府绩效反馈的培训，政府绩效评价主体能够全面掌握政府绩效反馈的过程、方法及应注意的问题，灵活运用绩效诊断和绩效反馈面谈中的各种技巧和方法与评价对象进行有效的沟通，将政府绩效评价结果及时反馈给评价对象，帮助其发现和弥补自身的绩效差距，促进其不断地改进和持续发展。

5.2.4 多元政府绩效评价主体的构建

在政府绩效评价中，任何一个已确定的评价主体都有其自身独特的评价角度，有其不可替代的比较优势及自身难以克服的局限，因此构建多元政府绩效评价主体是保证政府绩效评价效度和信度的一个重要原则。

1. 积极制定相关法律确保政府绩效评价主体多元化

积极制定相关法律、法规确立政府绩效评价主体的多元化地位，形成科学合理的政府绩效评价主体多元结构，是构建多元政府绩效评价主体的保障。大部分西方国家都通过法律、法规和相关规范性文件的形式将多元政府绩效评价主体及其评价范围、评价内容、评价方式和评价方法等进行了明确的界定。例如，美国通过《政府绩效与结果法案》规定白宫管理和预算办公室专门负责审批各部的年度绩效计划；英国、澳大利亚、新西兰等国家也通过议会或国会制定了政府绩效评价的法律和法规以保障政府绩效评价主体的地位，并通过下设专门的委员会来负责具体的政府绩效评价工作。我国的黑龙江省哈尔滨市于2009年率先出台了我国政府绩效管理地方规章《哈尔滨市政府绩效管理条例》，首次从法规的角度明确了自评、上级评和群众评“三位一体”的政府绩效评价主体结构，从法律上树立了多元政府绩效评价主体的权威性。因此，为了确保政府绩效评价主体的权利、规范政府绩效评价主体的利益表达及保护弱势群体的利益诉求，我国各级人民代表大会及相关政府部门应逐步建立和出台政府绩效评价的相关法律法规，为多元政府绩效评价主体参与提供坚实的法律和制度保障。

2．合理配置政府绩效评价主体

政府组织、部门和公务员有其独特的职能、职责和相应的利益相关者，不同政府组织、部门和公务员的绩效评价主体应有所选择和侧重。同时，不同的政府绩效评价主体由于所处的层面和角度不同，在政府绩效评价中发挥的作用也不同。即使是对同一评价对象进行评价，不同政府绩效评价主体的组合也会得出不同的绩效评价结果。因此，针对不同层级、不同职能的政府绩效评价对象盲目、单一地采取“万人评议”“一锅端”的绩效评价主体的方式是不可取的。在政府绩效评价过程中不仅需要引入多元政府绩效评价主体，而且各个评价主体之间还要进行有效的组合和搭配。通常，政府绩效评价主体的选择在很大程度上取决于评价对象、评价目的和评价内容。在政府绩效评价主体的配置上，需要从评价对象的职能、职责、服务对象、绩效目标等角度出发，在多元政府绩效评价主体的基础上，全面系统地筛选相应的政府绩效评价主体，选取对评价对象的工作职责、绩效目标、目标完成情况等比较熟悉和了解的评价主体，确保每一个政府绩效评价对象都能被其理想的评价主体进行科学合理的绩效评价。

3．科学设置政府绩效评价主体的比例

政府绩效评价主体的构成是一个多元结构，但这并不意味着各个相关评价主体可以等量齐观，它们之间是一种相互竞争、相互配合和相互整合的关系。在政府绩效评价主体已经确定的情况下，针对同一政府绩效评价对象，各个政府绩效评价主体之间的比例关系甚至会对政府绩效评价结果产生决定性的影响，这也成为政府绩效评价主体结构搭配是否科学的重要依据。通常，政府绩效评价主体的比例关系主要是通过各评价主体承担的指标在整个政府绩效评价指标体系中的构成和权重来体现的。从国内外的政府绩效评价实践来看，不同评价主体在政府绩效评价体系中的权重并没有固定的标准和模式，需要根据具体的评价目的、评价内容、评价对象来具体设置。长期以来，我国政府绩效评价都是政府主导、主体单一。但从长远来看，以公民、专家、专业社会组织为主的外部评价主体在政府绩效评价中的权重将逐渐变大，这是政府绩效评价发展的必然趋势。

5.3 政府绩效评价方法

政府绩效评价方法是指政府绩效评价主体在评价具体绩效评价指标时所使用的评价方法。政府绩效评价方法的选择是政府绩效评价的重点和难点，也是政府绩效管理过程中一个技术性很强的问题。正确地选择政府绩效评价方法，对于能否得到公正、客观的政府绩效评价结果具有重要的意义。在政府绩效评价实践中，各种政府绩效评价方法各有特点，并无优劣之分。选取政府绩效评价方法可以根据具体的政府绩效评价指标和评价对象的特点来加以综合使用和合理搭配，以适应不同发展阶段政府绩效评价的不同需要。

5.3.1　政府绩效评价方法的分类

政府绩效评价方法的分类与政府绩效评价标准的分类密切相关。一般来说，政府绩效评价中运用的评价标准可以分为两类：一类是"相对标准"，另一类是"绝对标准"。与此相对应，政府绩效评价也可以分为相对评价和绝对评价。相对评价是在政府组织和部门各类评比工作中最常见的评价方法，这种方法不需要事先制定统一的评价标准，而是通过在政府组织或部门内对评价对象进行相互比较做出评价。相对评价是一种比较法，具体包括排序法、配对比较法和强制分配法等。绝对评价是按统一的标准尺度衡量类似的政府组织、部门或担任相同职务的公务员的评价，即按客观统一的标准对评价对象进行评价。根据绝对评价标准的不同性质，绝对评价又可以进一步分为两类：将评价对象绩效情况与客观标准相比较的量表法和将评价对象的工作情况与客观目标相比较的目标管理法。具体而言，绝对评价的主要方法有量表法和目标管理法，具体有等级鉴定法、行为锚定量表法、混合标准量表法和综合尺度量表法等。政府绩效评价方法的简单分类如图 5－2 所示。

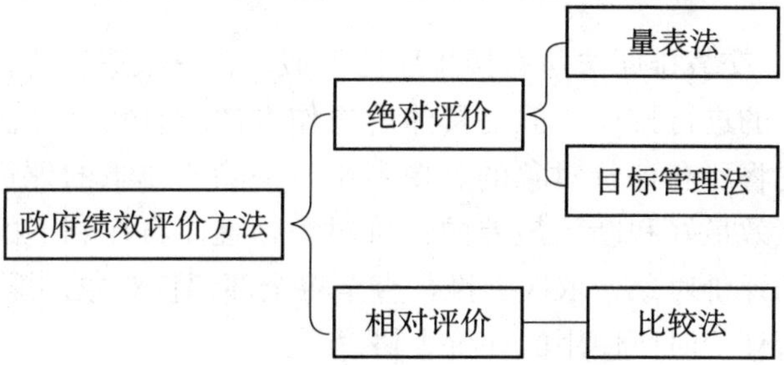

图 5－2　政府绩效评价方法的分类

1. 相对评价——比较法

比较法（comparison method）就是对评价对象进行相互比较，以决定其工作绩效的相对水平。在实际的政府绩效评价工作中，很多政府绩效评价目标和指标都难以明确绝对的评价标准，通常政府绩效评价主体会倾向于对评价对象进行相互比较和分析，以确定一个相对的评价标准，据此来对评价对象进行绩效评价。由于比较法是相对简单的评价方法，评价结果一目了然，实施成本较低，因此在政府绩效评价中得到了广泛的运用。但是采用相对评价法得出的评价结果无法在不同评价群体之间进行横向比较，最终评价结果的合理性和客观性也可能会受到评价对象的质疑。因此，在实践中相对评价往往与绝对评价结合使用。常见的比较法主要有以下三种：排序法、配对比较法和强制分配法。

（1）排序法。

排序法（ranking method）就是根据评价对象的绩效水平按照一定的顺序进行排列，最终得出每一评价对象相对等级和名次的评价方法。排序法是使用得比较早的一种方法，这种方法有几个优点。首先，排序法易于设计和使用，且实施成本较低。评价时只需简单的评价表格，操作和使用方法也易于理解和掌握，不需要投入过多的设计和培训费用。

其次，排序法能够有效地避免宽大化倾向、中心化倾向以及严格化倾向。但是，排序法也有一些缺点：首先，排序法的评价依据不是客观的标准，因此无法通过绩效评价这一过程对评价对象的行为进行明确的引导。其次，排序法在评价过程中的主观性和随意性较强。当若干评价对象的绩效水平相近时，就难以进行客观公正的排列，容易发生晕轮效应。因此，在政府绩效评价实践中，不能把单纯凭借排序法得出的评价结果作为各种人事及管理决策的依据。具体而言，排序法主要分为直接排序法和交替排序法两种类型。

1）直接排序法。直接排序法是最简单的排序法。评价主体经过通盘考虑后，以自己对评价对象工作绩效的整体印象为依据，将所有被评价对象从绩效最高者到绩效最低者进行排序。表 5-1 是直接排序法的一个简单例子。

表 5-1　直接排序法示例

顺序	等级	评价对象
1	最好	A
2	较好	B
3	一般	C
4	较差	D
5	最差	E

2）交替排序法。交替排序法与直接排序法类似，也是根据评价标准将评价对象从绩效最好的到绩效最差的进行排序，但是具体的操作方法与直接排序法略有不同。交替排序法需要评价主体先将所有评价对象的名单列出，去除不熟悉的评价对象，然后从余下的评价对象中选出绩效最好和绩效最差的评价对象，继而再在剩下的评价对象中选出绩效最好和绩效最差的评价对象，依次类推，直至将全部评价对象的顺序排定。表 5-2 是使用交替排序法进行评价时所使用的评价表格。

表 5-2　交替排序法示例

顺序	等级	评价对象
1	最好	C
2	较好	B
3	一般	E
3	差	D
2	较差	A
1	最差	F

（2）配对比较法。

配对比较法（paired comparison method）亦称平行比较法、成对比较法，是由排序法衍生出来的一种评价方法。配对比较法的操作程序是：评价主体按照所有的评价要素将每一个评价对象与其他评价对象一一进行比较，最后将各评价对象的得分相加，根据最终的得分排出评价对象的名次。举例来说，假定要对五个评价对象进行绩效评价，在运用配对比较法时，首先需设计出如表 5-3 的表格，其中标明了需要评价的对象。需要注意的是，当评价内容不是针对整体工作绩效而是特定的评价要素时，还要注明所要评价的要素。表中“0”表示两者绩效水平一致，“+”表示横向上的评价对象比纵向上的评价对象绩效水平高，“-”的含义则与“+”的含义相反。将每一个评价对象得到的“+”相加，得到的“+”越多，绩效得分就越高。从下面的例子可以看出B共得到了4个“+”，绩效得分最高。A和C的情况相同，共得到2个“+”，处于中等水平。而D和E都是只得到一个“+”，处于较差的等级。

表5-3 配对比较法示例

评价对象	A	B	C	D	E
A	0	+	+	-	-
B	-	0	-	-	-
C	-	+	0	+	-
D	+	+	-	0	+
E	+	+	+	-	0
对比结果	2+	4+	2+	1+	1+
	中	最好	中	差	差

(3) 强制分配法。

强制分配法（forced distribution method）就是组织预先确定评价等级以及各等级在总数中所占的百分比，然后按照评价对象绩效的优劣程度将其列入其中某一等级的绩效评价方法。最简单的强制分配法就是由评价主体通过主观判断将评价对象归入特定的评价等级。表5-4就是一个简单的例子。但是在实际应用中，强制分配法往往不单独使用，而是与其他绩效评价方法结合使用。通常评价主体先运用某种绩效评价方法对评价对象进行评价，然后将评价结果进行综合计算，最终按照强制分配法确定的比例将评价对象分配到相应的绩效等级上。强制分配法具有等级清晰、操作简便的优点，但不适用于评价对象过少的情况。

表5-4 强制分配法示例

等级	最好	较好	中等	较差	最差
比例	10%	20%	40%	20%	10%
评价对象	H	E	D	J	A
		C	B	G	
			F		
			I		

2. 绝对评价——量表法

量表法（scaling method）就是把一定的分数或比重分配到各个绩效评价指标上，由评价主体根据评价标准对评价对象在各个评价指标上的绩效表现进行判断和打分，最后汇总计算出绩效评价结果。作为一种绝对评价方法，量表法的评价标准相对客观，评价结果相对公正，可以在不同评价对象之间进行横向的比较。但由于量表法中绩效评价指标等级和权重的设计专业性较强，通常需要耗费大量的时间并需要专家的指导和帮助；同时，量表法对评价指标内涵解释的一致性程度要求较高，如果对评价指标内涵的解释不够清晰明确，就容易导致不同评价主体的认知偏差。根据绩效评价指标评价尺度的不同，量表法可以分为等级鉴定法、行为锚定量表法、混合标准量表法和综合尺度量表法等（见表5-5）。

表5-5 量表法归类表

所使用评价尺度的类型		绩效评价方法名称（量表法）
非定义式的评价尺度		等级鉴定法
定义式的评价尺度	行为导向型量表法	行为锚定量表法 混合标准量表法
	结果导向型量表法	（无单纯运用此量表的方法）
	综合运用以上两者	综合尺度量表法

（1）等级鉴定法。

等级鉴定法是使用非定义式评价尺度的一种绩效评价方法，它通过采用一些具有等级含义的短语来表示评价尺度。等级鉴定法使用方便、开发成本较低，并且能够方便地在同级政府组织、部门或公务员之间进行横向的比较，因此是许多政府组织或部门最常用的绩效评价方法。但是，等级鉴定法的评价尺度与组织的战略目标缺乏联系，评价结果不能为绩效反馈提供足够的信息和促进评价对象的绩效改进。因此，这种方法往往需要与其他绩效评价方法结合使用。表5-6是一个典型的等级鉴定法应用示例。

表5-6 等级鉴定法示例

评价对象： 部门： 评价主体： 评价日期：

评价指标	权重（%）	优秀（5）	良好（4）	满意（3）	尚可（2）	不满意（1）	得分
工作数量	10						
评语							
工作质量	15						
评语							
专业知识水平	15						
评语							
合作精神	20						
评语							
可靠性	15						
评语							
创造性	15						
评语							
工作纪律	10						
评语							
总得分							

(2) 行为锚定量表法。

行为锚定量表法（behaviorally anchored rating scale method，BARS）是由美国学者帕特里夏·凯恩·史密斯（Patricia Cain Smith）和洛恩·肯德尔（Lorne Kendall）于1963年在美国全国护士联合会的资助下研究提出的。行为锚定量表法由传统的绩效评价方法演变而来，是行为导向型量表法中最典型的代表。通过行为锚定量表可以发现，在同一个绩效维度中存在着一系列的行为，每种行为分别表示这一维度中的一种特定绩效水平，将绩效水平按等级进行量化，可以使绩效评价的结果更加公平和有效。与一般量表法相比，行为锚定量表法最大的特点就在于它用行为锚定的方式来规定评价指标的尺度。因此，行为锚定量表法的优点是：评价指标独立性较高，不容易混淆；评价尺度更加精确；评价结果具有良好的反馈功能，利于评价结果的应用；等等。同时，行为锚定量表法也存在设计烦琐、实施时间长、适用范围有限等不足。表5-7和图5-3分别是两种不同类型的行为锚定量表的应用示例。

表5-7 行为锚定量表法示例一：对宿管老师的评价

姓名：　　工作部门：　　评价主体：　　评价日期：		
评价指标：关心学生		
指标定义：积极结识住宿学生，发现他们的需要，真诚地对待他们的需要并做出反应		
评价等级	(1) 最好	当学生面有难色时上前询问是否有问题需要一起商量
	(2) 较好	为住宿学生提供一些关于所修课程的学习方法上的建议
	(3) 一般	遇到住宿学生时上前打招呼
	(4) 较差	友好地对待住宿学生，与他们讨论困难，但随后不能跟踪解决困难
	(5) 最差	批评住宿学生不能解决自己遇到的困难
评价结果：		

(3) 混合标准量表法。

混合标准量表法（mixed standard scales）是美国学者布兰兹（Blanz）于1965年提出的。混合标准量表法最主要的特征在于，所有评价指标的各级标度被混在一起随机排列，而不是按照评价指标的一定顺序进行排列，因而评价主体需要对每一个行为锚定物做出"高于"、"等于"或者"低于"的评价。具体的做法是：在确定绩效评价指标之后，分别对每一个维度内代表好、中、差绩效的标度用行为和结果描述相结合的方式加以阐明，最后，在实际绩效评价表格中将所有指标的三个标度混合在一起供评价主体选择。与行为锚定量表法相比，混合标准量表法具有两个突出的优点。一是，混合标准量表法打乱了各评价指标的各级标度的排列顺序。这能够避免评价主体受等级规定的影响，从而客观地根据标度的描述进行评价。二是，混合标准量表法采用了特殊的"评分"方式。在合理编制标度的前提下，可以通过寻找评价结果中是否有自相矛盾的情况来判断评价者是否认真地进行了评价。表5-8为混合标准量表法示例。

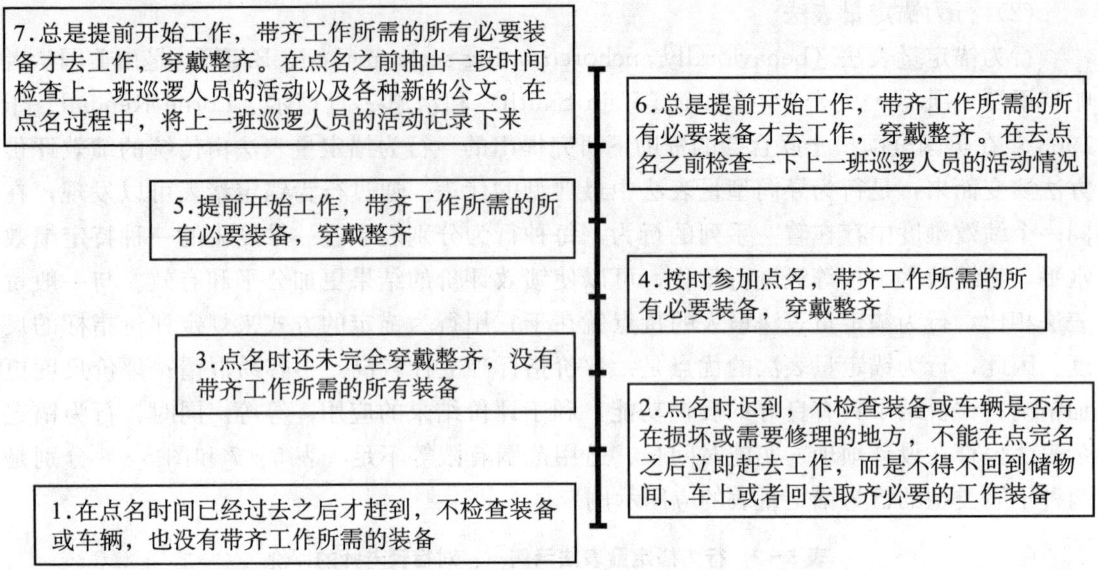

图 5-3　行为锚定量表法示例二：巡逻警官巡逻前的准备

表 5-8　混合标准量表法示例

被评价的三个维度		绩效等级说明	
主动性、智力、与他人的关系		高、中、低	
说明：请在每一项陈述后面标明评价对象的绩效是高于陈述水平的（填“＋”）、相当于陈述水平的（填“0”），还是低于陈述水平的（填“－”）。			
主动性	高	1. 该公务员确实是个工作主动的人。个人一贯都是积极主动地做事，从来不需要上级来督促	＋
智力	中	2. 尽管该公务员可能不是一个天才，但是他确实比我认识的许多人都更聪明	＋
与他人的关系	低	3. 该公务员有与别人发生不必要冲突的倾向	0
主动性	中	4. 虽然通常来说工作还是积极主动的，但是有时候也需要由上级来督促其完成工作	＋
智力	低	5. 尽管该公务员在理解问题的速度方面比一些人要慢一点，在学习新东西方面也比别人要花更长的时间，但是他还是具有一般的智力水平	＋
与他人的关系	高	6. 该公务员与每一个人的关系都不错，即便是与别人意见相左的时候，他也能够与其他人友好相处	－
主动性	低	7. 该公务员有坐等指挥的倾向	＋
智力	高	8. 该公务员非常聪明，他学东西的速度非常快	0
与他人的关系	中	9. 该公务员与大多数人相处都比较好，只是在少数情况下偶尔会与他人在工作上产生冲突，这些冲突很可能是要受到监督的	－

（4）综合尺度量表法。

综合尺度量表法是将结果导向量表法与行为导向量表法相结合的一种绩效评价方法。在该方法中，评价指标的标度描述采用了行为与结果相结合的方式。这种方式既能够有效地引导评价对象的行为，又能够对绩效评价结果进行有效的反馈。运用综合尺度量标法最大的困难在于如何设计与评价对象工作职责相关的指标尺度，因此，使用这种评价方法需要较高的设计成本。表5-9和表5-10是两个用于评价公务员个体工作态度指标的例子。

表5-9 综合尺度量表法示例一

评价要素名称：协作性　　职位等级：中层管理者　　职位类别：职能管理

评价要素定义：在工作中能否充分认识本部门在工作流程中所扮演的角色，考虑他人的处境，主动承担责任，协助上级、同事做好工作。

等级	定义	评分
S	正确认识本部门的工作职责和功能定位，具有较强的合作意识，自发主动地配合其他部门的工作，积极地推动组织整体工作的顺利进行	20
A	愿意与其他部门进行合作，在其他部门需要的时候，能够尽量配合工作，从而保证组织整体工作的正常进行	16
B	大体上能够按规定配合其他部门的工作，基本上能够保证组织整体工作的正常进行	12
C	有时候有不配合其他部门工作的现象，存在部门本位主义倾向，从而导致组织整体工作有时会遇到困难	8
D	根本不与其他部门进行沟通和协调，具有明显的部门本位主义倾向，在工作中经常与其他部门发生冲突，导致组织整体工作陷入僵局	4

表5-10 综合尺度量表法示例二

评价要素名称：自律性　　职位等级：中层管理者　　职位类别：职能管理

评价要素定义：评价对象及其所管理的部门能否严格遵守单位的各项规章制度和工作纪律，有无违反规定的现象发生。

等级	定义	评分
S	评价对象清正廉洁，严于律己，很受大家尊重，同时能够严格约束下属；评价对象及其所属部门能够严格遵守单位的各项规章制度以及工作纪律，从来没有违反规定的现象	20
A	评价对象对自己的要求比较高，受到大家的尊重，同时对下属人员的纪律要求也比较严；评价对象及其所属部门能够遵守单位的各项规章制度以及工作纪律，基本没有违规事件	16
B	评价对象有一定的自律性，总体上能够获得大家的认可，同时对下属人员也注意约束；评价对象及其所属部门基本上能够遵守单位的各项规章制度以及工作纪律，违规事件较少	12
C	评价对象的自律性不够，周围的人对其有一定的意见，同时（或者）对下属人员不注意纪律约束；评价对象或所属部门有时不遵守单位的规章制度和工作纪律，违规事件时有发生	8
D	评价对象的自律性非常差，周围的人对其意见很大，同时（或者）对下属人员根本不加以约束；评价对象或所属部门经常不遵守单位的规章制度和工作纪律，违规事件屡屡发生	4

3. 绝对评价——目标管理法

目标管理法指的是目标管理理论在绩效评价中的运用，目标管理法是最典型的结果导向型量表法。该方法与前面介绍的各种方法的区别在于，目标管理法是将评价对象与目标相比较，强调工作的结果。目标管理法主要包括两方面的内容：一是与评价对象共同制定一套便于衡量的工作目标；二是定期与评价对象讨论目标的完成情况。以公务员个体为例，实施目标管理法主要有以下六个步骤：

（1）确定组织目标。制订整个组织下一绩效周期的工作计划，并在此基础上确定相应的组织目标。

（2）确定部门目标。由各部门领导和他们的下级共同制定本部门的绩效目标。

（3）在部门范围内讨论部门目标。部门领导就本部门目标与部门内的公务员展开讨论，同时要求每位下属公务员都各自制订本人的工作计划，使得部门内的每一位公务员都明确自己要为实现部门目标做出什么样的贡献以及怎样做才能为实现部门目标做出贡献。

（4）确定个人目标。下属公务员和他们的上级领导在此基础上对目标进行细化，共同确定出更加具体的绩效计划和相应的绩效目标。

（5）进行绩效评价。部门领导将每一位公务员的实际工作业绩与他们事前确定的绩效目标加以比较。

（6）提供绩效反馈。部门领导组织绩效反馈面谈，与下属公务员就绩效评价的结果进行充分的沟通，共同对绩效目标的达成情况进行分析和解释，找出提高未来绩效的可能方法，制订绩效改进计划。

目标管理是一个管理者与员工一起制定目标→实现目标→评价目标的完成情况→再制定目标的循环过程。有关目标管理的相关知识在前面的章节已经进行了详细的介绍，此处不再赘述。

5.3.2 各种政府绩效评价方法的比较和选择

不同的绩效评价方法具有不同的特点，因而适用于不同的评价指标以及不同的评价对象。表 5 - 11 对几种常见的政府绩效评价方法进行了简单的比较。

表 5 - 11 几种常见政府绩效评价方法的比较

政府绩效评价方法	比较的维度			
	成本最小化	提供反馈指导	评价结果应用	有效性
排序法	好	差	差/一般	一般
等级鉴定法	一般	不确定	差	不确定
强制分配法	好	差	差/一般	一般
行为锚定量表法	一般	好	好	好
目标管理法	差	非常好	差	非常好

从表 5－11 中可以看到，不同的政府绩效评价方法各有特点，在评价的有效性、结果的适用性以及使用成本上优劣不一。因此，只有选择合适的政府绩效评价方法才能在管理的成本和效用上做到有机的结合。一般而言，政府绩效评价指标是选择政府绩效评价方法的主要依据，即需要根据不同类型指标的特性选择相应的政府绩效评价方法，从而形成一个基于指标的政府绩效评价方法组合。具体来说，在选择政府绩效评价方法时需要考虑每个指标的特性、所需数据的可获得性、可选绩效评价方法的使用成本等因素。

1. 绩效评价指标的特性

根据绩效评价指标的分类可知，不同类型的绩效评价指标在结果导向/行为导向、主观/客观、前置/滞后等方面具有各自的特性。例如，软指标一般需要通过行为锚定和主观判断相结合的方式进行评价，而硬指标则只需通过客观数据的统计分析即可做出评价。因此，管理者应该以每个绩效评价指标的特性为基本依据来确定政府绩效评价方法的类型，进而选取具体的政府绩效评价方法。

2. 绩效数据的可获得性

基于政府绩效评价指标来选择合适的绩效评价方法，不仅要考虑该政府绩效评价指标的特性，而且要分析获取该政府绩效评价指标所需数据的可行性和便利性。不同的政府绩效评价指标对于绩效数据的类型、来源、规模、采集和分析过程等有不同的具体要求。因此，管理者需要根据政府绩效评价指标在绩效数据上的差异化需求来选择相应的绩效评价方法。例如，用于衡量普通公务员的两个主观判断性指标“协作性”和“组织文化认知度”，前者需要通过综合尺度量表来分析该公务员在工作协作上的表现，而后者则需要通过认知度调查来收集该公务员对组织文化的认知程度以及相应的行为表现。

3. 政府绩效评价方法的使用成本

不同的政府绩效评价方法对于成本的需求具有较大的差异。相对来说，量表法对专业人员和资金投入的需求要高于比较法和目标管理法。因此，对于同一个政府绩效评价指标，管理者应根据组织的实际情况，在保证绩效评价结果客观有效的基础上，选择恰当的政府绩效评价方法。

5.4　政府绩效评价程序

政府绩效评价是政府绩效管理的核心环节，科学、规范的政府绩效评价程序是保证政府绩效评价顺利实施的重要保障。政府绩效评价的实施涉及评价对象的确定、评价机构的设置、评价方案的制订、评价信息的收集以及评价结果的应用等多个环节，为了确保政府绩效评价的有效实施，有必要规范政府绩效评价的实施程序，得出准确的政府绩效评价结果，从而为政府绩效的持续改进创造条件。

5.4.1　政府绩效评价程序概述

政府绩效评价程序是实施绩效评价的必要工作步骤，是绩效评价从开始到结束所经历的各个环节。我们通常把评价程序划分为若干个大的步骤，每个大的步骤又可分为若干个小的工作环节。在我国，根据财政部发布的《资产评估基本准则》，正常评价程序可分为八个步骤：明确业务基本事项，订立业务委托合同，编制资产评估计划，进行评估现场调查，收集整理评估资料，评定估算形成结论，编制出具评估报告，以及整理归集评估档案。蔡立辉认为政府绩效评价程序是指：为了实现政府绩效评价的目标和任务，针对政府绩效评价活动的过程、步骤、环节、方式、方法等要素所做出的具有指导性和规范性的计划和安排，它需要对政府绩效评价全过程中的各个步骤、各个环节的具体活动进行详细规定和明确，需要对实施政府绩效评价工作的基本路径、方式、方法进行具体描述①。

本书认为，政府绩效评价程序是指在政府组织使命、核心价值观、愿景和战略的指引下，为了确保政府绩效评价的科学性和有效性，而对政府绩效评价的实施过程所做出的具体的、规范的计划和安排。制定规范的政府绩效评价程序，其目的在于为政府绩效评价的实施提供方向上的指引，确保政府组织在开展实际的绩效评价工作时有章可循、有据可依。科学、规范的政府绩效评价程序一般具有以下特点。

（1）规范性。政府绩效评价程序是开展政府绩效评价工作时所应遵循的必要步骤，为政府绩效评价的具体实施提供行动上的指引。在实际的政府绩效评价过程中，由于评价主体、评价指标等多种因素，政府绩效评价难以摆脱价值、观念等主观因素的影响，政府绩效评价的客观性、系统性和全面性难以得到有效保证。强调政府绩效评价程序的规范性，就是要通过制定科学、合理的政府绩效评价程序，对政府绩效评价实施过程中的各个环节进行指导和约束，尽量减少评价者主观因素的影响，减少绩效评价的主观性和随意性，避免绩效评价信息的扭曲和失真，从而得出相对客观、公正的结论。

（2）稳定性。处理任何事情，一般都需要一定的步骤、方法和程序，一旦这种程序确立下来，就为以后处理类似情况提供了经验上的指导。政府绩效评价程序的确立也应具有一定程度的稳定性，不能因为个别评价者的主观意志而随意更改。著名政治哲学家罗尔斯认为，程序代表着最基本的正义，程序正义是实体正义的必要条件，为结果的正当性提供最根本保障作用的归根结底只能是正义的程序。美国国会在 1993 年通过的《政府绩效与结果法案》，首次以国家法律的形式规定了政府绩效评价的程序，以减少绩效评价的随意性，保证绩效评价的严肃性、公正性和可靠性②。由此可见，保证政府绩效评价的稳定性，既是为了确保政府绩效评价活动连续性的必要条件，也是彰显公平正义的客观要求。

（3）指导性。程序规定了完成某项目标或者具体任务工作所需的具体、明确、规范的计划和安排。政府绩效评价程序的确立，明确了政府组织在开展政府绩效评价工作时的具体计划安排。它明确了政府绩效评价有哪些具体步骤、每一个步骤需要做些什么、谁来负责完成这些工作以及各个步骤需要达成的目标是什么等问题。由此可见，政府绩效评价程序具有较强的指导意义，评价者可以在绩效评价程序的指引下，拟订具体的

---

① 蔡立辉．政府绩效评估．北京：中国人民大学出版社，2012：84.

② 同①85.

政府绩效评价方案，有序推进和落实政府绩效评价。

（4）连续性。政府绩效评价程序确立了开展政府绩效评价工作时所应遵循的具体步骤和方法，为了确保政府绩效评价有条不紊地顺利开展，必须对每一项步骤进行详细的安排，使之保持一定程度的连续性。同时，对于每一项步骤的具体实施时间也应有较为具体的规定，当前一个步骤完成时，后一个步骤能顺利地继续进行，确保不同的绩效评价步骤之间能够有效地进行衔接，从而保证政府绩效评价工作的时效性。

5.4.2 政府绩效评价的实施程序

政府绩效评价是政府绩效管理中技术性最强的环节之一，涉及多个主体、多个环节和多种方法技术。开展政府绩效评价时，通常要经过五个过程，具体如图 5-4 所示。可以看出，政府绩效评价的过程实际上就是一个收集信息、整合信息、做出判断的过程。

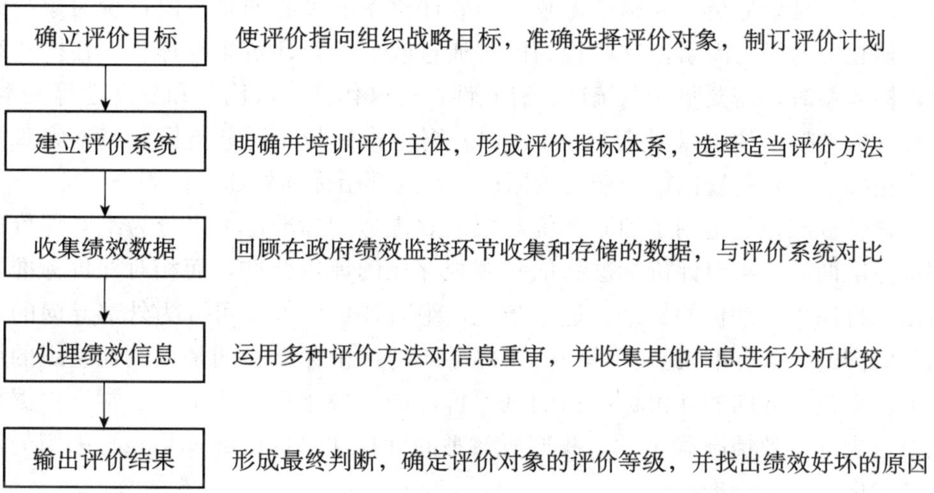

图 5-4 政府绩效评价的程序

1. 确立评价目标

一般意义上的评价除了可以对评价对象做出基本的判断之外，还可以用于选择和预测，并发挥导向作用。政府绩效评价作为政府绩效管理系统中的关键环节，其最核心的目标就是通过它的选择、预测和导向作用实现政府组织的战略目标。不论是评价政府组织绩效、政府部门绩效还是公务员个人绩效，都要基于这个共同的目标，所以我们必须将评价组织绩效、部门绩效与个人绩效联系起来考虑如何进行政府绩效评价系统的设计。

政府绩效评价的对象不同，评价的具体工作也不同。一般来说，政府绩效评价包括三种评价对象：一是政府组织绩效，二是政府部门绩效，三是公务员个人绩效。评价员工个人、部门负责人或高层管理者的绩效关系到奖惩、升降等人力资源管理的决策问题，而评价组织绩效和部门绩效则关系到组织、部门的发展和重点任务等问题。另外，评价个人绩效也会由于其在组织中的地位以及工作性质的不同而影响评价系统中的其他要素。

例如，基层公务员的绩效评价主体就不会涉及下级，而基层管理者的绩效评价主体则往往可以包括其直接下级；不同职位的个人之间绩效评价标准也有很大的不同。

为了确保政府绩效评价的有序进行，在开展政府绩效评价之前需要拟订详细的政府绩效评价计划。评价计划的内容应该包括：评价的频率，评价的标准，评价本身的布局及内容，解决评价者与被评价者争端的程序，记录评价结果的安排，指导该方案的引入、执行及后续安排等。简言之，政府绩效评价计划需要明确评价主体、评价对象、评价内容、评价方法、评价的具体实施步骤、评价中可能遇到的问题、评价结果等具体项目。除此之外，还需要对评价的资源、设计的部门和人员进行安排。在确定政府绩效评价的计划后，需要进一步制订具体的行动方案，从而推进政府绩效评价的有效实施。

2. 建立评价系统

政府绩效评价系统应当包括确立合理的评价指标和评价标准，选择适当的评价主体等。政府绩效评价指标决定了对评价对象的哪些方面进行评价。不论评价政府组织绩效、政府部门绩效还是公务员个人绩效，政府绩效评价系统关心的是政府评价对象与组织战略目标明显相关的行为因素，这些行为因素通过政府绩效评价指标体现。在构建政府绩效评价指标体系时，需要坚持系统性、有效性、可操作性、可比性和独立性等基本原则，在评价指标的选择上注重以下几个方面：（1）财务指标与非财务指标；（2）客观指标与主观判断指标；（3）前置指标与滞后指标；（4）内部指标和外部指标等。

绩效评价标准指的是用于判断评价对象绩效优劣的标准，可以分为绝对评价标准和相对评价标准两类。绝对评价标准指的是客观存在的评价标准，而相对评价标准指的是通过对比和排序进行评价的标准。进一步地，绝对评价标准又可分为外部导向的评价标准和内部导向的评价标准两类。其中，外部导向的评价标准指的是以其他组织的绩效为评价标准，而内部导向的评价标准指的是评价标准来源于组织内部，通常是根据相关部门或人员过去的绩效情况确定的。我们所熟悉的标杆法（benchmarking）采用的就是典型的外部导向的评价标准。

所谓评价主体，指的是那些直接从事评价活动的人。一般而言，政府绩效评价主体涉及上级政府组织、主管部门和领导等政府组织内部评价主体，还包括社会公众、社会组织等外部评价主体。为了增强政府绩效评价结果的客观性和系统性，构建多元政府绩效评价主体已经成为当前政府绩效评价的趋势。总体而言，在选择和确定政府绩效评价主体时，应确保评价主体具备以下条件：（1）具有一定的政治素质和政策水平，熟悉国家和相关部门的方针、政策；（2）具有基本的公共行政、财务会计、数学统计及法律等方面的专业知识；（3）熟悉政府绩效评价指标体系，与被评价者具有管理与被管理、服务与被服务的关系，有较强的综合分析能力和沟通协调能力；（4）坚持原则，清正廉洁，秉公办事，公道正派；（5）由于评价方式的信息化发展趋势，需要具备基本的专业知识。为保证评价人员达到以上资格要求，需对评价人员进行定期培训，使其掌握所需的评价技术，以确保评价结果的真实有效①。

---

① 张旭霞．公共部门绩效评估．北京：对外经济贸易大学出版社，2007：137.

3. 收集绩效数据

准确的数据是保证评价公正性的重要保障，政府绩效评价的一个主要目的是把管理从依靠直觉和预感转变为以准确的数据和事实为依据。在政府绩效监控阶段收集的数据一般是零散的，因此有必要把这些零散的数据整理成系统的体系。在政府绩效监控阶段，我们往往记录了一些关键事件，此时对这些关键事件要在不带任何主观色彩的条件下进行分析、界定、归类，然后将所记录的关键事件、绩效结果和文档归入相应的评价标准的级别。不带任何主观色彩是很难做到的，但主观判断必须是科学的、反映客观事实的，这就需要评价者具有较高的职业素养和丰富的经验。

为了做出准确、全面的政府绩效判断，必须广泛收集政府绩效的相关信息。从绩效数据收集的内容来看，所收集的资料主要包括有关法律法规、服务承诺、工作计划与方案、工作报表、回复与解释公众提出问题或抱怨的信件与电话数量的统计与记录、解决实际问题的数量、实际取得的服务结果与社会效果、会议记录、物质投入与消耗、成果鉴定结果、管理方法的改进与调整等。值得注意的是，反映政府组织绩效表现情况的绩效数据不仅应包括公共服务的产出与效果，还应该关注公众满意度、公共服务的质量等。从绩效数据收集的渠道来看，信息资料主要来源于政府公共部门、社会公众以及对实际效果的鉴定、评价者所进行的调查和听证等，应拓宽政府绩效数据收集的渠道，同时运用计算机信息技术等手段全面收集政府以及公众的相关绩效信息。从绩效数据收集的方法来看，应采用多样化的数据收集方式，综合应用访谈法、问卷调查法、统计资料法、个案法等，确保政府绩效数据的真实性和客观性。

4. 处理绩效信息

处理绩效信息就是运用具体的评价方法来确定政府绩效评价结果的过程。评价要根据政府组织的特点、评价对象的职位特点、评价内容和评价目的，选择合适的方法和形式。政府组织领导干部的评价指标主要是围绕战略实施展开的相关指标和管理状况，述职的形式恰好能够达到这样的目的。对普通公务员的绩效评价相对就比较简单，主要围绕公务员对组织目标的贯彻落实情况以及自身岗位职责的履行情况等。

在收集政府绩效信息的相关数据之后，需要对现有的资料进行判断、处理和归类。评价小组依据掌握的评价对象情况，首先对评价用到的数据进行处理，将记录的各种分散的信息经过分类加总汇集成有用的信息，一般包括对数据信息进行手工检查校正、编码、录入、利用计算机对录入数据再次核对等过程。数据处理最终结果的表现形式是编制成各种表格。在编制了各种表格之后，评价小组就需要对这些处理的信息以及收集的其他一些信息进行初步讨论和分析，以确定其准确性和全面性。接着要根据选定的评价标准，计算出基本指标的分值，再进行修正，得出实际分数；然后根据指标模型权重以及维度指标得出绩效评价的总分①。同时，为了提高政府绩效评价结果的准确性和客观性，应该积极听取专家咨询组的意见，对绩效评价方法的选用、绩效评价指标的确立以及绩效结果的形成等内容进行必要的讨论和论证，特别是针对一些有争议的结论需要听取他们的分析以及建议。

---

① 蔡立辉. 政府绩效评估. 北京：中国人民大学出版社，2012：101.

5. 输出评价结果

通过使用适当的评价方法进行评价后，就要对评价对象做出一个具体的评价结果，形成绩效评价报告。评价结果不仅是好坏的评价或者简单的绩效得分及绩效排名，而且应当对绩效不佳的具体原因进行分析，以便在下一个绩效管理周期加以改进。评价报告是评价工作组向评价组织机构提交的说明评价目的、评价程序、评价标准、评价依据、评价结论以及评价结果分析等基本情况的文本文件，也是政府绩效评价工作最终结果的体现。评价报告主要由内容提要、正文和附录组成。其中，内容提要主要写明评价对象、评价委托机构和评价实施机构，正文主要写明评价委托方评价依据的数据来源、评价指标体系和方法、采用的评价标准值、评价结果和结论以及评价责任等内容，附录主要详细分析评价报告、有关基础数据核实确认及调整情况、重要事项的说明、评价计分、有关评价工作文件和数据资料等。

需要再次强调的是，绩效管理不是为了简单地评价，而是为了运用绩效评价的结果。有了详尽的绩效评价输出结果，才能为进一步的绩效反馈和结果应用提供依据。作为政府绩效评价的最后环节，评价结果的使用是保证政府绩效评价有效性的重要环节。一般而言，政府绩效评价结果的使用包括以下三个方面的目的。首先，评价结果可以用于绩效改进，通过政府绩效信息的收集发现政府组织或个人在完成绩效目标过程中存在的主要问题，从而提升政府组织的绩效水平；其次，绩效评价结果可以与政府人事管理决策配套使用，为薪酬调整、人事安排、人才培养与开发计划等提供依据；最后，通过政府绩效评价结果的公示，可以推动公众对政府部门的监督，提升政府透明度。

5.5 政府绩效评价周期

政府绩效评价是对政府在评价周期内的绩效状况进行的评价，由于是周期性开展的工作，这就涉及设定绩效评价周期的问题。绩效评价周期设定是否合理对绩效管理的科学性有着显著的影响，绩效评价周期既不能过长，也不能过短。如果周期太长，评价结果就会带来严重的“近期误差”，而且也不利于政府绩效的迅速改善；而如果周期过短，一方面会导致工作量加大、成本提高，另一方面会由于许多工作的绩效无法在短时间内体现，绩效评价结果不够准确。为了合理设定评价周期，就必须对绩效评价周期及其相关概念以及影响绩效评价周期的主要因素进行全面了解。

5.5.1 与评价周期相关的概念

(1) 绩效管理周期。在实际操作过程中，绩效评价周期与绩效管理周期是容易混淆的两个概念，如果不能有效区分，就会影响政府绩效评价的合理性。绩效评价周期是用于界定“多长时间评价一次”的问题，针对不同的指标和管理特点，会有不同的评价周期，比如有些指标可能需要每月评价一次，而有些指标则需要每年评价一次，因此绩效评价周期不能一概而论，应该根据实际情况合理设置。绩效管理周期则是指从绩效计划、绩效监控、绩效评价一直到绩效结果的应用与反馈这一系列过程的时间汇总，是一个相对稳定的概念，大多数组织通常以一年为绩效管理周期的时限。

（2）数据收集频率。容易与评价周期混淆的概念还有数据收集频率。数据收集频率是指多长时间收集一次数据，数据收集的最终目的是用于绩效评价。同评价周期一样，不同指标的数据收集频率也不尽相同，有的指标数据需要每天收集，有的指标数据则一年收集一次即可。数据收集频率并不等同于评价周期，通常一次或多次收集的数据会用作一次评价周期的计量，因此数据收集频率往往是短于或等于评价周期。区分这两个概念的意义在于，在实施绩效评价时，切不可到评价环节再去收集数据，而要根据不同的指标特点实时对相关数据进行收集，这样才能确保绩效评价结果的准确和有效。

5.5.2　评价周期设置的影响因素

在设置绩效评价周期时，要综合各项因素进行考虑。一般来说，评价周期与评价指标类型、绩效管理实施时间及绩效管理成本等因素有关。

（1）评价指标类型。对于不同的评价指标，要选择不同的评价周期。对于政府运作流程前端的指标，其评价周期要相对较短，这是由于政府运作流程前端环节的绩效状况直接影响到政府活动的最终结果，需要进行不断的监控和评价；而结果性指标则要在较长一段时间内才能反映出来，其评价周期可以相对较长。另外，有些评价指标在短期内是评价不了的，比如政府出台的一些政策等，应当根据情况适当延长绩效评价周期，即按照政策完全产生效果的时间来确定绩效评价周期。

（2）绩效管理实施时间。绩效管理的实施要经历由初始的摸索期到后来的成熟期几个阶段，政府绩效管理系统的完善不是一蹴而就的，需要经过几个绩效周期的经验积累。因此，在刚实施和运行新的政府绩效管理系统时，绩效评价周期不能过长。如果这时绩效评价周期过长，绩效管理系统中的问题需要较长时间才能暴露出来，因而不利于绩效管理系统的有效性和稳定性。以绩效评价指标的选择为例，由于缺乏相应的经验积累，选择的绩效评价指标可能并不能很好地反映评价对象的真实情况和绩效水平，这就需要缩短绩效评价周期，通过对员工绩效进行短期评价来检验绩效评价指标的信度和效度，及时对绩效评价指标体系进行修正和完善，并在下一绩效评价周期对新修订的绩效评价指标体系进行新一轮的检验和调整。

（3）绩效管理成本。在确定绩效评价周期时还需考虑到管理成本的问题，绩效评价周期短往往意味着绩效管理成本相应较高。绩效评价通常需要涉及人员、机构、时间以及资源等多个方面的配合，特别是在政府绩效管理经验不够成熟的情况下，如果没有合理的规划和充足的保障，不仅会造成资源上的浪费，而且会造成绩效管理过程的混乱，最终影响到管理效果的顺利实现。因此，政府组织和部门可以考虑在绩效管理系统相对成熟、相应的管理条件和保障体系比较完善的情况下，逐步有针对性地缩短绩效评价周期，实现绩效管理的精细化，提升绩效管理的有效性。

本章小结

政府绩效评价作为政府绩效管理的关键环节和提高政府绩效的有效途径，在合理界定政府角色、改进政府管理理念、增强政府管理能力、提高行政服务质量和降低行政成本等方面发挥着重要的作用。政府绩效评价已成为当今世界各国政府绩效管理研究和创新的热点和难点。政府绩效评价是指相关评价主体依据政府组织的既定使命和目标，遵循一定的程序，综合运用多种评价方法和技术，对一定时期内政府的管理和服务情况进行评定和判断的过程，其最终目标是通过绩效评价来提高政府的效率和效果，促使政府绩效持续改进。

根据政府绩效评价对象的不同，可以将政府绩效评价划分为组织和部门绩效评价、公共政策评价、项目绩效评价以及公务员个人绩效评价等类型。作为政府绩效评价的核心要素，政府绩效评价主体是指对政府绩效进行价值判断的组织、部门和个体。政府绩效评价主体选择的合理与否，在很大程度上影响着政府绩效评价的结果和效果。由于政府组织绩效具有复杂性和宽泛性的特点，任何一个单独的评价主体都无法对政府绩效进行全面准确的判断，政府绩效评价主体多元化成为保证政府绩效评价的准确性、客观性和公平性的迫切要求。与政府绩效的层次相对应，政府绩效评价主体在纵向上应分为组织、部门绩效评价主体以及公务员绩效评价主体。从评价主体与评价对象的相对位置这个角度又可以将政府绩效评价主体分为内部评价主体和外部评价主体。在对政府绩效进行评价的过程中，政府绩效评价主体应根据绩效评价指标合理选取相应的绩效评价方法。通常，政府绩效评价方法大体可分为相对评价和绝对评价两大类。相对评价的主要方法有排序法、配对比较法和强制分配法等，绝对评价的主要方法则有等级鉴定法、行为锚定量表法、混合标准量表法和综合尺度量表法等。政府绩效评价的实施实际上是一个收集信息、整合信息、做出判断的过程，包括确立评价目标、建立评价系统、收集绩效数据、处理绩效信息和输出评价结果五个步骤。政府绩效评价周期回答的是多长时间评价一次的问题，会受到评价指标类型、绩效管理实施时间和绩效管理成本等诸多因素的影响。

关键术语

政府绩效评价（government performance appraisal）
量表法（scaling method）
配对比较法（paired comparison method）
强制分配法（forced distribution method）
行为锚定量表法（behaviorally anchored rating scale method）

复习思考题

1. 简述政府绩效评价的内涵。
2. 简述政府绩效评价主体的理论依据。
3. 简述政府绩效评价主体的内涵和类型。
4. 论述政府绩效评价方法的类型及内容。
5. 简述政府绩效评价的程序。
6. 简述政府绩效评价周期设置的影响因素。

第6章
政府绩效反馈

政府绩效反馈是政府绩效管理体系中不可或缺的重要环节之一，它是在政府绩效评价的基础上，通过报告、面谈等方式，促使评价对象认识到自身绩效的优势与不足，以便进一步改进和提升绩效的过程。在具体的管理实践中，绩效反馈常常被政府部门忽视，认为获得绩效评价结果就是绩效管理过程的终结，花精力进行绩效反馈是一件浪费时间的事情。显然，这种想法是不可取的，因为绩效管理的目的不仅仅是获取评价结果，还包括实现目标、提升绩效。为了有效达成这一目的，管理者必须帮助下属认识到自己的实际绩效水平及其主客观原因，在共同协商、全面分析之后，使下属了解并认可绩效评价结果，继而明确改进绩效的具体路径。另外，通过绩效反馈，评价对象可以拥有一定的话语权，就自己的实际情况、态度想法以及对绩效结果的质疑与管理人员进行面对面的沟通，避免双方因信息不对称而造成不必要的误会。本章将就如何实施绩效反馈、怎样管理绩效申诉以及如何应用绩效结果等进行阐释，使得读者对政府绩效反馈有一个全面、深入的了解。

6.1 政府绩效反馈概述

6.1.1 政府绩效反馈的内涵

政府绩效反馈是绩效管理的最后一个环节，其基本任务就是负责组织实施绩效管理的机构或人员将绩效评价的结果反馈给被评价的政府组织、部门和公务员，评价对象接到绩效反馈后，根据实际绩效结果对绩效的达成情况进行分析，查找其中存在的不足及其原因，并寻求改进绩效的途径。政府绩效反馈在评价主体与评价对象之间搭建了一个必要的沟通渠道，既是绩效沟通的主要形式，又是一种激励的重要手段。

政府绩效反馈（government performance feedback）是指在绩效评价结束后，政府组织的管理者通过绩效反馈面谈，将评价结果反馈给下属，并共同分析绩效不佳的方面及其原因，制订绩效改进计划的过程。心理学家发现，反馈是使人产生优秀表现的重要条件之一。如果没有及时、具体的反馈，人们往往就会表现得越来越差，因为在这种情况下，人们无从对自己的行为进行修正，甚至可能丧失继续努力的动力。同理，员工绩效表现不佳的一个可能原因就是没有得到及时、具体的反馈。有学者认为，缺乏具体、频繁的反馈是绩效不佳最普遍的原因之一。

6.1.2 政府绩效反馈的意义

政府绩效反馈是由上级领导或绩效主管单位的人员就评价对象在评价周期内的绩效情况进行反馈，在肯定成绩的同时，找出工作中的不足并加以改进。由于绩效反馈在绩效评价结束后实施，而且是对评价对象整个绩效周期内的工作完成情况进行全面回顾，因此有效的绩效反馈对绩效管理起着至关重要的作用。

1. 政府绩效反馈有利于就绩效评价结果达成共识

政府绩效反馈在政府绩效评价结束后，为评价双方提供了一个良好的交流平台。一方面，相关管理人员能够对下级单位或人员的绩效进行充分反馈，不仅仅是告知其评价结果，而且会就导致评价结果的原因进行深入的分析，使评价对象能够充分地接受和理解绩效结果；另一方面，评价对象也可以就一些具体问题或自己的想法与上级领导进行交流，指出绩效管理体系或评价过程中存在的问题，解释自己超越或没有达到预期目标的主要原因，并对今后的工作进行展望与计划。政府绩效反馈为绩效评价双方建立起一座沟通的桥梁，不仅让评价对象成为主动因素，更赋予了其一定的权利，使评价对象拥有知情权和发言权，有效降低了评价结果不公正带来的负面效应，确保了政府绩效评价结果的公平和公正。

2. 政府绩效反馈有利于评价对象了解自身的成绩与不足

绩效反馈还是一个对绩效水平进行全面分析的过程。通常，政府绩效表现为正反两个方面，既有好的、值得鼓励的地方，也有需要加以改进之处。因此，政府绩效反馈也应该从正反两方面着手，当被评价的单位或人员取得成绩时，上级领导的认可和肯定可以对下属人员起到积极的正向激励作用；与此同时，上级领导也要让评价对象认识到自身存在的缺点与不足，并提出改进绩效的相应建议。政府绩效反馈使得评价对象既获得了鼓励，又发现了不足，从而可以为进一步提升政府绩效水平奠定重要的基础。

3. 政府绩效反馈有利于增强政府的核心竞争力

任何一个组织的组织目标和个体目标都在一定程度上存在着矛盾和冲突，政府绩效反馈可以减少组织目标与个体目标之间的冲突。个体目标与组织目标若能够协调一致，就可以有力推动组织不断发展和进步，反之则会产生负面影响。有效的政府绩效反馈，可以通过对政府绩效评价过程及结果进行检视与讨论，发现个体目标中的不和谐因素，借助组织中的激励手段，促使个体目标朝着组织目标方向发展，进而有效提升组织目标和个人目标的一致性和协同性。

4．政府绩效反馈有利于绩效改进计划的制订与实施

政府绩效反馈的一个重要目的是实施绩效改进，即针对评价对象当前绩效存在的不足提出改进计划，为下一周期绩效管理的有效开展提供帮助和指导。政府绩效改进计划对于绩效不佳的单位或个人尤为重要，如果相关管理部门对此不能给予充分重视，评价对象本人也缺少绩效改进的动力，不去分析导致绩效偏差的原因，那么绩效不佳者很难发现改进绩效的有效途径和方式，也就无法达到提高绩效水平这一重要目的。另外，评价对象参与政府绩效改进计划的制订过程，则会更容易接受绩效改进计划，增强对绩效改进的承诺，有利于绩效改进计划的贯彻落实。

5．政府绩效反馈能够对下一周期绩效目标的制定起到参考作用

绩效管理是一个往复不断的循环过程，一个绩效周期的结束恰好是下一个周期的开始。在政府绩效反馈阶段，征询评价对象对政府绩效评价体系、方法、流程的看法及建议，有利于促进政府绩效管理系统的不断完善。与此同时，通过政府绩效反馈可以了解各级人员对本期绩效目标及标准的想法，以及下一期绩效目标及标准的具体意见，以便制定出更科学合理的绩效评价目标、指标和目标值。

6.1.3 政府绩效反馈的方法

政府绩效反馈方法的类型和数量较多，在此主要介绍对错误行为的反馈方法、对正确行为的反馈方法、自我反馈机制以及 360 度反馈计划四种。

1．对错误行为的反馈方法

管理者针对下属的错误行为进行反馈的目的，是让下属了解自身存在的问题，以便有效引导其纠正错误。对错误行为的反馈就是人们通常所说的批评。在大多数人的印象中，批评往往是消极的，但实际上批评应该是积极的和建设性的。在下属表示接受某种批评之后，管理者还应该通过一些认同的表示，加强反馈的效果。可见，这种积极的和建设性的反馈方式明显优于负面反馈。越来越多的管理者已经认识到中立反馈的重要性，许多学者也试图找到一些办法使越来越多的管理者学会这种方法。我们相信，只要管理者在针对错误行为进行反馈时注意反馈的方式，就能够避免无效的负面反馈，将中立反馈变成积极的建设性反馈，从而达到绩效管理的目的。

2．对正确行为的反馈方法

通常人们更加倾向于关注对错误行为的训导，而对正确行为的反馈往往被管理人员忽视。事实上，对正确行为的反馈与对错误行为的反馈同等重要，两者的最终目的都是提高下属的绩效。管理者忽视对正确行为的反馈的原因很多，比如他们可能会声称找不到合适的方式进行反馈。实际上，最好的肯定方式就是对下属行为的直接认同和赞扬，像“这件事你做得棒极了!”这类简单的方式往往能够取得很好的效果。对“什么是正确的行为”的理解不准确也常常使管理者疏于对正确行为的反馈。例如，还有相当一部分管理者只知道在下属很好地完成了一项工作之后给予及时的肯定，但对下属犯错误的数量或频率减少的情况却视而不见，因为这些管理者认为对改进错误的行为进行肯定就相当于宽恕已经犯下的错误，或者他们找不到合适的表达方式来表扬那些改进错误的下属。

事实上，对下属减少犯错误的行为进行称赞并不等于称赞错误本身。下面是管理者在进行正面反馈时应遵循的四个原则：

（1）用正面的肯定来认同下属的进步，例如“成功率的提高”比“失败率的降低”更具有激励效果。

（2）明确地指出受称赞的行为。

（3）当下属的行为有所进步时，给予及时的反馈。

（4）正面的反馈中应包含这种行为对本人、部门乃至整个组织的贡献。

3. 自我反馈机制

自我反馈是一种特殊的绩效反馈方式。绩效反馈通常是通过管理者与下属之间的沟通进行的，而自我反馈是指在建立一套严格、明确的绩效标准的基础上，使下属自觉地将自己的行为与标准相对照的机制。这种机制能够帮助下属对自己的绩效表现有一个正确的认识。自我反馈是管理者进行绩效反馈的必要补充，在实际工作中自我反馈机制发挥着十分重要的作用。自我反馈机制的首要前提就是制定一套反馈时需要使用的绩效标准，然后建立相应的机制或办法，使下属能够自觉地根据这一标准对自己的工作情况进行反省与检视。这种自我反馈的方法在高重复性或例行的常规工作中比较容易实施。同时，对于创新性工作而言，这种机制也十分重要，因为管理者不可能每时每刻都关注到下属的工作行为和工作进展。对于那些制定绩效标准相对困难的工作，可以通过设置比较宽泛或灵活的绩效标准来解决这个问题。

4. 360度反馈计划

360度反馈（360-degree feedback）是20世纪80年代由美国学者爱德华兹（Edwards）和艾文（Ewen）在一些企业组织中不断研究发展形成的，它是一种全方位的反馈机制，主要适用于管理人员。360度反馈计划就是指帮助一个组织成员（主要是管理人员）从与自己发生工作关系的所有主体（管理者、同事、组织内外部的顾客及其他人）那里获得关于本人绩效信息反馈的过程。理解这个概念需要注意以下几个方面：第一，该计划涉及的反馈主体包括管理者本人、上级、下级、同事、与之发生工作关系的内外部客户等。这些人员观察的视角不同，提供的信息内容也不同。第二，该计划的作用在于提供绩效信息方面的反馈，而不是进行绩效评价。反馈信息主要用于管理人员的培训和开发，而不能直接用于薪酬和晋升决策（这是许多组织使用360度反馈计划时在功能定位上常犯的错误）。第三，该计划通常是以匿名的形式提供信息反馈的。第四，该计划主要适用于管理人员，而不是一线员工。360度反馈计划在日本被称为管理者适应性评价技术，指通过反馈信息来评估管理者能力，进而判断其对本职工作的适应状况。一些企业将360度反馈计划作为一种绩效评价或考核的方式在整个组织内推行的做法是不妥的。

相比传统的单一式绩效反馈，360度反馈计划具有以下优点：

第一，360度反馈计划强调组织关心人们付出的行动甚于所获取的结果。360度反馈计划能帮助人们通过各种“软性”的尺度对绩效做出全方位的评价。采用这种形式的反馈，一方面可以避免对“硬性”（量化的）绩效目标的过分依赖，另一方面可以避免只重视评价双方意见的危险做法。

第二，如果360度反馈出自熟悉和了解评价对象工作的评价主体，则能够向评价对象提供更全面和更有价值的绩效信息，从而为评价对象的绩效改进起到积极的促进作用。这种绩效反馈方式与只有上级和下属介入的反馈方法相比，在全方位、多视角地发现下属的优点和不足方面优势明显。

第三，360度反馈计划有利于提高下属对绩效反馈信息的认同程度。在传统的反馈方法中，只有上级管理者的反馈，下属有可能对反馈的绩效信息持怀疑态度，认为它可能带有个人的主观偏见。但是，在360度反馈计划中，如果评价对象从上级、同事、下级和服务对象等多个渠道都得到了类似的绩效反馈信息，那么评价对象对该绩效信息的认可程度就会较高，一般不会对其产生质疑，这对评价对象深入反思和综合考虑绩效改进的方法和途径十分有利。

当然，这种反馈方式还存在一些缺点。如果过分地依赖360度反馈计划，就会削弱绩效目标的意义，使人们更加习惯于“不是你做了什么，而是你做的方式”的说法。实际上，360度反馈计划只有与其他反馈方法一起使用时，才能最大限度地发挥作用。另外，360度反馈计划涉及的信息比单渠道反馈要多得多，这个优点同时也意味着收集和处理信息的成本相对较高。360度反馈计划最重要的价值在于开发，而不是评价。任何方法的成败都是由人而不是由技术来决定的，从这种方法得到的并不是各方所填写的那些表格，而是通过这些信息所发现的评价对象的长处与不足，帮助评价对象不断提高和改进绩效。因此，大多数专家认为根据360度反馈计划的结论来决定职务升降或薪酬发放是一种冒险的做法，谨慎的做法是将它作为一种为评价对象提供全面的绩效信息的有效方式，而不是据此做出最后管理决策的唯一参考和依据。

6.2 政府绩效反馈面谈

绩效反馈主要有书面报告和反馈面谈两种方式。作为绩效评价之后进行的一种正式的绩效沟通，绩效反馈面谈在政府部门并没有得到足够的重视，绩效评价主体往往将填写评价表格、计算评价结果视为绩效评价乃至绩效管理的终点。事实上，缺少了将评价结果和管理部门的期望传达给评价对象的环节，就无法很好地实现政府绩效评价和政府绩效管理的最终目的。如何将政府绩效评价结果转化为绩效改进的动力，是政府绩效管理中非常重要的内容，而绩效反馈面谈则是实现这一转化的关键。

6.2.1 政府绩效反馈面谈的原则

政府绩效反馈面谈是指由上级与评价对象面对面沟通，制订绩效改进计划的活动。在政府绩效管理体系中，根据评价对象的不同，反馈面谈双方也有所区别。一般而言，对于组织或部门层面的绩效反馈，反馈主体应为其相应的主管领导，面谈对象应为组织或部门的负责人或相关领导成员；而对于个体层面的绩效反馈，反馈主体应为其直接上级，而面谈对象则是公务员本人。政府绩效反馈面谈是一种面对面的沟通，它可以将评价结果更好地反馈给评价对象，使激励、奖惩和培训等功能得到更充分的发挥。但是，并不是任何形式的沟通都能起到良好的效果，如果把握不好，不仅不能发挥绩效反馈面谈应有的管理和激励功能，甚至还可能适得其反。因此，政府部门在实施绩效反馈面谈时，要重点把握好以下几点原则：

1. 直接具体原则

面谈交流要直接具体，不能抽象地泛泛而谈或仅作一般性评价。对于主管人员来说，无论是赞扬还是批评，都应有具体、客观的结果或事实来支撑，使面谈对象明白哪些地方做得好，并清楚地了解差距与缺点在哪里。如果面谈对象对绩效评价结果有不满或质疑的地方，可以向主管领导进行申辩或解释。唯有如此，绩效评价结果的反馈才能够具体、准确、透明、公平，真正取得实效。

2. 互动原则

面谈是一种双向的沟通，为了获得对方的真实想法，主管人员应当鼓励面谈对象多说话，充分表达自己的观点。由于职位和沟通角色的差异，主管人员常常处于发话、下指令的位置，下属只是被动地接受。然而，管理者所得到的信息不一定就是真实情况，因此应当允许下属针对模糊或疑惑之处进行询问和辩解，上级不应打断与压制，对下属提出的好建议应该充分肯定，也要坦诚承认自己有待改进的地方，从而促进双方共同进步。

3. 基于工作原则

绩效反馈面谈所涉及的是评价对象的实际绩效，即具体工作是怎么做的、采取了哪些行动与措施、效果如何等等。因此，主管人员在进行绩效面谈时必须以此为基础，而不应根据自己的主观臆测和随意猜想来下结论、做判断。在明确客观事实的基础上，面谈双方才能够根据绩效评价结果展开深入的分析和讨论，达到绩效反馈面谈的目标。

4. 相互信任原则

没有信任，就没有交流，缺乏信任的面谈会使双方感到紧张、急促，充满冷漠和抵触情绪。绩效反馈面谈应是一个双方沟通的过程，沟通要想顺利地进行，最终促进双方的相互理解和共识的达成，就必须营造一种相互信任的良好氛围。

6.2.2 政府绩效反馈面谈的实施

1. 政府绩效反馈面谈的前期准备

为了充分实现政府绩效反馈面谈的目的，面谈双方都应该做好充分的准备，需要事先安排的事项主要包括以下几方面。

(1) 选择合适的面谈时间。

政府绩效反馈面谈时间的选择对最终的绩效反馈效果有很大影响，应该根据工作安排确定一个面谈双方都有空闲的时间。尽量不要将绩效反馈面谈安排在接近上下班的时间。除非能够得到评价对象的充分认同，否则不要试图利用非工作时间进行绩效面谈。另外，确定的时间并不只是一个时间点，而应当是安排一个合适的时间段，其长短要适宜。时间过长会引起疲倦、注意力不集中，从而增加信息交流的误差，难以把握谈话要点；时间过短则会由于信息没有被充分完全地传递而达不到沟通的目的，面谈势必难以深入，刚刚进入状态就草草收场会使面谈流于形式。

（2）选择合适的面谈地点和环境。

地点和环境是影响绩效反馈面谈效果的另一个影响因素。一般来说，在办公环境下，主要的面谈地点有管理者的办公室、会议室、接待室，其中小型会议室或接待室是比较理想的选择。当然，现实中往往由于条件所限，管理者的办公室成为最常见的选择。但是在办公室进行绩效反馈面谈，务必确保面谈不被干扰或者中途打断，管理者最好能够拒绝接听任何电话，停止接待来访的客人。面谈的场所最好是封闭的。

管理者还应该注意安排好双方在面谈时的空间距离和位置。图 6－1 展示了在办公室环境下常见的面谈距离和位置关系。不同的位置关系往往营造出不同的面谈氛围。

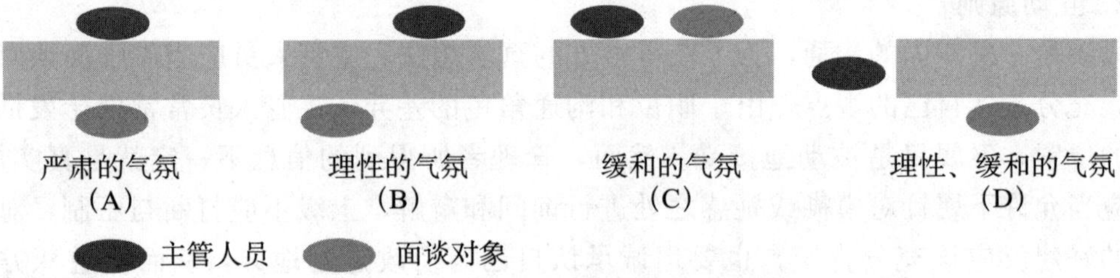

图 6－1　绩效反馈面谈的位置与距离

面谈双方的距离要适当，距离太远会影响信息传递的效果，而距离太近又会使交谈双方感到压抑。比如图 6－1（B）的这个距离就会由于距离过远，造成缺乏亲密感的不良结果。与图 6－1（B）相对应的是图 6－1（C），这种距离可能拉近双方的心理距离，在和缓的气氛中谈论个人的工作问题，但是有相当一部分人不能接受这种过于亲密的方式，这种气氛会令他们感到不自在，甚至是尴尬。

从位置上来讲，图 6－1（A）中那种面对面的方式是效果最不好的，因为面谈的双方相互直视，容易给面谈对象造成心理压力，这种严肃的气氛不适合绩效反馈这样沟通式的面谈，后三幅图上所显示的位置就避免了双方总是直视的尴尬局面。图 6－1（B）中的这种方式，双方可以根据情况选择是互相对视或者调整视线。图 6－1（C）的情况则是图 6－1（A）的反例，这种位置的不足在于不利于观察对方的表情。综合考虑以上各种位置，我们认为图 6－1（D）表示的双方位置和距离最适于绩效反馈面谈。管理者和面谈对象呈一定的角度（在方桌的情况下呈 90 度角）而坐，能够避免目光的直视，缓和心理紧张，给面谈对象一种平等、轻松的感觉，同时也有利于观察和接受对方表达的信息，营造出理性、缓和的沟通氛围。

（3）收集整理面谈所需的信息资料。

管理者和面谈对象都要收集和整理日常积累的有关绩效的各种信息。绩效反馈面谈之前，管理者必须准备好并且熟悉面谈所需的资料，这些资料主要包括绩效评价表格、工作情况的记录和总结、该绩效周期的绩效计划、绩效评价结果以及评价对象的基本信息。在面谈的过程中，面谈对象往往会根据自己的实际情况陈述整个周期的工作情况，因此也应该充分收集整理一些能够表明自己绩效状况的事实依据等，另外还可以准备一些与绩效管理有关的问题，在面谈中向管理人员提问和咨询。

2．政府绩效反馈面谈过程的设计

事先设计一个完整而合理的绩效面谈过程是成功实施绩效反馈面谈的保证。在进行面谈前，政府绩效管理部门可能会提供一个面谈用的提纲，但是具体进行面谈的管理人员要在面谈提纲的基础上对面谈的内容进行详细的计划。政府绩效反馈面谈过程的设计可从以下几方面入手。

（1）根据具体情况进行开场白。

政府绩效反馈面谈中，管理人员可以从一个轻松的话题入手，帮助面谈对象放松心情，以便其在接下来的面谈中更好地阐明自己的看法。当然，如果面谈对象能够很好地了解面谈的目的，并为面谈做好了充分的准备，那么开门见山也许是更好的选择。

（2）明确面谈目的与预期效果。

在进行面谈之前，管理人员首先要清楚通过这次面谈要达到什么样的效果，期望的效果可以是就如何改进绩效等内容达成共识，并在下一个绩效周期成功实现改进的计划；也可以是通过面谈表达对面谈对象的信任并期望其保持目前好的绩效水平；还可以是使面谈对象接受更高的绩效目标或标准，促进其绩效水平的不断提升；等等。针对不同的面谈目的，应采取不同的面谈方式，这样才能收到良好的面谈效果。

（3）确定面谈顺序。

在明确了面谈的主要目的之后，就要确定面谈的顺序，也就是先谈什么，后谈什么。首先要列出评价对象的所有关键工作事项，然后分别根据重要性、有效性以及初步评价结果对这些工作事项进行排列，最后综合以上因素确定面谈顺序。一般而言，需要考虑到评价对象的心理承受能力，先谈表现好的工作事项，之后再谈有待改进的地方。还可以按照工作事项的重要性，先谈重要的，后谈次要的，最后谈不重要的。这样逐项进行沟通，双方意见一致就进入下一个项目，如果双方的意见不一致，就要经过讨论争取达成一致，如果实在无法达成一致，可以暂时搁置。

当然这种逐项进行的方式并不是唯一的选择，比如有的管理人员会先让面谈对象叙述自己的工作表现并做出评价，管理者再表达自己的意见。无论采取什么方式，管理者都应该耐心听取面谈对象的意见，看他们是否有不同的看法。建设性沟通技巧对于帮助管理者更好地实现绩效反馈面谈的目的具有促进作用。

3．分析和诊断绩效问题

绩效的多维性、多因性和动态性等特征使得影响最终绩效结果的因素有很多，因此应当从多方面查找导致最终绩效结果的真正原因。对于公务员个人绩效而言，管理者可从以下几个方面进行分析：

知识：是否具备完成任务的知识和经验？

技能：是否掌握了应用知识和经验的技能？

态度：对工作的态度是否端正？

激励机制：激励政策是否影响了公务员的积极性？

资源：是否由于缺乏资源导致最终的不良绩效？

流程：组织的流程是否影响高绩效的实现？

组织氛围：组织的人际关系、气氛等是否不利于完成绩效目标？

外部障碍：是否存在影响绩效的外部不可控因素？

…………

管理人员只有清楚地分析了这些影响因素后，才能对绩效结果有一个客观的认识和诊断，找出导致绩效不佳的真正原因，并在此基础上与面谈对象达成共识，制订解决问题的最终方案。

4．确定解决问题的方法

一旦弄清楚导致绩效差距的原因，接下来就要寻求解决问题的办法以纠正偏差并改进绩效。针对不同的问题应有相应的解决方案。以公务员个人绩效为例，如果是该公务员缺乏知识与技能导致的不良绩效，可以通过培训等方式使公务员掌握工作所需的知识与技能。对于目标不合理、资源匮乏等导致的绩效问题就需要尽量合理地设计目标与分配资源，或者进行必要的职位调整。态度问题是非常重要的而且是必须要解决的关键问题，必须端正公务员的工作态度，建立一套有效的激励约束机制，充分调动组织中公务员的工作积极性，否则任何工作都无法顺利进行。对于外部环境中的不可控因素，管理人员只能在职权范围内尽量排除或减少其负面影响，以最大限度地消除外部障碍。

6.2.3 政府绩效反馈面谈过程中应该注意的问题

政府绩效反馈面谈是一个双向沟通的过程。管理人员只有获得面谈对象的认可与信任，才能够与其达成共识。因此，掌控反馈面谈的过程非常重要，管理人员在面谈中应该注意以下几个方面。

1．“开始” 并不是无关紧要的

许多管理人员并没有认识到开始时谈话的重要性，急于切入主题而忽略讨论方式是“通病”，实际上最初的几分钟谈话往往决定了面谈成功与否。因此，在设计面谈计划时，应该设计好开场白，用简单有效的语言明确本次面谈所要达到的真正目的。

2．及时调整反馈的方式

好的计划并非在任何时候都能派上用场，但是根据情况的变化及时调整是永远正确的。政府绩效反馈面谈中常见的反馈方式主要有指示型、指导型和授权型。指示型是比较传统的反馈模式，有时管理人员急于解决问题，或者把自己看做权威并主张控制，就会采取指示型的反馈方式。与指示型相比，指导型和授权型需要更多的面谈时间。指导型是一种教与问相结合的方式，管理人员向面谈对象解释评价结果并询问其想法，并在适当的时机纠正其错误的思想。授权型方式以面谈对象陈述和回答为主，以解释和纠正为辅，管理人员实际上主要起引导作用。

3．多强调进步与优点

政府绩效反馈面谈往往不受欢迎的一个重要原因在于：面谈中难免要谈论面谈对象在上一阶段工作中的失误，可能会挫伤其自尊心，而鼓励与表扬则是赢得其合作的有效方法。只有充分地激励，才能够有效实现政府绩效反馈面谈的目的。因此，在面谈时应将批评与表扬结合起来，评价对象绩效完成较好的地方不能一带而过，而应当花一些时间进行讨论，赞扬不仅可以使面谈对象保持好的工作作风，还具有一定的激励作用。对于绩效不良的方面也不能一味批评，而应当肯定其努力与贡献，这样会使面谈对象更容易接受和理解。

4. 注意倾听

政府绩效反馈面谈是一个双向沟通的过程，必须让面谈对象有充分表达自己观点的机会。有效的沟通不能忽略倾听的重要性，倾听有助于全面地了解情况，印证或改变管理人员自己的看法。保持讲述与倾听之间的平衡是进行绩效反馈面谈的要义。管理人员在面谈时要学会倾听，鼓励面谈对象大胆说出自己的想法，在倾听中予以积极回应，不要轻易打断下属，更不要急于反驳。

5. 把重点放在解决问题上

管理人员在绩效反馈面谈时通常会犯的一个错误是，他们往往把绩效反馈面谈看成一个对绩效不良的单位或人员进行惩罚的机会，总是告诉这些人，他们的绩效是如何糟糕。这种做法只会伤害面谈对象的自尊或强化他们的抵触情绪，不利于绩效改善。因此，管理人员必须努力寻找不良绩效的真正原因，采取解决问题的态度来进行绩效反馈。

6. 将绩效反馈集中在行为或结果而不是人的身上

在进行绩效反馈面谈时，需要把握好“对事不对人”的原则，将面谈集中在绩效结果本身或导致结果产生的原因上，而不应讨论面谈对象个人的性格，性格特点本身不应作为评价绩效的依据。否则，既偏离了绩效反馈面谈的主要目的，又伤害了面谈对象，从而影响绩效反馈面谈的最终效果。

7. 坦诚与平等应该贯穿面谈的始终

由于绩效评价的结果涉及薪酬、晋升等比较敏感的问题，管理人员可能担心影响双方的“非正式关系”，以致影响自己今后工作的开展，因而难以启齿，但是这种回避的方式并不能解决任何问题，最好的做法就是坦诚相见，直接向面谈对象展示评价结果。同时，管理人员在发现问题或认识出现偏差时，应当坦率地承认，这种态度将会有助于与面谈对象进行深入沟通并解决问题。

8. 避免冲突与对抗

冲突与对抗可能彻底摧毁面谈对象对管理人员的信任，导致其产生抵触情绪，双方一旦产生隔阂，问题就不仅仅是一次面谈的失败，很可能会影响今后的工作。因此，当面谈中出现不同意见时，管理人员不能用领导的权威对面谈对象进行压制，而应就有不同见解的问题与面谈对象进行耐心的沟通，争取得到理解，同时要站在对方的立场，设身处地为其着想，争取在平和的氛围中就争议问题达成共识。

9. 形成书面记录并确定改进计划

面谈双方就上一期绩效结果达成共识之后，还需要共同探讨下一步的改进措施，并形成书面记录。面谈结束之后，一定要形成双方认可的备忘录，就面谈结果达成共识，对暂时还存有异议的问题，可以约好下次面谈的时间，就相应问题进行二次面谈。这样一方面能够让面谈对象感到他的看法受到了重视，另一方面能够避免因遗忘而带来的问题。最后，应以鼓励的话语结束面谈，强化对面谈对象的激励效果。

6.3 政府绩效申诉

政府绩效评价会受到评价标准模糊不清、评价主体有个人偏见、绩效信息收集不准确等因素的影响，因此评价结果可能存在不准确的情况，如果管理不善，绩效评价的可靠性和权威性就会受到影响。为了尽可能避免这种状况的出现，有必要建立科学的绩效申诉与争议处理制度，当评价对象对评价结果存在异议时，可以通过正式途径进行申诉，争取自身的权益，同时提高绩效评价的公平性。所谓政府绩效申诉，是指若评价对象对评价结果持有异议，依照法律、法规或规章向有权受理申诉的机关提起申诉申请，受理部门依照规定的程序对相应的绩效评价过程和结果进行审查、调查并提出解决办法的过程。在国外的政府绩效评价体系中，绩效申诉与争议处理早已成为整个绩效管理体系中不可或缺的重要环节，很多国家都通过立法或制度化的方式加以规范。在我国，政府绩效评价申诉机制的建立和完善还需要一个过程，如何建立评价对象的申诉通道、提高绩效评价争议处理的效果，还需要结合我国具体国情进行探索。

6.3.1 政府绩效申诉实施的必要性

绩效申诉对于政府绩效管理具有十分积极的意义，不仅有利于绩效结果的公平性，而且对规范政府行为、防止权力滥用等也具有显著效果，其必要性主要体现在以下几个方面：

1. 政府绩效申诉有利于提高政府绩效评价的公平性

政府绩效申诉作为纠错机制，可以通过申诉程序，启动相应的调查，对评价中的问题进行裁决，纠正评价中的错误，消除评价对象的不满，保障评价的顺利进行，促进评价的公平与公正。政府管理活动极为复杂，要对其进行评价并确保较高的信度和效度并不容易；另外，包括社会公众、同级相关部门以及下级部门等在内的多元评价主体可能对被评价单位专业性较强的业务工作不是很了解。这两方面因素均可能导致政府绩效评价过程出现偏差，评价结论失实或不准确。由于评价对象对其工作内容最为了解，掌握的信息也最为全面，通过接受评价对象的申诉意见可以进一步获取评价信息，从而使绩效评价信息更翔实。

2. 政府绩效申诉有利于防止评价主体滥用权力

在政府绩效评价过程中，评价主体可能会出现滥用权力的情况。一种情况是评价主体不负责任，对绩效评价不够重视，对评价对象进行随意而不是基于客观事实的评价，影响评价结果的客观公正性；另一种情况是评价主体受不正当动机和目的的支配，致使评价背离正确目的和正当利益，在评价过程中出现营私舞弊、打击报复等不正当行为。通过政府绩效申诉，可以为这些错误行为提供纠错机制，由评价对象将上述问题反映到政府绩效申诉的主管部门，相关部门一经查实，在纠正绩效评价结果的同时，还要严惩权力滥用者，避免类似情况再次发生，从而有效规范和制约评价主体的行为。

3. 政府绩效申诉有利于增强评价对象对政府绩效评价的信任感

如果绩效评价存在不公正或腐败现象使评价对象遭到“不公正待遇”并且无处申诉，评价对象就会对评价主体失去信任，进而导致对政府绩效评价工作不信任。相反，如果政府绩效评价体系拥有通畅的申诉通道和规范的申诉机制，即使评价体系和评价过程中存在一定的问题，评价对象仍然具有纠错的机会，因此他们相信政府绩效评价总体而言是公正公平的，愿意积极参与政府绩效评价，并乐于接受绩效评价结果，增强对政府绩效评价的信任感。

4. 政府绩效申诉能够保证评价结果的有效运用

作为一种管理手段，绩效评价的目的在于提高政府管理水平，因此评价结果还要进一步运用到完善工作中去。绩效评价结果被运用于改进政府工作的一个前提条件是评价结果要得到评价对象的理解和接受。如果评价结果不正确，却被运用到工作中，就只会使工作变得越来越糟，无法实现提高管理水平的目的。如果评价结果不被评价对象理解和接受，评价对象就可能只做表面文章，或者无法正确地将评价结果运用到工作中去，当然也不可能提高管理水平。评价对象的绩效申诉有助于了解评价事项的前因后果，有助于评价双方彼此沟通，由此得出双方均认可的评价结论，这就能让评价对象愿意接受评价结果并采取切实措施改进绩效。

6.3.2 政府绩效申诉体系的构建

政府绩效申诉体系的构建是一个系统工程，具体而言，包括确定申诉参与方、界定申诉范围、明确申诉管辖权和设计申诉程序等环节。

1. 确定申诉参与方

申诉参与方主要包括申诉方、被申诉方以及申诉管理机构。（1）申诉方。申诉方是指对评价结果持有异议，依据相关法律法规的规定以单位或个人名义向申诉机关提起申诉的组织或人员。简单地说，申诉方就是对评价主体的评价结果不服而提起申诉的评价对象。（2）被申诉方。被申诉方是指评价对象就评价争议案件提起申诉的组织，也就是评价主体。被申诉方是多元化的，主要包括评价对象的上、下级组织和同级组织等。公众虽然也是评价主体，但不能成为被申诉方，因为公众较分散且人数众多，无法确定被申诉方。公民评议政府绩效得出诸如民意测验等形式的评价结果，若评价对象对公民评议结果不认可，不能借助申诉机制，但可通过网络等手段向公众澄清情况，获得公众的理解与支持。（3）申诉管理机构。申诉管理机构是指受理申诉方进行绩效申诉的机构或部门，一般而言，该机构的职能由政府绩效管理机构承担，因为该机构全面负责政府绩效评价的各项工作，当评价对象对评价结果表达异议时，理应予以解决。此外，权威的第三方机构也可以作为绩效申诉的管理机构，因为这类机构立场中立、行事客观，但是由于职能权限和信息障碍等方面的限制，会加大其受理申诉工作的难度。

2. 界定申诉范围

申诉范围是指申诉管理机构接受评价争议案件的范围。它涉及评价对象合法权益的保障程度，也涉及申诉申请的管辖权限。评价对象可提起申诉的事项至少包括以下几方面：（1）评价结果。评价结果可用于对评价对象的奖惩，用于指导评价对象以后的工作，是绩效评价中相当重要的一部分。由于评价结果正确与否关系到评价对象的利益，影响到政府工作的改进，因此，评价对象对评价结果持有异议的，应当允许提起申诉。（2）评价程序。评价程序科学与否影响到评价结论的正确性，并可能影响到评价对象的利益。因此，如果评价对象认为评价主体没有按照科学的或法定的程序进行评价，有权提起申诉。（3）评价方法。评价方法的选择依赖于具体的绩效指标，如果选择的评价方法不妥，就会影响评价结果的准确性。同时，不同评价主体在采用的评价方法上可能出现差异，从而出现使用不同衡量尺度评价同一个评价对象的情况，进而导致评价结果有所不同。因此，如果评价对象认为评价主体所用的评价方法不科学或不符合本部门的实际，可以向申诉管理机构提起申诉。（4）评价指标。与评价方法一样，由于政府部门工作的特性，并不是每个部门都适用同样的评价指标，因此，如果评价对象认为评价主体所用的评价指标不科学或不符合本部门的实际，可提起申诉。（5）评价信息。用于评价的信息正确与否、真实与否关系到评价的准确性和可靠性，因此，如果评价对象认为评价主体用于评价的信息不真实、不可靠，可向申诉管理机构提起申诉。

3．明确申诉管辖权

申诉管辖是指有权受理评价申诉的组织接受申诉方的申诉请求，并收集资料审查评价行为本身，最后依法做出裁决，同时终结绩效评价申诉活动的行为，解决的是当评价对象对评价主体的评价质疑时应向谁提起申诉的问题。当评价对象对评价结果质疑时，如果评价主体是其上级、同级组织，评价对象可向与评价主体同级的申诉管理机构提起申诉。如果评价主体是其下级组织，评价对象应向与其同级的申诉管理机构提起申诉，以免上级组织利用自己的权力和地位优势影响申诉管理机构的裁决。如果评价对象是各级人民政府而评价主体是其下级组织时，评价对象应该向其上级政府的申诉管理机构提起申诉，而不能是同级的申诉管理机构。因为行政监察部门属于各级政府领导，向同级申诉管理机构申请，不利于做出公正的裁决。另外，当中央各部委是评价对象时，评价对象可向国务院行政监察部的申诉管理机构申诉。

4．设计申诉程序

申诉程序是申诉管理机构进行申诉时必须遵守的时间、步骤和方式等内容。科学、合理的程序是绩效申诉有序进行的保障，申诉管理机构应该按照法定的科学程序进行申诉的处理，以保证绩效申诉处理的公平、公正。科学的申诉程序应包括：（1）申请。当评价对象对评价结果产生质疑，向申诉管理机构申请时，就开始进入申诉程序。绩效评价申诉是依照“不告不理”原则，依申请而进行的，如果评价对象不提起申请，就不能进入申诉程序。（2）受理。申诉管理机构在接到评价对象的申请后，进行审查，看其是否符合申诉范围，是否符合受理的有关条件等，再决定是否受理。如符合条件，就应立案受理。（3）审理。绩效申诉受理后，申诉管理机构应调取相关证据，让申诉各方充分表达自己的意见和立场，围绕评价的问题展开辩论。（4）裁决。经过充分的论证和审查后，申诉管理机构应该以事实为根据做出公正的裁决，并将裁决结果送达申诉各方。（5）执行。绩效申诉结果裁决后，申诉各方应在法定期限内依法执行。申诉管理机构应加强对申诉处理决定执行情况的监督。对不履行或无正当理由拖延履行的，申诉管理机构应责令其限期履行。(6) 期限。科学的程序必须为各个步骤设置一定的处理期限，如立案期限、审理期限、送达期限、执行期限等，以提高绩效申诉处理的效率。

6.3.3 政府绩效申诉体系的保障机制

为了确保政府绩效申诉得到落实，切实成为保护评价对象利益、提高评价结果公平的有效手段，政府绩效申诉体系构建完毕后，还必须建立相应的保障机制。具体而言，可从以下几个方面着手。

1. 加强政府绩效申诉的制度化建设

政府绩效申诉制度是申诉的法律依据，是申诉有效进行的保障。要使政府绩效申诉发挥应有作用，首先就必须制定专门的绩效申诉制度，以便有法可依。政府绩效申诉制度可根据我国的《行政复议法》进行制定，使申诉处理的各项内容都有法可依，使申诉做到以事实为根据，以法律为准绳，保证申诉处理的公平与公正，调和申诉方与被申诉方之间的矛盾，保障绩效评价的顺利进行。

2. 明确申诉管理机构的职责权限

政府绩效申诉必须明确申诉管理机构相应的职责权限。当评价对象提出申诉时，申诉管理机构应该拥有要求相关评价主体和数据提供单位予以配合的权力；在发现评价结果有误时，申诉管理机构还必须具备依据客观事实修改评价结果的权力。只有这样，才能确保政府绩效申诉能够切实起到作用，否则申诉就只是空谈。

3. 保障评价对象的合法申诉权益

在政府绩效评价体系中，评价主体多为评价对象的上级、同级以及相关利益群体，评价对象在遭遇评价不公时可能会顾虑方方面面的压力而打消申诉的念头，被迫接受不公平的评价结果。因此，还需要建立申诉方的权益保护机制。具体而言，一是要尽可能地保护申诉方的隐私权，除非在特别必要的情况下，否则不要公开申诉方的申诉请求；二是要建立鼓励申诉的组织氛围，在鼓励评价对象认为评价结果有问题时及时提出申诉的同时，还要使评价主体认识到绩效申诉的重要意义，接受而不是抵制绩效申诉；三是要有效处理申诉案件，加强评价对象对申诉管理机构的信任感，提高申诉的权威性和影响力。只有评价对象的申诉权益得到有效保障，才能真正发挥绩效申诉的纠错作用，提高评价结果的准确性和公平性。

6.3.4 政府绩效申诉的基本原则

政府绩效评价申诉制度的基本原则是贯彻在政府绩效申诉过程中，对政府绩效申诉具有普遍指导意义的基本准则。它至少应包括以下四个方面：

(1) 合法原则。

政府绩效申诉必须是拥有相应权力的机关才能受理，在处理过程中应按照法定的程序进行；所做出的申诉决定必须以事实为根据，以法律为准绳。

（2）合理原则。

申诉管理机构应本着对申诉各方负责的态度，深入细致地查明与案件有关的事实，做出准确的认定；申诉管理机构做出的决定必须合理，不能徇私舞弊。

（3）公开原则。

在申诉过程中，申诉处理应尽量公开进行，以使各方了解有关情况，监督申诉处理，消除误解。所涉及的申诉信息，除法律规定保密的之外，应尽量公开。此外，申诉处理决定也必须公开，让申诉各方和公众知晓处理结果。

（4）及时原则。

政府绩效申诉作为一种有效的绩效改进手段，不能拖延推诿。这就要求政府绩效申诉的各个步骤都必须在限定的期限内完成，申诉管理机构要尽快完成对案件的审查，并及时做出处理决定。

6.4 政府绩效评价结果应用

在获取最终的绩效评价结果之后，我们还面临如何应用评价结果的问题。合理应用绩效评价结果是开展政府绩效评价工作的真正意义所在。政府绩效评价通过对评价对象的各方面工作进行评价，可以辨识孰优孰劣，为职务任免、奖罚和薪酬发放等提供必要依据。更重要的是，政府绩效评价结果可以帮助评价对象发现工作中存在的问题，为相关部门进行决策提供基本依据：（1）对于监管部门，可以作为改善监管的手段，将事后监管变为日常监督；（2）对于上级部门和组织部门，可以作为对相关责任人进行任免和奖惩的参考依据；（3）对于评价对象，可以作为发现问题、改进工作绩效的参考意见；（4）对于社会公众，可以作为加强社会舆论监督的手段。

6.4.1 用于绩效改进，提升政府绩效管理水平

政府绩效改进是指采取一系列行动以提高政府绩效的过程。具体步骤是，首先分析政府绩效的评价结果，找出政府绩效不佳的原因，然后针对存在的问题制订合理的绩效改进计划。政府绩效改进计划是根据政府绩效评价结果，着眼于改进绩效而制订的一系列具体行动方案，是绩效计划的有力补充，体现了绩效管理注重组织发展的核心思想。

1. 政府绩效改进计划的内容

政府绩效改进计划是经过充分讨论后，在管理人员的指导下，由评价对象自己制订的。在制订政府绩效改进计划时要注意确保实际性、时效性和明确性。政府绩效改进计划通常包括以下几方面内容：

（1）有待发展的项目。通常是指在工作的能力、方法、途径等维度有待提高的方面。这些有待发展的项目可能是现有水平不足的项目，也可能是现有水平尚可但有更高要求的项目。需要改善和提高的项目可能有很多，但不可能在短短的半年或一年时间内全面

得到改善和提高，所以在政府绩效改进计划中应选择那些迫切需要改进且易于改进的项目。

（2）发展这些项目的原因。把某些有待发展的项目列入政府绩效改进计划一定是有原因的。原因通常是实际绩效水平比较低，而完成工作任务或未来发展需要达到较高水平的绩效。

（3）目前的水平和期望达到的水平。绩效改进计划应该有明确清晰的目标，因此在制订政府绩效改进计划时应当指出有待发展的项目的目前绩效水平，以及期望达到的绩效水平。

（4）发展这些项目的方式。将某种有待发展的项目从目前水平提高到期望水平可能有多种方式，如自我学习、理论培训、研讨会等。对一个项目进行发展可以采用一种方式，也可以同时运用多种方式。

（5）设定达到目标的期限。任何目标的确定都必须有时限的要求，否则这一目标就没有实际意义。在政府绩效改进计划中，要确定经过多长时间才能将有待发展项目的绩效从目前水平提升到期望水平。

2. 政府绩效改进计划的制订步骤

在对政府绩效存在的问题进行诊断和分析之后，就进入制订绩效改进计划阶段。参照企业应用绩效改进计划的情况，政府绩效改进计划的制订通常有以下几个步骤。

（1）选择绩效改进要点。通过绩效评价结果分析环节，发现政府绩效需要改进的地方可能有很多，但最好选取一些重要且易做的工作率先开始进行。如果同时进行，很可能由于压力和难度过大而失败。这种情况下就存在挑选绩效改进要点的问题。就这一问题，国内外有许多研究，比如塞莫·勒维就提出了一种两维的选择方法（见表6-1）。实际上，选择绩效改进要点就是综合考虑每个拟选定项目所需的时间、资源和成本等因素，通常选择用时较短、资源花费少及成本低的项目。

表6-1　选择绩效改进要点的方法

绩效	不易改变	容易改变
急需改进	将其列入长期改进计划，或者与绩效薪酬一同进行	最先做
不急需改进	暂时不列入改进计划	第二选择（有助于其他困难的绩效改进）

（2）考虑解决问题的途径。经过对政府绩效的诊断和分析环节，选取了适当的绩效改进要点，并对影响绩效的因素有了比较清晰的认识后，就要考虑解决问题的途径。政府需要选择一个合适的路径去解决政府绩效存在的问题，这需要进行系统的分析。政府组织跟企业组织不同，它的每一项政策都将影响到相应利益相关群体，因此需要综合和全面考虑其相关政策的后续影响。

（3）制订绩效改进计划。绩效改进计划是关于改进现有绩效的计划。制订绩效改进计划实际上就是具体规划应该改进什么、应该做什么、由谁来做、何时做以及如何做的过程。对存在的问题提出有针对性的改进措施，措施应当尽量具体，除了确定每个改进项目的内容和实现手段，还需要确定每个改进项目的具体责任部门和所需时间，有时还可以说明需要的支持和资源。对特殊的问题还应提出分阶段的改进意见，使政府组织、职能部门和公务员实现逐步改进绩效的目的。

3. 制订和实施政府绩效改进计划需注意的问题

（1）政府绩效改进计划一定要有实际操作性，要有“行动步骤”。如果停留在理论上，绩效改进计划根本没有存在的必要。绩效改进计划一定要具有较强的指导作用，最好能具体到每一个详细的步骤。

（2）政府绩效改进计划要符合 SMART 原则。政府绩效改进计划是指导绩效改进实施的标准，因此要符合 SMART 原则，使其具备可操作性。这是制订任何一个方案都必须考虑的原则。

（3）政府绩效改进计划可以与绩效目标制定相结合，也可以独立制订，目的都是绩效水平的切实提高。绩效目标的范围较广，既包括以前做得好的日常工作内容，也包括需要提高的改进内容。与之相比，绩效改进计划虽然也是根据上一阶段绩效评价结果来制订的，但其更具针对性，主要是针对低水平的绩效状况来制订的。在实际工作中，由于时间等因素的限制，可以将制订绩效改进计划与绩效目标设置相结合，通过同一份计划反映绩效改进方案。

（4）政府绩效改进计划的形式可以多样，但关键是要控制过程，给评价对象以指导。任何方案都需要付诸实施，绩效改进工作可以有各种各样的计划，但是改进的过程只有一个。绩效改进能否成功，关键就在于是否能有效控制改进的过程。只有主管领导在绩效改进的过程中给予评价对象合理的指导和帮助，及时跟踪和修正改进方案，才能确保绩效改进效果的真正实现。

6.4.2 与其他管理措施相匹配，为管理决策提供基本依据

政府绩效评价结果的另一个重要作用就是与其他管理措施建立匹配关系，根据绩效目标的达成情况，为管理者提供决策依据。其中，与绩效管理联系最密切的主要有战略管理、预算管理以及人力资源管理等。

1. 为战略管理提供依据

传统的公共行政主要是内部取向，关注行政过程和日常管理，政府部门惯于墨守成规和照章办事，很少考虑组织的外部环境和长远发展，战略管理的意识十分淡薄。20 世纪 80 年代以后，公共管理的实践及环境发生了新变化，信息化和经济全球化导致政府部门外部环境的不确定性日益加大，公众的监督和舆论的批评使政府组织面临的压力不断变大。同时，随着各种政府改革运动的兴起，政府的职能、角色、地位、组织结构及其与社会的关系都发生了深刻的变化。任何政府组织都不能再像过去那样对自身的生存、发展和未来高枕无忧，组织必须认真考虑外部环境中的机会和威胁、组织内部的优势与劣势，为组织的长远目标和未来发展做好充分的准备。因此，寻找和确定组织的发展目标及实现路径，增强组织灵活性、能动性和适应性，提高组织核心竞争力，就成为新的管理环境下政府部门必须面对的任务。在这种背景下，在企业中盛行的战略管理思想由于很好地适应了新时期政府部门的现实与发展要求，逐渐成为政府部门新的关

注点。

近年来，政府部门越来越重视开发战略规划和相关的管理程序，以确保战略计划的执行和战略目标的实现。平衡计分卡的创始人罗伯特·卡普兰和戴维·诺顿曾指出，战略“如果不能被描述，就不能被衡量；如果不能被衡量，就不能被管理”①。也就是说，只有将战略进行清晰的描述和客观的衡量，才能实现战略的落实和有效执行。因此，很多政府部门根据战略目标和任务来确定成功的衡量标准，以保证其专注于优先事项，并跟踪战略聚焦领域的进展情况。绩效管理作为战略管理过程中十分重要的组成部分，在建立、执行及评价战略的过程中发挥着重要作用。在对政府绩效评价结果进行分析和总结之后，就可以清楚地发现政府绩效存在的问题，并为政府下一阶段的工作计划提供依据，帮助政府组织和部门把主要的资源集中到需要改进的工作上，从而为社会提供更加全面、质量更高的公共产品和服务。

2. 为预算管理提供依据

传统的预算管理属于“投入、产出、结果”的投入导向型预算管理模式，它将预算支出分为若干个专项经费，如人员经费、办公经费、建设和购置费等，实行专款专用。在传统预算模式下，政府只需对公共资源的使用负责，对预算执行过程的监控也着眼于投入方面，而预算投入所取得的结果并不会得到特别关注。因此，每一个支出部门、单位、项目的预算额度，每一笔预算资金的用途，都是根据一定的标准定额确定的，而且这些标准定额具有强制性。虽然这些标准定额有助于对预算支出进行控制，但是公共资源的使用产生了什么结果和效应，并不计算和评价。因此，传统预算强调的是服从而不是效益，在公共资源普遍稀缺的情况下，无法体现预算资金的使用效益。同时，这种投入导向型预算也可能导致各级政府在投入管理方面的过度集权，使部门对预算资金的运作和管理缺乏适当的自主性和灵活性。

20世纪70年代末至80年代以来，随着新公共管理运动在全球的迅速兴起和深入发展，绩效预算作为一种新的预算管理模式也随之走进了多个国家和地区。简言之，绩效预算是一种将预算与绩效相联系的预算编制系统，是一种追求效率的预算管理方式，它将公共资金的产出指标化，进行成本效益分析，并以此作为编制预算和分配资金的依据，其核心是强调公共支出管理中的预期目标以及目标与结果的结合，以形成一种新的行政预算管理方式。这种方式有利于提高财政资金使用的有效性和政府公共支出管理水平。绩效预算与传统预算相比，已经不再是一种单纯的预算管理制度，它与政府绩效管理制度和政府绩效评价体系紧密相关，并能够通过预算的具体实施有效推动政府绩效的改善和提升，因此，它更符合当代政府的特征和需求。绩效预算是一种既重视投入又重视产出的效益预算，将政府部门获得的预算资金与其工作成果紧密联系起来，并将绩效的评价结果作为预算部门增加或削减预算的主要依据。绩效预算的安排，不再是取决于各部门伸手要多少，而是取决于各部门的绩效水平，即绩效越好的单位，就越容易获得更多的预算，从而增强了政府部门使用预算资金的责任感，改变了以往不关注资金使用效益的错误做法，促使各部门合理、有效、节约地使用财政资金，有效制止浪费，实现财政

---

① 卡普兰，诺顿．战略地图：化无形资产为有形成果．广州：广东经济出版社，2005：14.

资金效益最大化。

3. 为人力资源管理提供依据

与人力资源管理决策相挂钩也是绩效结果应用的最为普遍的方式之一。具体而言，主要体现在以下三个方面：一是，作为晋升的依据。政府绩效作为衡量政府领导干部绩效的重要组成部分，能够有效体现领导干部的执政能力和管理水平，因此政府绩效往往作为衡量领导干部能力的重要标准，被用于领导干部选拔与晋升的评价体系。二是，作为奖惩的依据。根据政府绩效评价结果，可以判断相关责任主体的功过得失，并以此作为实施奖惩的主要依据。对于绩效优秀的部门和个人，应予以一定的表彰和奖励，从而形成积极的激励作用和榜样示范效应；对于绩效不佳者，则应采取相应的惩罚措施，达到奖优罚劣、激励进步的目的。三是，作为培训与开发的依据。绩效评价结果还能够使政府组织认识到自身工作中的不足之处，并据此采取有针对性的培训与开发措施，通过对这些缺点和不足予以弥补，实现绩效改进。

6.4.3 公示绩效评价结果，实现政府管理的透明化

在当今以经济市场化、政治民主法治化、文化多元化为时代标签以及整个世界日益信息化与全球化的现代社会，政府信息公开已成为信息化时代与互联网时代民主与法治建设的重要内容。建构并不断完善政府信息公开法律制度及相关配套制度是法治国家的重要标志。政务信息公开有利于增强公众对政府管理的认知与信任，有利于科学决策、民主决策，有效促进政府部门提高行政效率，巩固权力合法性基础。

政府绩效评价结果作为政府信息公开的重要组成部分，也受到了日益广泛的关注。将组织绩效结果传递给主管单位、相关部门以及利益相关者群体，不仅有利于政府工作的公开化、透明化，实现社会对政府工作的有效监督，而且可以使各方针对政府绩效中的缺陷和不足提出宝贵意见，有利于政府绩效的改进以及服务水平的提高。

政府绩效信息的公开方式涉及绩效信息向政府内部公开和向公众公开的具体方式。政府内部公开绩效信息的方式是内部公文，要考虑的主要问题是绩效信息内部的传递顺序。传统的信息传递方式是一种由上及下的方式，该方式的主要缺点是信息传递过程较长，影响了政府组织的灵活性。绩效信息还可以通过网络传播的方式在政府内部公开，该方式有利于绩效信息同时被政府组织的各层级人员掌握。政府绩效信息向公众公开的方式有以下三种：

（1）通过电子文本的形式在政府网络上公开。随着电子政务的普及，这种方式因节省费用和覆盖面较广而越来越受到欢迎。但是这一方式对那些缺乏基本的电脑操作技能的公众不利，公开的效果受到了限制。

（2）通过印刷品的形式供公众购买或阅览。这种方式的优点是对公众的技能要求比较低，与第一种方式相比其缺点是耗费较大，覆盖面有限。

（3）依据请求提供信息。在涉密内容例外的原则下，只要公众向政府组织提出请求，行政机关就向申请人公开电子或印刷品文件。与前两种方法相比其优点是目标受众明确，缺点是加大了行政机关的工作量。

此外，为了使政府绩效评价结果的公开切实成为推动政府改进效能和加强公众监督政府的有效方式，除了要将绩效信息公之于众，还应该通过加强对绩效信息的监管、开辟绩效信息反馈渠道等方式，强化绩效评价结果公开的实际效果。

本章小结

政府绩效反馈是政府绩效管理体系中不可或缺的重要环节之一，它是在政府绩效评价的基础上，通过报告、面谈等方式，使评价对象认识到自身绩效的优势与不足，以便进一步改进和提升绩效的过程。政府绩效反馈在评价主体与评价对象之间搭建了一个必要的沟通渠道，既是绩效沟通的主要形式，又是一种激励的重要手段。

政府绩效反馈面谈作为一种重要的政府绩效反馈形式，主要是指由上级与评价对象进行面对面沟通，以制订绩效改进计划的活动。在政府绩效管理体系中，根据评价对象的不同，反馈面谈双方也有所区别。一般而言，对于组织或部门层面的绩效反馈，反馈主体应为其相应的主管领导，面谈对象应为组织或部门的负责人或相关领导成员；而对于个体层面的绩效反馈，反馈主体应为其直接上级，而面谈对象则是公务员本人。通过这种面对面的沟通，绩效反馈面谈可以将评价结果更好地反馈给评价对象，使激励、奖惩和培训等功能得到更充分的发挥。但是，并不是任何形式的沟通都能起到良好的效果，如果把握不好，不仅不能发挥绩效反馈面谈应有的管理和激励功能，甚至还可能适得其反。因此，政府部门在实施绩效反馈面谈时，应遵循绩效反馈面谈的重要原则和注意事项，并做好充分的准备。

政府绩效评价会受到评价标准模糊不清、评价主体个人偏见、绩效信息收集不准确等因素的影响，因此评价结果可能存在不准确的情况，如果管理不善，绩效评价的可靠性和权威性就会受到影响。为了尽可能避免这种状况的出现，有必要建立科学的绩效申诉与争议处理制度。所谓政府绩效申诉，是指若评价对象对评价结果持有异议，依照法律、法规或规章向有权受理申诉的机关提起申诉申请，受理部门依照规定的程序对相应的绩效评价过程和结果进行审查、调查并提出解决办法的过程。通常，构建政府绩效申诉体系需要包括确定申诉参与方、界定申诉范围、明确申诉管辖权和设计申诉程序等具体环节。

关键术语

政府绩效反馈（government performance feedback）

360度反馈（360-degree feedback）

复习思考题

1. 谈谈你对360度反馈计划的理解。

2. 简述政府绩效申诉实施的必要性。
3. 试述政府绩效申诉体系的构建。
4. 阐述政府绩效评价结果应用的意义及作用。

第7章

政府绩效预算

政府绩效预算是基于结果取向的预算，它将市场经济的一些概念引入到公共管理中，旨在有效地降低政府提供公共产品和公共服务的成本，提高财政支出的利用效率。自20世纪40年代美国率先推出绩效预算以来，以加强绩效为取向的预算管理改革在各国不断推进。20世纪90年代后期，我国开始推行预算制度改革，具体包括部门预算、国库集中收付、政府采购、预算外资金等。但是由于起步较晚，我国的政府绩效预算还存在预算管理方式不科学、预算透明度较低、预算绩效评价不规范等问题。为了改善我国的政府绩效预算状况，深入推进我国预算体制改革，有必要系统了解政府绩效预算的相关理论知识。本章将从政府绩效预算的概念、发展、功能、流程、国外经验以及本土发展实际等方面进行介绍和阐释。

7.1 政府绩效预算概述

7.1.1 政府绩效预算的概念

政府绩效预算（government performance budgeting）是一个比较早的概念，最早出现于1907年美国纽约市政研究局提供的《改进管理控制计划》报告中，用于协助管理和调控。该报告强调“通过对已批准项目的管理，提高资源使用效率”。1950年美国对绩效预算给出以下定义：绩效预算是这样一种预算管理制度，它要求预算单位请求拨款时须明确阐述：（1）所要达到的目标；（2）为实现目标而拟订的支出计划需要花费的资源；（3）用哪些量化的指标来衡量其在实施计划支出过程中取得的成绩及工作完成情况。

世界银行专家沙利文认为：绩效预算是一种以目标为导向、以项目成本为衡量、以业绩评估为核心的一种预算体制。澳大利亚把绩效预算分成五个部分：一是政府要办的事，二是配置预算资源，三是以结果为中心制定绩效目标，四是评价目标实现状况的标准，五是评价绩效的指标体系。联合国技术合作促进发展部顾问彼得认为，绩效预算是这样的一种预算机制：在预算计划中，表明预算拨款的目的和目标，以及达到这些目标所需耗费的成本。他认为，绩效预算有以下五个基本要素：一是按细化的目标或作用将预算计划分项目排列；二是预算计划中表明每个项目在每个财年中所要达到的业绩目标；三是预算计划中清楚地陈列了每个项目的预算成本和预期收入；四是必须按预定指标测量与绩效拨款有关的产出和业绩，以衡量目标是否实现；五是使用结果数据作为绩效评估的依据，以确定实际的成本和业绩，从而提高国家财政资源的利用效率。

我国也有一些学者对政府绩效预算的概念发表了自己的看法。卓越认为，政府绩效预算是一种由预算主管机构或其他受委托机构对政府预算计划通过科学的评价体系进行成本-收益分析，据此分配财政资金的后果导向型预算模式。范柏乃认为，政府绩效预算是指政府和政府部门按所完成的各项职能进行预算，将政府预算建立在可衡量的绩效基础上，即干多少事拨多少钱。他认为，也可将绩效预算定义为：政府首先制定各部门有关的事业计划和工程项目，并在进行成本-收益分析与绩效评估的基础上确定实施方案所需要的支出费用，然后再来编制预算。贾康等认为，绩效预算首先是一种新式预算理念，它要求人们在编制预算时以机构绩效为依据，把拨款和要做的事情的结果联系起来，而且这种理念没有办法度量；其次，绩效预算又是绩效的预算，要从资金使用的角度去分别规划政府各个机构在单一预算年度内可能取得的绩效；最后，绩效预算是一种示意图，它体现的是以民为本的执政理念，预算资源的使用必须产生某种社会公众所需要的社会效益。总而言之，绩效预算是一种预算模式，包含理念和预算过程的重要变化，而预算编制方法的变化只是预算实现方式所采用的手段。王进杰认为，绩效预算的定义应该是一个历史的、动态的、多角度的和复杂的定义，不能仅从某一历史时期、某一角度静态地、片面地、机械地研究绩效预算。他认为，第一层面上绩效预算是一种新式的预算理念，是在现有法律框架和程序下，利用预算追求财政管理效率、效果和有效性的理念；第二层面上绩效预算是一种模式，以实现财政资源宏观控制、优化财政资源结构配置、高效率和有效使用财政资源的目标为导向，以项目成本为基础，以业绩评估为核心，以绩效分配为依据的一种预算模式；第三层面上绩效预算是多学科理论创新的制度载体，为实现第一层面的绩效预算理念和第二层面的模式提供支持；第四层面上是要考虑到不同层面绩效的含义，对不同阶段绩效预算进行界定，条目预算阶段追求节约和技术效率，项目预算阶段追求经济效率和技术效率，产出预算阶段关注效率和有效性，而结果预算阶段强调效率、有效性和资金价值。

总结起来，本书认为，政府绩效预算是指政府组织在制订各部门项目计划的基础上，通过成本-收益分析和绩效评价来分配政府财政资金的一种预算模式。政府绩效预算由绩、效和预算三个要素组成。其中，“绩”是指政府组织财政支出所要达到的目标，这些目标一般是可以量化和考核的；“效”是指政府组织具体目标的实际完成情况；“预算”则是指为了达成政府组织的具体目标所分配的财政资金，这是目标达成的重要基础保障。与传统的预算相比，政府绩效预算具有以下特点：

（1）政府绩效预算以绩效为核心。政府绩效预算是把市场经济的基本理念融入到管理当中，从而有效降低政府支出成本，提高财政支出的利用效率。政府绩效预算对于绩效的追求可以通过经济、效率和效能来衡量和体现，这也构成了政府预算绩效评价的核心内容。

（2）政府绩效预算强调结果导向。传统的政府预算是以投入为基础，重视财政的投入过程而非结果，考核也主要是以传统程序为导向的合规性考核。政府绩效预算则强调利用企业家精神改造政府，注重结果导向，要求赋予部门更多的灵活性，客观上对部门财务活动的合规性有更高的要求。

（3）政府绩效预算突出政府责任。责任制是政府绩效预算的一个显著特点，它不仅凸显了政府财政资金对效率、效益和效果的追求，同时也将财政支出与使用单位联系在了一起，在评估者和被评估者之间建立明确的责任关联，使公共资源从预算、执行以及最终结果都有人负责。政府绩效预算的目的也是通过对财政资金的有效利用，实现公共利益和公共价值的最大化，从而对纳税人负责。

7.1.2　政府绩效预算的发展

20世纪末期，我国财政改革的重点转到预算改革，在改革过程中借鉴和吸取了20世纪50年代以来西方国家的预算改革理念。政府绩效预算的发展过程可以被分为若干发展阶段①。在不同的发展时期，政府绩效预算经历了从关注投入到关注产出，再到关注结果的不断发展与变迁。

（1）排列预算（1921—1939年）。现代公共预算体制形成于19世纪，学术界普遍称之为传统预算模式。所谓的排列预算就是指政府机构根据每个项目的支出简单地进行资源配置，强调会计技术、办公室或计划运行所需要的人员和物品及其成本、各级政府渐进式的政策制定、管理和规划责任的分散，以及预算机构的信用职能。同时，排列预算还强调预算项目的技术性明细。这一阶段是严格的控制取向。在这种传统预算模式下，对于预算资金的要求是自下而上形成的，预算决策是按照基数加增长的模式做出的，资源配置以预算基数为基础，预算增量部分的决策主要取决于政治上的讨价还价。

（2）项目-绩效预算（1940—1964年）。项目-绩效预算比传统的绩效预算覆盖了更多的行政管理活动。在这种预算模式下，投入与产出都被考虑在内。项目-绩效预算强调根据活动而不是单一支出项目做出预算选择，在充分测量所有绩效项目相关成本的同时收集绩效测量的信息，并通过比较实际成本和绩效与计划水平偏离的绩效报告来评估资源使用效率，进而推动各个机构提高水平。在项目-绩效预算中，议会不再拨款给目标含糊不清的项目，而是为那些目标清楚的特定项目提供资金，同时会建立一个会计体系来追踪支出和绩效。将预算与绩效相挂钩，这也代表了政府预算职能应坚持的一种新理念：即预算不再只是控制支出的一种工具，也是实现公共目标的一种途径。

---

① 亨利．公共行政与公共事务：第8版．北京：中国人民大学出版社，2002：359.

（3）规划-项目预算（1965—1971年）。规划-项目预算源于20世纪60年代美国国防部的预算改革。1965年，美国联邦政府全面采用规划-项目预算。在70和80年代，规划-项目预算的影响逐渐超出美国，被越来越多的国家借鉴和使用。规划-项目预算不仅考虑到投入与产出，而且考虑到效果与备选方案。规划-项目预算是目标和政策取向的，它关注的重点是预算结果。对于规划-项目预算来说，投入和产出不再是预算关注的重心，而某一产出是否是社会所需要的才是决定是否提供相应财政资金的关键。因此，这种预算模式要求政府机构首先清楚地表述其可以测量的服务目标。

（4）目标预算（1972—1977年）。1954年，彼得·德鲁克出版了《管理的实践》一书，并正式提出了影响深远的目标管理这一概念，这也催生了一种新的预算模式——目标预算（BBO）。德鲁克认为，目标管理是一种程序或者过程，它使组织中的上下级一起协商，根据组织的使命确定一定时期内组织的总目标，由此决定上下级的责任和分目标，并把这些目标作为组织经营、评估和奖励的标准。当在预算系统中引入目标管理的思想时则可称为目标预算。与规划-项目预算重视投入、产出、效果与备选方案相比，目标预算在某种程度上是向绩效预算的回归，它虽然也重视产出、投入和效果，却并不一定重视备选方案。目标预算关注的是项目的效力，强调通过全面综合性的系统规划实现责任的逐级分担和目标的有效达成。

（5）零基预算（1978—1980年）。零基预算（zero-base budgeting，ZBB）模式由美国农业部于20世纪60年代首先开发出来，该预算模式试图通过取消预算基数来实现资源的优化配置。零基预算不用重视投入、产出以及效果的问题，而比较重视备选方案，其核心是按照项目优先顺序重新分配预算资金。零基预算主要包括五个步骤：1）确定决策单位及其目标与任务；2）决策单位的管理者根据已经确定的目标与任务，准备可供选择的决策方案；3）决策单位的管理者根据决策重要性或优先程度对所有决策方案进行排序；4）部门管理者、预算机构和政府首脑对决策方案进行逐级排序，最后由政府首脑在预算机构的帮助下将各个部门的排序合并成政府的一个总体排序；5）当所有的项目都按优先性进行排序之后，决策者就可以从序列中最优的项目开始分配资金，直到当年可供分配的资金分配完为止。

（6）目标基准预算（1981—1992年）。目标基准预算也称为目标预算（target budgeting）、封顶预算（fixed-ceiling budgeting）或自上而下预算（top-down budgeting），是一种面向机构的资源配置方法。在目标基准预算模式下，政府机构可以选择在中央设定的支出限额内完成目标任务的最有效方式。同时，各机构主管也必须在下一年度预算申请时，说明机构目标达成的进度。与零基预算相比，目标基准预算没有大量额外工作的零基预算成本，不需要检查所有的项目，也不需要给各式各样的预算提供备选方案。目标基准预算所依据的基准就是一个数据而已。目标基准预算是为了完成政府组织使命而编制的预算，政府的政策制定者更关注如何完成他们的使命，而非具体的产出或者备选方案。

（7）结果导向预算（1993年至今）。结果导向预算（budgeting for results）或者结果预算（results budgeting），也称为使命预算、企业家预算或者绩效为主的预算、新绩效预算。这种预算模式认为，产出不是预算资金支出的最终目的，预算的最终目的应该以结果为导向。结果导向预算具有以下三个特点：1）目标和总额上的集中控制。政策制定者一般只对支出目标和支出总量进行控制，并规定了这些资金的大致支出方向。2）手段分权。在政策制定者决定了大致的支出方向和支出总额后，管理者可以像商业部门的经理那样灵活地、创造性地根据环境的变化使用资金。3）对结果负责。在授予中低层管理者自由支出的权力之后，政策制定者希望他们所选择的项目能够有效率地完成，预期的结果能够实现。通常情况下，预算机构将与各支出部门签订绩效合同，列出该部门的目标，并将目标按重要性排列，然后明确测量这些目标是否实现了以结果为导向的绩效测量指标。与传统绩效预算强调预算的产出相比，结果导向预算更强调支出的最终结果。

7.1.3　政府绩效预算的功能

政府绩效预算是按照政府提供公共产品和公共服务的绩效表现情况分配财政资金的一种预算模式。与传统的预算模式相比，政府绩效预算由重视投入转为重视结果，并将结果作为确定政府支出的重要依据。政府绩效预算通过将市场经济的基本理念融入到公共管理实践当中，其具体功能主要表现在以下几个方面：

（1）实行政府绩效预算，有利于提高财政资金利用效率。在传统的预算模式下，政府预算的支出体系与资金使用脱节，很多部门一方面要求增加预算拨款，另一方面却存在大量的财政资金浪费和低效率的情况。政府绩效预算强调结果取向，关注财政支出所要达到的具体目标，要求政府预算拨款与预期绩效挂钩，这就使得政府组织既可以有效地控制预算支出规模，也可以更好地调动预算单位的积极性，提高财政资金的利用效率。

（2）实行政府绩效预算，有利于改进政府运行效率。政府绩效预算实际上是干多少事就拨多少钱的具体体现。政府向公共部门拨款是为了“购买”其服务，如果其服务达不到政府绩效预算的拨款要求，就得不到相应的财政拨款。将预算拨款与部门服务效果相挂钩，有利于改变政府的不作为或低效率状态。在政府绩效预算模式下，对公务员行为的评价由过去的法律和行政标准转向服务质量的业绩标准，那些不求有功但求无过的公务员不再被认为是好的公务员，那些具有创新精神并能够为大众提供更好公共服务的公务员将会更加受到尊重，从而能够最大限度地提高政府效能。

（3）实行政府绩效预算，有利于预防政府决策失误。近年来，我国不断推进政府预算改革，但缺乏对预算项目绩效的科学评价体系，导致预算项目的前期论证不充分，造成一定的损失。实行政府绩效预算，需要建立一套完整的政府绩效预算编制、执行和评价的体系，明确政府预算投入所要优先达到的绩效结果，从而有效预防决策失误。

（4）实行政府绩效预算，有利于提高公共服务质量。政府绩效预算的主旨是用企业家精神改造政府，把社会公众视为顾客，这就要求政府的一切活动都要从满足公民等利益相关者的需求出发。政府绩效预算要求支出机构必须确保实现某种社会所希望的预算结果。如果资金支出没有实现预期的结果，支出机构的负责人就要承担管理上的责任。因此，实行政府绩效预算，可以强化政府为公众服务的理念，使政府机关人员追求办事效果，激发政府组织的工作活力，使政府的行政变得更加务实有效，从而提升公众对政府的信任度。

7.2 政府绩效预算的流程

政府绩效预算是注重结果取向的一种预算模式，了解政府绩效预算的具体流程是实施政府绩效预算的前提和基础。结合西方国家政府绩效预算的实际经验，可以将其划分为政府绩效预算的编制、政府绩效预算的执行和政府绩效预算的评价三个阶段。

7.2.1 政府绩效预算的编制

政府绩效预算编制是政府绩效预算的首要环节，是实现政府绩效预算功能的重要前提。与传统预算编制相比，政府绩效预算编制更强调财政总额的控制、财政分配中项目对政策的响应性以及财政资源分配中的协调与制约。从各国实践来看，依据政府绩效管理与政府预算编制之间的关系，可以将政府绩效预算分为两类：一种是政府绩效管理和政府绩效预算编制之间没有直接联系，如美国、荷兰、澳大利亚等，这种模式赋予了政府部门更多的自主性和灵活性；另一种是政府绩效管理和政府绩效预算编制之间有着直接的联系，如新西兰，这种模式下的政府部门被赋予了更多的责任。基于更多的管理实践以及体制差异等因素，理论上并没有适合所有国家的政府绩效预算编制模式。

美国政府于 1949 年首次提出了绩效预算这一预算方法，政府绩效预算的编制逐步形成了较为系统的体系。根据《政府绩效与结果法案》和美国白宫管理和预算办公室（OMB）发布的预算指导，美国政府绩效预算的编制过程大致可以分为以下三个步骤。

第一，根据战略计划编制年度绩效计划。根据《政府绩效与结果法案》的规定，OMB 要求预算建议在分析、规划、评估和预算的基础上提出。因此，年度计划的制订必须与战略计划的目标相一致并能反映优先顺序安排。战略目标是对某一机构在特定时期内所需履行职责的表述，而战略计划是指以数量化信息来描述的战略目标，它是编制绩效预算的基础。年度计划是指根据主要的职能制订的年度活动计划，包括年度的项目活动及绩效目标。在绩效预算中，战略目标通过多个年度项目的执行来实现。

第二，根据绩效目标以金字塔形式逐层进行资源分配。OMB 在《预算指导》中强调："绩效预算在组织上类似目标金字塔，最上层是战略目标，在这一框架内，各部门应按绩效目标的层次来分配资源，资源应按完全成本来计算。"这就要求各政府部门的年度预算必须在战略目标指导下，按各项目在各年度的产出目标计划进行财政资源配置。OMB 要求各机构在进行资源配置时要涵盖延续性项目、应在本年度执行的已授权项目、因期满而在本年度减少的项目以及其他法律规定的财务责任等。在对各项目进行年度财政资源分配时又要根据项目的总资源约束，按各年度的具体任务和目标，考虑以往同类任务所需的人工、设备及效率，并估计采用现行方案和运用新技术的效率改善等情况来决定。财政资源配置的具体过程要求运用图形、表格和曲线分析等方法来支持或说明。

第三，按年度资源需求量和相关规定进行资金预算。年度资金预算是各部门所需财政资源的货币表现。OMB要求所有的资金预算必须在其提供的经济假设的基础上进行。在美国联邦政府部门预算中，人员费用主要根据各类人员的国家工资规定，并考虑雇用成本指数和本地工资率来决定。资本预算主要根据资本的单位成本，考虑价格指数的变化情况来决定。此外，OMB还要求各机构提供相关项目的单位成本信息，以反映产生特定成果的项目的平均成本。这类成本应按照固定要素和可变要素加以区分，从而能更清晰地显示出边际成本信息。

在以上工作的基础上，各政府部门根据项目、资源和基金账户分类，列出本部门的资金预算表，而后提交给OMB。不过，通常情况下，这个预算支出计划还要根据日后OMB确定的支出上限进行调整。

除美国政府以外，澳大利亚、新西兰等国家也制定了符合本国实际的政府绩效预算编制模式。总的来说，政府绩效预算关注更客观地评估部门支出取得的成效，更有约束力地管理公共部门，更高效率地配置资源，其编制流程如图7-1所示。

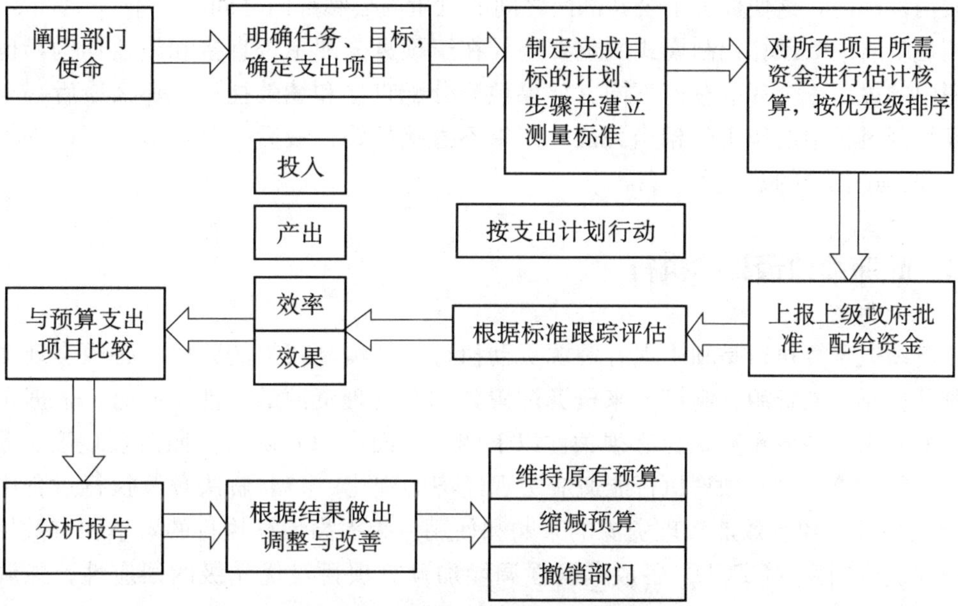

图7-1 政府绩效预算编制流程

资料来源：王进杰．政府绩效预算管理改革研究．北京：中国财政经济出版社，2009：49.

在这一过程中，需要重点把握以下几个关键环节：

1．明确任务、目标，确定支出项目

政府绩效预算突出结果导向，将财政资源分配与预期目标挂钩，所以在编制政府绩效预算时，需要首先明确政府组织在未来一定时期的发展目标，并将其作为分配财政资金的依据。美国在《政府绩效与结果法案》中将绩效评价制度在联邦政府层次上制度化。该法案要求联邦机构设置最高级别机构的目标，包括年度项目目标，表明它们打算如何达到这些目标，展示为实现这些目标它们如何衡量机构和项目业绩。部门在每一个预算年度开始时都要知道在这一年中要做什么事情，着重强调政府干什么而不是买什么。

2. 按支出计划行动

根据标准跟踪评估是绩效预算的中心内容。支出与其所服务的规划密切相连。根据总的工作规划，着重考核预算支出，使绩效评价渗透到政府的每一个部门。这些绩效考核措施既考核公共资金使用的最终效果，又考核为取得上述效果而开展的工作的情况。这主要是基于传统政府管理方式中的三个弱点：(1) 缺乏宏观的方向和目标；(2) 缺乏使地方政府的不同部门选定自己的目标、预想和工作标准的凝聚力和协调机制；(3) 没有整体的、有时甚至没有部门的信息管理系统来使高级管理人员了解谁做什么、以什么代价做以及有什么效果。

3. 根据评估结果进行责任和控制的考核，同时进行调整和改善

这是政府绩效预算对部门产生调控作用的重要环节。评价结果反映了部门预算支出后完成任务的情况：是否达到标准？公众是否满意？可做出哪些改进和调整？将实际的项目结果与之前确定的标准相比较，如果某些公共部门提供公共服务的情况无法令政府和公众满意，政府就会考虑将这部分公共服务的提供权出让给私人部门，政府从中退出，或者撤销该部门，这便促进了公共部门之间的竞争与公私部门之间的竞争。

两种政府绩效预算编制模式的重要差异在于预算分配是否直接和绩效挂钩，也就是流程图中的最后一个环节有何不同。如果预算分配直接和绩效挂钩，那么最后一个环节在预算编制过程中的作用就相当关键，如果不直接挂钩，最后一个环节就可以去掉，重点在于预算过程中的管理和改善。

7.2.2 政府绩效预算的执行

政府绩效预算执行是利用现有资源贯彻执行预算编制政策的阶段，必须实现绩效预算编制的控制公共资源、制订未来资源配置计划和管理资源的功能。同时，依据预算执行的一般要求，绩效预算执行必须关注以下四个方面：(1) 确保依照财政政策法令赋予的权限执行预算；(2) 预算执行能适应宏观经济的变化；(3) 解决预算执行过程中的问题；(4) 高效率和有效地管理资源的采购和使用。为提高预算执行的效率和有效性，经济合作与发展国家（OECD）各成员国强调增加预算项目对优先级的回应性、强调结果和产出控制、强调管理责任以及市场化方式的应用。

支出控制是预算的基本职能，随着经济社会的发展变化，政府绩效预算控制可以划分为三个主要阶段：通过中央机构对支出项目进行外部控制；通过支出部门对投入进行内部控制；对产出的管理及决策自由和责任[①]。OECD 成员国的经验表明，绩效预算控制改革的顺序是政府在对支出具有强有力的外部控制之后才转向内部控制，同样在内部控制成熟以后再强调产出和结果控制。普雷姆詹德（Premchand）将支出控制按职能类别分为政策控制、过程控制和效率控制。其中，政策控制指负责制定宏观经济战略和有关的综合指标，并且进行机构的改革重组；过程控制指履行法定职责，进行人事管理、

① 希克．当代公共支出管理方法．北京：经济管理出版社，2000：113.

政府采购、工程承包、项目招标及资金支付；效率控制指对最后获得的结果参照一定的标准进行评估。

1．外部控制

外部控制一直是预算控制的一种重要方法，具有三个基本特征：支出和控制被委托给两个部门，控制针对资金投入加以实施，控制是在资金支付之前实施。外部控制是在预算的投入方面实施的，并未涉及产出，而且对与产出有关的数据也没有进行系统的汇编。由于外部控制是对支出的事前控制，可以在整个支付系统应用，节约公共支出，并将那些决定支出的合法性和适当性的人与那些实际花费支出的人区分开来；它还可以对特定的交易进行准确的描述。艾伦认为预算外部控制一直被预算管理者使用，原因在于：一是政府预算职能相对简单；二是管理技术有限；三是信息成本过高；四是会计和行政制度落后。但是随着这些条件的变化，外部控制也逐渐失去了存在的理由，开始逐步向结果和产出控制转变。

外部控制是政策和过程控制。外部控制通过向支出部门强调政策规则和指令，对资金投入进行详细的控制，这就要求实际操作的管理者准备并实施详细的预算，根据行政事务规则雇用并监管人员，根据政府规定购买物品。他们还必须向有关机构定期汇报活动情况。许多发展中国家的预算改革主要集中在加强外部控制，以减少腐败。但是由于外部控制的程序烦琐，管理成本日益增加，而且出于政府组织对财政资金效率和有效性的追求，外部控制逐渐向内部控制和管理自主转变。

2．内部控制

内部控制赋予支出管理者一定权限，但仍然没有给予他们足够的自主权。首先，支出管理者必须按统一规定使用资金，削弱了管理者在实际运作中的决策自由；其次，管理者在做出关键性运作决议时仍然必须得到中央预算部门的批准。内部控制具有以下三个基本特征：一是内部控制意味着那些使用公共资金的人，要为确保其行为的合法性和适当性负责。在内部控制下，运作机构必须根据政府规定建立起标准的人事、采购和其他管理制度。二是内部控制仍然集中在投入上，但是管理者在采取行动之前不必获得外部同意。三是为了取代事先审计，政府转向了事后审计，并且不再审查所有的交易，而是采取抽查方式以确定运作是否合规。

内部控制主要使用政策控制和过程控制，既强调外部法律和规则的重要性，又给予支出部门一定权限，在资金的使用上关注在中央有关机构授权情况下，支出机构安排使用资金的合法性和合理性。尽管内部控制使管理者在运作中享有更大的决策自由，但仍要按统一的规定执行。在管理资源的过程中，管理者必须遵守政府的各类制度，必须根据事先规定的程序进行采购，必须遵守外部规则。

3．管理责任

与外部控制和内部控制相比，管理责任将控制的重点从投入转向了产出和结果，从管理者购买什么转向他们生产什么以及效果如何，通过赋予管理者广泛的决策自由来加强其责任。作为交换，管理责任使管理者对工作业绩负责。管理责任是政策控制和效率控制。管理责任主要从两个方面提高效率：一是制定产出和结果目标，使管理者对其服务数量、质量和及时性负责。管理效率通过优化产出来增加提高效率的机会。其次，使管理者享有运作决策方面的全部权利，可以运用专业技巧、判断力及掌握的信息来选择最有效率的投入组合，并且可以获得效率红利①。

管理责任如果要有效执行，最有效的方法是改革公共部门的责任关系。为达此目的，西方国家进行了长期的探索和实践，一般来说，采用管理责任制度的国家的模式分为以下几种：一是瑞典将数量众多、规模较小、行使政治和决策职能的部委与执行政府计划的机构分离，并明确二者之间的关系，强化责任机制；二是从20世纪80年代末开始，英国建立起130多个执行机构，每个机构都由一名得到任命的最高行政长官来领导，而且他们都根据一份说明机构可以自行处理什么事务以及对哪些问题负责的框架性文件开展工作；三是20世纪90年代，新西兰将大多数服务职能从政策建议机构中分离，引入了以预算为基础的产出制度，以及各种像合同一样的文件，这些文件对资源分配和产出进行了详细的说明；四是与其他国家相反，澳大利亚保留了综合性部门，但是已经在努力争取将资源分配和运作决策权下放到具体操作单位。

预算支出控制对实现绩效预算十分重要，但是在不同的发展阶段，需要选择合适的控制形式和类型。因此，在政府预算改革阶段，需要重点注意以下几个重要方面：（1）改革的顺序是从外部控制到内部控制再到管理责任阶段；（2）实现有效的控制需要建立有效的制度和制定明确的程序；（3）对于转型国家而言，可以通过外部控制合理化、培训管理技术和制定绩效衡量指标等方式加速改革进程；（4）管理责任要求下放管理权限，并将成本分配到活动当中；（5）管理责任要求重塑公共部门责任关系，引入契约模式；（6）管理责任要求管理者改革管理实践，引入市场竞争机制，强化市场信号；（7）建立有效的评估制度对管理责任的实现至关重要②。

7.2.3 政府绩效预算的评价

政府绩效预算评价是政府绩效预算管理的重要环节，也是难点所在。作为一种结果导向的预算模式，政府绩效预算评价就是判断政府绩效预算的执行结果是否与预期目标相一致。为了确保政府绩效预算评价的有效开展，有必要确立一套系统的绩效预算评价标准，而其核心就是确定政府绩效预算评价的指标体系。

1. 政府绩效预算指标的构建原则

政府绩效预算的目的是科学、合理地使用公共财政资金，提高财政资金的利用率和有效性。因此，政府绩效预算的指标构建也应该体现政府绩效预算的特点，坚持以下基本原则：

（1）全面性。政府绩效预算指标应全面反映政府部门预算支出的效益，一方面要全面反映政府部门预算执行的结果，包括政治、经济、社会、环境和文化等各个方面；另一方面要全面反映政府部门预算执行的即期效益，反映政府部门预算执行的未来效果。

（2）科学性。在确定政府绩效预算指标时，应坚持CREAM（clear，relevant，eco-

① 亚洲开发银行．政府支出管理．北京：人民出版社，2001：122.

② 夏先德，许正中．中国绩效预算模式设计研究．北京：中国财政经济出版社，2014：134-143.

nomic，adequate，monitorable）标准，即清晰的，精确而不含糊；相关的，对于目标而言是适当的；经济的，能以合理的成本获得需要的数据；充分的，指标本身或与其他指标组合起来，必须能为评价绩效提供基础；可监督的，指标本身经得起独立和详细的检查。

（3）系统性。政府绩效预算的指标设计应坚持系统性原则，做到四个结合。通过指标评估框架与专项指标结合，体现可比性与特殊性；通过外部相对人（社会公众）和内部相对人（服务机关内部人员）指标相结合，体现服务对象的差异性；通过定性指标与定量指标相结合，体现评价方法的立体性；通过效率指标与效益指标相结合，体现评价内容的全面性等。

（4）适应性。政府绩效预算指标必须与外在环境相适应。一般来说，这些外在要求大致分为以下五个基本要素，具体有：法律政策的要求、上级的要求、服务对象或社会群众的需求、前期目标的完成情况和政府的现状等。

（5）客观性。政府绩效预算指标的设计必须以客观事实为基础获得准确数据，作为计量和评价基础。

2. 政府绩效预算指标的具体类型

良好的绩效指标有助于改善政府组织的内部管理，增强政府组织的责任性和指引组织、员工的行为朝着正确的方向。鉴于政府行为结果的不确定和不易分辨性，政府绩效预算的执行结果往往不能用单一的指标进行有效衡量。一般而言，政府绩效预算的指标包括以下几种类型：

（1）投入指标。投入指标关注人员、设备和材料等的使用，经常用支出数量和人员时间来表达。投入指标主要表示提供公共物品和服务所使用的资源的经济性。当用产出或结果和投入的比率来表达时，投入指标就是为了衡量效率和成本有效性。

（2）产出指标。产出指项目或者活动生产的产品或者提供的服务。产出指标一般用来评价效率。效率一般用单位产出的人员数量或者消耗的人员时间来表示单位成本。例如，使用单位里程的维修时间，或者每公里道路修复到满意的条件下的成本等。生产率经常用来衡量产出对投入的比率。

（3）结果指标。结果指标对应于最终的政策目的，或者政策的合意结果，如改善偏僻地区的交通条件，降低特殊疾病的发病率等。

（4）中间结果指标。中间结果被期望可以带来最终的合意结果，但其本身并不是最终结果。例如在环保项目中，中间结果可以用通过的法律数量、改变企业行为的数量、减少危险性废物的数量来表示。

（5）过程指标。过程评价用于某些产出或者结果的绩效难以评价的领域以及单独评价存在自身价值的领域。例如在法律或政治领域，程序正当是公共治理的关键因素。通过测度投入和工作效率来提供工作负荷的指标，对衡量机构的技术效率是非常重要的。过程指标应包括项目中的工作数量，也应该包括那些没有完成但正在进行的工作。

（6）服务质量指标。政府绩效预算的指标还应包括服务质量，如服务供给的及时性、可获得性和便捷性、服务的精确度、服务态度、对潜在使用者提供充分的信息、机构设施使用的条件和安全以及消费者满意度等。

3. 政府绩效预算评价的实施

在确定政府绩效预算指标之后，为了确保政府绩效预算评价的顺利实施，需要进一步明确具体的实施步骤。结合政府绩效预算评价的实际情况，一般按照以下几个步骤展开：

（1）制订工作计划，确定主要目标。政府绩效预算是一种结果取向的预算模式，为了提高公共财政资金的利用率，必须在明确政府组织使命、核心价值观的前提下，制订明确的工作计划。工作计划一般包括两个部分：一是部门领导的责任陈述，表明本部门工作计划中的预期目标负责人。二是本部门的战略计划，提供了本部门的主要信息，明确了部门的业务职责以及未来发展方向。在制订工作计划后，需要制定相应的绩效目标，从而促进工作计划的顺利落实。各部门的工作目标是对组织目标的有效支撑，明确了各部门的发展方向，是预算投入所期望达到的预期结果。各个部门都应该在工作计划的指引下，确定部门的主要目标以及实现目标的具体行动方案，并将其作为财政资金分配的重要参考依据。

（2）结合部门目标，确定绩效指标。在确定政府部门的工作目标后，应在此基础上确定各目标的衡量指标，建立完善的政府绩效预算指标体系。绩效预算指标的具体设置，有助于理解机构或单位是否实现预期目标或目的，是否朝正确的方向努力。绩效预算指标一般应涉及投入、产出、结果和质量等类型，以利于对部门目标进行全面系统的评价。在确定绩效预算指标时，应当考虑指标数据的可获得性、数据收集的成本和时间等因素，还要合理确定指标体系的构成和权重。

（3）进行科学测算，确定绩效标准。绩效预算指标的标准描述了该指标需要完成到什么程度，反映了组织对该绩效指标的期望绩效水平。在确定绩效指标时，需要为每个指标确定相应的绩效标准，便于管理者在判断绩效预算完成情况时做出合理判断。绩效预算指标的标准应设置适当，如果标准过高，就容易让组织成员产生畏惧心理，降低其工作积极性；如果标准过低，就可能激励作用不足，难以充分发挥组织成员的工作才能。

（4）收集绩效信息，开展绩效评价。为了检验公共财政资金是否得到有效利用，政府绩效预算的预期结果是否有效达成，需要收集政府绩效信息，为政府绩效预算评价提供依据。绩效预算中的绩效信息指的是在绩效预算的实施过程中所使用的所有与绩效评价有关且有效的信息，包括未实施绩效评价时所收集的信息、经过绩效评价加工的信息以及评价之后的结果信息。绩效信息贯穿绩效预算的整个过程，是绩效评价主体进行价值判断的依据。

（5）形成评价结果，建立长效机制。通过收集绩效信息，并将其与绩效预算的预期结果相对比，就可以得出政府绩效预算的评价结果。其评价结果有以下重要作用：回应公民需求；有助于编制和调整预算；有助于资源分配决策；引发深度检测绩效问题以及纠正绩效问题；有助于管理人员持续改善绩效管理；制定和监督绩效协议；有助于更有效率地提供服务；支持战略和其他长期计划的制定；获得公众信任，更好地与公众交流。因此，为了充分发挥绩效预算的评价功能，还需要建立绩效预算评价的长效机制，激励组织对绩效评价产生持续性的需求。

7.3　政府绩效预算的国外实践

20 世纪 80 年代以来，美国、英国、澳大利亚、新西兰等国家开始进行结果导向的预算管理改革，实施政府绩效预算就是一种重要的改革举措。对西方发达国家政府绩效预算的发展情况进行比较研究，借鉴其有益经验和具体做法，对于构建一套适合我国国情的绩效预算管理体系具有重要的理论意义和现实意义。

7.3.1　美国的绩效预算

1. 美国绩效预算的发展历程

美国是世界上最早提出绩效预算并应用于管理实践的国家，经过多年的持续探索，已经形成了比较完备的绩效预算体系。1907 年，美国纽约市政研究局在《改进管理控制计划》的报告中体现了"绩效预算"理念的萌芽，推动了现代政府预算制度的建立。1921 年，美国实施了分项排列预算形式。1949 年，胡佛委员会提出在所有的联邦政府机构中引入绩效预算，明确提出基于政府职能、活动和项目所编的公共预算。但由于技术和政治方面的制约，绩效预算并没有得到普遍推广。20 世纪 60 年代，一种新的规划-项目-预算制度在美国国防部开始实施，并逐步推广。随后，这一预算模式又被 70 年代初的目标预算和 70 年代末的零基预算取代。20 世纪 90 年代，克林顿政府提出了"再造政府"的目标，成立了国家绩效评估委员会（NPR），并颁布了《政府绩效与结果法案》，将绩效管理和预算相联系，使得绩效预算改革进入了新阶段，即新绩效预算时代。到小布什政府时期，联邦政府管理进一步引入了私营部门的绩效管理理念，持续推行以绩效为导向的政府预算管理。奥巴马执政时，更加重视绩效信息的分析以及在管理决策中的应用，推出了联邦绩效管理新框架。政府重视绩效管理，推动了美国绩效预算的完善。

2. 美国绩效预算的主要内容

作为绩效预算的起源地，美国政府的预算管理比较完善，成立了完善的预算管理机构，建立了完备的法律制度框架，制定了明确的绩效评价方法，其主要内容如下：

(1) 成立了完善的预算管理机构。作为三权分立的联邦制国家，美国的预算管理也是由行政部门和立法部门相互制衡，形成了分权型管理模式。参与预算管理的主要部门或人员有总统、财政部、OMB 等。OMB 独立于财政部，直接向总统负责。财政部的工作主要是编制预算收入，并根据国会批准的预算筹集相应的资金。美国国会参众两院都有一套审核联邦预算编制的机构，包括拨款委员会、筹款委员会、预算委员会、国会预算办公室等。其中，国会预算办公室作为专业的、非党派的预算机构，为国会独立编制整套预算，提供客观、专业的预算分析供国会参考。美国地方政府则一般是由财政部门负责预算编制和执行，对当地议会或市长负责。

(2) 建立了完备的法律制度框架。1993 年，美国国会通过了《政府绩效与结果法案》，该法案规定，所有联邦政府机构必须根据部门使命提交战略规划，编制年度绩效计划，设立明确的绩效目标，使各部门预算安排与绩效目标相对应。法案的主要目的是通过设定财政支出绩效目标，编制绩效预算，提交绩效报告，对实际绩效结果与年度绩效目标进行比较，加强绩效评价，以强化预算责任，提高政府外部的产出绩效。2002 年，美国发布了《总统管理议程》和“预算与绩效一体化”倡议，将整合预算与绩效作为重点，要求提高项目绩效，对成功的项目给予更多的支持。该管理日程还确定了五项改革新动议：整合预算与绩效、加强人力资本方面的战略投资、在政府承担的某些工作中引进私人部门的竞争、提高财务绩效，以及加强电子政务建设。

（3）制定了明确的绩效评价方法。为了推动《总统管理议程》的有效实施，美国总统预算管理办公室制定了“红绿灯”评价标准体系，用来评价各部门预算项目绩效管理的情况。评价标准主要用“红”“黄”“绿”来表示，其中，“绿”代表成功，“黄”代表取得了一定进步，“红”表示失败。评价分为两个部分：一是现状评价，评价各部门执行改革动议的当前状态；二是进程评价，评价各部门实现目标的进展程度。评价结果会被制成“红绿灯等级评分卡”，它直观展示了各部门加强绩效管理的进展状况，有利于促进和激励部门改进工作。此外，为了加强预算项目绩效管理，美国总统预算管理办公室于 2002 年 5 月推出了“项目等级评价工具”（program assessment rating tool，PART）。PART 是一个诊断工具，类似于分析调查问卷，以 25 个基本问题为核心，从项目目标与设计、战略规划、项目管理、项目效果四个部分提问，对项目的目标、成效和责任等进行全面评价。在获取评价项目在这四个方面的具体信息后，分别按照 20%、10%、20%和 50%的权重，对每部分问题的回答加总计算为项目综合得分，转化为标准分值（0～100 分），然后，根据项目信息充分程度和综合得分的高低，项目分为“有效”（85～100 分）、“基本有效（70～84 分）”、“一般”（50～69 分）和“无效”（0～49 分）四个级别。

美国政府的绩效预算经过长期的不断探索，取得了相当大的成效，特别是 20 世纪 90 年代以来实施的新绩效预算改革，有效地减少了预算开支，提高了公共财政资金的利用效率，增强了政府部门的绩效观念，并显著提高了政府机构的绩效管理水平。

7.3.2 英国的绩效预算

1. 英国绩效预算的发展历程

英国是世界上较早进行政府绩效探索的国家，在政府绩效预算改革方面也积累了丰富经验。20 世纪 70 年代末 80 年代初，为了减轻财政压力，英国开展了强调市场导向和公众利益至上的政府行政改革运动，积极探索如何规范公共资金的使用，提高资金使用效率。1979 年，撒切尔夫人上台后，开展了一系列的政府绩效改革，如“雷纳评审计划”、“部长管理信息系统”、“财务管理新方案”以及“下一步行动方案”等，着眼于提高政府运行和支出效率。1991 年，梅杰担任首相后，先后开展了“公民宪章”运动和“竞争求质量”运动，使英国绩效改革以质量优先取代效率优先，实现了向质量、效果和公共服务转移。1997 年，布莱尔上台后，颁布了《综合支出审查法案》，要求对各公共部门预算和支出进行全面评审，并在此基础上建立起以后三年的支出计划，以提高公共支出的稳定性。同时，该法案要求各部门与财政部签订一份“公共服务协议”，以确定绩效目标，进行年度绩效评价，并向议会提交绩效评价报告。1999年，英国开展了“政府现代化运动”，并在地方政府层面引入最佳评价制度，倡导通过最佳评价体系来提高服务质量。2000年7月，英国议会正式颁布了《政府资源和账目法案》，将绩效预算的衡量建立在全面资源核算的基础上。近年来，英国政府还酝酿以“参与式预算”作为进一步提升财政绩效管理的突破点，通过公民参与决定地方财政资源配置。

2. 英国绩效预算的主要内容

英国政府预算改革始于1998年，随着预算改革的不断深入，实现了由过程导向向结果导向的逐步转变，并形成了较为完善的政府预算管理体系。

(1) 签订公共服务协议，明确政府责任。公共服务协议由责任条款、目标条款和如何完成目标三部分组成，分为具体清晰的目标、部门开支上限的确定、可评价的指标、改善部门提供服务的效率四个方面，明确规定了各部门的战略目标、绩效目标和具体的绩效指标。财政部对如何起草公共服务协议进行指导，其中，各部门的战略目标由财政部与各部门协商决定，其他内容主要由各部门负责制定。政府部门每年两次向议会提交绩效报告，包括春季提交的部门年度完成报告和秋季提交的秋季进程绩效报告。

(2) 实行分权化管理，提高部门灵活性。英国政府赋予部门和机构较大的自主权，在整年度内允许财政资金拨转，一个部门可以在一个拨款决议涉及的两个款项之间进行拨转，给地方政府更大的资源配置权。而且，英国的公共支出遵循支出管理者与决策者必须与支出的使用者绝对分离的管理原则。首先，议会管理所有的政府收支，税收和其他财政收入直接计入英格兰银行的国库账户，这一账户的所有提款均须经过议会批准；其次，皇家国库作为政府支出的管理者，对每一项提款均须报国家审计署，国家审计署确认同意提款计划后，皇家国库根据批文通知英格兰银行付款；最后，政府部门及其他各个机构是支出的管理者、决策者，其所拥有的各项支出都由公共会计出纳署经办，直接拨付给产品或劳务的提供者。

(3) 完善绩效评价体系，重视结果应用。为了全面衡量政府预算的支出效果，英国建立了四类指标体系：投入指标、产出指标、成果指标和效率指标。通过这四类指标的综合评价来判断部门绩效目标的达成情况。此外，英国政府还比较重视绩效评价结果的使用，其主要用于以下几个方面；一是作为调整政府长期经济目标和计划的依据；二是作为财政部对各部门制定以后年度预算的依据；三是作为议会和内阁对各部门行政问责的基础，推动政府责任的落实；四是面向议会和公众公开，接受外部监督，提高政府透明度。

(4) 开展绩效审计，强化绩效预算监督。绩效审计是绩效预算的重要内容，通过绩效审计可以准确了解各个部门预算支出所取得的实际效果。在英国，每一预算年度结束后，各部门根据各自预算执行情况，提交部门绩效报告，并由隶属于议会的国家审计署进行绩效审计。审计结果向议会公共账目委员会报告，并反馈给政府部门，同时也对外公布。

英国通过一系列的改革措施完善了政府绩效预算管理体系，提高了政府财政资金的利用效率。通过在政府部门引入市场竞争机制，英国成功度过了信任危机、财政危机和管理危机，提高了政府部门的行政效率，重新赢得了社会公众的信任。

7.3.3 澳大利亚的绩效预算

1. 澳大利亚绩效预算的发展历程

澳大利亚在20世纪70年代末就开始进行控制支出规模的各种改革，但直到90年代末，才明确进行以产出和结果为导向的绩效预算改革。20世纪80年代，为了减少中央对支出的控制，调动部门的积极性，澳大利亚采取了一系列预算改革举措，具体包括：重建政府支出审议委员会、制定四年中期预算、提倡项目管理和预算的原则、赋予部门管理者更多的自主权，以及进一步完善管理信息系统等。1996年，根据国家审计委员会的建议，澳大利亚政府开始在立法和行政领域进行改革，奠定了绩效预算的基本架构。1997年，澳大利亚政府颁布了《财政管理及问责法案》《联邦当局和公司法案》，修订了《审计长法案》，明确规定了部门负责人的财务管理责任和绩效管理责任，并开始推行以公共支出绩效评价为核心的预算改革。从1998年开始，除年度预算外，部门还要编制半年预算，并于年底向议会提交预算结果报告，报告预算绩效的情况。进入新世纪，联邦预算中引入权责发生制，使预算能反映政府活动的全部成本。此外，联邦政府还采取了一系列预算改革措施，建立了以产出和结果为导向的绩效预算模式。具体措施包括：预算拨款以结果为导向；引入绩效结果报告制度，规定各机构预算中必须有明确目标；下放更多权力，将预算编制权下放到各部门；进一步开展绩效审计，审计结果对议会负责等。

2. 澳大利亚绩效预算的主要内容

澳大利亚绩效预算以产出和结果为中心，以绩效目标为依据，以项目管理为重点，围绕公共支出绩效评价体系展开，侧重于控制政府支出规模，以提高政府公共管理的责任性以及公共支出的有效性。

（1）建立健全法律法规体系。为了确保财政资金使用的合法性，澳大利亚建立了较为健全的法律法规体系。1992年，《基于绩效的支付协议法案》将公共财政支付协议的出发点确定为项目可能达到的绩效，关注财政支出的结果。1997年，重新修订的《审计长法案》明确规定了审计署的绩效审计职责和内容。1988年，《预算报表诚信法》确定了合理财政的原则，规定了政府财政和经济展望报告的内容和形式，正式将权责发生制作为政府会计制度的基本准则。1999年，澳大利亚从财务管理方面对部门和政府公务人员的绩效职责进行了规定。此外，澳大利亚还逐步建立了财政信息公开制度、绩效责任制和规范的政府财务会计核算体系，为全面开展绩效管理工作奠定了良好的法律基础。

（2）强调部门的预算管理权责。澳大利亚预算管理部门确定战略计划、绩效目标、评价指标和预算规模，赋予部门预算管理自主权，以绩效目标为约束手段，强化部门绩效责任。财政部门和其他部门根据预算指导框架制定绩效目标。财政部门对部门预算规模进行总量控制，赋予部门预算资金的使用权，重点督促部门注重结果和目标，部门可以灵活地选择实现绩效目标的途径和行动方案。

（3）完善并有效实施绩效评价。首先，澳大利亚建立了完善的预算绩效指标体系。该指标体系一般由公平、效率和效果三个要素构成，设计时主要考虑数量、成本、质量和时效四方面因素。不仅关注政府履职的最终结果，而且关注业务流程、行动计划过程。其次，澳大利亚为了推动政府绩效改革，还实施了“一揽子评价计划”，对全国政府服务进行整体绩效评价，强调政府的整体服务情况和经济建设、社会发展的综合指标，从政府职能定位、公众满意度等方面对政府服务综合绩效进行考核，以提高预算执行过程中的政策有效性。澳大利亚还从 1993 年开始实行对单个项目的绩效评价，通过项目绩效评价，对资源分配、项目改进和项目责任做出评判，并提出建议。

（4）重视并深入应用绩效信息。澳大利亚高度重视绩效信息的使用，将其用于：加强内部管理，以发现项目设计和实施过程中的薄弱环节，并及时改进；优化资源配置，作为内阁、议会决定财政资源分配的重要依据；强化部门的公共责任，加强议会和社会公众的有效监督。为了提高绩效信息质量，澳大利亚制定了绩效信息管理的原则，要求绩效评价信息简明清晰、对内对外标准一致，易于收集、存储和管理，同时做到集中公开和不断改进，促进政府的政策执行。澳大利亚财政部在 2010 年发布的新绩效信息指南中规定，绩效指标数据应具有及时性、实用性、可比性、准确性和平衡性等特征，以保证绩效评价质量。

（5）强化预算监督和信息公开。澳大利亚十分重视政府信息公开工作，部门预算、决算及绩效审计必须公开。议会、审计署、财政部以及反对党、社会公众等都有权对预算和绩效情况进行监督。

澳大利亚自 20 世纪 70 年代以来推行的预算改革取得了明显成效。一方面有效地控制了公共财政支出规模，提高了资源配置的有效性，维护了国家财政稳定；另一方面提高了政府绩效管理水平，强化了政府部门的责任意识，改进了公共服务质量。

7.3.4　新西兰的绩效预算

1. 新西兰绩效预算的发展进程

20 世纪 80 年代末 90 年代初，新西兰开始进行政府预算改革，建立了结果导向的绩效预算模式。1988 年，《国家部门法案》正式颁布，该法案废除了公务员的终身制，明确了部长和首席行政长官之间的关系，部长对公共政策的制定（结果）负责，首席行政长官在部门的绩效（产出）上对部长负责。1989 年，新西兰出台了《公共财政法案》，将绩效预算作为公共领域改革的重要组成部分。该方案将预算的重点由投入转向了产出，推行以产出为核心的预算管理，要求所有的拨款都要和产出直接挂钩，提高机构对使用预算资源的责任感。同时，引入了权责发生制，赋予部门负责人更大的责任，规定了部门和政府的报告制度，建立了预算绩效评价信息系统。20 世纪末，预算与战略管理相结合成为新西兰预算改革的显著特点。1993 年，新西兰政府颁布了《通往 2010 之路》，提出了未来 20 年的政府发展规划。随后，国家服务委员会与总理和内阁一起提出了“战略结果领域”，把《通往 2010 之路》的长期规划和“关键结果领域”的年度绩效考核联系起来。从 2010 年底开始，新西兰政府要求各部门提供更有战略眼光、聚焦结果的预算管理规划报告，各部门要“为结果而管理”，为议会准备“绩效声明报告”，明确预期发展目标和具体举措，使绩效预算的目标和结果围绕政府的战略规划进行。

2. 新西兰绩效预算的主要做法

(1) 明确产出和结果的预算责任。新西兰预算改革的一个重要特点就是将对结果和产出的预算责任分开。根据《公共财政法案》的规定，部长对预算的结果（产出对公众的影响）负责，部门的首席行政长官只对产出的生产和供给负责，即他们只对生产和产出的数量、质量、成本，生产是否及时，供给的服务是否在地理上方便消费者等负责。也就是说，新西兰的预算改革只在政治层面上要求预算对二级结果负责，而不要求在管理层面上也做到这一点。在这种模式下，部长通常通过和各个部门签订“产出合同”的方式来确定他们与各个部门之间的责任关系。

(2) 结合战略管理确定优先性排序。新西兰的绩效预算要求政府建立最高层面的结果目标，这些结果目标需要与长远的战略目标相一致。政府需要说明广泛的战略优先顺序，具体包括战略结果领域、战略优先顺序和宏观目标、指导公共部门政策和绩效的关键性政府目标等。通过关键性领域的优先顺序，整个政府的总战略计划进一步被落实到各部门的战略计划。部门负责选择这些关键性领域的优先顺序，中央预算机构也在一定程度上参与这一过程。

(3) 将结果整合进决策与管理。为了加强对结果的管理和应用，新西兰采用以下三项举措：一是改进结果信息的质量，新西兰采用了状态指标、效果指标和风险指标衡量产出和实现程度。二是为了提高结果测量的能力和改进结果管理的方法，财政部和国家服务委员会试行了一个路径探索项目，鼓励各部门将结果的信息运用到决策和管理中。三是强调影响评估，新西兰进一步加强了对结果影响的事前评价和事后评价，有关结果衡量及评价情况要向议会报告，用来改进政府决策，优化财政资源配置，促进预算管理。

(4) 创新财务管理体系。新西兰政府把以投入控制、收付实现制会计和年度报告为核心工作的预算管理，转变为一个以产出为基础的战略规划和资源配置相结合的财务管理体系。在这一体系中，资源一般是根据协议的价格来配置给相应的产出的。为了提高资源利用率，各部门在商品供给者中引入了价格竞争机制，并通过一系列合同规范各个参与机构之间的权责关系，包括购买合同、所有者合同、管理合同等。

新西兰的预算改革具有鲜明的特色，获得了广泛的政治支持。它重视利用立法来逐步推进改革进程，实行权责发生制等会计核算制度来明确部门责任，使其改革具有连续性和可操作性。新西兰的预算改革较为成功，几乎给政府管理的所有领域都带来了根本性的改变。

7.4 我国政府绩效预算的发展

随着 20 世纪 80 年代以来新公共管理运动的兴起，以产出和结果为导向的政府绩效预算模式逐渐成为国际预算管理改革的新趋势。从 20 世纪 90 年代中后期开始，我国也开启了预算制度改革进程，如部门预算、国库集中收付、政府采购、预算外资金管理等。实施政府绩效预算管理是预算体制改革的必由之路，也是提高政府绩效管理水平和改善公共服务质量的必要条件。

7.4.1 我国政府绩效预算的发展现状

我国于1994年开始实施分税制改革，逐步形成了以部门预算、国库集中收付和政府采购、预算外资金管理等为基础的财政管理体制。2003年10月，党的十六届三中全会审议通过了《中共中央关于完善社会主义市场经济体制若干问题的决定》，对新世纪新阶段我国财政经济体制改革做出了全面规划和部署。这一期间的改革主要围绕两条主线进行：一是进一步完善现行分税制财政体制；二是深化预算管理改革，探索建立现代政府预算管理制度。预算编制科学完整、预算执行规范有效、预算监督公开透明及其三者的有机衔接、相互制衡是现代预算管理制度的核心内容。2003年，财政部开始推进财政支出绩效评价试点，提高财政资金使用的有效性；2011年，提出了预算绩效管理的概念，从单纯事后绩效评价走向完整的预算绩效管理；2012年，制定并印发了《预算绩效管理工作规划（2012—2015年）》，系统提出了一系列的目标任务和重点工作，推动了我国预算绩效管理的全面开展。2018年9月，中共中央、国务院印发了《关于全面实施预算绩效管理的意见》，要求力争用3～5年时间基本建成全方位、全过程、全覆盖的预算绩效管理体系，实现预算和绩效管理一体化，着力提高财政资源配置效率和使用效益，改变预算资金分配的固化格局，提高预算管理水平和政策实施效果，为经济社会发展提供有力保障。

在中央政府的示范推动下，各级地方政府也开始进行绩效预算的实践探索。2002年，北京市下发了《教科文部门项目支出绩效考评暂行办法》，初步建立起绩效评价指标体系，并率先在全国进行了绩效评价试点工作。2003年，北京市财政局选取了“医保网”“首都之窗”运维费两个项目进行考评试点。到2005年，试点范围扩大到了33个。2011年，北京市先后发布了《北京市人民政府办公厅关于推进本市预算绩效管理的意见》和《北京市预算绩效管理办法（试行）》，指出预算绩效管理是一个由预算编制管理、预算执行管理、绩效评价实施管理、绩效评价结果反馈和应用管理沟通组成的综合系统，是深化预算管理改革的具体措施。2013年12月，北京市财政局又印发了《北京市财政支出绩效评价实施细则》，对财政支出绩效评价的规范和流程进行了细化和规范。随着预算绩效管理改革步入深水区，2015年，北京市联合第三方评估机构，以北京市平原造林工程财政支出政策绩效评价为切入点，首次探索并初步形成适用于财政支出政策绩效评价的思路和方法。2019年，《北京市关于全面实施预算绩效管理的实施意见》确立了北京市全方位、全过程、全范围、全成本、多主体（“四全一多”）的全面预算绩效管理体系建设总体目标。经过几年的改革实践，北京市形成了以提升治理能力为目标、以事前绩效评估为引领、以全成本预算绩效管理为基石的预算绩效一体化管理“北京模式”。

上海市自2003年起在全市19个区县开展了公共支出绩效评价试点。2003年8月，徐汇区人民政府发布了《徐汇区财政性资金项目绩效评估管理办法》，该办法规定：绩效管理项目包括基本建设类项目、行政事业类项目和产业发展专项资金类项目。项目绩效评估由项目立项、项目执行和绩效评估三阶段组成。2006年，浦东区以项目支出绩效评价为重要内容，正式开始试点工作。其目的就是要将绩效管理理念与方法引入财政支出管理，按照统一规划、分步实施的原则，逐步建立起与公共财政相适应、以提高政府财政利用率为核心的公共支出预算体系。2011 年，《上海市财政支出绩效评价管理暂行办法》出台，明确了财政支出绩效评价的基本原则、主要依据、评价内容、评价方法等内容，有效促进了上海财政支出绩效评价工作的规范化。2013 年，上海市财政局发布了《关于全面推进预算绩效管理的意见》，强调要进一步完善公共财政体制机制，强化部门支出责任，逐步建立以绩效目标实现为导向，以绩效运行监控和绩效评价为手段，以结果应用为保障，以改进预算管理、优化资源配置、控制节约成本、提高公共产品质量和公共服务水平为目的，管理科学、运转高效的全过程预算绩效管理体系。

广东省自 2003 年开展财政支出项目绩效评价工作以来，财政支出管理逐步规范。从 2004 年起，广东省在财政系统自上而下建立了专门的绩效评价机构，并且省财政厅、审计厅、监察厅、人事厅联合制定了《广东省财政支出绩效评价试行方案》，建立了财政支出绩效评价制度。从 2005 年起，在省级部门预算单位全面推行财政支出项目绩效评价工作。在预算改革实践中，广东省积极探索多层次、多类型的绩效评价方式。珠海、佛山、梅州等市开展第三方评价试点，选取一些社会关注度较高的项目，委托社会中介机构实施评价。广州、深圳、惠州等市积极开展单位、部门综合绩效评价工作，对政府部门为履行职责而使用的财政资金的总体效益进行综合考核和评价。东莞、湛江等市开展事前绩效评价，将项目绩效评价提前到财政支出安排之前，提高财政资金分配的科学性和有效性。

2012 年，浙江省政府办公厅印发了《浙江省人民政府关于全面推进预算绩效管理的意见》，文件指出要推进预算绩效管理，逐步建立“预算编制有目标、预算执行有监控、预算完成有评价、评价结果有应用”的预算绩效管理运行机制。

7.4.2 我国政府绩效预算的发展障碍

从 20 世纪 90 年代中后期开始，我国就逐步推进政府预算改革。历经多年的发展，虽然预算改革实践取得了一定成效，但是总体上还处于起步阶段，与当前的新形势和新要求还存在较大差距。结合中央及各级地方政府的预算绩效实践，我国政府绩效预算还存在以下几大障碍。

1. 思想观念障碍

我国政府官员还比较缺乏现代政府绩效评价理念。首先，在传统预算模式的影响下，官员思考的是“如何花钱”，而不是“干什么事花什么钱”。理念上的不一致必然会导致行为上的偏离，在分配公共财政资源时缺乏明确的绩效和结果导向。其次，部分官员没有充分认识到绩效预算评价的重要意义，在开展财政支出绩效评价时为评价而评价，没有将绩效预算评价与提高公共资金利用率和改善政府公共服务有效地结合起来，绩效预算评价发挥的作用十分有限。此外，被评价者对绩效预算评价的思想观念也有待修正。如果被评价者在绩效评价中不配合评价工作，故意刁难评价者，或者向评价者提供不实的绩效信息，将直接影响到预算绩效评价的准确性和有效性。

2. 法律制度障碍

建立健全的法律制度体系是西方国家绩效预算改革成功的重要因素之一，从美国、英国、新西兰等国家的绩效预算实践来看，这些国家普遍重视通过强有力的法律保障来促进预算绩效评价的顺利开展。目前，我国的预算法律制度还不够完善，尚缺乏关于预算绩效管理的明确法律规定。《预算法》及其实施条例对绩效管理并未做出明确规定，其他法律法规也未设定绩效管理的相关条款，预算绩效管理工作缺乏相应的法律支撑。而且，我国现行的预算会计以收付实现制为主，事业单位经营性收支业务核算可采用权责发生制。现金制预算会计无法全面准确地记录和反映政府的负债情况，忽略了预算资金的机会成本，不利于防范财政风险，对政府产出的管理功能也较弱，不能客观、全面地评价和考核政府绩效。

3. 评价体系障碍

绩效预算评价体系设计是检验公共财政支出是否实现预期绩效目标的重要工具，但我国现有的绩效预算评价体系还存在一些问题。一是绩效评价体系有待健全，评价方法单一，缺乏有效的技术手段和控制措施，统一的评价标准没有建立，多元化的评价主体格局尚未形成，第三方评价介入有限；二是绩效评价内容有待拓宽，现有的绩效预算评价以项目评价为主，对财政政策、财政支出结构等领域的评价鲜有涉及；三是现有的绩效评价以事后评价为主，缺乏事前评价和事中评价，大多是为了评价而评价；四是绩效评价指标体系有待优化，现有指标以定性指标为主，定量指标偏少，缺乏一套科学有效的绩效预算评价指标体系。此外，现有的绩效评价结果应用不足。评价结果应用缺乏硬性要求，没有将绩效评价结果与下一年度的预算安排有效地结合起来。

4. 绩效信息障碍

准确、全面的绩效信息是确保绩效预算评价准确性和客观性的前提条件。目前，我国尚未建立健全评价信息系统，绩效信息的收集、处理与发布等还存在局限性。一是有的政府部门的信息技术较为落后，信息收集比较困难；二是信息之间的沟通存在障碍，社会公众难以及时准确地了解政府财政支出所达到的实际绩效效果；三是绩效信息的真实性有待提高，当前我国部分行业经济违法违规、弄虚作假的现象依然存在，这些都将影响到绩效评价的准确性和有效性；四是公共预算的透明度还不够高，未完全形成将国家的各项财政政策法规、各部门在财政管理方面的职责权限、财政收支预算的编制和执行及其结果等向全社会公布的惯例。

5. 保障机制障碍

政府绩效预算管理是一项复杂的系统工程，离不开人力资源、信息系统等基础保障的有效支撑。结合我国预算管理工作实际，我国政府绩效预算的保障机制仍不够完善。首先，从业人员素质较低。绩效预算要求做大量深入、细致、繁杂的调查研究和测算、分析、评估工作，工作的技术性强、专业化程度高，需要一支高素质的专业队伍。虽然部分省市财政部门设立了专门的预算管理机构，但是人手普遍不足，从业人员的专业化素质还有待提高。其次，信息系统研发不到位。全国只有广东、海南等少数省份研发了单独的预算绩效管理信息系统，另有部分省在预算编制系统中增加了绩效管理模块或添加了绩效审核功能。但在信息系统建设上，尚未有成型的模式，对预算绩效管理的信息技术支撑不足。第三，宣传培训力度不到位。近年来，财政部和各省在绩效预算管理的宣传培训上做了很多工作，但在舆论引导、营造氛围、树立观念、强化意识等方面还需要加大工作力度，以形成有利于绩效预算管理的社会环境和公众意识。

7.4.3 我国政府绩效预算的发展思路

近年来，我国积极推进预算改革，取得了很大进展，在一定程度上实现了财政资源的宏观控制，优化了财政资源的结构配置，提高了财政资源使用的效率和有效性。但现阶段我国加强绩效预算管理面临着思想观念障碍、法律制度障碍、评价体系障碍等困难，绩效预算管理是一个系统、全面的过程，不可能一蹴而就，必须从我国实际出发，借鉴发达国家积累的成功经验，在此基础上分步实施、配套推进。

1. 建立正确的激励机制

在传统的预算模式下，公共财政支出不考虑绩效，常常是哪里问题比较严重，就增加预算拨款。在这种机制下，政府各部门都把困难作为讨价还价的“博弈”筹码，夸大自己的困难。实行绩效预算就是要将各部门的预算与其工作绩效挂起钩来，并按照绩效评估的结果，给真正重要而且效率高的部门更多的预算拨款，对无绩效或效率低下的部门，削减其预算并精简其机构，建立正确的激励机制。同时，实行绩效预算还可以提高财政支出配置的灵活性。结合英国绩效预算的发展经验，部门和机构拥有较大的自主权，可以对年度内财政拨款进行灵活使用。另外，要改变对节余资金的处理办法，将它留给部门，结转下年使用，促进资金节约。由此可见，实行绩效预算不仅可以促进公共财政资源的优化合理配置，提高政府的公共服务产出水平，还可以结合预算绩效评价实际，推动政府机构改革，提高政府行政效率和效能。

2. 制定完善的法律法规

绩效预算的涉及面广、政策性强、影响范围大，为了确保绩效预算工作的有序开展，需要建立健全绩效预算的法律法规制度体系。现阶段我国财政支出绩效评价法制建设处于探索阶段，一定程度上影响了财政支出绩效管理工作的深入开展和整体成效。我国法律缺乏对预算绩效评价主体、评价程序等内容的规定，还不适应绩效预算编制方法改革的需要。为了明确预算绩效评价主体的法律地位，为预算绩效评价提供相应的法律程序保障，有必要在现有法律内容的基础上，补充绩效预算制度的职责权限、绩效预算的实施流程、绩效预算的资金管理制度等相关内容，通过修订和完善法律，为建立我国绩效预算制度提供法律依据。同时，还要制定相应的实施办法，明确制定年度绩效预算计划、提交预算报告、进行预算评价和反馈评价的程序，并根据不同部门的特点制定实施细则，以便为绩效预算工作的顺利开展提供制度保障。

3. 构建科学的评价体系

政府绩效预算是一种结果取向的预算模式，为了提高财政资源配置的有效性，必须构建科学的绩效预算评价体系。首先，应完善现有的绩效预算评价体系。绩效预算是一整套庞大而完善的政府预算系统，不仅包括绩效评价，还包括绩效战略、成本核算、绩效协议、绩效报告及其应用等许多方面。在构建绩效评价指标体系方面，应遵循由易到难、逐步完善、自上而下、内外结合的原则，体现出绩效指标的相关性、重要性、可比性、系统性和经济性；在确定绩效评价方法方面，应根据评价对象的具体情况，综合采用成本-效益分析法、比较法、因素分析法、最低成本法、公众评判法等方法，即强调对绩效目标和实施效果的关注，又重视吸取专家和公众的意见，提高绩效评价的准确性。其次，应重视绩效评价的结果应用。应以绩效管理为核心，进一步优化预算管理流程，将绩效理念贯穿预算管理的全过程。编制预算要设立并提交绩效目标，预算执行完毕后要实施绩效评价，要对绩效评价结果的应用予以明确，逐步把绩效评价结果作为安排以后年度预算的重要依据，并将绩效评价结果作为改进预算管理和以后年度预算编制以及行政问责的重要依据。

4. 改革政府会计制度

目前，我国公共预算实行的是收付实现制的会计制度。它是以现金的实际收付作为确认预算事项的标准，有利于反映预算资金的流入流出，但是忽略了投资的机会成本，不能准确、完整地反映政府行政成本。权责发生制则与收付实现制不同，收付实现制是以款项的收付为标准记账，而权责发生制是以权利的形成和责任的发生为记账标准。与收付实现制相比，权责发生制可以更准确地反映一定时期内提供产品和服务所耗费的总资源成本。目前，澳大利亚、新西兰、英国、法国、美国等都在尝试这方面的改革。为了全面衡量政府的绩效和成本，我国也需要修改现行的会计制度，逐步引入权责发生制。首先，对现金收付制进行调整，在原有框架下引入权责发生制的部分要素来弥补收付实现制的缺陷，实行改进的现金收付制。其次，向修正的权责发生制过渡，确立权责发生制的基本概念和制度框架。最后，实行完全的权责发生制，并在预算和政府财务报告中采用。

5. 推动绩效审计先行

我国在绩效预算的改革进程中，可以由绩效审计先行一步，由绩效审计推动绩效预算的实施。绩效审计是国家治理过程中检验、评价和监督政府部门履行绩效责任范围和程度的制度安排，主要从政府管理的经济性、效率性和效果性以及环境性和公平性等方面对政府管理绩效进行分析、评价和审核。全面推进绩效审计，可以提高财政资金和公共资源管理活动的经济性、效率性和效果性等，推动建立健全政府绩效管理制度和提高政府绩效水平。政府的财政支出本来都有一定目的，通过绩效审计可以看出该项支出是否完成了预期的绩效目标，与同类支出相比效率如何。通过这样的方法可以使政府各部门的决策者在分配公共财政资金时，更加关注如何降低行政成本，提高服务质量。

6. 加强政府预算公开

政府预算信息公开是落实公民知情权、加强政府预算社会监督的重要手段，也是建设透明政府、责任政府的应有之义。美国、英国、法国、日本、韩国和巴西等国家都注重积极推动政府预算的公开化、透明化。近年来我国中央政府和地方政府在预算公开的范围和程度上大有进步，但与国际标准相比还有差距。为了深化我国政府预算公开工作，可从以下方面着手。首先，应推动形成预算公开主体体系，进一步明确多元主体在预算公开中的责任。要进一步厘清党委、人民代表大会和政府各自的职责权限，保持人大常委会与人大代表、人大代表与民众的及时沟通，通过制度化渠道容纳公民参与，保障公民的知情权、表达权、参与权与监督权。其次，应完善预算公开的制度保障。对《政府信息公开条例》进行修订和完善，明确预算公开的原则、公开的范围与内容、公开的形式与步骤、相关主体的责任等。此外，还需要丰富预算公开的载体，拓宽公开的方式和途径。充分借助现代新媒体技术，降低公众获取预算信息的成本，增加社会公众与政府的互动程度，使社会公众更好地监督预算制定和执行情况。

本章小结

政府绩效预算是指政府组织在制订各部门项目计划的基础上，通过成本-收益分析和绩效评价来分配政府财政资金的一种预算模式。政府绩效预算由绩、效和预算三个要素组成。其中，"绩"是指政府组织财政支出所要达到的目标，这些目标一般是可以量化和考核的；"效"是指政府组织具体目标的实际完成情况；"预算"则是指为了达成政府组织的具体目标所分配的财政资金，这是目标达成的重要基础保障。实行政府绩效预算，有利于提高财政资金利用效率，改进政府运行效率，预防政府决策失误和提高政府公共服务质量。

总结各国实施政府绩效预算的实际做法，一般说来，实施政府绩效预算包括以下三个基本流程，即政府绩效预算的编制、政府绩效预算的执行和政府绩效预算的评价。政府绩效预算编制是政府绩效预算的首要环节，是实现政府绩效预算功能的重要前提。政府绩效预算编制有三个目的，即控制资源、制订未来资源分配计划和管理资源。政府绩效预算执行是利用现有资源贯彻执行预算编制政策的阶段，一般通过外部控制、内部控制和管理责任等方式来确保政府绩效预算的有效执行。政府绩效预算评价的目的是判断政府绩效预算的执行结果是否与预期目标相一致。其过程主要包括：制订工作计划，确定主要目标；结合部门目标，确定绩效指标；进行科学测算，确定绩效标准；收集绩效信息，开展绩效评价；形成评价结果，建立长效机制。

20 世纪 80 年代以来，美国、英国、澳大利亚、新西兰等国家开始进行结果导向的预算管理改革，实施政府绩效预算就是一种重要的改革举措。从 20 世纪 90 年代中后期开始，我国也开启了预算制度改革进程，但是在思想观念、法律制度、评价体系、绩效信息、保障机制等方面还存在诸多障碍。为此，需要采取建立正确的激励机制、制定完善的法律法规、构建科学的评价体系、改革政府会计制度、推动绩效审计先行以及加强政府预算公开等措施，加快推进我国绩效预算的改革进程。

关键术语

政府绩效预算（government performance budgeting）

复习思考题

1. 谈谈你对政府绩效预算的理解。

2. 简述政府绩效预算的发展历程。
3. 试述政府绩效预算的主要功能。
4. 简述政府绩效预算的基本流程。
5. 论述我国政府绩效预算的发展障碍与发展思路。

第8章

国外政府绩效管理实践

随着世界各国政府改革的不断深入，政府绩效管理已成为当代公共管理领域的热门话题。目前，很多发达国家都引进和应用了企业先进的绩效管理技术和工具，建立了富有特色的政府绩效管理制度，积累了政府绩效管理的成功经验和失败教训。因此，对发达国家政府绩效管理实践进行理论探讨、动态追踪和经验总结，不仅有利于我国政府绩效管理理论层面的深化和升华，而且有利于在实践操作中有力地推动我国政府绩效管理的发展和进步。本章将着重讲述美国、英国、韩国和新加坡等国家政府绩效管理的实践和探索情况。

8.1 美国政府绩效管理

作为世界上最先探索政府绩效管理的国家政府之一，美国联邦政府及各级地方政府经过逐步的实践和立法，形成了一套较为完善的政府绩效管理体系。这不仅使美国的社会秩序得到良好维护，也使政府的服务效率得到了快速提升，与此同时还增强了政府的号召力与凝聚力。因此，美国政府绩效管理制度的形成和实施对于我国政府绩效管理具有十分重要的借鉴意义。作为联邦制国家，美国政府分为联邦、州、地方三个层次，本节将对联邦政府及其公务员绩效管理、地方政府及其公务员绩效管理和美国联邦政府项目绩效评价等进行详细的介绍。

8.1.1 联邦政府及其公务员绩效管理

1. 联邦政府绩效管理法规——《政府绩效与结果法案》

1993年，美国国会通过了著名的《政府绩效与结果法案》，它全面规定了实施政府绩效评价的目的、内容及进程，使得美国联邦政府绩效管理有法可依。根据规定，美国政府绩效管理的过程由各部门编制战略规划、年度绩效计划，根据执行情况编制年度绩效报告，由白宫管理和预算办公室及审计总署对各部门提交的年度绩效计划和年度绩效报告进行评价这几个环节构成。

（1）政府绩效管理主管部门。

根据1993年《政府绩效与结果法案》的规定，美国联邦政府绩效管理由以下部门负责：

1）审计总署。审计总署受国会的委托，代表国会对政府各部门进行年度绩效评价，对部门、计划、项目、专项工作的绩效进行专题评价，还可授权政府部门内设的绩效评价机构对该部门的绩效或计划、项目进行评价。根据2004年《审计总署人力资源改革法案修正案》，自2004年7月7日起，美国审计总署正式更名为政府问责办公室（Government Accountability Office，GAO）。更名后的政府问责办公室不局限于审计工作，需要在更大范围内对政府绩效进行评价，并向国会和公众公布评价结果。

2）白宫管理和预算办公室。白宫管理和预算办公室主要协助总统工作，监督各部门提交年度预算和年度绩效报告，并要求各部门将之提交总统，再由总统签署后提交国会，供国会审议、批准。

3）政府部门。美国各主要政府部门都设立了计划与评价办公室，负责部门的战略规划、年度绩效计划和绩效评价事宜。其主要职责是：提交年度绩效计划和年度绩效报告，作为部门预算和申请拨款的基本文件；收集、整理绩效结果信息，提出制定或修订政策的建议；受审计总署的委托，评价本部门的计划、项目等。

（2）战略规划。

《政府绩效与结果法案》对战略规划的内容要求十分具体，要求部门负责人将五年内的战略规划提交给白宫管理和预算办公室主任及国会，并每三年更新和修订一次。联邦各部门的战略规划主要由以下内容组成：

1）涵盖了机构主要职能和运作方式的全面任务描述。

2）关于机构主要职能和运作方式的总体目标，包括与产出相关的目标。

3）关于目标如何达成的描述，包括为达到目标所需的运作程序、技能和技术、人才、资本、信息和其他资源的描述。

4）关于绩效计划中的绩效目标如何与战略规划中的目标挂钩的说明。

5）指出能对总目标的实现产生重大影响的部门外部的或无法控制的关键因素。

6）说明为制定和修改总目标而进行的项目评价和未来项目评价的时间表。

（3）年度绩效计划。

年度绩效计划是《政府绩效与结果法案》的核心组成部分，一般在年初提交给总统和国会。与战略规划相比，年度绩效计划的内容更详尽，主要由白宫管理和预算办公室主任监督实施。其内容主要有：

1）设定绩效目标并确定完成项目行动所要达到的绩效水平。

2）将这些目标用客观的、量化的、可衡量的方式来表达，若得到授权可使用其他替代方式表达。

3）简要说明为达到绩效目标所需的运作程序、技能和技术、人才、资本、信息和其他资源。

4）制定在衡量或评价各项目的产出、服务水平和成果时所使用的绩效指标。

5）提出可以与所制定的绩效目标进行比较的标准。

6）说明用于检验和验证衡量绩效价值的手段。

（4）年度绩效报告。

《政府绩效与结果法案》要求每一个机构在一个财政年度后向总统和国会提交一份上一财政年度的绩效报告。每一个绩效报告应该陈述已经在该机构绩效计划中确立的绩效指标，报告特定工作项目的完成情况，并将绩效目标的实际完成情况与计划中的绩效目标相比较，并分析、评价、解释绩效目标未能实现的原因等等。具体而言，它主要涵盖以下内容：

1）陈述绩效计划中确立的绩效指标，同时要将实际达成的绩效目标完成情况与绩效计划中表达的绩效目标相比较。

2）如果绩效目标是用替代的形式加以说明，则这一计划的结果应依据这种特殊要求加以描述，包括绩效是否满足最低限度要求，以及有效的或成功的计划标准。

3）评价财政年度绩效目标的实现程度，根据达标的绩效来评价本财政年度的绩效计划、解释和描述绩效目标未能实现的原因，并根据这种绩效评价确定本财政年度的绩效计划。

《政府绩效与结果法案》对战略规划、年度绩效计划、年度绩效报告的制定与提交等做出了明确规定，具体如表 8-1 所示。

表 8-1　战略规划、年度绩效计划、年度绩效报告的制定与提交规定

文件	提交时间	上交机构	主要内容或其他规定
战略规划	1997 年 9 月 30 日之前	白宫管理和预算办公室、国会	战略规划应不少于五年，并至少每三年更新与修订一次； 制定战略规划时，各机构应向国会咨询，并应请求考虑该计划的潜在影响或具有相关利益的团体的意见和建议
年度绩效计划	从 1999 年开始，应在本机构现行战略规划所包含的年度内提交	白宫管理和预算办公室	建立绩效目标，并要达到客观、可量化、可衡量的标准； 建立绩效指标，用于衡量和评价与计划相关的产出、服务水平和结果； 确定测量方法
年度绩效报告	从 2000 年 3 月 31 日开始，每年的 3 月 31 日之前提交上年度的绩效报告	总统和国会	回顾上一（几）个财政年度实现绩效目标的完成情况，并以报告的形式呈现：2000 年度的报告应包括前一年度的结果；2001 年度的报告应包括前两个年度的结果；2002 年度及其以后的报告应包括前三个年度的结果； 若没有达到目标的要求，解释和说明原因并提出行动建议

（5）各部门权力与职责。

《政府绩效与结果法案》明确了法案与国会、审计总署以及人事管理总署的关系以及它们各自的职责，具体内容如下：

1）国会。该法案授予国会高度的权力，包括可以建立、修正、延迟和废除绩效目标。

2）审计总署。审计总署的负责人需要向国会报告法案的执行情况。

3）人事管理总署。人事管理总署必须制定一个战略计划和针对绩效评价的培训项目，并由人事管理总署负责对实施该法案的管理人员进行培训，从而有助于管理人员有效地实施战略计划和开展项目绩效评价。

2. 公务员绩效管理法规——1978年《公务员制度改革法》

《公务员制度改革法》是美国国会通过的专门管理公务员事务的法律。如何对联邦政府公务员进行绩效管理在其中有十分详尽的规定。

（1）主管机关。

美国国会早在1883年就颁布了专管公务员事务的《彭德尔顿法》，并依法成立了美国公务员委员会（U. S. Civil Service Commission），负责管理公务员的考试录用以及评价晋升等事务。公务员委员会直接向总统负责，其建议须经总统批准后才能下达各行政部门执行。1978年，美国国会颁布了《公务员制度改革法》。该法撤销了公务员委员会，将其职能划分给三个主要部门：人事管理总署、考绩制度保护委员会（Merit Systems Protection Board，MSPB）和平等就业机会委员会（Equal Employment Opportunity Commission，EEOC）。其中，人事管理总署主要为各行政部门提供管理指导并颁布相关规定来对联邦政府公务员进行管理。

（2）公务员绩效管理体系的建立。

《公务员制度改革法》规定，每个部门都应该开发一个或多个公务员绩效管理体系，以用来对公务员绩效进行阶段性评价，绩效评价结果将作为公务员培训、晋升、降级和薪酬调整等决策的依据。公务员绩效管理体系主要包括以下几部分内容：

1）绩效计划。各部门应该在公务员的参与下制订基于工作任务和职责的书面绩效计划，并保证绩效计划能够覆盖本部门的每一个公务员。通常需要在绩效计划制订后30天内，向公务员提供绩效计划的内容。每个绩效计划都应该至少包括一个关键绩效因素和非关键绩效因素，同时，每个绩效计划可以包含一个或多个附加绩效因素。尽管它们不能用于得到和分配评价等级，但可用来有效地支持绩效目标的顺利实现。绩效因素和评价标准可以按照下列标准来确定：对于关键绩效因素，至少应该用两个评价等级，其中一个是“全部达标”或类似的等级，另外一个是“不合格”，绩效评价标准应该建立在“全部达标”这一等级；对于非关键绩效因素，至少应该用两个评价等级，绩效评价标准则应相应选择一个合适的等级。

2）绩效监控。在对公务员绩效进行监控的过程中，当公务员的绩效水平处于“边缘绩效”，即当公务员绩效被评价为处于“全部达标”或类似等级之下、“不合格”等级之上时，管理者需要对该公务员提供实现绩效目标所需的帮助。同时，当公务员的绩效水平在一个或多个关键绩效因素上被认定为不合格时，管理者有义务帮助公务员针对不合格的绩效采取进一步行动，以确保公务员的绩效水平得到改进。

3）绩效评价。在对公务员绩效进行评价等级的判定和分配时，只有一个或多个关键绩效因素被评价为“不可接受”，才可将其列入第一等级（不可接受）；而对非关键绩效因素的考察不能将其作为列入第一等级（不可接受）的标准。“不可接受”的评价结果需要经过上级的审查和批准。除非公务员在 60 天的申诉期内提出申诉或者确定在评价记录中出现记录或计算错误，否则评价周期过后或下一绩效评价结果公布后，之前的绩效评价结果不能再进行更改。评价等级需要按照第一等级到第五等级进行顺序分类，第一等级最低，第五等级最高；第一等级是“不可接受”，第三等级是“全部达标”或类似的描述，第五等级是“杰出”或类似的描述。图 8-1 是绩效评价的一种可用模板。

绩效因素	评价等级				
	1	2	3	4	5
A..	√	……	……	……	……
B..	……	……	……	√	……
C..	……	……	……	……	√
D..	……	√	……	……	……
E..	……	……	√	……	……
F..	……	……	……	……	√
G..	……	……	……	√	……
H..	……	……	√	……	……

图 8-1　绩效评价的一种可用模板

4）绩效反馈。绩效评价周期结束后，绩效评价主体需要尽快将书面（或其他记录方式）的绩效评价结果反馈给每位公务员。根据《公务员制度改革法》的规定，部门有权对绩效不合格的公务员做出降级或者解雇的决定，但这种决定只能基于公务员不合格绩效的事例做出，并且需要得到提出者上级的同意。被降级或者解雇的公务员有权提前 30 天得到关于该决定的书面通知，内容需要包括该公务员绩效不合格的关键绩效因素及具体事例。同时，公务员有权聘请律师或者其他代理人为自己进行绩效申诉。但如果该公务员在这 30 天的通知期内绩效水平明显改善，最终并未被降级或解雇，且绩效水平持续一年都合格，那么这个降级或者解雇的决定则可以从所有的部门记录中删除。

3. 高级公务员的绩效管理

在联邦政府中，大概有 7 000 多名高级行政长官，这些高级管理者管理着大型的工程或者部门，属于高级公务员（senior executive service，SES）序列。虽然所有公务员绩效管理的主管部门都是人事管理总署，但对于高级公务员的绩效管理办法却稍有不同。高级公务员的绩效评价应该基于高级公务员个人和其所在组织的绩效水平，并需要综合考虑效率、生产率、服务质量、成本效益和及时性等因素。通常，高级公务员绩效计划的制订采用签订高级公务员绩效协议的方式。高级公务员绩效协议与其部门的目标相联系，并需要反映其直线管理者的绩效协议，以确保组织的战略目标能够沿着管理层级得以层层分解和支撑。在高级公务员绩效协议中会包括组织承诺和胜任力要求：组织承诺与部门的内部运作相联系，反映了一个部门的战略性或者操作性目标；胜任力通常指胜任某一职位所必需的能力要求，比如管理能力、冲突解决能力、组织协调能力等等。因此，高级公务员绩效协议作为连接联邦政府组织和个人绩效管理的桥梁和纽带，可以有效地连接由政府目标、联邦预算、战略性和操作性部门目标等构成的层级绩效协议体系，如图 8－2 所示。

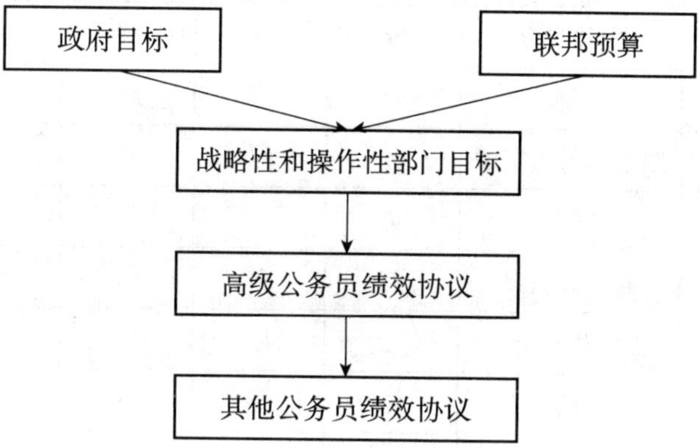

图 8－2　层级绩效协议体系

资料来源：Ketelaar A，Manning N，Turkisch E. Performance-based Arrangements for Senior Civil Servants OECD and other Country Experiences. OECD Publishing，2007.

同时，对高级公务员的绩效评价结果需要经过绩效审查委员会至少一年一次的审查。绩效评价结果为“全部达标”的高级公务员可以获得绩效加薪；而绩效评价结果为“不可接受”的高级公务员则需要被重新定岗或被辞退。

8.1.2　地方政府及其公务员绩效管理

美国是联邦制国家，中央政府允许各州有自己的法律，因此各州政府对于本州的绩效管理以及公务员的绩效管理有着不同的法律规定，本部分仅选择一两个地区的绩效管理情况予以详细介绍。

1．弗吉尼亚州政府绩效管理

弗吉尼亚州的绩效管理一直在美国各州中处于领先地位。弗吉尼亚州政府部门开发并实施了战略性和服务地区计划来支持其长期目标的实现和达成。各部门主要通过四种方式来评价它们的绩效：

（1）关键衡量。与各部门的核心任务相关。

（2）产出衡量。与核心业务职能的开支相关。

（3）管理衡量。与关键的管理和服务类别相关。

（4）其他衡量。与绩效和服务地区职能相关。

其中，管理衡量按照州政府部门在五个关键领域的管理有效性来进行，这五个关键领域是人力资源管理、财务管理、政府采购、信息技术和应急准备。针对每个领域的绩效，每个部门都采用色彩编码的方式进行评级：绿色表示达到期望，黄色表示正在向着期望进步，红色表示未能达到期望，灰色表示数据不全（如表 8－2 所示）。部门负责人根据衡量标准来对自己部门的绩效进行评价。然后国会、联邦政府部门以及州长每年对这些评价进行审查。所有关于政府各部门绩效管理的资料都会在州政府的网站上予以公示。

表 8-2　弗吉尼亚州政府部门绩效评价示例（节选）

部门名称	秘书处	应急准备	财务管理	政府采购	人力资源管理	信息技术
州律师服务委员会	公共安全	绿	绿	绿	绿	绿
薪酬委员会	行政	绿	绿	绿	绿	黄
盲人和弱视权益处	健康与人力资源	黄	绿	黄	绿	黄
会计处	财务	黄	绿	绿	绿	绿
商务支持处	商业和贸易	红	黄	绿	绿	绿
刑事公平服务处	公共安全	绿	绿	绿	绿	绿
教育处	教育	绿	绿	绿	绿	黄
消防处	公共安全	红	绿	绿	绿	黄
住房和社区发展处	商业和贸易	绿	绿	绿	黄	黄
退伍军人服务处	公共安全	黄	黄	绿	黄	红
高等教育委员会	教育	灰	绿	黄	绿	黄
军事事务处	公共安全	绿	绿	黄	绿	灰

对于每个部门，都有基于每个管理领域的更为细化和具体的绩效评价。以教育处为例，五个管理领域都有进一步分解的目标和衡量指标。具体如表 8-3 所示。

表 8-3　教育处绩效评价示例

领域	目标	衡量指标	评价				备注
			绿	黄	红	灰	
应急准备	应急准备	采取推荐的有准备行动的百分比	75%～100% √	50%～74%	0～49%	无数据	
财务管理	协会高级审计	调查发现和实质性漏洞的再发生次数	0 √	1 次 再发生	2 次以上 再发生或 1 个实质 性漏洞	无数据	
	预算计划	支出在预算计划内的百分比	0～100% √	不适用	>100%	无数据	
	内部控制	遵循部门应急管理和内部控制标准的百分比	100% √	不适用	0～99%	无数据	
	及时付款	遵循及时付款法案的百分比	95%～100% 上一季度 √	0～94% 上一季度	0～94% 上两个 季度	无数据	

续表

领域	目标	衡量指标	评价				备注
			绿	黄	红	灰	
政府采购	经济增加值（EVA）的应用	通过EVA完成的采购交易的百分比	95%～100%	75%～94%	0～74%	无数据√	
	SWAM（Small，Women and Minority）厂商参与	小型机构、妇女机构、少数族裔机构目标达成百分比	95%～100%√	90%～94%	0～89%	无数据	
人力资源管理	公平和公正	平等就业机会评价报告排名百分比	100%√	97%～99%	0～96%	无数据	
	人才获得	就业机会接受百分比	85%～100%	75%～84%√	0～74%	无数据	
	人才管理	跳槽百分比	0～14%√	15%～24%	25%～100%	无数据	
	电子办公	能够电子办公的公务员百分比	20%～100%√	5%～19%	0～4%	无数据	
信息技术	可达性	达到信息技术可达性标准的百分比	90%～100%	70%～89%	0～69%√	无数据	
	信息安全	达到信息安全标准的百分比	98%～100%	95%～97%√	0～94%	无数据	

2．夏洛特市绩效管理实践

早在20世纪90年代初，夏洛特市就通过明晰使命与愿景来表达城市的理念和诉求，即为市民提供高质量的服务并成为“优选的生活、工作与休闲社区”。1996年夏洛特市率先在美国政府部门中引进平衡计分卡。市长、市政官员和市议会利用年会商讨和明确一些战略主题来引导资源的分配和未来10年部门项目的投入，并经过讨论最终确定五个战略主题：公共安全、城中之城（保存及改善老城区）、交通、政府重组和经济发展。为了确保这五个战略主题能够得到有效执行，副市长组建了一个核心项目小组负责将战略主题细化为城市平衡计分卡的战略目标。如图8－3所示。

以夏洛特市交通管理部门为例，该部门从夏洛特市整体平衡计分卡中承接了与其有直接关系的16个战略目标，并在每一个层面将其细化为前置性和滞后性衡量指标，如表8-4所示。

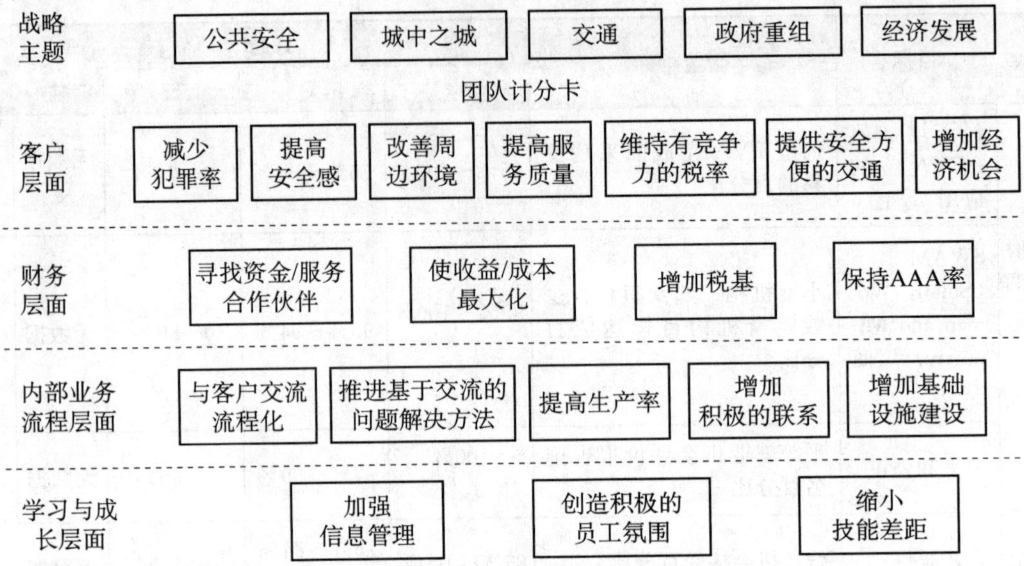

图 8-3 夏洛特市的市议会战略地图

资料来源：卡普兰，诺顿．战略中心型组织．北京：人民邮电出版社，2004：11.

表 8-4 夏洛特市交通部门的平衡计分卡

层面	目标	前置性指标	滞后性指标
客户	C-1 维护交通系统 C-2 运作交通系统 C-3 开发交通系统 C-4 确定最佳系统设计 C-5 改善服务质量 C-6 加强社区建设	C-1 维修响应：维修回应行动 C-2 行驶速度：平均行驶速度 C-3 准点公交车：准点公共交通 C-4 引进项目：新引进项目数 C-5 回应：对市民意见的回应率 C-6 问题响应：明确交通部门应该找出、处理的社区交通问题和灵活性问题	C-1 高品质街道：路况评级每英里≥90 C-2 安全：事故率；事故多发路段数 C-3 基本灵活性：便利的公共交通 C-4 计划进展：2015 年交通计划完成率 C-5 通勤时间：规定区域平均通勤时间 C-6 社区导向项目：解决社区问题的项目数
财务	F-1 增加非政府融资 F-2 收益/成本最大化	F-1 成本：与其他城市和私营领域的成本比较	F-1 融资杠杆：非政府来源的资金额 F-2 新基金来源：新来源资金额
内部业务流程	I-1 增加基础设施 I-2 寻找资金/服务的合作伙伴 I-3 提高生产率 I-4 提高与社区的正面联系	I-1 资本投资：目标区域投资额 I-2 利用资金/服务伙伴：已确认的新资金/服务伙伴 I-3 单位成本：单位成本 I-4 竞争性外包：预算招标比率 I-5 问题识别：原因和措施 I-6 客户沟通：数量、客户类别、频率	I-1 容量比：增加的容量与 2015 年需求之比 I-2 合作伙伴数：合作伙伴数 I-3 街道维护成本：每英里街道维护成本 I-4 运送乘客成本：单个乘客的成本 I-5 顾客调查：有关服务质量的调查结果

续表

层面	目标	前置性指标	滞后性指标
学习与成长	L-1 加强自动化信息系统 L-2 提高“现场”处理技术 L-3 缩小技能差距 L-4 向公务员授权	L-1 IT 基础：交通部门建成相关的数据库 L-2 明确技能：在战略职能上核心技能的确认数 L-3 公务员氛围调查：公务员调查结果	L-1 信息获得：满足用户战略性信息需求的程度 L-2 信息工具：可用的战略工具对需求的满足率 L-3 技能迁移：工作中技能表现 L-4 公务员目标协同：培训和职业发展与使命一致

资料来源：波伊斯特．公共与非营利组织绩效考评：方法与应用．北京：中国人民大学出版社，2005：183.

3．弗吉尼亚州公务员绩效管理

弗吉尼亚州政府制定了关于人力资源管理的《政策和程序手册》(Policies and Procedures Manual) 来对公务员进行绩效管理。

(1) 主管部门和负责人。

弗吉尼亚州公务员绩效管理的主管部门是州政府人力资源管理部。在具体的绩效管理过程中，公务员绩效审查人承担着对公务员绩效进行审核和处理绩效申诉等工作的重要角色。公务员绩效审查人一般由公务员直接管理者的上级或者其他指定人选来担任，绩效审查人不仅需要审核绩效计划，还需要承担审核工作描述、绩效计划、绩效评价结果及对绩效申诉给予回应等工作。绩效审查人必须在把绩效计划和绩效评价交给公务员之前对这些文件进行审查。如果绩效审查人对评价有异议，就需要同公务员的上级进行讨论。

(2) 绩效计划。

绩效计划是识别公务员核心职责、明确绩效评价目标和标准的关键环节。公务员上级需要及时与公务员对其绩效计划进行探讨，一般在绩效周期的前 30 天内开展讨论。通常，公务员上级需要根据下属公务员的工作概要表格①来开发公务员的绩效计划，并经过部门主管签名后提交审查人批准。审查人在检查批准后，绩效计划还需要交给公务员签名。若在绩效周期内绩效计划因公务员有特别任务或者原任务有调整而更改，则必须交由审查人批准。

(3) 绩效评价。

在公务员绩效评价环节，公务员的直接上级在遵循明确具体、可衡量、可达到和相关性的原则下，从复杂性、责任和结果等方面对公务员绩效结果进行考查和评价。上级对公务员的绩效评价须每年一次，通常开始于每年的 10 月 25 日。绩效评价应该尽可能地反映公务员在其整个评价周期内的绩效表现。若上级在评价周期内调整了公务员的绩效计划，那么对其绩效的评价应按照绩效周期各时段内有效的绩效计划来进行。通常，评价等级根据公务员的绩效表现可以分为三个等级，从低到高依次是：

① 该表格用来完成年度绩效评价，其内容包括简明工作描述、绩效计划、核心职责、绩效衡量以及公务员发展目标。

1）低贡献者等级。工作过程或者结果没能达到绩效标准。若是公务员被评为这个绩效等级，就会在绩效评价期内收到至少一份“需要改进”通知和标准绩效表格。“需要改进”通知和标准绩效表格需要由公务员的直接上级填写。

2）贡献者等级。工作过程和结果满足工作职能的要求并完全达到绩效标准。

3）杰出贡献者等级。工作过程和结果在评价周期内堪称表率；绩效水平稳定并明显高于绩效标准；若公务员被评为这个绩效等级，就会收到至少一份杰出贡献认可表格。杰出贡献认可表格同样需要由公务员的直接上级来完成。

若公务员在核心职责、特别任务、部门或者团队目标等方面表现欠佳，就可能会在绩效周期内收到经过审查人批准的“需要改进”通知和标准绩效表格。“需要改进”通知和标准绩效表格中必须包括一个由公务员及其上级共同制订的 30～180 天的改进计划。若公务员与上级不能就该计划达成共识，则由上级直接制订。

（4）绩效信息收集。

公务员上级需要持续观察公务员的绩效表现和识别所有可用于绩效评价的潜在信息。除了直接上级的观察，绩效评价信息还可来自公务员本人、同事、服务对象、下级以及其他部门主管等。公务员个人的自我评价是绩效信息的重要组成部分，每个公务员都必须有机会向上级提供一个关于其工作绩效的自我评价。这个自我评价需要在评价会议之前两周提交，上级在对公务员进行绩效评价时，必须认真审查和谨慎考虑公务员的自我评价。

（5）绩效反馈。

公务员上级需要对公务员的绩效进行记录归档，并在绩效周期内向公务员提供定期的反馈，反馈可以是正式的也可以是非正式的。鼓励非正式反馈的使用，但是必须有正式的反馈。正式反馈应该被记录归档，并为公务员提供记录的备份拷贝。除了上级对下级的反馈，各部门还必须有下级对上级的反馈。在下级提供反馈的时候，必须建立相应的保护措施来促进下级的匿名反馈。

（6）绩效评价结果的应用。

绩效评价结果的应用主要体现在绩效加薪和降级上。绩效加薪是基于年度绩效评价结果和人力资源管理部门的规定对绩效优秀的公务员增加薪酬，其生效期是每年的 11 月 25 日。处于贡献者等级的公务员会获得至少本州平均加薪额 80%的加薪，但不能超过平均加薪额。处于杰出贡献者等级的公务员会获得不多于本州平均加薪额 250%的加薪。处于同一等级的公务员获得的加薪百分比应该是一样的。已经处在薪酬区间顶端或者接近顶端的公务员仍可根据总体评价拿到绩效加薪。加薪适用于基本薪酬，但是超过薪酬区间最大值的部分只能作为一次性奖励，不会增加基本薪酬。同时，各部门可自行规定请假是否对加薪造成影响。

若一个公务员的整体绩效评价处于低贡献者等级，并且在为期 3 个月的绩效再评价中绩效依然没有得到改善，应对其采取降级的行动。同时，因为低绩效而降级的公务员，其薪酬至少要降低 5%。通常，降级的三种方式是：保持原职务但减少职责和薪酬、降低级别但薪酬不变，以及调任到同一个级别但薪酬较少的职位。

（7）绩效申诉。

若公务员对自己的绩效评价结果有异议并且不能与上级协商解决，可以向审查人提出申诉，要求重新评价。但是申诉者必须在第一次绩效会议后10个工作日内向审查人提出书面申请。审查人需要同公务员及其上级共同讨论申诉申请，然后在5个工作日内向公务员提供一个书面回执。

（8）绩效再评价。

被评为低贡献者等级的公务员必须接受3个月的绩效再评价期，其上级会在绩效会议后10个工作日内为其制订一个绩效再评价计划，详细阐述在接下来的3个月中对该公务员采取的措施，并提交审查人签名批准。即使公务员对之前的绩效评价结果提出申诉，也需要制订再评价计划。公务员上级必须与公务员就如何达到再评价计划中规定的最低绩效标准进行讨论。但是如果公务员在再评价期内调换了职位，则再评价过程结束。

8.1.3 美国联邦政府项目绩效评价

项目绩效评价主要通过项目等级评价工具对政府项目进行比较，从而为项目的管理和预算提供依据。与其他国家相比，美国联邦政府的职能履行具有鲜明的特点，联邦政府的所有职能都是通过各政府部门来履行，而部门职能主要是通过1 200多个不同类型的项目来实施；更重要的是，联邦预算资金主要用在这些名目繁多的项目上。因此，政府项目绩效评价在美国联邦政府绩效评价体系中具有至关重要的地位。这些项目的绩效水平直接关系到联邦政府的管理效率和改革成败，因此有必要对这些项目进行评价，以促进联邦政府整体绩效水平的提高。

1. 美国联邦政府项目等级评价工具

为了强化公共项目的评价，使评价过程更加透明和系统化，2002年美国总统管理委员会（President's Management Council，PMC）、白宫管理和预算办公室联合开发了项目等级评价工具（program assessment rating tool，PART）①。PART实际上是一套用来持续评价政府项目绩效的调查问卷。它将联邦政府的绩效与预算决策正式统一起来，涉及项目的目的与设计、战略规划、管理、结果与问责等多个方面，将所有这些方面的得分汇总之后，就得到该项目的评价等级，从而确定它的整体有效性。PART的基本流程包括以下六个环节：

（1）确定被评项目及其类型。

"项目"是PART分析的基本单元。白宫管理和预算办公室根据财政预算框架对项目进行界定，是指由联邦财政支持的列在每年总统财政预算案中的项目和活动。根据美国联邦政府机构对项目的参与程度，白宫管理和预算办公室将所有项目分为七种类型：竞争性资助项目、分类财政补贴项目、规制项目、资产与服务采购项目、信贷项目、研

---

① Mullen P. R. Performance-based Budgeting：The Contribution of the Program Assessment Rating Tool. Public Budgeting & Finance，2006.

究与发展项目、联邦直接支出项目。具体项目类型及描述见表8-5。

表8-5 PART项目类型及描述

项目类型	描述	举例
竞争性资助项目	通过竞标程序向州政府、地方政府、部门、组织、个人以及其他实体提供资金的项目	卫生和福利部的健康中心等
分类财政补贴项目	强制性或者规定性地向州政府、地方政府以及部门提供资金的项目	越冬御寒救助、艾滋病项目等
规制项目	通过执行、解释法律、政策和程序等来实现其使命的项目	美国环保署的动力能源空气污染标准和证明项目
资产与服务采购项目	通过研发和获取资产（例如土地、建筑物、设备、知识产权等）或者购买相关服务（例如维修、信息技术等）来实现目标的项目	国防、造船等
信贷项目	有关贷款、借款抵押和直接借款等方面的项目	进出口银行的长期抵押项目等
研究与发展项目	创造知识以及利用知识进行系统、方法、物质和技术等方面研究的项目	能源部的太阳能研究项目、国家航空航天局的火星探索项目等
联邦直接支出项目	主要由联邦政府公务员提供的服务项目	国家天气预报、签证服务等

（2）设计评价问题、赋予权重和确定评价标准。

PART根据受评项目所属类别的不同分别采用不同的问卷。每一类问卷内容都分为四大部分，即项目目的与设计、战略规划、项目管理、项目结果与问责。每一部分既包括所有类型项目都适用的“共同性题目”（如表8-6所示），也包括为特定项目类型量身定做的“特定性题目”，每份问卷约有30题（问题数根据项目类型的不同而不同）。

表8-6 “项目等级评估工具”问卷调查的共同性题目

项目	受评项目的主要题目	说明
项目目的与设计	项目目的是否清楚？ 项目是否强调一个特定的现存问题、利益或需求？ 项目是否经适当设计，避免对任何联邦或地方政府、民间需求有多余或重复设计的情形出现？ 项目的设计是否能避免发生损及项目有效性的重大缺失？ 项目目标是否有效设定，使资源的投入能够达到预期效用与强调的目的？	检查项目是否能提供清晰的目的与稳固的设计基础，另外，将政府部门无法直接控制但仍具影响力的方面也纳入评估，例如，法规及市场因素； 资料来源包括授权的法规、机构的战略规划和年度绩效计划以及其他报告； 可供选择的答案为：是、否或不适用

续表

项目	受评项目的主要题目	说明
战略规划	项目是否设定一定数量的长期性绩效目标（这些目标以成果为导向并有意义地反映项目的目的）？ 项目的长期绩效目标是否具有挑战性并有阶段性的规划？ 项目是否设定有限数量的年度绩效目标，这些目标能够证明项目确实朝目标前进？ 设定项目的年度绩效目标时，其目标值是否有下限值并具有挑战性？ 项目的所有成员是否致力于年度和长期绩效目标的达成？ 是否定期执行独立且有足够范围的评估，以协助改善项目，并评估问题、利益或需求的效果和相关性？ 预算是否与年度和长期绩效目标的达成有显著联系，资源需求是否能在项目预算中作完整而透明的表达？ 项目是否采取有效的措施以改善战略规划的不足？	这部分着重于项目的规划、优先顺序的设定以及资源分配问题。关键在评估项目是否设定了有限数量且远大而实际的绩效目标，以及是否开发了具有战略性的预算。这部分还评价项目执行是否具有灵活性、是否根据绩效情况进行调整，项目监控也是该部分评估的重要内容之一； 资料来源包括战略规划文件，机构的绩效计划和报告，项目参与者所提出的相关报告、评估计划、预算文件等； 可供选择的答案为：是、否或不适用
项目管理	机构是否定期从各方收集具有时效且可靠的绩效信息，并用以管理项目和提升绩效？ 联邦主管和项目成员是否对项目的成本、进度和绩效负责？ 资金的获取是否及时，支出是否符合既定用途？ 项目执行过程中，是否有一定程式（如竞争性采购、成本比较、IT改进、适当激励等）来衡量成本与进度的效率？ 项目是否与其他相关项目进行有效的合作与协调？ 项目是否采用健全的财务管理制度？ 项目是否采取有意义的步骤以改善管理上的缺失？	这部分着重于项目是否有效管理以达成绩效目标，关键措施包括财务监控、项目进展评价、绩效信息收集及主管问责等； 资料来源包括财务报表、政府问责办公室及审计长（IG）报告、绩效计划、预算执行资料、IT计划和独立项目评估等； 可供选择的答案为：是、否或不适用
项目结果与问责	是否能证明项目在长期绩效目标的达成上已有显著的进步或成效？ 项目是否达成年度绩效目标？ 每年是否能证明项目在成本支出上是具有效率和效果的？ 项目的绩效是否比其他具有相同目的的项目表现得更好？ 执行独立、兼顾质量与范围的评估，其评估结果是否能显示项目的成果？	这部分着重于评估项目是否能够达成长期及年度绩效目标，关键措施包括与其他类似项目作比较，并进行独立的评估； 资料来源有年度绩效报告、各种评估报告、政府问责办公室及审计长报告等； 可供选择的答案为：是、多数达成、少数达成或否

（3）选择绩效测评方式。

在PART评价中，使用的绩效测评方式主要有三种：结果测评、产出测评和效率测评。其中，效率测评又分为两种：结果效率测评和产出效率测评。绩效测评方式的类型、目的和适用范围见表8-7。

表 8-7 绩效测评方式的类型、目的和适用范围

类型	测评目的	适用范围
结果测评	描述项目活动的真实结果	处于项目活动外部，对受益人和公众有直接重要影响的实践和状况
产出测评	描述在一定时期内，项目活动表现出的水平和层次	通常与一个项目的内部活动有关，用于使用结果测评方式无法真实反映结果或项目效果、无法用具体结果描述的情况
效率测评	描述在获取项目效果和制造项目产出过程中，用一种经济和有效的方式获取、利用和管理资源的结果	是一种通用型测评方式，其适用范围比结果测评和产出测评方式的适用范围广

（4）实施评价。

PART 的评价主体主要包括两个部分：一是白宫管理和预算办公室预算检察官，二是各部门和机构的项目、计划和预算办公室。其中，白宫管理和预算办公室主要决定项目的最终得分和所属等级。在评价过程中，评价主体严格按照绩效信息对项目进行评价，这些信息的来源极其广泛，包括相关法律、财务报表、检察官的综合报告、部门报告以及独立的项目评价报告等。

（5）划分项目等级。

PART 四个部分中每个问题有各自的权重，并可以根据与特定项目的相关程度调整其权重值，以更准确地突出该项目的关键因素。为了防止对总分的操纵以及在评价结果上弄虚作假，权重必须在评价前确定。四部分权重依次是 20%、10%、20%和 50%；每部分得分从 0 分到 100 分不等；每部分的得分与其权重相乘，可得出项目的综合得分；最后将项目综合得分转换为项目等级，即“有效”、“中等有效”、“尚可”和“无效”四个等级，另外还有第五类“成果未显示”（是指该项目尚未建立适合的绩效指标，或是未能提供客观数据）。具体标准如下：（1）有效（85～100 分）。这是项目能够达到的最高评级。项目被评定为有效，表明其目标明确、管理良好，成绩突出。（2）中等有效（70～84分）。一般而言，项目被评为中等有效，表明其目标明确、管理良好，但在项目设计和管理方面还需要解决一些存在的问题，才能达到提高效率的目的。（3）尚可（50～69分）。项目被评定为这一级表明需要确立更加明确的目标，加强责任或强化管理，才能取得更好的效果。（4）无效（49 分以下）。项目被评为这一级表明项目没有达到预期目标，存在管理不善问题，有明显缺陷。（5）那些不能提供适当的绩效测量方法或没有收集相关信息的项目将被归入“成果未显示”类。使用 PART 对单个项目进行评价固然有其重要价值，但美国联邦政府使用 PART 的主要目的并不只是对单个项目进行等级评价，而是通过格式化的绩效评价技术进行跨部门的比较评价，并把评价结果进行汇总向社会公布，从而为联邦的管理改革提供依据。

（6）绩效反馈。

联邦各机构每季末定期进行项目绩效评价，由各机构首席运营官（chief operating officer，COO）负责进行各项目的评价工作，最后由白宫管理和预算办公室汇总并公布结果。PART 对项目的评级是持续的，当年的评级结果要与上一年的结果比较，从中观

察该项目绩效的变化情况。每年经过评价的项目必须针对白宫管理和预算办公室提供的建议进行改善，来年再重新接受评价。因此，白宫管理和预算办公室和相关机构在项目绩效评价结束后，会对每个项目给出绩效改进建议（即下一步的行动方案）。这些行动方案包括机构所要采取的管理措施、资助建议及立法议案。PART的评价结果会在美国联邦政府网站上公布，该网站具有基本的搜索功能，以便公众查找和比较有关项目，同时还会公布项目的改进措施及实施情况等方面的信息。

2. 项目绩效评价的实施效果

美国联邦政府每个财年的项目支出高达上万亿美元，在推广PART之前，并没有统一的标准来评价这些项目的实施效果。美国联邦政府在推广PART时采用了循序渐进的方式，自2002年开始实施以来，从最初的对234个联邦政府项目进行评价，到2004年PART评价20%的项目，之后每年增加20%，2008年所有项目都被纳入评价范围。

从实际执行情况来看，2002年评价的234个联邦项目中，只有6%的项目结果为“有效”，24%的项目结果为“中等有效”，15%的项目结果为“尚可”，5%的项目结果为“无效”，而50%的项目被评为“成果未显示”。2006年，有977个项目接受了PART的评价，结果为“有效”的项目比例上升到17%，结果为“中等有效”的项目为30%，“尚可”项目为28%，“无效”和“成果无显示”的项目比例共下降到25%。2008年共有98%的联邦项目进入PART评价。2008年共评价项目1 017个，其中“有效”项目为19%，“中等有效”项目为32%，“尚可”项目为29%，“无效”和“成果未显示”的项目比例共下降到20%。对比以上数据可以看出，PART自从实施以来，在促进美国联邦政府的绩效结果和预算结合方面取得了比较明显的成效。

3. PART应用举例

自白宫管理和预算办公室开始使用PART以来，其适用范围不断扩展。下面将以美国住房与城市发展部的“公共住房”项目和农业部的“食品安全检查”项目为例，具体介绍PART在项目绩效评价中的运用。

（1）“公共住房”项目。

“公共住房”项目由美国住房与城市发展部负责。联邦政府为各州和地方政府的公共住房机构提供财政补贴以支持公共住房建设，它涉及110万低收入家庭（约260万人）。2008年的资金水平为66.39亿美元，2009年的预算资金为63.24亿美元。2008年白宫管理和预算办公室对该项目的评价结果是“成果未显示”，四个部分的得分分别为60分、12分、56分、7分。具体评价结果为：该项目“提供公共住房”的目的是明确的，然而，为低收入者提供住房在帮助低收入者自立方面能起到的作用尚未明确；项目的设计过于粗略，缺乏对承租人和地方管理部门节约资金的激励，因而无法提高资金使用效率；该项目缺乏有效的绩效衡量指标以及受资助家庭福利改善情况的结果指标，也没有实际的绩效目标和时间表。根据评级结果，美国住房与城市发展部采取了如下措施：改变复杂、烦琐的规制条例来提高项目的管理和绩效水平；在项目管理方面，执行基于项目的会计制度来改进地方管理决策；设置实际的目标和时间表以及结果性指标来提高受资助家庭的福利水平。

(2)“食品安全检查”项目。

“食品安全检查”项目的目的是确保肉、家禽、蛋产品的商业供应是安全的、健康的，要求准确分类和包装，其具体负责部门是农业部食品安全检查局。2008 年的资金水平为 9.3 亿美元，2009 年的项目预算为 9.52 亿美元。2008 年白宫管理和预算办公室对该项目的评价结果是“尚可”，四个部分的得分分别为 80 分、78 分、90 分、44 分。具体评价结果为：该项目设置了清晰的项目目的，同时与联邦和各州相关机构进行了有效的合作与沟通来保证食品的供给安全；该项目开发了三个新的绩效指标，但是这些指标只有两年的数据可得；在项目战略规划部分，预算需要与项目目的和绩效目标更好地结合，同时还要设置一定的绩效指标来考察该项目在促进公共健康方面的成果。然而，该项目在资金支付、立法或政策方面的变革措施是否会促使项目达成目标仍然是不明确的。根据评价结果，该项目计划采取如下改进措施：对“食品安全检查”项目进行独立的第三方评价来考察该项目的科学性和有效性；开发新的信息平台来进行实时的数据收集、数据分析以提高项目的有效性，在项目相关机构间实施更高程度的信息共享；实行有效的跨年度预算规划，在该项目的预算与绩效目标之间建立更密切的联系。

8.2 英国政府绩效管理

英国是政府绩效评价应用得最持久、最广泛，也是技术上比较成熟的国家，很多国家都不同程度地借鉴了英国政府绩效的评价与管理模式。因此，学习和了解英国政府绩效管理的主要做法，无论是对于政府绩效管理实践指导，还是对于政府绩效管理理论研究，都有积极的意义。本节将重点介绍英国政府绩效管理的历史沿革、中央政府绩效管理的主要做法以及地方政府的绩效管理办法。

8.2.1 英国政府绩效管理的历史沿革

早在 20 世纪 60 年代末期，英国政府就开始了政府绩效管理的初步尝试。英国的王室土地监督局、国内税务局以及就业局通过发布各部门的整体生产率指数，并拟订各种绩效指标来衡量下属部门的工作。但直到 20 世纪 80 年代以前，英国政府绩效管理仅仅局限于输入和产出等易于识别和调整的执行功能，没有形成系统、规范的政府绩效评价和管理体系。20 世纪 80 年代之后，随着撒切尔政府以及其后的梅杰政府、布莱尔政府为了提高行政效率、改进政府绩效而制定的一系列行政改革措施的出台，政府绩效管理才真正在英国的政府部门推行开来。根据绩效评价侧重点的不同，可以将英国的政府绩效管理划分为以经济效率为主的阶段和以质量为导向的阶段。

1. 以经济效率为主的阶段

1979 年撒切尔上台以后，英国推行了西欧最激进的政府改革计划。针对当时政府内部低效和浪费严重的问题，撒切尔政府大胆起用私营部门的管理人员，积极借鉴私营部门的管理方法和手段来改进政府管理，希望通过借用企业中的绩效管理经验来减少财政支出，提高行政效率，从而解决政府的财政和管理危机，重新确立政府在人们心目中的“合法地位”。这一阶段政府绩效评价的侧重点是经济和效率，撒切尔政府相继推行了雷纳评审计划、部长信息管理系统、财务管理新方案和下一步行动方案等一系列改革措施和评价方案，在节约政府开支、提高行政效率方面取得了显著的成就。

(1) 雷纳评审计划。

1979 年撒切尔一上台执政，就立即任命雷纳爵士为首相的效率顾问，并在内阁办公厅设立了一个“效率工作组”，负责行政改革的调研和推行工作，对中央政府各部门的运作情况进行全面的调查、研究、审视和评价，拟订提高部门组织经济和行政效率水平的具体方案和措施，这就是著名的雷纳评审计划。雷纳评审计划的主要做法是针对公共部门中人们相当熟悉并司空见惯的事务提出问题和质疑，以便发现存在的问题和不足，然后征求意见，在相关人员对这些方法和措施达成共识后，由被评审单位的负责人组织实施改革的具体措施。评审的一般程序包括选择评审对象、对现有行政活动质疑、推动被评审单位及评审员围绕评审报告争论或辩论、达成共识及落实改革措施这五个步骤。通过实施雷纳评审计划，一些部门的绩效状况有了显著改观，取得了很好的效果。据统计，从 1979 年到 1985 年的六年间，雷纳评审小组共进行了 266 项调查，发现并确定 6 亿英镑的年度节支领域和 6 700 万英镑的一次性节支领域。截至 1986 年年底，评审共支出 500 万英镑，而它所带来的直接经济效益高达 9.5 亿英镑。

(2) 部长信息管理系统。

1980 年，英国环境大臣赫塞尔廷在环境部率先建立了部长信息管理系统。后来他调任国防大臣，在国防部同样设立了部长信息管理系统，由于其效果显著，迅速引起了广泛关注并在行政部门推广。部长信息管理系统是一个融合目标管理和绩效评价等现代管理方法和技术的信息收集和处理系统，其作用在于向部长及时提供全面、规范化的信息，为部门的绩效评价提供系统、可靠的信息基础。与雷纳评审计划相比，部长信息管理系统更具有战略性和持续性，特别是它在绩效管理与目标管理、管理信息系统之间建立了有机的联系。部长信息管理系统的实施一般包括三个步骤。这三个步骤每年重复一次，称为部长信息管理系统的一个周期。

第一步，每个部门内设机构的负责人向部长交一份工作陈述，包括工作内容、所用人员、工作程序、工作目标及评价指标等。

第二步，部长审核各内设机构的工作陈述。审核内容包括部门总目标和各内设机构目标的整合等，并就具体指标、目标和资源分配等方面与各内设机构进行讨论，达成共识。

第三步，协议的执行。各内设机构按既定计划进行工作，并定期向部长汇报进展，部长据此对指标、目标和资源分配等方面进行调整，并找出工作上的薄弱环节，督促改进。

实践证明，部长信息管理系统能大大提高公共部门的工作效率。据调查，在建立这一系统后的四年内，环境部在工作任务不减、工作质量有所提高的前提下实现裁员 29%，远高于各部的平均数（1979—1987 年间英国公务员总人数减少 18%）。

（3）财务管理新方案。

1982 年 5 月，英国财政部颁布了《财务管理新方案》，该方案在一定意义上是部长信息管理系统的扩展和延伸。随着新方案的颁布，内阁办公厅和财政部联合成立了一个财务管理领导小组，负责指导新方案的实施及部门协调工作。新方案主要包括高层管理系统、目标陈述、绩效评价、财务分权与权力下放四个方面的内容。新方案在提高公共部门的经济和效率水平、降低公共开支等方面取得了显著的效果。1983 年英国卫生与社会保障部第一次提出了比较系统的绩效管理方案，这一方案包括 140 个绩效指标，后来被广泛应用于卫生管理部门和卫生服务系统的绩效评价当中。由于财务管理新方案等方法的广泛应用，英国公共部门的效率平均每年提高 2～3 个百分点。但是，也有一些学者指出，这些成绩的取得是有代价的，比如，新方案所主张的以行政资源利用和管理者个人责任为特点的内部控制机制忽略了外部效益最大化的问题。

（4）下一步行动方案。

尽管以上方案取得了一些成绩，但是显然这些还不是根本性的变革。1983 年，伊布斯接替雷纳出任首相的效率顾问，负责内阁效率小组的工作。1986 年 11 月开始，效率小组在伊布斯的领导下，对政府部门的工作进行了一次全面的、大规模的评审活动。在广泛深入的调查研究的基础上，1988 年向首相提交了名为《改进政府管理：下一步行动方案》的报告。该报告论述了评审小组在调查中所发现的一些问题：一是行政部门内部管理体制不利于向公众提供便捷的公共服务；二是擅长政策分析和政策咨询的高级文官普遍缺乏向公众提供公共服务的经验和管理技能；三是部长的日常工作超负荷，以至常常无暇顾及重大政策和部门战略管理；四是高级文官普遍忽视内部的管理工作；五是将庞大而多元化的公务员队伍作为一个单一实体进行管理，不利于调动公务员队伍的积极性、主动性和创造性。针对这些问题，报告提出了改革现状的具体建议和行动计划，主要内容包括：一是设立执行机构，剥离公共政策制定、评价职能和公共政策执行、公共服务提供职能；二是注重政府人力资源开发与利用，拓宽高级公务员来源渠道，保证高级公务员中既有具备政策咨询背景的知识型公务员，又有具备丰富基层管理经验的公务员；三是保持外部压力以推动持续性改进。

2. 以质量为导向的阶段

20 世纪 80 年代后期，英国政府以效率为导向的绩效管理方式取得了显著的成就，但是公共服务质量下降等问题却日益突显出来。1991 年，随着梅杰出任英国首相，英国政府先后发起了公民宪章运动（Citizens Charter）、竞争求质量运动（Competing for Quality）以及政府现代化运动（Modernizing Government），希望通过在公共服务供给中引入竞争机制、对公共服务品质进行公开承诺以及将政府管理与现代化手段相结合等方式来改善和提升公共服务的质量，为公众（顾客）提供满意的服务。由此，英国政府的绩效管理由以经济效率为主的阶段进入以质量为导向的阶段，追求高质量的服务和高水平的公众满意度成为这一时期的重要指导思想。

（1）公民宪章运动。

公民宪章运动是英国保守党领袖梅杰于 1989 年上台执政以后在行政改革方面所采取

的重要措施。1991年7月英国政府以白皮书的形式提出《公民宪章》，以宪章的形式把政府公共部门服务的内容、标准、责任等公之于众，接受公众的监督，目的在于促使政府各部门提高效率、改进服务，重塑政府在公众中的形象。为了保证承诺能够落到实处，英国政府为有效推行公民宪章运动采取了一系列措施，概括起来，主要包括以下几个方面：

1）组织协调。英国的公民宪章运动之所以能够普遍实施并取得良好的社会效果，离不开梅杰政府的高度重视和支持。英国政府在内阁办公厅下设一个公民宪章小组，由它直接向兰开斯特公爵郡大臣汇报有关公民宪章运动的进展情况，并有权否决那些不符合《公民宪章》要求的部门、机构等所制定的服务宪章草案。同时，英国政府还专门设立了由商界、服务对象和学者组成的专家委员会，与小组一起推动服务承诺计划。

2）宏观指导。公民宪章运动作为政府的核心政策，在全国几乎所有的公共部门同时推行。由于各地、各部门、各行业的实际情况各有差异，政府采取了多种形式对各个地区、各个行业的公民宪章运动进行总体协调与宏观指导，其中包括：明确公民宪章运动的意义和宗旨；制定全国统一的指导原则和基本要求；各地区、部门和各行业在总原则的指导下灵活制定各自的标准；及时了解各部门和行业的进展情况，定期发布信息，总结和交流经验；设立跨部门的独立监督机制等。

3）加强监督。公民宪章运动是以公众的广泛介入和监督为主要特征的服务质量测评和改进机制。因此，完善的投诉渠道、投诉程序和监察机制是确保《公民宪章》发挥作用的必要条件。英国实行《公民宪章》的各部门相继建立起了各自的内部监察机构，并设立了投诉电话专线——宪章热线，帮助公众了解各类服务宪章的内容和顾客权益，并接受公众投诉。除此之外，英国从1993年起成立了一个中心任务小组，对各类服务宪章进行检查，以确保各个公共服务部门都建立起相应的投诉制度。

4）建立奖励机制。为了使已实行服务宪章的部门和机构保持优质服务，公民宪章小组从1992年起实施奖励优质服务计划，并将实施服务宪章的部门、机构的政府文职人员的薪酬与实际绩效挂钩。

英国公民宪章运动在提高服务质量和公民满意度方面起到了积极的作用，并在国际上引起了巨大的反响，许多国家纷纷到英国考察并效仿公民宪章制度的制定和执行。作为英国政府和公共服务部门活动的基本准则，公民宪章运动被视为英国自新公共管理运动以来有关公共部门产出和绩效测量与评价工作的高峰，极大地提升了英国政府及公共服务部门的服务质量，同时也为公共部门和私人部门之间建立伙伴关系奠定了坚实的基础。

（2）竞争求质量运动。

1991年，在公民宪章运动开始四个月后，梅杰政府发表了《竞争求质量》白皮书。要求进一步提高服务质量和顾客满意度，并明确规定政府管理活动必须通过市场的检验和评价。市场检验是《竞争求质量》白皮书中提出的重要竞争方式，是竞争求质量运动的重要标志。市场检验强调内部承担的活动向竞争者开放，在确认活动的范围和性质、建立服务水平和质量标准的基础上，通过竞争和比较来确定由谁来提供公共服务。不论最后的结果是由外部承担还是继续由内部承担，市场检验能够保证公共服务以最佳的方式提供，从而保证资金的价值最大化。英国政府进行市场检验的主要方式是竞争招标制。竞争招标制在西方各国得到广泛的应用，英国的独特之处在于强制性竞争招标制，即利用中央权威来使地方当局和其他公共机构在指定的领域实施竞争招标制。1992年《地方政府法》规定，在所指定的服务领域，地方政府必须实施竞争招标制。竞争招标的结果可以是由政府继续提供服务，但跳过竞争招标这一程序将受到制裁。当然，竞争招标和选择、协商、确定操作细节、监测和评价等完全由政府控制。这种竞争模式既满足了私人部门参与公共服务提供过程的愿望与要求，又大大提高了公共服务的质量与效率。

如果某项公共服务必须由公共部门来提供，这就意味着在这个领域中无法引入公私竞争，那么，建立公共组织之间的竞争机制就成为提高公共服务效率和质量的有效途径。公共服务的传统提供方式是垄断性的集中配置，主要体现为划片服务或其他形式的客户分割。集中配置的方式保证了服务提供者的稳定客源，但也消除了公共部门之间进行竞争的动力与压力。公共部门之间的竞争主要通过建立内部市场来实现，旨在打破传统的集中配置服务体制，实现公共服务内部的市场竞争，给客户以自由选择的权利和便利，迫使公共部门为赢得客户而展开竞争。以中小学教育为例，常见的方式是以某条街道为界来划分孩子入哪所学校，这种集中配置的方式保证了服务提供者——学校的稳定生源，同时也消除了各学校之间进行竞争的动力。随着竞争求质量运动的深入，这种集中配置公共服务的传统做法被打破，政府制定了明确的政策来打破划片服务的传统做法，以促进竞争。教育方面，主管部门设立一系列评价标准，要求各学校公布绩效状况，并以排行榜的形式帮助家长和学生做出理性的选择。这类改革都是政府在公共服务“大锅饭”里制造市场，迫使公共部门在竞争中生存立足，从而改进服务质量满足公民要求的范例。目前，公共部门之间的客户竞争机制和内部市场机制已广泛运用于西方发达国家的社会保障、医疗卫生、社区服务和教育等领域，并取得了良好的实践效果。

（3）政府现代化运动。

1997年，布莱尔上台后继续推行行政改革，主要是希望在以往的改革成果上实现更大的飞跃。1999年，布莱尔政府发表了《政府现代化》白皮书，指出政府现代化的目的是“打造能使人民过上更好生活的政府”。在白皮书中，布莱尔政府还提出了要在十年内打造一个“更加侧重结果导向、顾客导向、合作与有效的信息时代的政府”。这是一种针对以往“竞争政府”模式所提出的新概念——“合作政府”（joined-up government）。布莱尔政府认为，政府的首要职责在于最终解决公民的需要，而不仅仅是解决这些问题过程中的效率。打造“合作政府”的一个首要前提在于：政府必须认识到人们对政府的需求并不会按照部门、行业或组织分类，解决结果往往是多个部门、机构和政策的共同产出。为了保证向公众提供高质量服务的承诺落到实处，英国政府还采取了诸如签订公共服务协议、推行电子政务等一系列具体的保障措施。

第一，公共服务协议在财政部和其他部门之间签订。英国政府规定每年各政府部门都必须与财政部签订《公共服务协议》。《公共服务协议》在综合考虑各部门服务支出的基础上，明确各部门可以提供的服务范围以及在现有支出规模下可以实现的服务目标效果，据此签订为期3年的协议，该协议由责任条款、目标条款和如何完成目标三部分组成。每年秋季各政府部门要向议会提交《秋季绩效评价报告》，分析对比实际工作结果与《公共服务协议》中所确立目标之间的差距，并向议会和公众公布。

第二，加快电子政府建设，增强公共服务输出的高质量和高回应性。《政府现代化》白皮书要求，到2002年25%的政府服务实现电子化，2005年50%的政府服务实现电子化，2008年所有政府服务都应该实现电子化。重视和充分利用信息技术是英国政府对信息时代的一种积极反应，信息技术的运用被认为是改善政府间分裂状态、促成部门合作的有效方式。另外，信息技术的使用也是英国政府推行绩效评价、提高政府服务质量的一个重要手段。

现代信息技术为政府绩效管理提供了新的平台，为实现政府绩效管理的科学化、规范化提供了有力的技术保障。同时，电子政府的建设增添了政府与公众之间的沟通渠道。政府现代化运动通过将政府管理与现代信息技术完美结合，有效地推动了政府部门之间的协调与合作。

8.2.2　中央政府绩效管理

1．中央政府绩效管理的主管部门

英国中央政府绩效管理的主管部门分别是英国的财政部、国家审计署和内阁。首先，英国财政部与各部门协商后，经过议会的批准，在全面支出审查中为各中央部门制定下三个年度的公共服务协议、服务改进协议、部门战略性目标以及资金价值目标，并提供相应的预算资源。例如，2007年的全面支出审查就确定了英国政府2008—2011年的发展计划。其次，英国中央政府部门需要在秋季以及春季提交秋季报告和年度绩效报告，由国家审计局对报告中数据的有效性和资金价值目标的完成情况进行监督和审核。最后，内阁负责开展的能力评价项目是中央政府绩效管理的重要组成部分。在这个过程中，议会发挥了重要的外部监督作用，政府需要每两年向议会报告政府绩效结果。总之，对公共服务协议、服务改进协议、部门战略性目标以及资金价值目标的完成情况进行评价属于政府绩效管理的业绩评价，而由内阁独立展开的能力评价项目则是对中央各部门能力的评价和管理。

2．中央政府绩效评价的内容

英国中央政府绩效评价的内容主要由公共服务协议、服务改进协议、资金价值目标、部门战略性目标及能力评价等组成。

（1）公共服务协议。

英国政府绩效管理体系中最重要的就是公共服务协议。公共服务协议于1998年由全面支出审查推出，在促进公共服务传递和改进政府绩效水平方面起到了重要的作用。近年来，英国政府一直与一线公务员、内外部专家合作，致力于不断改进和完善英国政府绩效管理体系。英国财政部的《2007年全面支出审查》（Comprehensive Spending Review 2007，CSR07）就是这项工作的最高成果，它涵盖了30个新的公共服务协议，明晰了2008—2011年的政府工作目标和计划，并在公共服务协议体系加入了一个新的全局性目标，即“帮助人民和企业更快更好地度过危机，以支持长期的经济发展和繁荣”，从而更好地反映英国社会和经济发展的关键和重点。2008—2011 年的公共服务协议内容如表 8-8 所示。

表 8-8 2008—2011 年英国政府公共服务协议

为全体人民提供公平的机会	更高品质的生活	更强大的社区	一个更加安全、公平、环保而可持续发展的世界
2010—2011 年，将贫困儿童数目减少一半，至 2020 年，完全消除贫困儿童； 提高儿童和青少年的受教育程度； 对于困难家庭儿童和残障儿童，减少他们与同龄人在受教育程度上的差距； 提高儿童和青少年成功的概率； 解决性别、种族、残障、年龄、性取向、宗教或信仰方面的歧视； 提高社会边缘群体享有居住、就业、教育、培训等福利的比例	提高儿童和青少年的医疗和健康水平； 改善儿童和青少年的安全状况； 解决贫困，提高人民晚年生活的独立性和健康水平； 为全体人民提供更好的医疗和健康保障； 保障全体人民享有更高的护理水平； 成功举办奥运会和残奥会，提供可持续发展的奥运遗产，并让更多的儿童和青少年参与到高水平的体育运动之中	建设更有凝聚力的、更有自主性的、更加积极的社区； 让社区更加安全； 为受害者和公众提供一个更加有效的、透明的、反应迅速的刑事司法体系； 减少酗酒和毒品造成的危害； 减少国际恐怖主义对英国本国及其海外利益的危害	领导全球以缓解气候变化； 为了英国的今天和未来，确保一个健康的自然环境； 更快地朝着千禧年发展目标前进，由此减少相对贫穷国家的贫困； 英国与国际社会共同努力，减少冲突带来的影响
帮助人民和企业更快更好地度过危机，以支持长期的经济发展和繁荣（支撑以上目标）			
通过国家经济委员会（National Economic Council）来实现该承诺，帮助人民和企业更快更好地从经济衰退中恢复，包括改善金融业的商业准入条件、帮助失业人群等； 提高英国经济的生产力； 提高全民技能水平，至 2020 年达到世界级水平； 创造一个可控的和公平的移民环境：能够保障公民权益并促进经济发展，推动英国的科学和创新，使之达到世界级水平； 提供可靠高效的交通运输网络，以维持经济发展； 在英国创造促进商业成功的环境； 提高英语区的经济水平，减小各区域在经济发展水平上的差距； 为全民提供更多就业机会； 改善长期的住房供应和价格的可接受程度			

这 30 个公共服务协议显示了英国政府在 2008—2011 年要重点达成的成果，每个公共服务协议都有其相应的实施协议，实施协议规定了每个公共服务协议所需的达成措施、责任机制及绩效评价指标。内阁委员会负责监控公共服务协议的日常进展，敦促各部门和各个项目小组负起责任，协调和解决部门间的纠纷，确保绩效目标的实现。虽然为了达成公共服务协议通常需要有很多部门参与，但是为了确保有效的问责机制，每个公共服务协议一般由一个或两个领导性部门负责，一位部长任该公共服务协议的领导

部长，同时由一名高级责任专员负责主持公共服务协议实施委员会。

（2）服务改进协议。

英国政府要求各个部门签订服务改进协议，其目标是改进公共服务使它们能够更好地满足公众和企业的需要，减少公众和企业获得服务时遇到的不必要的困难。内阁总理和财政部的常务秘书会敦促各个部门为服务改进协议承担责任，各部部长也会负责本部门服务转型任务的达成情况。同时，各个部门和相关服务组织联合组成的实施委员会，具体负责各部门服务改进协议执行情况的日常监控、进展评价和项目管理等工作。实施委员会下属的地方政府实施委员会，则负责地方政府服务水平的提高、监控和评价。

对于政府服务水平的监控，单纯衡量民众的主观感受是远远不够的，需要有客观的数据来支持，服务改进协议给出了两个主要的衡量进展的方法：

1）减少“本可避免的接触”的数量。由于公共部门信息公开不充分或者服务不到位，本来可以一次办好的事情，公众往往需要一次又一次地与之交涉，这样多次不必要的接触称为“本可避免的接触”。服务改进协议的目标是在2011年前，将“本可避免的接触”减少一半。

2）建立更好的网上服务。政务信息化是当前各国政府再造的趋势，英国政府建立了对公众服务的网站和对企业服务的网站。服务改进协议的目标是在2011年前，95%以上的网上交易和政府信息能够方便地在这两个网站上完成和获得。

（3）资金价值目标。

英国政府一直致力于提高重要公共服务领域的投资及其效益水平，即资金价值，以保证资金使用的效率和效果。英国财政部在全面支出审查中会给各个中央政府部门设定下三个年度的资金价值目标，并每年进行更新。国家审计局负责对各部门的资金价值方面进行监控和审计，审计的目标是保证公共资源的经济性、效率性和效果性。审计结果将汇报给公共账目委员会（Public Accounts Committee）。公共账目委员会是下议院的高级特别委员会，其任务是确保议会下拨的资金能够被正确使用。公共账目委员会需要就国家审计局提交的报告展开听证会，并于听证会之后发布独立报告。政府部门则需要对该报告做出正式回应，说明它将为贯彻执行委员会的建议而采取的具体改进措施。经过多年的审计实践，在2003年政府发布的《资金价值审计手册》（Value for Money Handbook）中，英国国家审计局提出了资金价值审计的九个循环性步骤，如图8-4所示。

（4）部门战略性目标。

在2007年全面支出审查中，所有重要的政府部门都制定了不同数量的部门战略性目标，在体现政府全局工作重点的同时，涵盖更加广泛的包括日常业务活动在内的部门性活动。每个部门战略性目标都有其相应的绩效评价指标体系。例如，英国国际发展部（Department for International Development，DFID）的公共服务协议和部门战略性目标具体如表8-9所示。

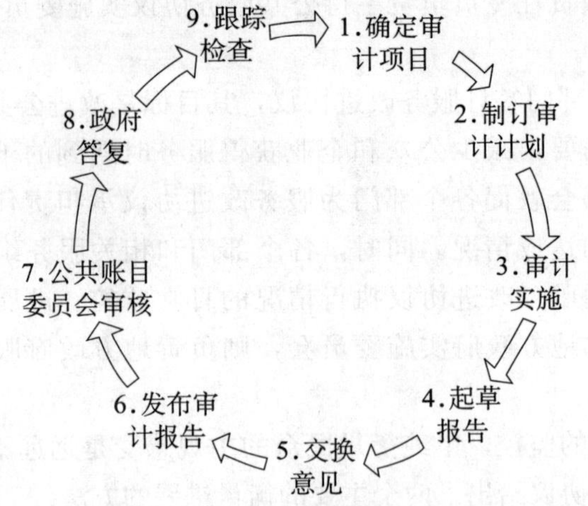

图 8-4　资金价值审计的循环性步骤

表 8-9　DFID 的公共服务协议和部门战略性目标

公共服务协议（PSA）		
(DFID 作为实施合作伙伴）PSA 27：领导全球，避免危险的气候变化	(DFID 作为领导性部门）PSA 29：在贫困国家消除贫穷方面，更快地朝千禧年发展目标前进	(DFID 作为实施合作伙伴）PSA 30：英国与国际社会共同努力，减少冲突带来的影响
⇧		
部门战略性目标（DSO）		
DSO 2：积极应对气候变化，确保环境的可持续性	DSO 1：促进良好的治理、经济增长、贸易以及基础服务的易获性	DSO 3：消除贫困，有效地回应冲突和人道主义危机，促进和平
DSO 4：开发全球合作伙伴关系以促进援助之外的发展		
DSO 5：使所有双边/多边的捐赠机构更加有效		
DSO 6：支持双边发展		
DSO 7：提高本部门工作的效率和效果		
通过“金钱、人、体制、沟通、结果”来实施		
⇧		
部门绩效框架		

（5）能力评价。

能力评价是内阁秘书古斯·奥多内尔（Gus O'Donnell）于 2005 年发起的，该项目将部门能力分为三类：实施能力、领导力和战略能力，并且每类能力又可细化为若干种能力，具体的能力评价模式见表 8-10。内阁成立了专门的能力评价小组，负责召集外部的评价主体，以两年为一个周期对各个中央部门的能力进行全面评价。

表 8-10　能力评价模式

实施能力	有效管理绩效，提高资金价值； 创新，改进实施效果； 有重点地利用资源； 明晰角色、职责和实施计划
领导力	引导方向； 点燃激情，加快脚步； 开发员工
战略能力	制定战略，注重结果； 基于详尽的信息进行抉择，关注客户； 通力合作，建立共同愿景

资料来源：https：//webarchive. nationalarchives. gov. cuk/ukgwa/20110426113305/http：//www. civilservice. gov. uk/about/improving/capability/mod-cap-tools/the-model. aspx.

在对部门能力进行评价时，内阁能力评价小组给出的能力评价项目的评价尺度如表 8-11 所示。

表 8-11　能力评价项目的评价尺度

绿色	符合能力模型的要求，能力突出，能够完成未来的各项行动
绿色条纹	与能力模型的要求有差距，但是已有清醒的认识。为了应对现在和未来的实施计划，正在逐渐提高自己的能力，并完全有条件达成既定要求
红色条纹	对于现在和未来的实施计划，在能力上有一定欠缺，且没有完全认识到自身缺点，也没有清晰的改进计划
红色	对于现在和未来的实施计划，在能力上有明显欠缺，需要立刻采取相应措施；短期或中期内并没有条件弥补这些欠缺，需要额外的努力和帮助来保证有效的实施

8.2.3　国家公务员绩效管理

英国公务员共分为七个等级，依次为内阁秘书、常务秘书、处长、主任、副主任、六级公务员和组长。整个公务员体系由内阁秘书领导。在一个部门中最高级别的公务员是常务秘书，其工作职责是协助部长管理部门内的各项工作，向内阁秘书汇报本部门的日常事务和公务员管理的情况等。每个季度所有的常务秘书将组成常务秘书管理小组（Permanent Secretaries Management Group），来商讨和决定公务员管理过程中的重要问题。常务秘书管理小组的上级公务员管理机构是公务员指导委员会（Civil Service Steering Board)，该委员会由内阁秘书主持，每月定期召开会议来解决常务秘书管理小组提出的相关议题①。

1. 英国高级公务员绩效管理

在英国，高级公务员的数量大概为 3 800 名，包括常务秘书、处长、主任、副主任四个级别。内阁中的公务员能力小组（Civil Service Capability Group）负责高级公务员绩效管理的具体操作和政策制定。英国内阁公布了《高级公务员的绩效管理——给人力资源从业者、直属主管以及高级公务员（包括常务秘书）的指导手册，2010—2011》，该指导手册概述了高级公务员绩效管理的各项安排，规定了各部门必须执行的核心框架。在内阁与常务秘书的会议中，常务秘书需要向内阁报告各自部门绩效管理的情况，而内阁则会持续监控各部门绩效管理的质量，通过能力评价项目、深入调查等方式来提供反馈和支持。高级公务员绩效管理框架如图 8-5 所示。

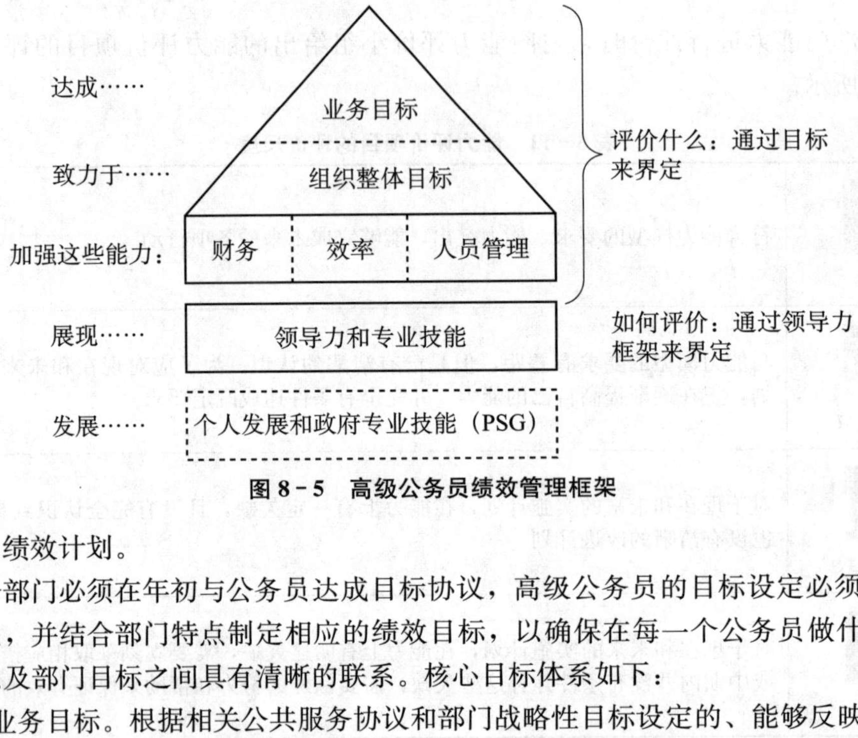

图 8-5 高级公务员绩效管理框架

（1）绩效计划。

各个部门必须在年初与公务员达成目标协议，高级公务员的目标设定必须遵循核心目标体系，并结合部门特点制定相应的绩效目标，以确保在每一个公务员做什么、对何事负责以及部门目标之间具有清晰的联系。核心目标体系如下：

1）业务目标。根据相关公共服务协议和部门战略性目标设定的、能够反映业务重点的目标，同时包括下一年的资金价值目标。这些目标被置于顶端，层层传递至每一位高级公务员。

2）组织整体目标。该目标清楚地界定了领导活动方面的要求，该类领导活动能够促进有效的组织整体管理以及一个部门或公务员整体的凝聚力。

3）能力目标。用于确保个体、部门以及整个公务员体系有合适的能力来达成现在或者未来的绩效结果。

4）个人发展目标。该目标强调公务员的持续发展和个人胜任力的不断增强。

① https://webarchive.nationalarchives.gov.uk/ukgwa/20110426110440/http://www.civilservice.gov.uk/about/leadership/index.aspx.

5）公务员多元化目标。公务员多元化目标强调高级公务员在公务员队伍的多元化和公平方面进行活跃和杰出的领导活动。

6）领导力。高级公务员在过去一年内展现出来的领导力也是绩效评价内容之一，该目标的设置显示了整个公务员体系对于领导者的期望。对于领导力的评价会在年终的领导力框架评价体系中体现。

（2）绩效管理周期。

高级公务员的绩效管理周期为一年，人力资源管理部门要在绩效管理周期开始时制订绩效计划，为公务员提供努力方向，并在绩效管理周期之中进行绩效监控、沟通、评价和反馈以确保公务员能够持续进步。高级公务员绩效管理周期见表8-12。

表8-12 高级公务员绩效管理周期

步骤	活动	时间
绩效计划	部门调整目标，以保持整体性和有效性；公务员与其上级主管制定绩效目标，该目标应与业务目标保持一致	3—4月
绩效监控和反馈	绩效监控和反馈贯穿整个绩效周期，其中包括中期的正式反馈会议	4月至次年3月（10—11月进行中期的正式绩效会议）
绩效评价	年终绩效评价和反馈，通过比较每位公务员对组织所做的贡献，进行绩效分级	次年3—4月
奖励	根据评价结果进行奖励	次年4—6月

（3）绩效监控和反馈。

绩效监控和反馈是一个持续的过程，需要在日常的绩效沟通中探讨目标的合理性、目标的达成情况以及下一步的行动计划。在每年10月以及11月举行的中期反馈会议中，上级领导和下级公务员需要就以下事项进行沟通：

1）讨论目标的合理性及是否需要根据实际情况调整目标。

2）回顾重点问题，特别是存在资源冲突的领域。

3）上级领导需要回顾高级公务员的绩效表现，并给予相应的改进建议和指导。

4）讨论高级公务员个体的发展需求、长期的职业愿景和抉择。

（4）绩效评价。

绩效评价通常在年终进行，其信息来源于贯穿整个年度的绩效监控和反馈。绩效评价的内容主要包括三项：达成目标的程度、领导力和专业技能以及目标达成的难易程度。绩效评价主体除了公务员上级领导之外，还可以包括公务员自己、相关部门的同事和利益相关者。一旦绩效信息收集齐全，上级领导就可以利用有效的绩效信息和公务员讨论其目标的达成情况，并根据其绩效排名将该公务员划分到一定的绩效组别中去。

（5）绩效奖励。

对于高级公务员，通常有两种绩效奖励方式，一种是一次性的绩效奖金，一种是基本工资的调整。为了评价绩效水平和分配绩效奖金，上级领导需将高级公务员从绩效好到绩效差进行排序和分组，并填写一个绩效组别推荐表，连同相关的数据证明提交给负责绩效工资调整的委员会。具体如下：

1）组别1，绩效排名前20%的公务员；

2）组别2，绩效排名往后40%的公务员；

3）组别3，绩效排名再往后20%～25%的公务员；

4）组别4，绩效排名最后15%～20%的公务员。这个组别不应该收到任何浮动工资，必须采取行动来解决较差的绩效。

公务员基本工资的调整范围是由部门自行决定的，一般是5%～10%。通常，各部门根据自身的具体情况而采用不同的调整幅度。调整幅度主要由以下三个标准决定：

1）公务员在胜任力方面的成长：通过政府专业技能框架来衡量胜任力。

2）工作中面临的挑战：从工作评价和部门工作重点来考察。

3）对公务员未来绩效的估计：参考过去一连串的绩效或者对潜力进行考察。

（6）处理不合格绩效。

当不合格绩效产生的时候，上级领导应该和下级探讨绩效不合格的原因以及绩效改进计划。需要注意的是，上级领导应该合理区分偶然的绩效下降和持续的绩效下降。前者往往由于人际纠纷、压力、财务危机等外部问题而产生，领导要尽量帮助解决。即使解决不了，也要将其绩效提高到可以接受的水平。但如果发生后者的情况，那么领导要和下级制订出一个绩效改进计划。如果情况仍然没有好转，那么各部门自行决定的正式处理程序开始生效，辞退或者是降级也是完全有可能的。由于绩效问题的产生源头之一往往是无效的招聘，所以领导要针对绩效评价的结果，尽可能谨慎地进行招聘。

2．政府专业技能

政府专业技能框架（professional skills for government framework，PSG）是在2003年发展起来的一种胜任力模型，它列出了所有级别、所有地域的公务员做好本职工作所应该具备的能力，被广泛用于各级公务员的能力评价当中。该框架包括四种普遍适用的能力，不同级别的公务员在这四种能力上的要求有所不同。

（1）领导力：领导力是该模型的核心，适用于所有公务员。主要包括四项内容：给组织提供方向，确保目标的达成，帮助组织培养应对当前及未来挑战的能力，为人正直。

（2）核心技能：适用于所有公务员，每个公务员都需要一些核心技能以有效地工作，不同级别的公务员所需的核心技能不一样，例如七级公务员需要人员管理、财务管理、分析和使用数据、项目管理等技能。而对于高级公务员，除了以上技能，还要拥有沟通、市场营销和战略性思考的技能。

（3）专业技能：对应公务员的具体职位和角色，该模型为不同职能领域的公务员指出了其所需的专业技能。

（4）更加广泛的工作经验（仅适用于高级公务员）：对于高级公务员或者是向往成为高级公务员的人来说，工作经验的深度和广度是非常重要的①。

---

① https：//webarchive. nationalarchives. gov. uk/ukgwa/20110426114921/http：//www. civilservice. gov. uk/a-bout/improving/psg/psg-identifier/PSG-skills-identifier. aspx.

8.2.4　地方政府绩效管理

1999 年英国通过的《地方政府法案》规定，地方和其他特定当局须引入最优绩效管理体系，报告它们在经济性、效率和效果方面的成果，并授予中央政府检查和评价地方政府是否达到绩效目标和标准的权力。2009 年社区和地方政府部门（Community and Local Government Department）发布了《强大的和繁荣的社区》白皮书，该白皮书废止了之前的最优绩效管理体系，颁布了新的地方绩效框架，将国家性指标体系、本地地区协议以及综合地区评价整合起来，突出强调改善公共服务和提高地方人民的生活质量，该绩效框架适用于地方当局和它们的服务供应合作伙伴（例如警察局、就业促进中心和国民健康服务基金会）。具体而言，一方面，在综合考虑本地工作重点与国家工作重点后，地方当局与中央政府的代表——政府办公室签订本地地区协议，并针对协议中的目标和制订的战略计划、业务计划以及服务计划进行内部的自我评价；另一方面，在审计委员会的领导下，综合地区评价项目组会对各个地区进行外部的绩效评价。内部和外部绩效评价使用的主要绩效评价指标均来自国家性指标体系。

1．国家性指标体系

国家性指标体系来源于公共服务协议和部门战略性目标，包括 188 个指标，是中央政府衡量地方当局单独工作或者与其他机构合作中表现的唯一指标体系。它代替了之前的最优价值指标体系。

国家性指标体系能够衡量地方当局在完成中央政府重点事项方面的成就，而这些事项都在全面支出审查中以公共服务协议或者部门战略性目标的形式体现。因此，国家性指标体系在确保政府达成三年支出审查期间的目标上起到了非常重要的作用，表 8-13 显示了国家性指标、公共服务协议、服务改进协议、部门战略性目标之间的联系。

表 8-13　国家性指标、公共服务协议、服务改进协议、部门战略性目标之间的联系（部分）

公共服务协议/服务改进协议/部门战略性目标	对应的国家性指标编号
公共服务协议 2：在 2020 年之前，提高人民的技能，使之向世界级技能迈进	NI 161、NI 162、NI 163、NI 164、NI 165
公共服务协议 5：达成可靠的、有效率的交通网络以支持经济增长	NI 167
服务改进协议	NI 14
商务、企业和管制改革部的战略性目标：在所有区域促进创新，促进商业增长	NI 166、NI 171、NI 172

国家性指标体系的内容主要包括四个方面：更强大、更安全的社区，关注儿童和青少年，成年人的健康和幸福感及地方经济和环境的可持续性。每个指标都有一个详细的指标卡，具体如表 8-14 所示。

表 8-14　国家性指标的指标卡

指标编号和名称			
数据是否由地方机构或者地方合作伙伴提供		是否是现行指标	
原理	针对该指标的内涵，给出说明		
定义	解释该指标应该如何被衡量、衡量什么以及任何特殊词语的精确含义；还包括所有与定义中的计算项目相关的信息，如果其他来源的数据被计算进去，数据提供者的情况会被提供		
计算公式	解释计算的方法		
实践案例	展示在实践中该定义和计算公式是如何应用的	良好绩效	指出良好绩效的代表性数字
信息收集间隔	说明收集信息的频率	信息来源	说明使用的数据系列、数据收集的表格以及此次收集是否专供国家性指标
返回格式	说明数据在格式上应该是什么样子的	小数点位数	小数点后的位数
报告机构	说明哪些组织提供绩效信息，例如国家统计局或者那些进行数据交换的政府部门		
地域级别	说明哪些地区的数据将被报告		
进一步的指示	说明可以得到的进一步的信息		

2．本地地区协议

本地地区协议是在地方"可持续地区战略"的基础上，由本地区与中央政府之间签订的强调地区工作重点的三年期的地区协议。本地地区协议的主要目标是通过给地方人民创造更好的成果而真正地实现可持续发展的社区。本地地区协议的内容主要涵盖四个方面，具体如表 8-15 所示。地方政府应该尽可能广泛地将这个框架用于本地地区协议。每个本地地区协议目标需要包含三种类型的指标供地方政府选择：强制性指标、特别资金支持下的强制性指标以及其他指标。这些指标均来自国家性指标体系。

表 8-15　本地地区协议目标框架

儿童和青少年	安全和强大的社区	健康的社区和老年人	经济发展
1. 安全的 2. 健康的 3. 享受和成就 4. 达成经济上的幸福 5. 缩小差距	1. 减少犯罪 2. 安抚公众，减少其对犯罪的恐惧 3. 减少非法药物造成的危害 4. 在社区中建立相互尊重的氛围并减少反社会行为 5. 给地方人民授权使之有更多的选择、更大的决策权和在公共服务传递上成为更重要的角色 6. 更干净、更绿色和更安全的公共空间 7. 减少填埋的垃圾并提高回收率 8. 解决气候变化 9. 开放农村地区	1. 增进健康平等 2. 提高生活质量 3. 做出有益的贡献 4. 选择和控制 5. 消除歧视 6. 经济上的幸福 7. 个人尊严 8. 减少伤病，增进工作健康 9. 缩小差距	1. 就业得到改善 2. 企业得到改进 3. 改进竞争 4. 改善投资 5. 改善技能 6. 改善住房 7. 增进创新 8. 可持续的生产和消费 9. 缩小差距

3. 综合地区评价

综合地区评价在2009年4月代替了综合绩效评价以及其他一些评价项目，成为新的地方绩效管理体系的组成部分。综合地区评价会监控国家性指标体系以及本地地区协议目标的实现情况，评价地方政府单独或者联合战略性合作伙伴达成的成果，进而为中央政府提供国家重点事项进展情况的相关信息。综合地区评价由审计委员会与其他五个监察机构合作执行，包括教育标准办公室、护理质量委员会、警察督察局、监狱监察局等。这意味着综合地区评价能够统筹地方议会、医疗机构、警察力量、火灾救援服务中心和其他提供地方公共服务的机构，因而相对于分散的单个机构的绩效评价，它能够更好地促进地方绩效的全面进步。综合地区评价遵循一定的活动安排，并不把分数作为评价结果，而是使用蓝色或者红色的旗帜来表示对未来改进的关注。红色旗帜意味着可以采取一些额外的活动来改进结果，蓝色旗帜则意味着较优异的绩效。表8-16是进行综合地区评价的流程安排。每个季度评价小组会定期更新绩效评价报告。

表8-16　综合地区评价的流程安排

单独监察：阶段一	评估地区成果，初步判断给该地区红色旗帜还是蓝色旗帜
联合监察：阶段二	针对地方重点和国家性重点的结果，进行联合分析； 对旗帜的标示和议会组织评估分数进行联合讨论
联合监察：阶段三	地区与政府办公室拟订评价报告的初稿并进行分享，在6月进行初步信息质量确认
9月会从阶段一到阶段三再检查一遍	
阶段四	拟订并分享报告的初稿
阶段五	最后的信息质量确认
阶段六	各个地区与地方办公室分享报告
11月在政府信息网站上发布最终报告	

8.2.5　地方政府雇员绩效管理

在英国，地方政府的工作人员未被纳入到公务员体系中，因此地方政府能够自行决定其雇员的绩效管理体系，我们以兰开夏郡为例来说明。

1. 兰开夏郡的绩效目标设定

兰开夏郡的整体目标有七个：安全感，引领健康生活，居民能得到其所需的帮助，学习和发展，工作和成功，便捷而安全地旅行，高质量的环境。根据以上目标，该郡制订了理事会计划、业务计划、服务计划和团队计划，而地方政府工作人员目标制定的原则是将个人目标与组织整体目标和服务计划、团队计划、业务计划及理事会计划等联系起来。一般而言，个体目标包括五个左右的工作目标和至少一个工作生活平衡或幸福感目标。

2. 兰开夏郡的绩效管理周期

兰开夏郡开展员工绩效管理的周期如表8-17所示。

表 8-17　兰开夏郡的绩效管理周期

时间	绩效管理
上年 10 月至当年 1 月	各服务单元和工作小组准备起草业务计划
2—3 月	通过业务计划定稿，制定达成该计划的预算
4—5 月	年度绩效评价
5—6 月	进行培训需求分析，确保与组织整体工作重点保持一致
6 月	启动理事会或直接服务组织的培训和开发计划及课程项目
7—9 月	有些员工的活动会受到议会内或者议会外财务进程的影响，他们可以在 7 月开始个人发展和评价计划
10—11 月	业务计划更新，半年绩效评价，确认学习需求

3. 兰开夏郡的绩效评价主体

兰开夏郡政府工作人员的绩效评价由员工的上级主管执行，首席执行官的绩效则由郡议会的领导来评价。当政府工作人员的服务范围较大时，可能会由一些上级主管以外的评价主体来进行绩效评价，但是评价主体必须完全理解和掌握该员工的工作和服务计划。

4. 兰开夏郡的绩效评价办法

在绩效评价前、绩效评价过程中以及绩效评价后，各个政府工作人员和其上级主管都要遵循一定的计划和安排，具体如表 8-18 所示。

表 8-18　兰开夏郡绩效评价办法

绩效评价前	主管与员工商定见面日期； 双方熟悉胜任力模型； 双方熟悉相关的小组计划、服务或者业务计划； 主管与员工商议被评价岗位的胜任力级别； 员工完成自我评价表格，收集关于自我评价的相关证据； 主管收集与员工绩效相关的信息，并形成自己的判断
绩效评价的材料准备	相关的小组计划、服务或者业务计划； 职位描述或者角色定义方面的材料； 已经填好的自我评价表格； 双方收集好的关于员工绩效的数据； 员工准备好与自己职业愿景和目标相关的信息
绩效评价中	双方对胜任力进行评价并达成一致意见； 商定未来 12 个月内的工作目标； 商定个人的工作生活平衡/幸福感目标； 商定员工在未来 12 个月的开发/培训活动，完成学习和发展计划； 讨论职业愿景； 分享最佳实践； 完成绩效评价表
绩效评价后	思考未来 12 个月的学习和发展计划，相关的表格提交给理事会和直接服务组织的培训人员； 每次培训结束后，主管和员工见面并评价培训效果； 6 个月后，主管和员工再次开讨论会，对他们目前在既定目标上的成果和已经参加的培训进行评价

5. 兰开夏郡政府工作人员的胜任力模型

胜任力模型通常包括一名员工胜任工作岗位所要求的技能、知识、经验以及行为。在兰开夏郡政府雇员的胜任力模型中，共有五种胜任力：领导力和愿景，沟通能力与人际关系，有效地使用资源，创造一个学习型的环境，创新。每一种胜任力都有必要水平、管理水平、领导水平和战略水平这四种不同等级的行为定义。不同职位的员工所处的等级也不同，如果一个员工处于战略水平，那么需要对他在所有水平上的表现进行打分。以沟通能力与人际关系为例，兰开夏郡政府雇员胜任力模型如表 8－19 所示。

表 8－19　胜任力评价样表

沟通能力与人际关系			
确保所沟通的信息清楚，易于理解；通过有效的人际关系与同事进行合作			
有效行为/胜任力级别			
必要水平	管理水平	领导水平	战略水平
尊重并重视每个同事，无论他们的年龄、生理缺陷、信仰、性别、种族或者性取向； 能够与他人进行交流，包括那些母语不是英语的人； 使用合适的媒介进行交流，比如 Email、留言、面谈等； 与同事、客户、合作伙伴、利益相关者建立并维持建设性的、开放的关系； 在同事、客户、合作伙伴、利益相关者前树立友善的、专业的形象； 更新与工作场所相关的信息； 建立并维持整个组织的沟通网络，使之覆盖同事、客户、合作伙伴、利益相关者； 充满信心地和有效率地回答疑问并解决问题；帮助同事、客户、合作伙伴、利益相关者解决信息上的问题； 能够挑战不被接受的行为	给同事提供工作上的信息； 鼓励他人自由表达见解，建立一种开放式交流的氛围； 对各种建议和决定提供清晰而有逻辑的论证，并说服他人； 指导他人进行有效的交流，通过提问确认他人是否准确理解； 对他人的反应有所预期并做好相应准备； 有效地管理和参与会议； 与不同年龄层的、残障的、不同信仰的、不同性别的、不同种族的以及不同性取向的人建立有效的工作关系，理解社区内不同人群的需求并与之交流； 与管理者和合作者建立有效的工作关系	鼓励他人自由表达，建立一种开放式交流的氛围； 在处理令人情绪化的或困难的情况时，关注事实、问题及解决方法，保持公正和中立； 以人们可以理解的方式表述复杂的观点和问题； 创造一个团队成员、管理者和合作者协调工作的环境； 对他人来说是可以接近的、易于接近的； 能够预料到他人对自身行动或语言可能的反应； 与不同年龄层的、残障的、不同信仰的、不同性别的、不同种族的以及不同性取向的人建立有效的工作关系，理解社区不同人群的需求并与之交流； 提高公平性和多样性在组织内的重要性	对每个人来说都是可以见到、可以接近并易于接近的； 以职业的、令人印象深刻的方式代表议会面对合作者和管理者； 在议会内外充分利用自身能力和政治关系以达成所期望的结果； 在议会责任领域内外，都能采取行动改善交流过程； 与不同年龄层的、残障的、不同信仰的、不同性别的、不同种族的以及不同性取向的人建立有效的工作关系，理解社区不同人群的需求并与之交流； 鼓励他人提升公平性和多样性
员工自我评估的分数：	员工自我评估的分数：	员工自我评估的分数：	员工自我评估的分数：
直属主管和员工协商后给出的综合分数：			

8.3 韩国政府绩效管理

韩国关注政府绩效管理的时间不长，但自1990年后期开始，经过持续的制度建设和强有力的推进与完善，政府绩效管理已呈现出快速发展的趋势，形成了比较科学有效的政府绩效管理体系。对韩国政府绩效管理的经验和不足进行归纳和总结，可以为我国政府绩效管理的实践提供有益的指导和借鉴。

8.3.1 韩国政府绩效管理概述

韩国政府开始重视政府绩效管理主要受两个背景环境的影响。首先，受西方发达国家政府改革的新公共管理理论和1997年金融危机的深刻影响，社会各界普遍认为提高公共部门效率和生产率的核心是实施以绩效为中心的公共管理。为了积极应对21世纪国家之间的竞争、迅速的技术发展及社会经济环境的变化等新问题，必须建立系统的绩效管理体系，使政府转变为能够及时解决各种问题的效率型政府。其次，21世纪后期，在韩国社会掀起的民主化发展加快了公共部门引进绩效管理制度的步伐。以往人们认为社会公众是政府政策的单纯受益者，不管政府提供什么服务，社会公众只能“照单接受”，但随着政府改革的深入，社会公众作为政府的服务对象和行政相对人，对政府公共服务质量提出了更高的要求，这种转变促使政府提高公共服务意识，进一步强化政府绩效管理。

1. 韩国政府绩效管理的历史沿革

韩国政府绩效管理始于20世纪60年代，其几十年发展历程大体上可分为四个阶段。

第一个阶段：从20世纪60年代至70年代末，是政府绩效管理制度的引进时期。1961年，韩国政府部门引进《审查分析制度》，对政府政策进行了评价。当时的韩国资源十分匮乏，整个国家百废待兴，在这种情况下引进《审查分析制度》为有效推动经济发展起到了重要的保障作用。1961—1980年，由国务总理企划调整室主管审查分析业务，每年负责制定所有政府业务的“基本运行规划”，并对执行结果进行分析和评价。同时，在公务员绩效评价方面，以《国家公务员法》（1949年）为依据，制定了《公务员工作业绩评价规定》（1961年）、《经历评价规定》（1961年）、《经历评价施行规则》（1964年）以及《关于制作晋升候选人名簿的规定》（1964年）等法规，为韩国的政府绩效管理打好了坚实的制度基础。1973年，韩国政府整合原有的《经历评价规定》、《经历评价施行规则》及《关于制作晋升候选人名簿的规定》，出台了《关于公务员晋升的评价规定》。

第二个阶段：从20世纪80年代初至90年代中期，是韩国政府绩效管理的体系化时期。1981年，政府绩效管理的职能从国务总理企划调整室转到经济企划院，由此韩国政府绩效管理进入了新的时期。1983年，韩国经济企划院编制了《审查分析手册》作为业务评价的指南，该手册的编制使韩国政府业务评价改变了过去只注重遵守法令或执行预算情况，进一步提高了业务绩效和效率在政府绩效管理中的比重①。同时，在公务员绩效管理方面，整合《公务员工作业绩评价规定》和《关于公务员晋升的评价规定》，于1981年出台了《公务员评价规则（总理令）》，这使得韩国公务员绩效管理更加体系化。

第三个阶段：从20世纪90年代后期至2003年，是韩国政府绩效管理的快速发展期。这一时期，以美国为首的西方新自由主义提倡提高政府竞争力，将其作为政府改革的重要组成部分，政府绩效管理的重要性得到了进一步的强化。为了顺应时代潮流，韩国开始引进和实施以结果为导向的政府绩效管理制度。1998年引进了《机关评价制度》、1999年试点实施了《绩效主义预算制度》、1999年实行了“国家开发研究工作评价”以及“财政工作评价”和“信息化评价”等，2001年制定《关于政府业务等评价的基本法》，确立了政府绩效管理体系的基本框架。在高级公务员评价方面，1998年开始实施目标管理制。快速发展是这一时期的显著特点，因此，这一时期被称为韩国政府的“评价时代”。

第四个阶段：2004年以后，是韩国政府绩效管理的整合时期。尽管各种政府绩效管理制度和方法取得了一定的效果，但也暴露出了一些问题。尤其是《关于政府业务等评价的基本法》，尽管奠定了机关评价的法律基础，但政府绩效管理评价并没有取得实质性的效果，反而产生了不少负面影响。为了进一步完善政府绩效管理制度，韩国政府于2006年制定了《政府业务评价基本法》和《政府业务评价基本法施行令》。《政府业务评价基本法》规定了有关政府绩效管理的基本原则、绩效管理计划、绩效管理推进体系、政府业务评价种类和程序、政府业务评价基础建设以及绩效评价结果的应用等方面的基本事项，为构筑综合性政府业务评价系统提供了基本框架。② 在公务员绩效管理方面，于2004年废止原有的《公务员评价规则（总理令）》，将各种有关公务员人事管理的法令予以综合，制定了《公务员绩效评价规定（总统令）》，并于2005年全面修订出台了《关于公务员绩效评价等的规定（总统令）》。该规定代替了目标管理制，对四级以上公务员的绩效合同制及其实施办法进行了明确规定。在地方公务员绩效管理方面，韩国政府出台了《地方公务员评价规则（行政安全部令）》（2008年）和《地方公务员绩效评价等运营指南（行政安全部例规）》（2009年）等法规，使地方公务员绩效管理也具备了综合性、体系化的评价机制。韩国公务员绩效管理法规的变迁如图8-6所示。

综上所述，韩国政府绩效管理不仅对政策课题、财政、组织、人事以及信息化等政府业务进行评价，而且还将政府机关、部门和公务员个人绩效评价紧密联系起来，使之形成综合性的绩效管理体系。同时，为了提高机关业务绩效、政策质量和公众满意度，绩效管理主管机关要求所有机关制订和实行绩效管理的中长期计划和实施计划，并在制订和执行计划等方面向各部门赋予了极大的自主权，形成了具有韩国特色的政府绩效管

① 金明守．公共政策评价论．博英社，2000：53．

② 孔炳天．对基于综合绩效管理体系的绩效管理与评价的小考：以中央行政机关为中心．韩国政策学会报，2008（3）．

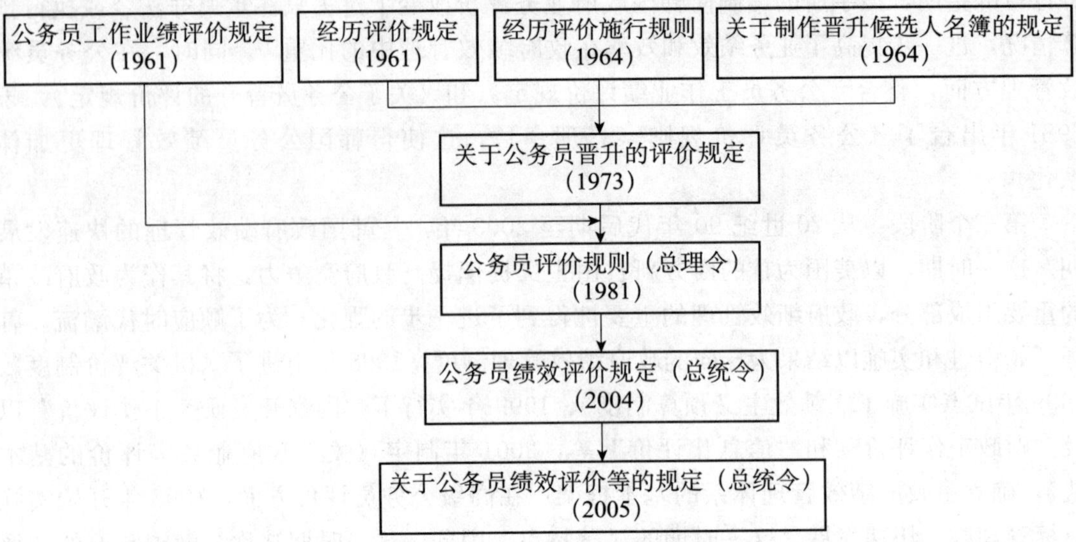

图 8-6　韩国公务员绩效管理法规的变迁

理体系。

2. 韩国政府绩效管理的主管机关

韩国政府绩效管理的主管机关主要有三个，分别承担着不同的管理职能。一是国务总理领导的政府业务评价委员会，其主要职责是依照《政府业务评价基本法》主管政府及公共机关评价和主要政策评价；二是行政安全部，其主要职责是负责和组织中央政府机关人事管理、地方政府人事管理；三是监察院，主要负责根据《监察院法》监察国家税收、预算支出、会计检查及公务员履职情况等。

（1）政府业务评价委员会。

为系统、有效地实施政府业务评价，韩国政府根据《政府业务评价基本法》组建了政府业务评价委员会。为了保证政府业务评价的客观性、中立性及专业性，政府业务评价委员会的大多数委员由民间委员组成。委员长由两人担任，一位是国务总理，另一位是民间人士。委员会委员由三个国家委员和十个民间委员组成，其中，由企划财政部长官、行政安全部长官和国务总理室室长担任国家委员，由行政、政策、经济、管理、社会保障、科学技术以及外交安保等领域的专家组成民间委员，任期为两年。政府业务评价委员会的主要职能，一是构筑国家中长期政府绩效管理的基础，制订和推进运营计划；二是制订政府业务评价的基本计划并负责施行；三是对政府业务评价进行企划、调整及总结；四是进行与政府业务评价制度相关的绩效管理；五是制订和施行政府业务评价结果的应用及评价制度之间的链接方案和特定评价计划等。为履行上述职能，政府业务评价委员会在国务总理室设立了政策分析评价室，其组织体系如图 8-7 所示。

（2）行政安全部。

行政安全部是韩国中央政府的人事管理机构，还负责地方公务员的人事管理，因此是韩国公务员人事管理的核心部门。从组织体系上看，在行政安全部中负责国家公务员人事管理和绩效评价业务的部门是人事室，负责地方公务员绩效评价的部门是地方行政

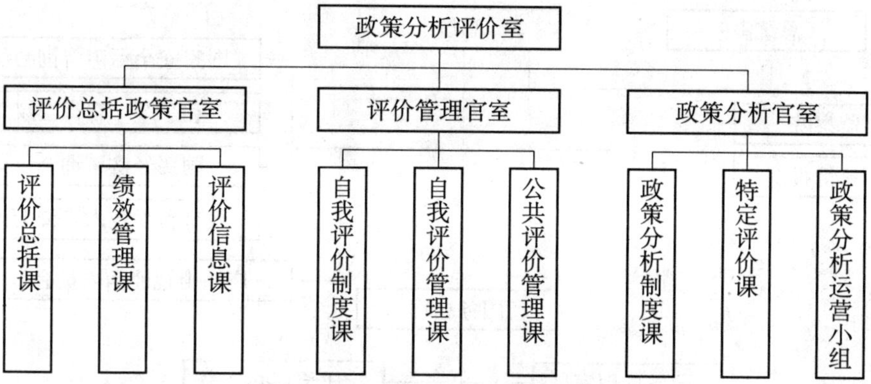

图 8-7　政策分析评价室组织体系

局。具体来说，由人事室负责的有关国家公务员绩效管理的业务有绩效评价制度制定、工作业绩评价、绩效合同管理、绩效管理教育及绩效管理卡片管理等；地方行政局负责制订有关地方政府组织绩效管理的计划、协调与中央政府各部门之间的关系及地方公务员的人事管理等业务。

（3）监察院。

监察院根据韩国《宪法》和《监察院法》的规定，要审查国家的税收及预算支出，对国家机关和法律所认定的公共团体的会计进行常规检查和监督，以保证其被合理公正地执行，并监察行政机关的事务和公务员履职情况。监察院虽然是隶属于总统的机构，但在法律上具有独立的地位。为确保监察院的权限或职务范围不受侵害，韩国《宪法》明确规定了设置该机构的法律依据。

3. 韩国政府绩效管理的评价对象

在韩国政府绩效管理中，评价对象可分为政府组织和公务员。其中，政府组织分为中央和地方政府及公共机关，公务员可分为国家公务员和地方公务员。

（1）韩国政府组织体系。

以总统为核心的中央政府组织设有 15 部 17 厅，此外，还有总统直属的总统室、监察院、国家情报院、广播电视通信委员会及 4 个咨询会议。直属于国务总理的有国务总理室、特任长官办公室法制处、国家报勋处和 3 个委员会，具体如图 8-8 所示。

韩国地方政府体制中，广域自治体有 1 个特别市、6 个广域市、8 个道和 1 个自治道，基础自治体有 230 个市、郡、区。市郡区下设 3 487 个邑面洞，77 个办事处。其中，地方政府绩效管理的基本单位是广域市、道和市郡区，由市郡区评价所属邑面洞。韩国地方政府组织体系如图 8-9 所示。

评价对象除以上中央和地方政府外，还包括政府投资机关（40 个）、国策研究所（60 个）及独立委员会（27 个）等政府公共机构。

（2）韩国公务员的特点。

韩国公务员制度一般基于阶级制，辅以职位分类制，公务员大致分为国家公务员和地方公务员。公务员的阶级，不论是国家公务员，还是地方公务员都分为 1～9 级，原则上要求公务员按阶级和职级就任相应职位。但是，随着高级公务员制度的实行，1～3 级

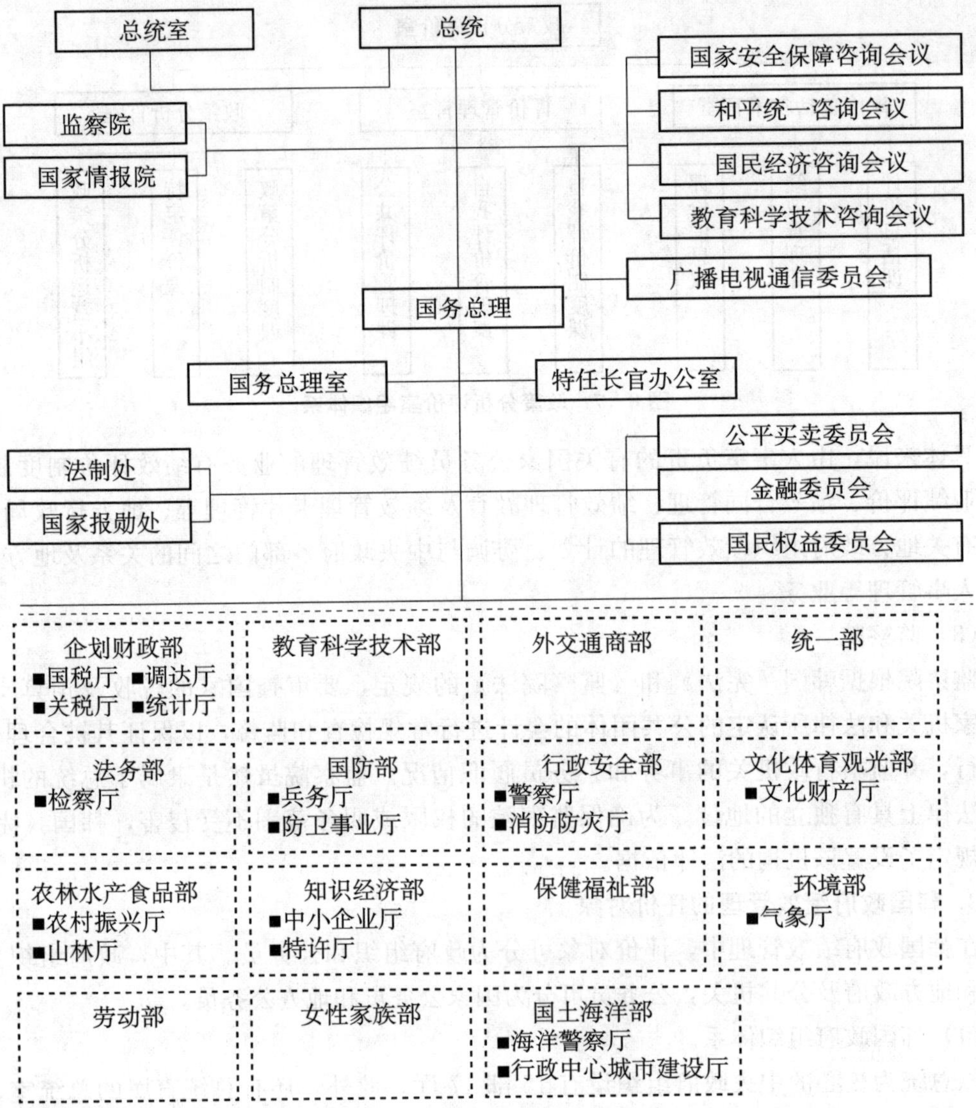

图 8-8 韩国中央政府组织体系

资料来源：http://www.president.go.kr/kr/cheongwadae/organization/government.php.

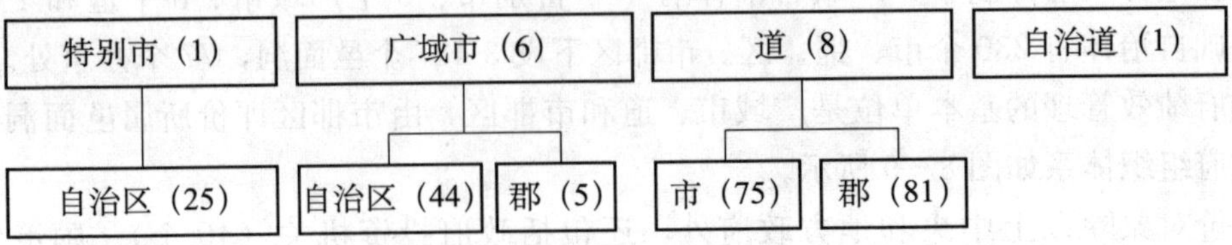

图 8-9 韩国地方政府组织体系

公务员归为高级公务员，高级公务员不分阶级，而是根据能力或职位特征就任相应职位。韩国公务员分类体系如表 8-20 所示。

表 8-20　韩国公务员分类体系

阶级	职级	职位	
1 级	管理官	中央机关（部、处）次官补/室长、副知事、广域市副市长 中央机关（部、处）室长级/局长、广域市/道室长 中央机关（部、处）局长级、广域市/道局长	高级公务员
2 级	理事官		
3 级	副理事官		
4 级	书记官	中央机关（部、处）课长、广域市/道课长、市郡区局长、课长、担当官	
5 级	事务官	中央机关（部、处）事务官、广域市/道班长、係长（股长）	
6 级	主事	中央机关（部、处）主管、广域市/道主管、市郡区係长	
7 级	主事补		
8 级	书记		
9 级	书记补		

在韩国，国家公务员和地方公务员都以政务职、一般职、别定职、合同职、特定职及技能职来区分职务种类。2008 年，国家公务员达 610 300 人，地方职公务员达 275 231 人，具体如表 8-21 所示。其中，一般职公务员和技能职公务员依据公务员绩效评价规定进行管理，特定职公务员依据其他相应法规进行管理。

表 8-21　韩国公务员人数

分类		国家公务员人数	地方公务员人数
职种	具体职种		
政务职	政务	111	250
一般职	高级公务员	961	36
	4～9 级	98 887	183 620
	研究职	4 357	2 750
	指导职	305	4 575
	小计	104 510	190 981
别定职	高级公务员	169	18
	相当于 3～9 级	2 252	3 503
	小计	2 421	3 521
合同职	高级公务员	82	
	合同 3～10 号	1 132	
	专门合同职	505	
	小计	1 719	3 450

续表

分类		国家公务员人数	地方公务员人数
职种	具体职种		
特定职	外务	1 488	
	教育	351 134	1 222
	警察	103 958	82
	消防	218	31 082
	监察	1 670	
	小计	458 468	32 386
技能职	技能	43 071	44 643
总计		610 300	275 231

资料来源：韩国行政安全部．2008 年人事统计．2009．

8.3.2 中央政府组织绩效与国家公务员绩效管理

1．中央政府组织绩效管理

根据《政府业务评价基本法》的规定，韩国政府绩效管理是指基于政府机关的任务和愿景、中长期目标、年度目标及绩效指标，从经济性、效率性、效果性等角度进行管理的一系列活动。政府绩效管理的最终目的在于塑造具有责任感的政府，为社会公众提供优质的行政服务。2008 年后，韩国政府根据《政府业务评价基本法》的规定构筑了以政府业务评价委员会为核心的一元评价管理体系。该委员会将指挥权赋予掌管一切政府业务的国务总理，以履行对政府组织的既统一又系统的管理职责。韩国的政府业务评价以中央行政机关为评价对象，实行自我评价和特定评价。中央行政机关对主要政策、财政事业、人事、组织、信息化等指标实行自我评价，评价结果由政府业务评价委员会确认和检查。国务总理对管理对象业务、特定措施和国民满意度实行特定评价。韩国中央行政机关政府业务评价如表 8－22 所示。

表 8－22 韩国中央行政机关政府业务评价

指标		评价主体	协助机关
自我评价	主要政策	中央行政机关的长官（自我评价委员会）	国务调整室
	财政事业		企划财政部
	人事		行政安全部
	组织		
	信息化		
特定评价	管理对象业务	国务总理（政府业务评价委员会）	国务总理室
	特定措施		
	国民满意度		

自我评价过程分为自我评价计划的制订及实施、确认与检查及再评价等几个阶段。各部门需组成以民间专家为核心的自我评价委员会。自我评价委员会要审议自我评价计划，进行中期检查，并于年底实施自我评价，提出评价报告书。自我评价委员会每季度至少召开一次会议，总结和管理会议结果，并将其内容通报给政府业务评价委员会或公之于众。政府业务评价委员会通过电子综合评价系统对各部门的自我评价结果进行确认及检查。最后由政府业务评价委员会审议并通过有关自我评价结果的确认及检查事项。

特定评价由管理对象业务评价、特定措施评价及国民满意度调查构成。各部门按评价日程将有关特定评价的资料录入电子综合评价系统或向国务总理室提出时，特定评价就启动了。管理对象业务评价主要通过国务总理协调不同评价部门，在协助机关和相关专家的帮助和支援下进行，并最终由政府业务评价委员会审议通过各评价部门的评价结果；特定措施评价主要在政府业务评价委员会、实务会议及有关专家的参与下实施；国民满意度调查则会委托给民间专门调查机构实施问卷调查。韩国政府业务评价体系如图 8－10 所示。

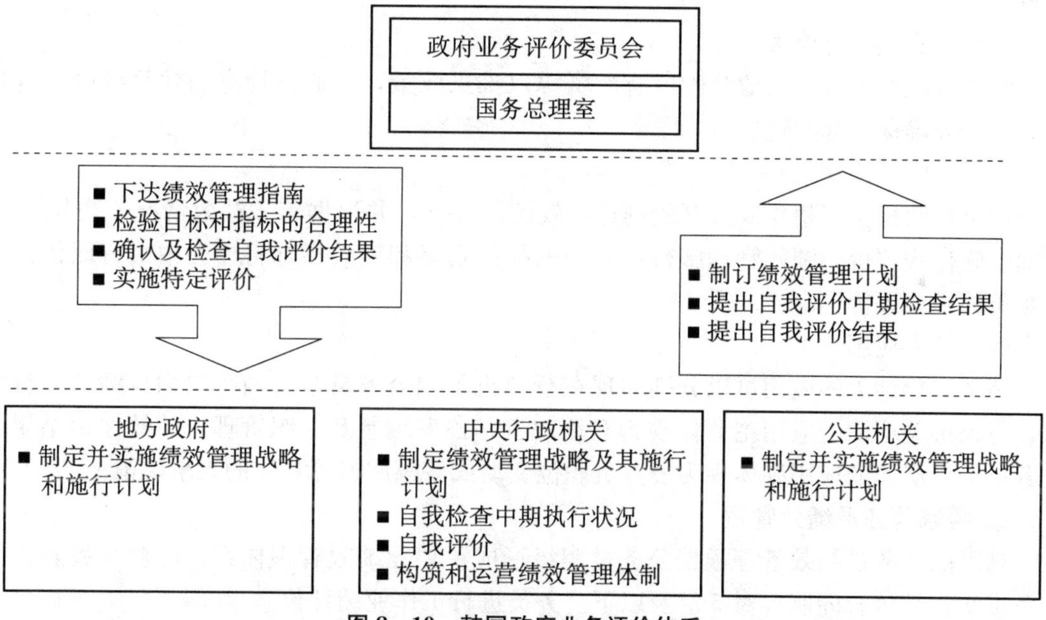

图 8－10　韩国政府业务评价体系

具体而言，韩国中央政府机关的绩效管理过程由绩效计划、执行与检查、绩效评价和结果应用这几个环节构成。具体如图 8－11 所示。

（1）绩效计划。

从 2007 年起，中央行政机关需要制订以五年为一个周期的“绩效管理战略计划”，明晰机关的任务、愿景、战略目标及今后五年的绩效目标，并制订相应的“绩效管理施行计划”，以明确当年的绩效目标、政策（事业）及绩效指标。政府业务评价委员会帮助各中央行政机关调整和建立合理的目标和指标体系，并在每年统一制定绩效管理计划的时间和预算编制的周期。

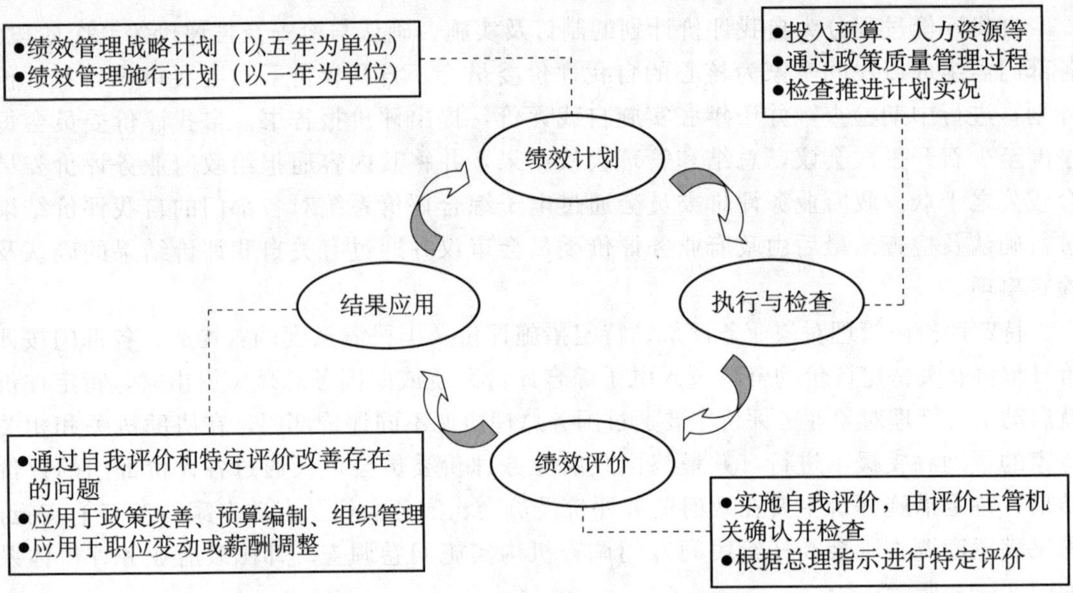

图 8-11 韩国政府组织绩效管理基本框架

（2）绩效执行与检查。

中央行政机关应有效地分配已有的资源以推进政策，并通过检查绩效目标的推进过程和实绩等确保目标的达成。

（3）绩效评价。

中央行政机关于每年 4 月开始制订绩效评价计划，并根据年末绩效情况于次年 1—3 月间实施自我评价。绩效管理施行计划中的绩效目标和绩效指标将作为中央行政机关自我评价的主要评价标准。

（4）结果应用。

绩效评价结果的应用可以分别体现在行政机关和公务员个人两个层面。绩效评价结果在行政机关层面的应用主要体现为政策改善、预算编制及组织管理，绩效评价结果在公务员个人层面的应用则体现为公务员职位变动或薪酬调整等具体的人事决策上。

2. 国家公务员绩效管理

韩国的公务员绩效管理根据公务员职级形成了二元绩效管理体系，即对 4 级及以上公务员实行绩效合同制，对 5 级及以下公务员进行工作业绩评价。

（1）绩效合同制。

绩效合同制是指根据《国家公务员法》《关于公务员绩效评价等的规定（总统令）》等的规定，由评价主体与评价对象围绕评价项目的绩效目标及指标等进行协商，根据评价标准对评价指标或评价项目进行评价，并将其结果反映在人事管理中的基于绩效合同形式的管理方式。绩效合同制适用于 4 级及以上一般职公务员、相当于 4 级及以上别定职公务员及 4 级及以上合同职公务员。绩效合同制的评价办法和程序如图 8-12 所示。

1）战略计划。战略计划是指中央行政机关的长官为实现战略目标而制订的中、长期计划。在签订绩效合同之前先制订战略计划的目的是强化个人业务绩效与组织目标之间的联系。

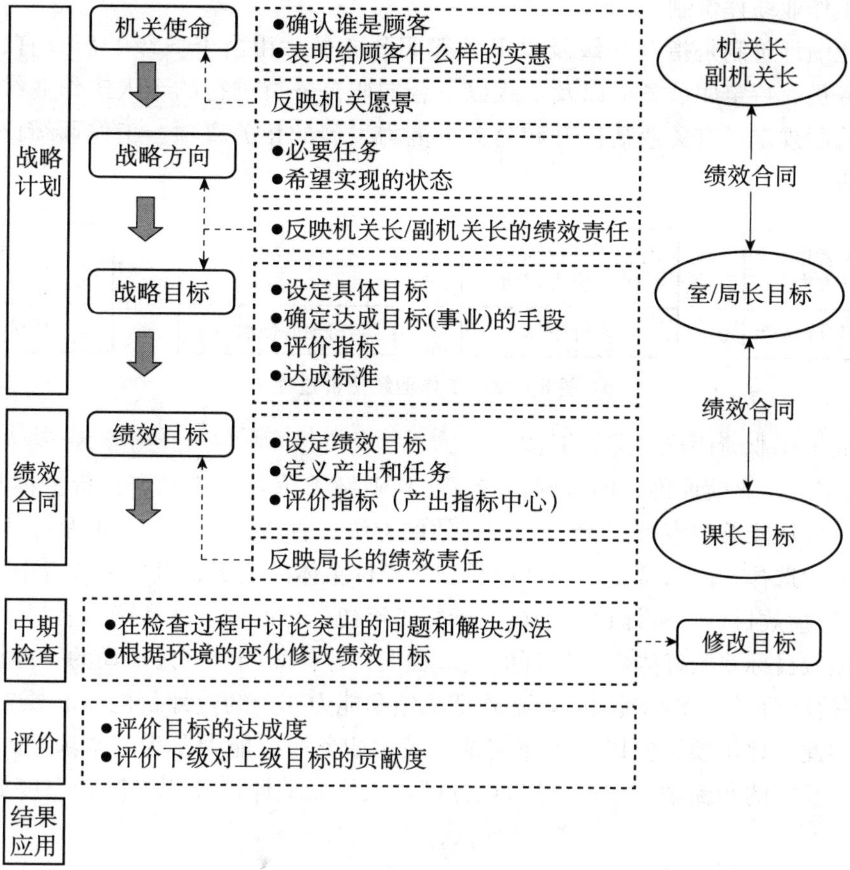

图 8-12 绩效合同制评价框架

2）绩效合同。绩效合同是指评价主体与评价对象之间，围绕绩效目标、评价指标及评价结果应用等进行协商后达成的具有约束性的协议。根据组织的业务特点，所属部门长官可另行规定合同内容和办法。绩效合同通常于年初（1月）签订，为期一年。在签订绩效合同过程中重要的一点是在设定绩效目标时要确保上、下级目标之间的联系，即通过签订自上而下的绩效合同，使课/班长的绩效目标能够有效支撑上级（室/局长）的绩效目标。

3）中期检查。每年至少进行一次自我检查形式的中期检查（一般是在7—8月）。届时，评价主体以评价对象的绩效记录为基础，通过绩效面谈的方式讨论存在的问题和改进方案，并依据环境变化判断修改绩效目标及对指标必要性的判断。

4）评价。评价周期内，根据既定的绩效合同对绩效目标达成度进行评价。评价时，评价主体与评价对象必须进行绩效面谈，评价主体以评价指标的测量结果为基础制作最终的绩效评价报告书。评价主体的上级需要确认评价主体提交的评价结果并对其进行合理性检查。

5）结果应用。对于实行绩效合同制的公务员，其评价结果的应用将反映在绩效薪酬的支付和人事决策上。依照强制分布的原则，绩效评价结果分为5个等级，卓越占20%以下，存在不足占10%以上，绩效薪酬将按照评价结果的等级予以发放。

（2）工作业绩评价制。

工作业绩评价制是指对 5 级及以下一般职公务员，相当于 5 级的研究官、指导官、技能职公务员、特定职公务员以及 5 级以下合同职公务员进行的个人工作业绩评价。工作业绩评价制规定了有关业绩提升和公务员能力发展的相关事项。工作业绩评价过程如图 8－13 所示。

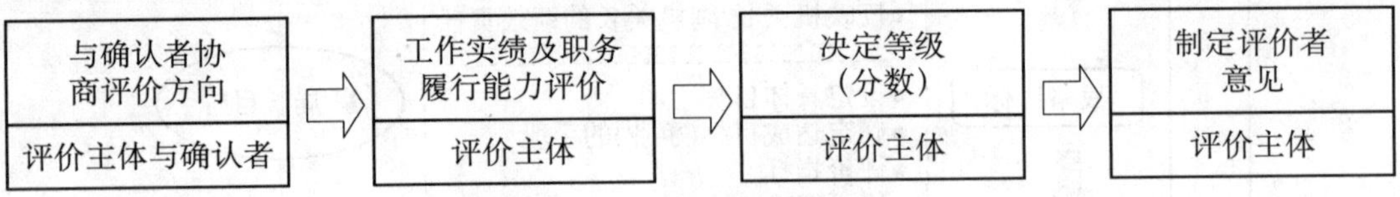

图 8－13　工作业绩评价过程

具体的工作业绩评价步骤如下：

1）确定工作业绩评价主体及确认者。工作业绩评价首先应确定评价主体和确认者。评价主体可以从能够观察被评价公务员绩效的上级、直接监督者（一般是作为部门负责人的课长）中选择，确认者由所属部门长官从评价主体的上级、直接监督者中指定。

2）设定绩效目标。被评价公务员应于每年年初，与评价主体和确认者协商后设定绩效目标。绩效目标要明确当年应达到的绩效程度，并作为当年绩效活动的标准。

3）评价项目。在评价绩效时，必须把实绩和能力作为绩效评价的核心要素，其他要素为辅。因此，评价项目应以“工作实绩”及“职务履行能力”为基本项目，另外可根据所属部门长官的判断增加“职务履行态度”，工作业绩评价和职务履行态度如表 8－23 和表 8－24 所示。

表 8－23　工作业绩评价（示例）

评价项目	工作实绩	职务履行能力	职务履行态度（选择）
评价要素	业务难易度 业务量 完成度 及时性	计划能力 表达能力 协调能力 执行力	

表 8－24　职务履行能力（示例）

评价要素	定义
公务员伦理意识	遵守公务员应具备的基本伦理，并以此为标准行动的能力； 作为公务员应具备的“道德气质”
组织贡献度	作为组织成员，相比自己的利害得失更注重所属部门、单位以及国家的利益，支持且包容组织政策方向的能力
自我控制力	战胜来自业务的压力，调整自己的情绪，一贯维持履行业务的能力
战略性思考	业务上，善于选择核心课题，提出解决方案的能力； 从长远、综合、优先顺序明确的角度设定目标，处理业务的能力

续表

评价要素	定义
职业精神	为了提高工作绩效，全力以赴且自我学习的能力； 作为承担特定领域职务的职业人应具备的“智力/理性气质”
业务创新/改进	为了改善工作状况，采用新的视角和创新方法开展业务的能力； 对变化的情况进行肯定的思考，灵活把握挑战机会的能力； 为解决问题提出各种战略和具体的对策，且为改善过去的惯性和业务流程而努力的能力
顾客导向	在业务上，理解国民或内部受益者（其他公务员）的需求，努力满足他们需求的能力
业务敏锐度	研究对政策结果产生最大影响的方法，且兼顾效能和效率而开展业务的能力
政策执行/管理	制订计划并按照日程执行且取得结果的能力
信息收集/管理	有效收集和及时应用对自己承担的业务必要的信息的能力
信息交流/沟通	在友好的氛围中，使对方明确理解自己的意图或通过倾听正确理解对方用意的能力
配合意识	与他人协作完成工作任务或作为团队成员为实现共同目标而努力工作的能力
调解/综合能力	对涉及各部门及单位利害得失的事务，能够从国家、单位全体利益出发，做出正确判断并提供符合各方利益的解决方案的能力
协商能力	在相同或不同的立场上，谋求既合理又恰当的共识，进而得到对方的同意和协作的能力
提供目标/方向	明确理解单位的政策方向，并能够与本部门业务联系，进而促使下属理解的能力
资源/组织管理	有效利用和管理为扩大所承担业务的成果而投入的资源的能力
指导/培养能力	通过提供适当的挑战机会、持续的关心和劝告，系统指导下属发展的能力
包容性	理解并包容不同意见或立场的能力
潜在领导力	作为今后管理者应具备的潜在素质和能力
顾客亲切度	为满足顾客而努力的程度
业务知识	对开展业务工作所需的实务知识、一般常识及技能、经验或与此相关的信息的理解、熟练及应用程度
理解力	正确把握、理解及应用问题和情况的能力
判断力	把握和处理问题的能力
果断性	在决策或判断时，采取积极、挑战性态度的程度
规划/创造力	在业务处理上，具有独特的改进及规划能力
交涉能力	使对方理解自己用意的能力

4）评价办法。工作业绩评价的程序基本上与绩效合同一致。评价项目主要由工作实

绩、职务履行能力等组成，总分为 100 分。原则上于每年的 6 月和 12 月分两次进行评价，但所属部门长官认为必要时，可另定评价日期，每年也可只实施一次评价。

5）绩效面谈及绩效记录。绩效面谈是确保工作业绩评价公正性和合理性的不可或缺的核心环节。在设定绩效目标、指导和检查（随时）绩效目标达成情况以及评价主体实施评价这三个环节之前，评价主体需要与被评价公务员围绕工作目标进行交流、指导和反馈，并记录和管理被评价公务员在实现绩效目标过程中的重要事项。

6）评价结果的公开及异议的申请。评价主体及确认者的评价结束后，应公开评价对象的评价结果。绩效评价结果公开后，对结果有异议的评价对象可向确认者提出异议申请，确认者与评价主体协商后确定对异议的反馈意见。对确认者的反馈结果有异议的评价对象，可继续向工作业绩评价委员会提出异议申请。

7）评价结果的应用。工作业绩评价的评价结果将体现于绩效奖金的支付和晋升候选人名簿上。此外，工作业绩评价结果也可应用于特殊晋升、培训、任职管理等各种人事管理决策中。如图 8－14 所示，晋升候选人名簿的组成部分包括工作业绩评价、经历评价及加分评价。

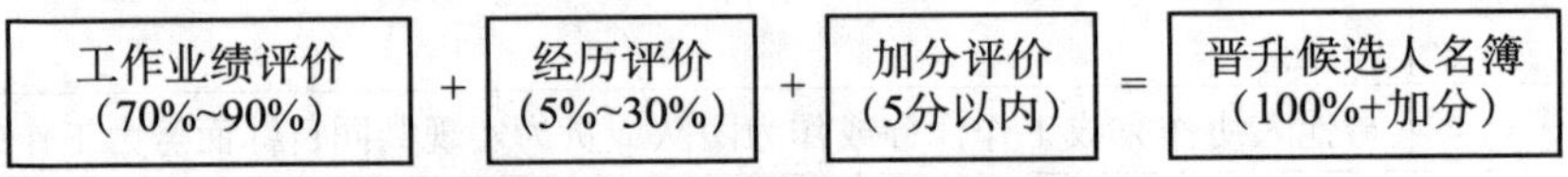

图 8－14　晋升候选人名簿的组成

（3）绩效管理卡。

2005 年 2 月修订的《公务员人事记录及人事业务处理规定》为绩效管理卡提供了法律依据。绩效管理卡是管理公务员绩效评价结果的系统，如图 8－15 所示。它不仅记录绩效合同制和工作业绩评价的结果，而且记录包括政府业务评价和监察院评价在内的所有评价结果。过去的人事记录卡以经历和个人资料为主，因此在人事管理中的应用价值并不高，且存在个人的绩效及评价信息不成体系等问题。因此，将人事记录卡改为绩效管理卡，可以综合和积累有关公务员绩效的各种评价及监察结果，构建基于实绩和绩效的人事运行体系。绩效管理卡中记录对象的信息包括个人的实绩、能力评价信息、外部评价和监察结果等。实绩及能力评价信息包括工作业绩评价结果、绩效等级、多面评价结果及创新活动结果。外部评价包括国务调整室政策评价结果等。监察结果包括监察院监察结果、自查及个别机关检查结果、制度改革、战略课题、执行情况检查结果等。

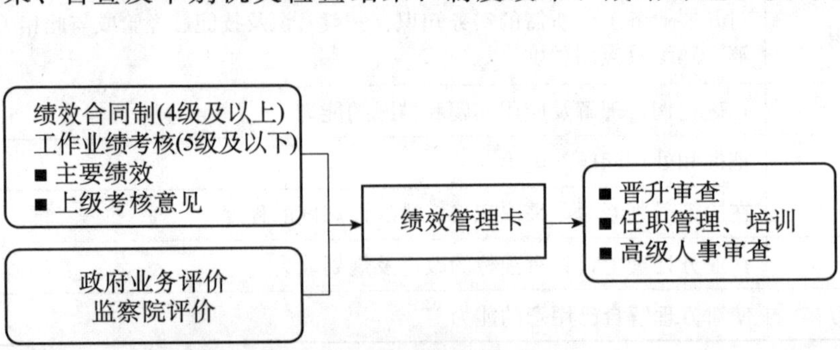

图 8－15　绩效管理卡的应用

在各行政机关中，绩效管理卡作为基础资料应用于晋升、任职管理、培训等各种人事管理。此外，5 级以上公务员的绩效管理卡与国家人才库相链接，作为高级公务员资格的审查材料以及政务职等的候选审查资料。

3. 韩国政府绩效管理工具的应用情况

在韩国中央政府机关中常用的绩效管理工具主要有三种。

(1) 平衡计分卡。韩国于 20 世纪末从企业中引进了平衡计分卡，随后逐步普及到政府机关和部门。2004 年以来，行政安全部等大部分中央行政机关引进了平衡计分卡，但由于各部门业务不同，大部分机关在构建过程中改变了原有的平衡计分卡模型。韩国应用平衡计分卡的部分中央机关见表 8－25。

表 8－25　应用平衡计分卡的部分中央机关

机关	系统名称	模型
行政安全部	综合行政创新系统	BSC
国土海洋部	综合绩效管理系统	BSC
国税厅	综合绩效管理系统	BSC

(2) 逻辑模型。该模型不仅注重结果，而且主张同时关注投入和过程，从而可以清晰分析要素之间的逻辑关系。随着对纳税人责任意识的提升，该模型在政府部门对分析预算的有效性有重要贡献。

(3) 混合型。实际上，大多数韩国政府组织通常整合两种以上的绩效管理技术和工具，形成一种混合型的绩效管理方法。应用混合型绩效管理工具的部分中央机关如表 8－26 所示。

表 8－26　应用混合型绩效管理工具的部分中央机关

机关	系统名称	模型
农林水产食品部	综合绩效管理系统	BSC＋BPM
关税厅	综合绩效管理系统	BSC＋i-HRM＋6Sigma
特许厅	综合绩效管理系统	BSC＋6Sigma

8.3.3　韩国地方政府绩效管理

韩国地方政府绩效管理主要体现在自我评价和中央行政机关评价这两个过程当中，而韩国地方公务员的绩效管理则与国家公务员绩效管理过程类似，在此不再赘述。

1. 自我评价

地方自治体长（地方自治体最高行政长官）根据《政府业务评价基本法》对所属机关的全部业务进行自我评价。评价对象应在地方政府的室、局、科等各部门的主要业务中选定评价的课题，并评价符合各机关特点的主要措施。为提高评价的公正性和客观性，行政安全部长官可在评价指标、评价办法、评价基础的构建、强化自我评价能力的培训等方面向地方自治体提供帮助。自我评价应以自我评价委员会为中心实施自我评价计划，并应将结果通过电子综合评价系统及网络等形式予以公开。

2．中央行政机关地方自治体政府业务评价

由中央行政机关执行的地方自治体政府业务评价是指对地方政府受中央政府委托而处理的国家委任事务、国库辅助业务及总统令规定的国家主要措施等（除地方政府原有业务外），为提高管理效率，必要时需要由行政安全部长官同相关中央行政机关的长官一起进行联合评价。这类联合评价由联合评价委员会主管并组织实施。但由于业务的特殊情况和评价时间等原因而不得不另行评价时，可与政府业务评价委员会协商，由有关中央行政机关实施个别评价。地方自治体政府业务评价如表 8-27 所示。

表 8-27　地方自治体政府业务评价

<table>
<tr><th colspan="2">分类</th><th>施行评价机关</th><th>备注</th></tr>
<tr><td rowspan="2">中央行政机关评价</td><td>联合评价</td><td>行政安全部主管
中央行政机关协助</td><td>成立并运营联合评价委员会</td></tr>
<tr><td>个别评价</td><td>个别中央行政机关</td><td></td></tr>
<tr><td colspan="2">地方政府自我评价</td><td>地方政府自治体</td><td></td></tr>
</table>

（1）联合评价。

行政安全部长官与地方自治体及相关中央行政机关的长官需在实施评价前 3 个月进行协商，制订联合评价实施计划，确定联合评价措施。行政安全部制订联合评价实施计划时，对由中央行政机关提出的个别评价要求需进行可行性研究，并根据实际予以调整。经政府业务评价委员会审议通过后，行政安全部长官需要向所属联合评价委员会争取有关地方自治体评价的意见。最后，将确定的联合评价实施计划向该中央行政机关及地方自治体通报。

行政安全部及相关中央行政机关需开发能够综合评价地方自治体推进政策情况和成果的指标，尤其是要开发能反映人口规模、财政状况等地区特点，以提高群众生活水平的指标体系。实施联合评价时，由行政安全部和相关中央行政机关及专家组成联合评价团，同时参与评价的还有政府业务评价委员或总理室评价官。为了提高评价的实效性，中央行政机关要积极参与实绩检查及访谈确认等联合评价过程。联合评价结束后，行政安全部（联合评价委员会）需向政府业务评价委员会报告联合评价结果。对于经以上过程得出的评价结果，行政安全部要与相关中央行政机关协商，采取政策改善方案等措施，并向该地方自治体通报。

（2）个别评价。

相关中央行政机关对国家委托事务进行评价时，因业务特点或评价时间等原因而无法正常进行联合评价时，应与政府业务评价委员会协商进行个别评价。同时，行政安全部在确定联合评价课题时，需接受政府业务评价委员会对个别评价课题的审议。结合审议后确定的评价措施，要制订评价实施计划并向政府业务评价委员会和地方自治体通报。相关中央行政机关在实施个别评价后，需向政府业务评价委员会制作和提交工作业绩评价书和排名簿，由委员会审查、确认后予以公开。基于评价结果，相关中央行政机关需提出政策改善方案等措施，并以各中央行政机关为单位进行表彰。

8.3.4　韩国政府绩效管理实践

1. 韩国行政安全部绩效管理实践

韩国中央行政机关基于《政府业务评价基本法》与《关于公务员绩效评价等的规定（总统令）》实施组织评价和个人评价，因此，各部门绩效评价的体系基本相似，只是在法规所赋予的权力范围内，由部门长官确定本部门的评价细节。

行政安全部实行的绩效评价的主要特点是，部门业务评价和部门力量评价所占比例为 55%和 45%，评价主体由内、外部评价者（团）和普通国民组成。比如对信访处理满意度的评价，评价主体可登录机关网页进行评价；对通话亲切度的评价，可委托专门调查机构进行评价，由调查员假扮的信访人员根据通话效果予以评价。绩效评价项目和比例如表 8－28 所示。

表 8－28　绩效评价内容

评价项目及比例		评价周期	评价内容
部门业务评价（55%）	主要业务绩效（55%）	半期	• 由上级（室、局长、长官）评价按部门设置的业务绩效指标——室、局长（30%）＋长官（70%）
部门力量评价（45%）	顾客、信访满意度（20%）	半期	• 顾客满意度（10%）：对机关及信访顾客服务的专业性、信任度、满意度等 • 信访处理满意度（6%）：通过网络等媒介实现的对质疑的答复满意度 • 通话亲切度（4%）：接听电话的态度
	工作方式的改善（15%）	1 次/年	• 基于全面成本管理（TCM）的减少无效工作等改善活动的结果评价
	学习成长（10%）	半期	• 日常学习及能力开发实绩 • 复数职* 4 级以下公务员的（一般）教育培训时间 • 依据《公务员教育培训法施行令》每年接受 90 小时教育
长官加分		1 次/年	• 业务难易度、卓越的绩效 加分：卓越 S（1 分），优秀 A（0.5 分），特别报告书（0.2 分以内）

* 在韩国，职位和公务员级别不一一对应，有些职位可以由不同级别的公务员任职，这种职位叫做复数职。

公务员个人绩效评价体系分为对实行绩效合同制的 4 级及以上公务员的评价和实行工作业绩评价制的 5 级及以下公务员的评价，具体的评价项目及评价方法示例如表 8－29 所示。

表 8-29　评价项目定义及评价办法示例

维度（权重）	评价项目（权重）	评价项目定义 / 评价办法
政策绩效（60%）	目标达成度（35%）	为了完成部门工作目标，将个人承担的业务设定为个人目标，在评价期内评价其目标达成度
		年初每个人与课长（直接上级）协商确定个人任务和目标，并在半期末，由课长根据按不同任务录入的每个人工作实绩进行评价，其等级为 S、A、B、C
	不同职级业务难易度（10%）	在个人承担的业务中，将该职级应达到的理想水平作为标准，评价其目标达成难易程度
		课长（直接上级）根据不同职级所需要的知识、努力程度等予以评价，其等级为 S、A、B、C
	协作程度（15%）	与上级、同事及下级公务员协作开展业务，或作为部门成员为完成部门共同目标而付出的努力程度
		课长（直接上级）根据公务员之间的协作程度予以评价，其等级为 S、A、B、C
国民、顾客（20%）	对顾客满意度的贡献度（20%）	理解并满足国民、机关顾客及内部顾客对业务的需求，为提高顾客满意度做出的贡献程度
		课长（直接上级）根据公务员对部门顾客满意度的贡献度予以评价，其等级为 S、A、B、C
工作方式的改善（10%）	推进改善工作方式实绩（10%）	个人在提高工作效率、降低费用、提高顾客满意度、缩短处理时间以及提高政策质量等方面，能够带来积极效果的“改善工作方式的活动”中的绩效及其贡献度
		课长（直接上级）根据部门内公务员在改善工作方式（改变不合理的工作习惯、开展新业务、减少预算、改革规章制度等）和组织文化（组织融合、构建和谐工作环境等）方面所做出的努力程度、绩效及其贡献度进行综合评价，其等级为 S、A、B、C
学习与成长（10%）	提高个人能力实绩（10%）	对为提高组织力量和不同个人专门能力而付出的努力程度和实绩的评价
		课长（直接上级）对通过学习、知识储备及共享，为提高组织力量而做出的个人贡献程度和个人为提高专门能力而努力的程度与绩效予以评价，其等级为 S、A、B、C

在 4 级及以上公务员中，对高级公务员（1～3 级）和课长级（4 级）公务员采取不同的评价办法，具体如图 8-16 所示。对高级公务员的评价中，绩效合同的目标达成度评价占 70%，政府业务评价占 10%；但对课长级公务员的评价中，组织绩效评价占 80%，以此提高对组织绩效的重视程度。

高级公务员	目标达成度评价（70%） （由次官、室长等职位的上级评价） • 绩效目标推进实绩 • 上级评价及长官确认	政府业务评价（10%） • 政府业务评价结果 （或组织绩效评价结果）	职务履行能力评价（20%） • 综合能力评价和 360 度评价结果 • 上级评价及长官确认
课长级公务员	组织绩效评价（80%） • 上、下半期组织绩效评价结果的平均分 • 部门业务评价＋ 部门力量评价		职务履行能力评价（20%） • 综合能力评价和 360 度评价结果 • 室、局长等评价

图 8－16　4 级及以上公务员绩效评价权重

在对 5 级及以下公务员的评价中，组织绩效评价占 40%，以促使个人贡献于组织并提高其配合意识。而对技能职公务员的评价则不包括组织评价的结果，主要以工作实绩为评价要素。具体如图 8－17 所示。

5 级及以下公务员	组织绩效评价（40%）	课长的公务员评价（30%） • 对个人业务实绩等的评价	职务履行能力评价（30%） • 综合能力评价和 360 度评价结果 • 课长评价
技能职	工作实绩评价（70%）		职务履行能力评价（30%）

图 8－17　5 级及以下公务员和技能职绩效评价权重

可以看出，行政安全部在个人绩效评价方面的特点是课长的评价占较大比重，对 5 级及以下公务员的评价中，个人绩效所占比重大于组织绩效所占比重。

2. 韩国富川市绩效管理实践

富川市是拥有 86 万人口的韩国地方自治体。根据韩国行政安全部的要求，富川市自 1999 年到 2003 年上半年实行了目标管理制。在该制度的安排下，富川市对各课的组织架构进行了调整，实行以团队为绩效责任主体的运作方式，绩效目标的设置以团队为基本单元，并对其人力资源管理政策做出相应调整。但是在未确立全市战略目标的情况下，团队目标很难与全市整体绩效联系起来。而且在目标管理的情境下，将绩效评价结果与绩效等级相联系，容易导致各团队避实就虚、拈轻怕重的情况发生，进而降低组织部门之间的协同程度，最终富川市目标管理实践宣告失败。由此，富川市于 2004 年 1 月决定引进平衡计分卡，其目的在于重视经营战略思考，推进以战略目标为中心的绩效管理，试图从政府组织内部提高公务员的执行力和创造性，营造积极挑战目标的组织氛围；并通过构建市民和公务员易于接受的绩效管理体系，将政府绩效结果告知市民，确保政务的透明度。

（1）富川市构建平衡计分卡的实施进程。

富川市构建平衡计分卡系统分为推动引进、试运行及正式施行等三个阶段，各阶段的主要措施如下：

第一阶段，推动引进（2004 年 3—6 月）。这一阶段主要关注两个方面：一是外部专家的介入方式；二是制定富川市长期发展规划和有关政策评价的条例。

富川市在引进平衡计分卡的过程中，没有将项目完全外包给咨询公司，而是在专家的指导下依靠自己的力量构建平衡计分卡系统。依靠自身的能力完成平衡计分卡的引进，需要公务员的全力支持和积极参与。因此，富川市进行了面向全体公务员的、以产生组织认同为目的的集中教育，并将这项教育活动作为与公务员沟通的长效机制常抓不懈。同时，处于地方分权时代的富川市，既需维持政策的一贯性，又需以行政的效率性和民主性为基础谋求城市的均衡发展，因此制定了“富川市长期发展规划（简称‘愿景2015’）及有关政策评价的条例”，将其作为平衡计分卡系统设计与运行的指导文件。

第二阶段，试运行（2004 年 7—12 月）。这一阶段主要开展两项工作：一是成立政策评价研究会，为平衡计分卡设计与运行提供组织保障；二是在平衡计分卡理论的指导下着手构建绩效评价指标体系，并进入试点工作。

政策评价研究会的成立及其运行是试运行阶段最主要的举措。该研究会由全市核心领域的 25 名 5 级以下公务员组成，其骨干为 11 名具有政策分析评价师资格的公务员。研究会内部不分职级的高低，其成员按照富川市平衡计分卡所确定的 6 个绩效领域进行分工。这个研究会在随后绩效管理制度的构建过程中起到了中流砥柱的作用。为确保研究会有效运作，富川市采取了以下三方面措施：第一，研究会成员必须由部门负责人推荐产生，并且须保证其所担负的原部门工作不受影响，在此基础上，所属部门为研究会成员提供参与平衡计分卡项目的时间保障，所耗时间列为培训课时。第二，为鼓励成员积极参与研究会活动，政府设立了专项奖金，激励成绩优秀者。另外，为了保持研究会成员的士气，市长不仅召开专门会议为各成员颁发委任状，而且在市长权限范围内，采取了年底考核加分、表彰优秀团队、奖励休假等多项措施。第三，为确保研究会工作有序进行，该会选出了一名代表负责协调与绩效评价相关的事宜。研究会成立之后，富川市进行了评价指标的开发及试点评价工作。

第三阶段，正式施行（2005 年 1 月至今）。这一阶段的主要工作也是两项：一是绘制战略地图，并对绩效评价指标体系进行修改和完善；二是正式施行平衡计分卡。富川市结合推动引进阶段制定的富川市“愿景 2015”，对其使命、愿景和战略主题以及各层面目标进行了梳理和界定，设置了 6 个战略主题、23 个绩效目标。根据新绘制的战略地图，在总结试点经验的基础上，该市对试运行阶段构建的绩效评价指标体系进行了修改和完善。随之，富川市将平衡计分卡系统付诸实践，并依据有关政策评价的条例进行监控和管理。根据这个条例，富川市每年修订和完善中长期发展战略，并将战略效果、政策价值及其可行性作为政策制定的标准，采取了评价指标检视、公开评价结果、内部评价与外部评价相结合等系列办法，有效保证了绩效评价的有效性、公平性和客观性。

（2）富川市应用平衡计分卡的具体做法。

富川市战略地图将其使命和愿景统称为“建设以文化促进发展，以经济实现腾飞的富川”，确定了文化和经济在富川市发展中的核心地位。根据使命和愿景，该市确立了文化、经济、交通、环境、福利、自治等 6 个核心领域，并以 6 个核心领域为立足点，确立了“以知识经济为中心的经济城市”“享誉世界的文化城市”“便利的生活空间城市”“洁净、舒适的环境城市”“共同生活的福利城市”“有竞争力的自治经营城市” 6 个战略主题。富川市平衡计分卡的四个层面由 23 个目标构成，分别在市民层面设置 14 个目标，内部业务流程层面设置 2 个目标，财政层面设置 4 个目标，学习与成长层面设置 3 个目标，具体如图 8－18 所示。

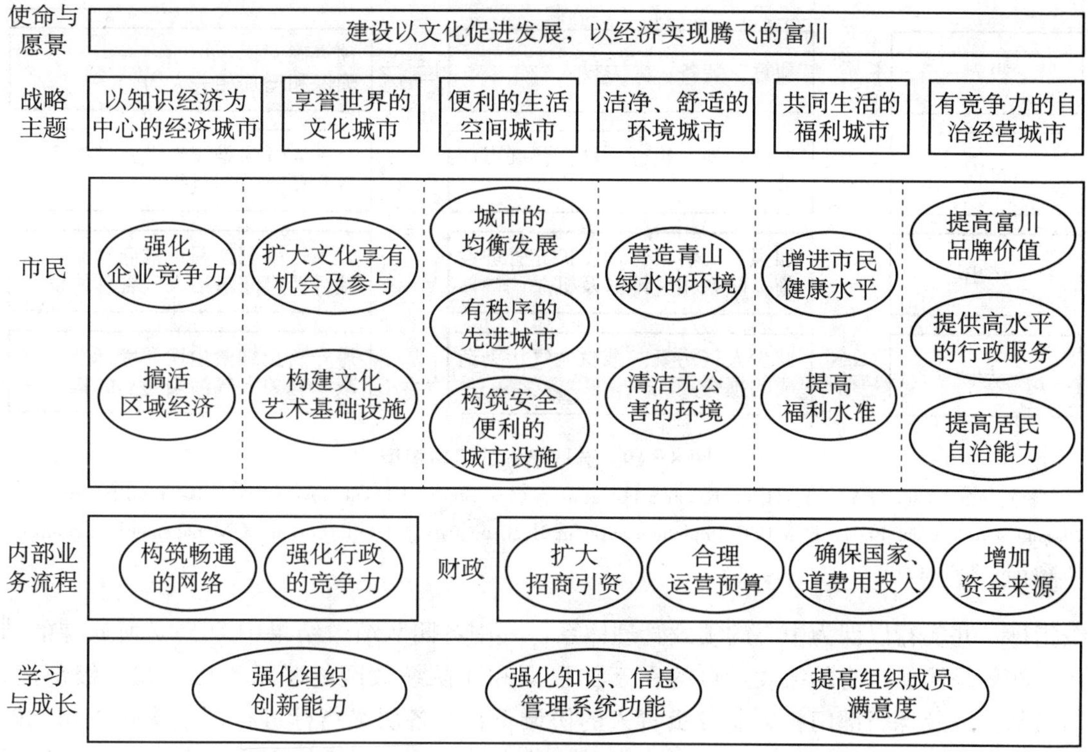

图 8－18　富川市战略地图

资料来源：Choi U Y，Cho H Y，Kwon S H，et al. A Case Study of Local Government's Balanced Performance Management System Focused on BSC Implementation in Bucheon City. Korean Journal of Management Accounting Research，2008（3）.

富川市构建绩效管理体系是围绕评价指标及评价项目、评价主体、评价周期、评价结果的应用等四个关键决策进行的。具体做法如下：

1）评价指标及评价项目。

绩效评价指标及其权重分布具有行为引导功能，它明确并强化了评价对象的努力方向和工作重点。因此，富川市在选取评价指标时力求其所衡量的绩效维度服务于市民满意度的提升，并尽可能使用量化指标；设计权重时，力求主次分明、统筹兼顾。

在指标的来源上，该市针对绩效目标按照投入、过程、产出、结果等逻辑顺序选取相应指标（如图 8－19 所示），并将绩效指标分为结果型指标（产出和结果）和过程型指标（投入和过程）。富川市在设置指标方面，不以公务员或专家的主观意志为依据，而以市民满不满意为标准。比如，在环保监测方面，尽管很多行政组织将“大气污染测量网正常启动率”作为评价指标，但实际上减少大气污染或者减少大气污染带来的危害，对市民来说更加符合他们的利益。因为市民对大气污染自动测量网是不是正常启动并不关心，也无从得知。富川市在这种“责任”和“绩效”的矛盾中，果断地采用了有利于市民的指标。

在指标的构成上，富川市的做法是在纵向上设置了市、局（区）、课（洞）、团队四

逻辑展开方向	营造清洁大气（绩效目标）	相关绩效指标的例子
投入	预算、装备、人力投入	预算确保率；确保和增加相关人力
过程	制订计划、执行预算、开展工作等	有关大气污染管理设施进展率；按照预算计划执行
产出	加强大气污染管理、扩充管理设施、联系相关地区及机关	大气污染测量网正常启动率；签订及遵守清洁大气管理协议
结果	减少大气污染、减少大气污染造成的损失	遵守防止细微尘埃环境标准；减少有关大气污染受害的信访

图 8-19　选取指标的逻辑模型

资料来源：Choi U Y，Cho H Y，Kwon S H，et al. A Case Study of Local Government's Balanced Performance Management System Focused on BSC Implementation in Bucheon City. Korean Journal of Management Accounting Research，2008（3）.

级指标，并实行以课为中心的绩效管理体系，其中各团队绩效结果中 70%是所属课的绩效，30%是团队自身的绩效，目的在于加强课和团队绩效间的联系程度。在市级部门、局级部门以及课级部门相关业务负责人的协调下，对各层级指标进行体系构建工作，确保指标名称规范统一、指标选用科学合理，使之上下衔接、系统有序。在横向上设置了特有和共有两类指标。特有指标用以评价每个部门独立承担的绩效任务，包括绩效指标评价和行动方案执行效果评价两方面内容；共有指标用以评价不同部门需共同担负的绩效任务，例如人均受教育时间就是其共有指标之一。

在评价项目及其权重的分配上，富川市的做法是按照内部评价和外部评价分配权重。其中，内部评价由政策评价研究会实施，占绩效总分的 75%。该 75%的权重分别分配到特有与共有两类指标和业务环境及贡献度评价之中，特有指标占 60%，共有指标占 10%，业务环境及贡献度评价占 5%。特有指标所占权重分割为两个部分，其中绩效指标评价占 60%，行动方案执行效果评价占 40%。外部评价通过问卷调查的方式由市民评分，占绩效总分的 25%。该 25%的权重进一步分割为两个部分：一是对政策的评价，主要关注绩效目标与绩效指标的匹配度；二是对履行行政服务承诺的满意度，主要关注绩效指标与行动方案的契合度，两者各占 50%，如图 8-20 所示。

2）评价主体。

公共部门绩效管理的评价主体一般由上级、同级、自身和公众组成。富川市绩效管理系统采用了内部评价和外部评价并行的办法。内部评价是由政策评价研究会根据各部门绩效完成情况进行的评价。外部评价指的是对各部门政策执行情况的市民满意度评价。市民评价占绩效总分权重的 25%，并明确了市民评价的内容和方式。这可以反映出富川市对于市民参与的高度重视，也真正体现其以市民满意为中心的管理理念，从而突破了韩国地方政府绩效评价主体仅局限于政府自我评价和上级评价的传统做法，是政府绩效评价主体多元化的新探索。

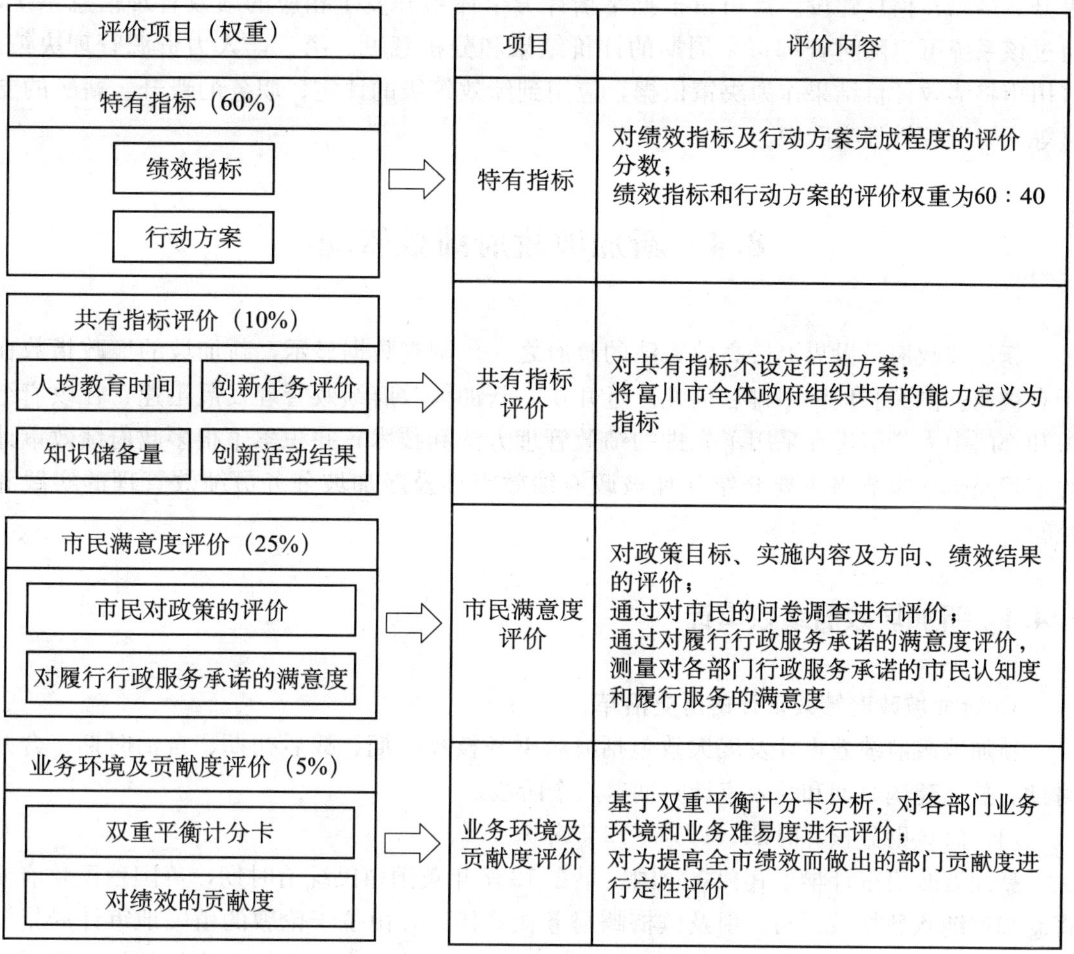

图 8－20　评价项目的构成及其权重（以课为单位的评价标准）

资料来源：Choi U Y，Cho H Y，Kwon S H，et al. A Case Study of Local Government's Balanced Performance Management System Focused on BSC Implementation in Bucheon City. Korean Journal of Management Accounting Research，2008（3）.

3）评价周期。

一般来说，评价周期与评价指标、职位类型、工作周期等因素有关。富川市在评价过程中，根据指标的特性采用了季度、半年、一年等不同的评价周期。比如，某区市民服务课对“通过学习纠正错误及处理信访事件”指标的评价周期是一个季度，对“信访处理满意度”指标的评价周期是半年，对“业务环境及贡献度”指标的评价周期是一年。而且每年都进行一次中期评价和一次年度评价。

4）评价结果的应用。

富川市将评价结果主要应用于以下三个方面：第一，绩效改进。这一点在全市范围内达成了共识。通过平衡计分卡系统的整合，全市的战略与局、课以及团队的业务紧密联系起来，构成了一个整体性的管理体系。不同层级不同部门在同一管理平台上进行绩效沟通和反馈，及时发现和纠正工作中存在的问题或偏差，实现了对组织绩效的监控和提升。第二，信息建设。富川市根据平衡计分卡体系开发了相应的绩效管理信息系统，通过该系统可以随时查询每个周期的评价结果和分析意见。第三，人力资源管理决策。富川市将绩效评价结果作为决策依据，应用到绩效等级的评定、职务的晋升、薪酬的支付等人力资源管理实践中。

8.4 新加坡政府绩效管理

新加坡政府是世界上最高效廉洁的政府之一。调查数据显示，新加坡的廉政指数在所有被调查国家和地区中排名前几。近几年，新加坡政府绩效管理发展迅速，在政府组织和部门中大量引进和采用了先进的绩效管理方法和技术，并积累了很多政府绩效审计的宝贵经验。本节将主要介绍新加坡政府绩效审计及新加坡公务员绩效管理的实践和经验。

8.4.1 新加坡政府绩效审计

1. 新加坡政府绩效审计的历史沿革

新加坡政府绩效审计发展大致包括海峡财务核算时期、战后初期、自治时期、合并时期、独立建国时期和绩效审计时期这六个阶段。

（1）海峡财务核算时期（1937—1945 年）。

新加坡政府审计早于其独立建国。早在 1937 年英国殖民统治时期，英国殖民政府便将新加坡纳入新加坡、马六甲及槟榔屿财务核算体系，由位于伦敦的殖民地审计局指派专员负责新加坡殖民政府的财务核算事宜，其负责人称为审计主管。这是新加坡政府审计部门的雏形。

（2）战后初期（1946—1958 年）。

二战结束后，英国政府重新接管新加坡并将新加坡政府审计再次置于殖民地审计局指派的审计主管的监管之下。此后不久，英国政府将监管权力改由马来亚审计总长行使。这种情况一直延续至 1958 年。此后，马来亚审计总长停止监管新加坡殖民政府审计，前任新加坡审计副主管被任命为新的新加坡审计主管并接管新加坡殖民政府审计工作。

（3）自治时期（1959—1963 年）。

1958 年，英国政府通过新加坡国家法案，同意新加坡自治。1959 年，《新加坡政府审计条例》（Singapore Audit Ordinance）正式颁布实行。这是新加坡历史上第一次出台相关法规对审计主管官员的任命及其权力进行明文规定。

（4）合并时期（1963—1965 年）。

1963 年新加坡被纳入马来西亚联邦，《新加坡政府审计条例》被《联邦政府审计条例》取代，新加坡原有的审计机构成为对马来西亚审计总长负责的一个执行部门。

（5）独立建国时期（1965—1980 年）。

1965 年，新加坡脱离马来西亚独立建国。几乎同一时间新加坡制定了自己的审计法并在新的审计法中重新对审计主管官员的任命做出了明确的规定。审计法于1970年修订，将审计主管改为审计长。

（6）绩效审计时期（1980年至今）。

20世纪80年代，绩效审计开始被引入新加坡政府审计当中，资金价值成为绩效审计的核心理念。政府审计突破了传统模式的桎梏，更加倾向于审查政府支出是否创造了价值及政府项目是否达到了计划目标。20世纪80年代后期，新加坡政府审计部门正式命名为审计总署。如今新加坡审计总署的审计范围涵盖了极其丰富的内容，从传统的财务核算到政府行政效率和效果的审查都被纳入审计总署的职责范围。

2．新加坡政府绩效审计的主管机关及负责人

新加坡政府绩效审计的主管机关是公共财政委员会（Public Account Committee）和审计总署，其总负责人为审计长，配套的主要法律为《审计法》及《审计总署与被审计部门关系条例》。

每个财政年度结束之后，政府都需向国会报告本年度的财政收支状况。这一报告由各个职能部门财政报告组成，政府财政报告列入国会议事议程之后交由公共财政委员会（由八名国会议员组成）审议。由于人数有限，公共财政委员会无法做到对海量财务信息进行逐一审查，从而难以对政府工作绩效进行有效评价和确保政府财务状况的透明、廉洁。因此新加坡政府设立了审计总署来帮助公共财政委员会处理有关财务审计的具体事宜。审计总署实际上扮演了国会“守门人”的角色以督促各政府部门、法定机构和地区议会对国会负责。

为保证政府部门审计的独立性，新加坡宪法规定审计长由总理提名，由总统委任。总理决定审计长提名之前，应与公务员委员会商议。若总统不同意总理的提名，则有权行使其自由裁量权决定审计长人选。审计长任期六年，可以连任两届。总统有权采纳总理的意见将审计长免职。因重大渎职而提起的罢免意见须经由最高法院大法官连同其指定的两名陪审法官组成的陪审团审议通过后方可生效，审议程序应严格按照法定程序加以执行。《审计法》规定，审计长应负责所有政府部门及办公室（包括公务员委员会在内）、最高法院、次级法院及国会的账目审计及上报。为了完成法律规定的职责，审计长及其下属工作人员应被赋予查阅所有与账目审计相关的书籍、记录、回执及报告的权力。在完成审计工作后，审计长须将审计报告上交至总统并由总统转呈国会。

与一般的商业审计不同，新加坡政府审计超出了进行简单财务收支核对的范畴。新加坡政府部门审计主要包含以下三个方面：

（1）财务审计。指传统意义上的对财务收入和支出记录的核对，审查购买的物资是否如期交付。

（2）程序审计。指对政府支出是否遵循既定程序进行审核，主要内容包括供货方价格合理性、购买程序性、支出透明度及公平性。

（3）绩效审计。绩效审计关注政府支出行为是否达到预期目标以及支出本身是否能够收益最大化。为了完成绩效审计，审计官员需评价被审计部门的工作效率及项目的目标达成度并监督其是否存在浪费公共资源的行为。新加坡审计总署在对政府部门及政府项目进行绩效审计时遵循以下三个原则：效果（effectiveness）、效率（efficiency）及经济（economy），即3E原则。效果是指政府部门及政府项目在多大程度上达成既定目标。效率是指公共资源是否得到合理的分配和最大程度的利用。经济则是指在购买谈判中政府最终接受的价格是否合理。

3. 新加坡政府绩效审计内容

《审计法》及《审计总署与被审计部门关系条例》详细规定了新加坡政府部门绩效审计的内容、主体、周期、程度及结果的应用。新加坡绩效审计始终秉承资金价值的审计原则，在评价政府部门的日常开支、政策制定或项目是否有效执行时，主要从以下几点出发：

（1）某项日常开支、政策及项目在其发生的时间点是否为必需；

（2）为了确保资金价值，在做出某项决定时是否考虑过其他意见和建议；

（3）日常开支、政策及项目最终的目标达成度；

（4）在达成目标的过程中是否存在资源的无效率使用；

（5）为了确保资金价值及3E原则，是否采取过相应的管理措施。

审计总署所能审计的部门包括：国会及地方议会、国家机关、总理公署、政府部委、法定机构、国家基金及国有企业。其中地方议会、法定机构及国家基金的绩效审计在实际操作中，通常由其负责人在与审计总署商议后，指定商业审计机构进行。对于国有企业，则在国有企业提起申请并经财政部同意，或财政部为保证公共利益不受侵害而向审计总署提起申请这两种情况下，可由审计总署进行绩效审计。

4. 新加坡政府绩效审计周期

《审计法》规定，政府各部部长应在年度财务报告完成之后立即递交至审计长，由审计总署对各部门财务报告进行审计并据此撰写审计报告，审计报告原则上一年向总统及国会提交一次。如在财政年度结束后7个月内审计长尚未收到某部门所应提交的财务报告，则审计长应就此事撰写报告上报总统，总统应立即将此报告移交国会。审计报告完成后，应由审计长提交至总统，总统应在收到审计报告的30天内将报告移交至国会。如国会处于休会期，则需在国会重新开会后14天内将审计报告移交。

5. 新加坡政府绩效审计程序

《审计总署与被审计部门关系条例》对绩效审计的程序有着严格的规定。新加坡政府绩效审计由审计通知、信息搜集、发送质询信和提交审计报告四个步骤组成。

（1）审计通知。

在绩效审计开展之前，审计部门应通过常规安排、书面通知或问卷调查的方式通知被审计部门。为完成某些特定内容的审计，审计总署可以委托商业审计员、咨询专家和技术专家以协助审计官员完成绩效审计。值得指出的是，法定机构及地方议会可在审计总署的同意下自行安排商业审计机构对本部门进行财务审计，但不妨碍审计总署同时对该部门进行绩效审计。由审计总署负责的绩效审计与由商业审计机构负责的财务审计互不干涉、彼此独立，但在必要时，审计总署可要求商业审计机构移交财务审计结果，从而为绩效审计提供必要的信息支持。

（2）信息搜集。

为了获取绩效审计的有效信息，《审计法》规定审计总署有权与被审计部门的工作人员进行面谈并获取纸质及电子版的文件、报告、书籍、票据、邮票、仓储等与审计相关的一切信息。此外，若通过安全检查，审计总署还享有实地调查的权力。在搜集信息的过程中，审计官员应全程佩戴审计授权卡以表明其身份。协助审计的商业审计机构人员、咨询专家及技术专家则须携带审计总署开具的证明函。

（3）发送质询信。

在初步调查之后，审计总署将给被审计部门发出质询信，要求被审计部门对审计总署所关心的问题进行逐一答复。质询信须同时发送给政府部门的常务国务大臣、法定机构的首席执行官及地区议会主席，并抄送至该部门的财务处。当涉及法定机构时，质询信还须同时发送给审计委员会主席及律政部常务国务大臣。在发出质询信之前，审计总署应要求被审计部门提供尽可能详尽的信息以保证初步调查中获得的资料切实可信。这项工作可以通过讨论会、电子邮件及质询信草案的方式完成。在收到质询信后，被审计部门应于21天内对质询信中提到的问题逐一进行回答。

（4）提交审计报告。

在获得质询信答复后，审计总署据此撰写审计报告，被审计部门有权在审计报告提交总统前预览完稿。审计报告中涉及的部门信息除用于审计总署的绩效审计，未经授权不得泄露给其他任何机构。为配合审计总署高效准确地完成绩效审计工作，《审计总署与被审计部门关系条例》详细规定了被审计部门应承担的义务。

1）与审计总署保持充分沟通。

被审计部门可通过政府公文、电子邮件或口头联系的方式与审计总署保持沟通。如有必要，审计总署有权要求获取审计部门口头沟通中所涉及的文件。此外，法律还赋予审计总署约谈审计相关人员的权力。为配合审计总署完成审计工作，被审计部门可临时指派人员担任联络官员。如被审计部门的常务国务大臣、首席执行官或主席因故无法亲自回答审计总署的质询，则被审计部门需另外指派官员代为答复。

2）为审计总署提供信息。

被审计部门须如实提供审计总署所要求的一切信息，并保证信息的完整性和可信度。被审计部门如担心机密信息的安全问题，可与审计总署商议后直接将信息转交给审计总署高级官员。如有必要，高级别的机密信息可以转交给审计长本人。

3）遵守时间期限。

对审计总署获取有效信息和答复设定时间期限是审计总署及时、高效、高质量完成审计报告的必要条件。如确实存在特殊情况，被审计部门须在接到信息获取要求或答复要求的三个工作日内以书面形式向审计总署说明情况。

6. 新加坡政府绩效审计结果应用

审计结果将以年度审计报告的方式提交给总统并由总统移交国会公共财政委员会审议，由该委员会做出对绩效审计结果的处理决定。年度审计报告最终将定期向公众发布。

8.4.2 新加坡公务员绩效管理

1. 新加坡公务员体系

新加坡在三权分立的基础上发展了具有本国特色的政治体系。新加坡为议会共和制国家，其政治体系注重公务员权力的监督与制衡，这为新加坡建立高效廉洁的公务员队伍奠定了制度基础。在新加坡，总统为名义元首，立法权由国会掌握，国会议员为民选，在议会中占多数的党派负责执政。自1965年独立至今，新加坡保持人民行动党一党独大的政治格局。2006年5月，由李显龙领导的人民行动党再次在国会选举中获胜，取得了84个席位中的82个。总理之下设总理公署（Office of Prime Minister），加上政府14个部，构成了新加坡的行政系统。此外，新加坡还聘请本国退任领导人担任高级政府顾问，一般授予内阁资政和国务资政两种职位。新加坡司法系统突破固有的西方司法模式，将审计、公务员任命和提拔等与公共权力监督的内容统统纳入进来，形成了新加坡独有的司法系统。新加坡的行政体系如图8-21所示。

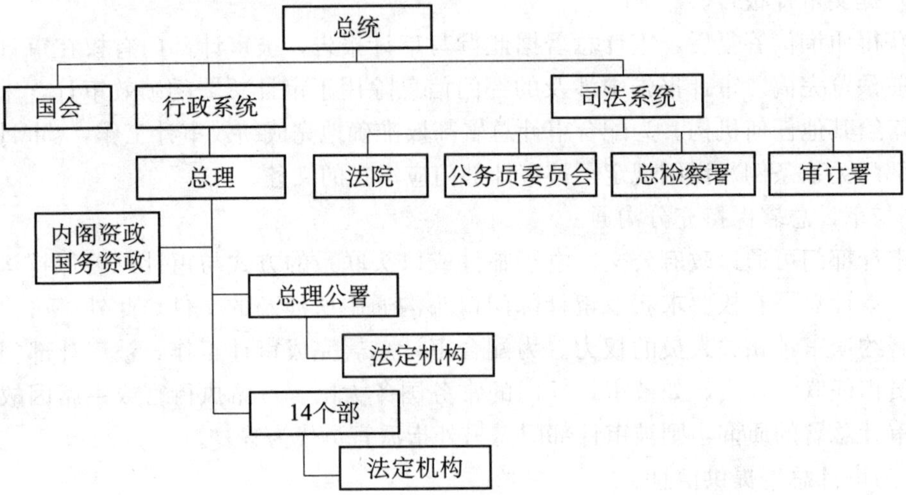

图8-21 新加坡行政体系

新加坡现行公务员制度构建于20世纪40年代所引进的基本框架之上，该框架旨在全方位地重构新加坡的人事管理系统。当时，新加坡立法议会将公务员队伍划分为四个序列，序列的划分主要基于公务员的技能、教育背景及责任感。第一序列公务员，亦称行政管理官员，主要承担政策制定和行政管理职责①。第一序列公务员共划分为两个层级，分别为高级公务员和有薪阶行政官，高级公务员又划分为B至G五个等级。高级公务员主要为常务国务大臣或副国务大臣，有薪阶行政官则指的是向国务大臣负责的公共管理机构的职业雇员。新加坡采用英国文官制度，严格限定进入一级公务员队伍的门槛。在新

---

① Vallance S. Performance Appraisal in Singapore, Thailand and the Philippines: A Cultural Perspective. Australian Journal of Public Administration, 1999, 58 (4).

加坡，大学毕业生本科毕业成绩必须至少达到二级优[①]才有资格申请一级公务员的职位。新加坡公务员级别划分具体参见表8-30。

表8-30　新加坡公务员级别划分

公务员等级	职位分类		资格条件
Ⅰ序列公务员	高级公务员（高级B至高级G）	管理执行序列	大学本科 毕业成绩二级优及以上
	有薪阶行政官	管理执行序列	
Ⅱ序列公务员	管理辅助序列		工艺教育学院毕业
	技术辅助序列		理工学院文凭
			剑桥A水准
			剑桥O水准
Ⅲ序列公务员	行政辅助序列		剑桥A水准
			剑桥O水准
			剑桥N水准
Ⅳ序列公务员	操作辅助序列		中学2年级以上
			完成小学教育

资料来源：吴志华．当今公务员制度．上海：上海交通大学出版社，2008：295-296.

为规范公务员行为，新加坡建立了完备的公务员法律体系。在新加坡宪法中就有专门条款对公务员管理权限及公务员的权利和义务进行了明确的规定。此外新加坡又先后颁布了《公务员纪律条例》《公务员委员会及立法委员会法案》《公务员委员会职责下放指导》《反贪污法》《审计法》等法律法规，对公务员的纪律规范和检查监督做了详细规定。

2．新加坡公务员绩效管理工具的应用

新加坡于1983年引入潜力评价体系（Potential Appraisal System，PAS），用以对高级公务员进行绩效评价。该套系统是壳牌公司于20世纪60年代为评价高级管理职位的公务员所开发的一套绩效评价体系。潜力评价体系萌芽于工业心理学家、荷兰乌得勒支大学教授范·伦纳普（Van Lennup）的研究成果，1966年壳牌公司引进范·伦纳普的研究成果并聘请其为公司量身定制一套旨在评价公务员潜力的绩效评价体系，潜力评价由此被引入壳牌公司。此后，范·伦纳普总结了四项最能够集中体现公务员潜力的素质，由此构成了潜力评价系统的基本框架。1986年壳牌公司对潜力评价系统进行了改进。1994年，新加坡政府在新的潜力评价系统的基础上进行调整以符合公共管理部门的特性。潜力评价系统在应用于新加坡公务员绩效评价之后，也得到了逐步的改进和完善。壳牌新加坡公司就见证了潜力评价体系在新加坡公共服务领域的每一步成长，如今壳牌新加坡公司仍在为公务员署（Public Service Division，PSD）提供关于潜力评价体系运作的相关咨询服务。

---

①　由于曾为英国殖民地，新加坡保留了英国大学的学分评定制度。二级相当于60分及GPA2.1，60～70分为二级优，70分以上为一级。剑桥牛津等名校的研究生入学通常要求学生大学本科毕业成绩不得低于一级。

3．新加坡公务员绩效管理的主管机关

新加坡公务员绩效的管理由公务员委员会与总理公署下属的公务员署共同负责。公务员署的主要职责是制定、监控和评价新加坡公务员管理制度，监督公共管理机构按照制度的规定来管理本机构的公务员。同时，公务员署还负责管理一级公务员的绩效评价系统。

1995 年，新加坡政府进行了公务员管理制度的重大改革，将原本属于公务员委员会的公务员招录、晋升、调动、解雇及纪律监督等权力下放至各公共管理机构的人事管理部门。1997 年重新修订的《公务员委员会职责下放指导》作为新加坡宪法的组成部分以国家根本大法的方式对公务员委员会的职责做了明确规定。其中，非教育、缉毒、警察及国防领域的第一序列第三等级公务员及其以下所有等级的公务员，一、二和三序列教育官员，警察部门中所有等级的助理警司及警督，所有监狱部门的警司、矫正官及高级典狱官，国防军上尉及其以下军官，中央缉毒局的警司及缉毒官员的招录、晋升、调动、解雇及纪律监督等职责，由各公共管理机构国务大臣领导下的人事委员会（Personnel Board）履行。这些人事委员会分为三个等级来处理不同等级的公务员管理事务。第一等级为高级人事委员会（Senior Personnel Board），处理高级公务员的人事管理事务；第二等级为人事委员会（Personnel Board），处理普通公务员的人事管理事务；第三等级为特别人事委员会（Special Personnel Board），与公务员委员会共同负责审理人事管理中出现的争端。从整个公务员绩效管理体系来看，公务员委员会与各公共管理机构的人事委员会共同承担绩效评价的具体工作。其中，人事委员会负责本机构公务员的绩效评价并根据绩效评价结果做出相应的人事决策；而公务员委员会则根据人事委员会给出的绩效评价结果，负责人事委员会管辖范围之外的人事决策。

为完成公务员绩效管理的全过程，新加坡公共管理机构的人事委员会为每个公务员都指定了督导员和协同签名官，并在执行细则中明确规定，督导员及协同签名官必须满足以下条件：

（1）督导员及协同签名官必须具备足够的业务知识及绩效管理知识以保证绩效评价的公平性和客观性。

（2）督导员及协同签名官必须拥有比公务员更高的职位。

（3）为保证评价报告的公平性，协同签名官不得查阅公务员之前的绩效记录。

（4）协同签名官必须保证评分标准的公平性及连贯性。

（5）督导员在撰写评价报告时至少应认识公务员 6 个月以上。如果督导时间未及 6 个月，为完成评价报告，督导员需向公务员上一任督导员咨询相关信息以保证评价的完整性。

（6）若有多个督导员，负责撰写评价报告的督导员需与其他督导员协商决定报告内容。

4．新加坡公务员绩效评价办法

新加坡政府绩效评价主要通过两个系统来实现，第一个是绩效报告系统，第二个是绩效排名系统。

（1）绩效报告系统。

1）工作任务表。在新一年工作开始之前，督导员与公务员就本年度的工作任务、工作计划、培训计划进行讨论并达成共识，之后督导员与公务员将约定阶段性评价及最终评价的时间。所有达成共识的内容将会记录在工作任务表上。

2）工作评价报告。工作评价报告是公开的绩效评价报告。在年度工作完成之后，督导员和公务员将共同就公务员在整个绩效评价周期中的绩效表现进行评价并如实记录。工作评价报告要求对公务员的工作绩效做出评价，其目的在于促使公务员参与到绩效评价过程中来，以减少公务员直面评价结果时的尴尬。督导员与公务员通常认为工作评价报告更倾向于反映工作绩效的积极面而非消极面。在绩效评价中，督导员需要对公务员的潜质进行详尽的审视和评价并就公务员培训计划和职业规划给出具体建议。总之，工作评价报告更多地充当促使公务员反思本阶段工作绩效并思考绩效改进方案的评价工具。

3）发展评价报告。与工作评价报告不同，发展评价报告是对公务员保密的绩效评价报告。发展评价报告主要对公务员的工作业绩、态度品质、培训需求及发展空间进行综合评价。督导员须选择卓越、优秀、合格及不合格中的一项以对公务员的绩效表现进行评价。此外，督导员还要在其给出的评价后面附上简要说明。

（2）绩效排名系统。

绩效评价系统的第二部分是绩效排名系统。绩效排名系统是对绩效报告系统的全方位补充，旨在解决不同督导员之间所存在的标准差异问题。绩效排名系统包含了工作质量、组织产出能力、知识及应用、团队合作、抗压能力及责任感等多项内容。排名小组基于绩效评价结果将所有公务员进行一对一比较，由此得出本机构内所有公务员的绩效排名。为得出公务员的准确排名，排名小组首先将所有公务员划分为几个组别，这几个组别需在平均绩效水平上存在显著的区别并保证同一组公务员的绩效水平不存在过大的差异。之后排名小组需要确定公务员在该组别中所处的位置，此时通常采用行为锚定量表法。为证明某一公务员在其组别中所处位置的合理性，排名小组还需辅以公务员具体工作实例的说明。在确定每个公务员在组别中的排名之后，排名小组将所有组别放在一起通盘排序，重新划分绩效等级并将每个公务员对号入座。

值得指出的是，在公务员工作绩效报告被评为E级或不可接受时，负责撰写报告的督导员必须向其发出绩效不良通知函。图8－22是绩效不良通知函的样例，它大致涵盖了所有督导员需要传递给绩效评价不合格者的信息。

日期______________
姓名______________
职务______________
经手______________
（协同签名官）

绩效不良通知函

您在________至________期间的绩效评价中因未能完成基本工作要求而在年度绩效报告中被评定为工作绩效E级。

如果您认为本次绩效评价有任何不公正之处，您有权在收到本函之日起7天内向人事部递交说明信。

请您在收到本函后将本函复印并将其立即寄回我处。

____
（督导员签名及职务）

本人已于________（日期）收到本函

____
（公务员签名）

图8－22　公务员绩效不良通知函

5. 新加坡公务员绩效评价内容

新加坡公务员绩效管理体系始终坚持：尽可能帮助每个公务员的天赋和技能得到充分发展，以最大限度地拓展他们的能力。因此，新加坡政府秉承廉正、服务及卓越的核心价值观，将公务员绩效评价聚焦于以下四个原则：(1) 绩效评价体系应是透明、公正的；(2) 绩效评价体系应是可信、客观和严谨的；(3) 绩效评价结果应及时向公务员反馈；(4) 绩效评价应着眼于促进公务员的职业发展。

具体而言，新加坡公务员绩效评价的内容可以从发展评价报告和工作评价报告中体现出来。

(1) 发展评价报告。

发展评价的核心组成部分是现有潜质评价系统（Current Estimated Potential Assessments，CEP）。现有潜质评价系统选取了一系列评价指标以预测公务员在退休之前所能达到的最高工作水准。具体指标如表 8－31 所示。

表 8－31　现有潜质评价系统

评价指标	指标定义
高瞻远瞩的能力	在处理某一问题或议题时通盘考虑所有相关因素的能力
分析能力	迅速将某一问题解构为若干部分并将其中的关键因素从干扰因素中剥离出来；同时关注和把握问题各个方面之间联系的能力
想象力与创新能力	在面对问题时能跳出常规思维；敢于提出假设并能从不同的角度观察问题；能够接受别人具有创新意识的意见或建议；能够重构自身的经验从而为组织业绩的改进提供新的具有可行性的解决方案
现实认知能力	看待问题时，能从现实而非自身的主观意愿出发；在做出判断时，不过分受自身需求及专家意见的干扰；在决定优先次序、设定目标及提出解决方案时，能充分考虑自己及他人的能力范围
成就动机	在制定和追求挑战性目标时具备驱动力、自信和责任感；对待生活和工作具有积极的态度，在面对压力时不屈不挠
社会及政治敏感度	自觉地从社会及政治的视角审视工作中出现的问题，对国内外的社会和政治环境有基本的兴趣及洞察力；在国家利益面前有明确的立场
决断力	明白在何时应该做出决定，在需要做出决定时能够综合考虑各种不确定因素并给出清晰明确的答复
鼓舞激励能力	能够很自然地激发别人的动机、激情、决心及自信，对周遭的人有着基本的尊重和真切的关怀；可以增强团队的凝聚力
任务分配能力	能够愉快地将重要任务分配给下属或团队成员，并在对结果进行监控的同时给予他们完成任务的自主性，并敢于承担责任
沟通协商能力	能够在合适的时间，通过合适的方式与本机构内外的团体沟通与协商合适的事项；能够清晰明确地通过书面和口语表达自己的意见并能倾听及理解别人的观点和看法

值得指出的是，以上指标主要供第一序列及第二序列的公务员现有潜质评价使用，

第三、第四序列的公务员所使用的指标相对简化。总体来说主要包含四个方面：智能水平、适应性和胜任多种工作的能力、工作结果及监管能力。

（2）工作评价报告。

工作评价报告分为四部分内容。第一部分为绩效目标达成评价，旨在对上一评价周期结束后制定的绩效目标进行讨论，掌握目标完成进度并评价公务员取得的绩效进步。目标完成进度以“完成”、“进行中”及“尚未开始”三个级别来衡量。工作评价报告的第二部分为绩效要素评价，一般从工作产出、知识技能、态度及其他个人特征三个方面对公务员进行绩效评价。表8-32是绩效要素评价的样表。

表8-32　绩效要素评价样表

工作产出		
评价指标	**指标描述**	**评价等级**
工作质量	工作产出的可接受度、准确性、明晰度；按要求对工作产出进行检查的次数	
产出能力	组织工作小组改进工作结果；利用工作工具、设备和工作环境的能力；制订合适的计划并以合理的途径完成既定任务的能力	
即时性	按既定日程完成的任务和工作数量；在限定时间内完成工作的能力	
知识技能		
业务知识	理论知识和能够高效完成工作的实践技巧	
技术能力	工作技能及完成特定任务所需的特殊技能	
沟通技巧	与他人沟通的能力	
顾客服务能力	感知组织内外客户需求的敏锐度及对组织内外客户需求进行回应的积极性	
领导力	与工作团队及其他部门进行沟通协商、组织人员完成任务的能力及发挥个人榜样作用的能力	
判断能力	对任务目标、可选方案和解决方案进行谨慎评价的能力；在做出决策之前保持客观态度的能力	
团队合作能力	与他人合作并考虑他人意见；建立并维护合作而又高效的工作关系；通过快速地接受和提供信息以帮助他人更有效率地完成工作；有效地解决工作中出现的争执，帮助团队迅速地明确目标和方向	
态度及其他个人特征		
执行任务时表现出的工作态度		
时间观念和出勤率		
可靠性		
进取心和责任感		
抗压能力		
维护工作环境的能力	能够保守本部门机密，自觉维护操作安全和程序安全	
项目、委员会及文案展示	能够在工作之外完成额外的项目、委员会工作或文案展示	

第三部分是公务员培训及职业发展规划。由督导员根据工作评价报告的评价结果给出公务员下一年度的培训及职业发展规划。表 8－33 是公务员培训及职业发展规划样表。

表 8－33　公务员培训及职业发展规划样表

列举计划内为完成下一年度绩效目标所安排的帮带培训及其他正式培训		
下一年度绩效目标 （行动方案）	培训要求 （课程、讨论会、工作方法及其他形式的培训）	培训领域 （供人力资源管理人员参考）

工作评价报告的最后一部分为督导员与公务员意见栏。意见栏通常会要求督导员对公务员本年度的工作绩效进行总体评价。绩效评价等级主要分为不可接受、仍需改进、基本可接受和超出一般标准四个等级。

6. 新加坡公务员绩效评价结果的应用

新加坡公务员绩效评价的结果直接与其薪酬及晋升挂钩。公务员在绩效评价中得到的绩效等级直接影响其绩效奖金的多少。此外，CEP 评价的结果将决定公务员晋升的空间及速度。新加坡自开展人事管理制度改革之后，公务员晋升的面谈环节已基本取消。任命及晋升的决定一般由部门的人事委员会在公务员绩效及潜力评价报告的基础之上做出，但在涉及公务员晋升的报告（发展评价报告）中，需要协同签字官签字确认方才生效。此外人事委员会在做出晋升决定时，还会考察候选人在过去较长一段时间内绩效是否一直保持优良。

8.4.3　新加坡政府绩效管理案例

新加坡是一个多民族移民国家，信奉伊斯兰教的人数不少，因此照顾好伊斯兰信众的利益对新加坡民族融合至关重要。新加坡伊斯兰宗教委员会是社会发展、青年及体育部下属的法定机构。伊斯兰宗教委员会的主要职责是就伊斯兰相关议题为总统提供政策建议，其目标在于保证政府政策制定能够考虑到新加坡伊斯兰社区日益丰富的利益诉求。为了实现组织目标，伊斯兰宗教委员会基于《古兰经》及《圣训》中规定的伊斯兰宗教传统，努力推广伊斯兰社区的宗教、社会、教育和文化事业。

伊斯兰宗教委员会理事会对委员会拥有独立决策权。该理事会由理事会主席、新加坡穆夫提、主管伊斯兰宗教事务的部长所提名的专员以及伊斯兰宗教组织委任的专员组成。理事会中所有成员均由新加坡总统委任。理事会下设执行长官一名，主管 10 个战略部门。伊斯兰宗教委员会组织结构如图 8－23 所示。

伊斯兰宗教委员会（以下简称委员会）对公务员的绩效管理分为目标设定、绩效监控、绩效评价和绩效反馈四个步骤。

1. 目标设定

委员会认为目标设定是用于阐明未来一年工作目标的必要环节，并努力在目标设定

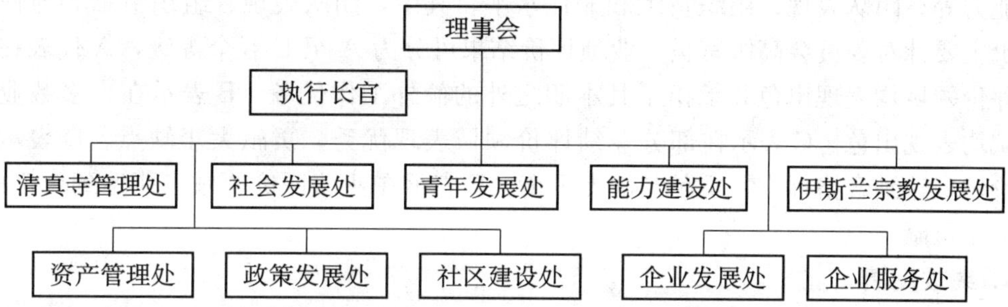

图8-23 伊斯兰宗教委员会组织结构图

中建立起个人目标与组织目标之间的承接关系。委员会规定目标设定须由督导员和公务员共同完成，以强化公务员对目标制定的责任感和认同感。此外，目标还需要根据工作进程不断地进行重新评价，以保证目标的实效性及与组织目标的关联性。

2. 绩效监控

在目标设定的基础上，委员会强调辅以常规性的工作进度监控，即绩效监控。委员会规定工作评价表每半年填写一次，上半年填写工作评价表的目的是审视公务员半年来的工作进度，以便对公务员的工作状态有全面的把握。同时，能够及时地采取措施对工作中出现的突出问题进行排解，必要时督导员将在与公务员进行协商的基础之上对工作目标进行调整。

3. 绩效评价

依照公务员署制定的评价原则，委员会的绩效评价同样由工作评价报告和发展评价报告两部分组成。工作评价报告是督导员与公务员对工作绩效的共同记录，该评价方法有两个主旨：一是促进督导员与公务员之间就绩效问题展开坦诚布公的交流；二是促进和调整工作目标以符合工作环境与个人能力的变化和发展。发展评价报告是督导员对公务员绩效的非公开记录，最终将决定公务员的晋升或转正。发展评价报告旨在为公务员职业生涯发展提供指导意见，对公务员的绩效水平和胜任更高层级职位的潜质进行评价和记录。委员会绩效评价的指标主要涵盖以下内容：

（1）目标完成进度。

该部分绩效评价与目标设定阶段直接挂钩，督导员须以“完成”、“正在进行”或“尚未开始”等评语对公务员的本年度目标完成进度进行评价。

（2）潜力评价。

运用现有潜质评价系统对公务员的潜质进行评价，评价内容在绩效评价内容部分已介绍，此处不再赘述。

（3）一般评价素质。

该部分评价主要涉及业绩以外的行为、态度评价，主要内容包括：工作献身度、廉正度、团队合作、资源管理和发展他人的能力。其中，工作献身度、廉正度和团队合作的评价主要针对委员会高级官员。

（4）业绩评价。

业绩评价旨在衡量公务员的工作贡献。主要内容包括：公务员个人工作贡献；业绩质量，如工作成果、工作质量、组织能力、抗压能力、责任感、服务水平、理论水平及实践能力等；团队表现；组织贡献和兼任水平。其中，团队表现、组织贡献和兼任水平的评价主要针对委员会高级官员。业绩评价结果可分为A至E五个等级，A代表在所有业绩评价领域均表现出色并承担了其本职之外的额外工作任务。B表示在大多数业绩评价领域均表现出色。C表示在部分业绩评价领域表现优秀，贡献大于缺点。D表示在业绩评价领域达到合格标准，贡献与缺点平衡。E表示在业绩评价领域未能达到合格标准，缺点大于贡献。

4. 绩效反馈

绩效反馈是委员会绩效管理中的一大亮点。在半年度工作评价报告填写完成后，督导员将根据公务员在绩效评价中的绩效等级采取不同的反馈措施。若公务员绩效表现良好，则观察半年后进行年度工作评价报告的结果，并以发展评价报告的结果决定是否推荐其晋升。若公务员在绩效评价中获得了E等级，则督导员需要与协同签字官共同签发责成报告并递交至被评价公务员，责成报告一般以警告信的形式体现，责成报告须明确指出公务员业绩不足之处以供其改进。通常可以采取的改进措施有特别指导或指正、正式培训和职位变动。对于正式培训，督导员需先拟订培训计划，描述公务员未来一年的培训安排。培训旨在促使公务员发现其绩效差距，从而努力提高自身素质为其从事更高层次的工作做好准备。培训计划的设定需遵循以下原则：

（1）由督导员与公务员协商决定，以提高公务员对培训的投入热情。

（2）计划中60%以上的课程应与公务员现阶段工作相关，与公务员自身发展相关的课程不得多于40%。

（3）应对培训效果定期进行评价。

本章小结

随着世界各国政府改革的不断深入，政府绩效管理已成为当代公共管理领域的热门话题。目前，很多发达国家都引进和应用了企业先进的绩效管理技术和工具，建立了富有特色的政府绩效管理制度，积累了许多政府绩效管理实践和探索的成功经验和失败教训。因此，对发达国家政府绩效管理实践进行理论探讨、动态追踪和经验总结，不仅有利于我国政府绩效管理理论层面的深化和升华，而且有利于在实践操作中有力地推动我国政府绩效管理的发展和进步。

作为世界上最先探索政府绩效管理的政府之一，美国联邦政府及其各级地方政府经过逐步的实践和立法，形成了一套较为完善的政府绩效管理体系。例如制定和颁布《政府绩效与结果法案》和《公务员制度改革法》等对联邦政府和公务员绩效进行有效的管理，以持续提高政府绩效管理水平和公共服务质量。英国是政府绩效评价应用得最持久、最广泛，也是技术上比较成熟的国家，其政府绩效管理历程大体经历了以经济效率为主的阶段和以质量为导向的阶段。以经济效率为主的阶段侧重于经济和效率，相继推行了雷纳评审计划、部长信息管理系统、财务管理新方案和下一步行动方案等一系列改革措施和评价方案，在节约政府开支、提高行政效率方面取得了显著的成就。以质量为导向的阶段则先后开展了公民宪章运动、竞争求质量运动以及政府现代化运动，通过在公共服务供给中引入竞争机制、对公共服务品质进行公开承诺以及将政府管理与现代化手段相结合等方式来改善和提升公共服务的质量。韩国不仅关注对政策课题、财政、组织、人事以及信息化等政府业务进行评价，而且还将政府机关、部门和公务员个人绩效评价紧密联系起来。同时，为了提高机关业务绩效、政策质量和公众满意度，韩国绩效管理主管机关要求所有机关制订和实行绩效管理的中长期计划和实施计划，并在制订和执行计划等方面赋予各部门极大的自主权，形成了具有韩国特色的政府绩效管理体系。新加坡政府是世界上最高效廉洁的政府之一。通过在政府组织和部门中大量引进和采用先进的绩效管理方法和技术，新加坡政府积累了大量的政府绩效审计的宝贵经验，并制定了《审计法》及《审计总署与被审计部门关系条例》，对新加坡政府部门绩效审计的内容、主体、周期、程序及结果应用等进行了详细的规定。

关键术语

《政府绩效与结果法案》(Government Performance and Result Act，GPRA)
高级公务员(Senior Executive Services，SES)
公共服务协议(public service agreement，PSA)
服务改进协议(service transformation agreement)
部门战略性目标(departmental strategic objectives)

复习思考题

1. 简要分析美国《政府绩效与结果法案》。
2. 试述英国政府绩效管理的历史沿革。
3. 试述韩国政府绩效管理的历史沿革。
4. 简述新加坡政府绩效审计的历史沿革。

第9章

我国政府绩效管理

我国政府绩效管理研究起步较晚，但是在并不长的时间里，通过借鉴国外先进的理念和经验，结合自身的特点和实践，政府绩效管理研究与实践有了较快的发展，一些地方政府探索创立了可供借鉴的管理模式，并开展了一系列卓有成效的绩效管理工作。本章重点介绍我国政府绩效管理的发展历程、成功的绩效管理实践以及公务员绩效评价实践等内容。

9.1 我国政府绩效管理的发展历程

为建立“办事高效、运转协调、行为规范”的行政管理体系，我国正持续推进行政管理体制改革，在变革观念、转变职能、调整组织结构的同时，通过借鉴和引进国际主流的新机制、新技术和新工具来提高政府的效率和效能。作为人力资源管理的一个重要职能，绩效管理由于在帮助政府部门提高行政效率、改善服务水平和促进工作落实等方面具有显著功效，于20世纪80年代起逐渐走上中国政府管理的舞台。在各级政府的持续努力和社会各界的共同关注下，我国的政府绩效管理无论是在理论研究还是在实际应用中，都取得了较丰硕的成果，在政府管理中发挥着日益重要的作用。纵观这些年的探索与实践历程，我国政府绩效管理走过了一条持续的自我发展和自我完善之路，在各个阶段摸索并创立了一系列特色鲜明、行之有效的管理模式。

9.1.1 以行政效率为核心的政府绩效管理实践

一直以来，尤其是改革开放以来，我国各级政府对政府行政效率和治理水平都给予了高度关注。1980年，邓小平在《党和国家领导制度的改革》等一系列讲话中指出了官僚主义所造成的机构臃肿，人浮于事，办事拖拉，不讲效率等弊病，强调通过开展机构改革和行政管理体制改革解决活力、效率、积极性等问题。为此，我国于1982年进行了改革开放以后的第一次政府机构改革，试图通过大幅度精简政府机构和人员编制来提高政府部门的工作效率。此时，政府绩效管理刚刚起步，受当时社会背景和宏观政策的影响，主要以提高行政效率为导向。

为了配合机构改革并巩固改革成果，劳动人事部于1982年下发了《关于建立国家行政机关工作人员岗位责任制的通知》，1984年中共中央组织部与劳动人事部联合下发了《关于逐步推行机关工作岗位责任制的通知》。这两个通知的出台与贯彻实施，促使岗位责任制在政府机关中逐步建立。随后，在目标管理思想的影响下，我国政府部门的岗位责任制逐渐发展为目标责任制，并迅速在全国范围内推广开来。1988年中国城市目标管理研究会成立，当时共有13个大中城市参加。据不完全统计，截至1998年，全国已有23个省的省级机关推行目标管理，90%以上的地市级机关推行目标责任制，100多个城市采用城市目标管理。

除了目标责任制，效能监察是这一时期另一种具有代表性的绩效管理方式。1989年12月举行的第二次全国监察工作会议明确提出：行政监察机关的基本职能既包括效能监察，又包括廉政监察。效能监察是我国首次通过外部主体对政府内部管理效能进行监督检查的方式，从效能监察入手，目的在于把监督的关口前移，加强事前、事中监督，做到防范在先，使纪检监察工作紧贴改革和经济建设，更好地为经济建设服务。到1999年，全国已有23个省（自治区、直辖市）不同程度地开展了效能监察工作。

以提高行政效率为导向的政府绩效管理模式，促使政府部门关注自身的管理方式和行政效率，对于政府更新观念、转变职能等方面具有深远的意义。但是这种绩效管理方式实际上是一种组织内部的管理模式，忽视了政府行为的结果和社会影响，难以兼顾政府的“公共性”这一根本属性。

9.1.2 以服务质量为核心的政府绩效管理实践

20世纪90年代是我国行政管理体制改革的深入阶段，各级政府在不断提高行政效率的同时，开始注重服务质量的提升。这一时期，许多政府组织和部门的管理者逐步形成绩效管理意识，将绩效管理作为改善内部管理水平、提高外部服务质量的重要手段。同时，受西方管理理念的影响，我国政府绩效管理的关注点也逐渐从内部转向外部、从效率转向结果，并将服务质量作为衡量自身绩效的重要内容。

我国一些地方政府组织和部门于20世纪90年代初期开始了对社会服务承诺制的探索。1994年6月，山东省烟台市政府率先在市建委系统试行社会服务承诺制。1996年7月，基于烟台市社会服务承诺制的成功经验，中宣部和国务院纠风办决定，把宣传和推广社会服务承诺制作为加强行业作风和职业道德建设、推进社会主义精神文明建设的一项重要举措。随后，建设部、电力部等八个部委相继实行了社会服务承诺制度。随着社会服务承诺制在全国范围普遍推开，我国的政府绩效管理水平迈上了一个新台阶。

20世纪90年代末期，伴随着公民参与观念的日益成熟，我国政府更加重视服务意识与服务质量，“公民评议政府”作为一种新的政府绩效管理形式广泛应用于我国各级政府组织。1998 年沈阳市的“市民评议政府”，1999 年珠海市的“万人评议政府”，2000 年邯郸市的“市民评议政府及政府部门问卷调查活动”、广州市的“市民评政府形象”，2001 年南京市的“万人评议机关”、杭州市的“满意不满意评选活动”，2002 年温州市的“48 个市级机关部门满意度测评调查”、邵阳市的“优化经济发展环境综合测评”，2003 年北京市的“市民评议政府”、锦州市的“市民评议政府机关”和“评选人民满意公务员”，等等，都是“公民评议政府”的生动实践。

90 年代以服务质量为导向的政府绩效管理模式，不仅有助于政府改善与公民的关系，树立良好的形象，还能增加政府行为的透明度，强化行政监督。此外，对于政府提高工作绩效、建立责任意识以及改善服务水平等都具有重要意义。但是，这种方式存在着评价内容片面、评价主体单一、定量评价缺失等不足，需要不断改进和完善。

9.1.3 以科学方法为核心的政府绩效管理实践

进入 21 世纪，我国政府的施政理念出现了新的变化，科学发展观、正确政绩观等全新理念成为政府绩效管理研究与实践的指导思想，“构建科学的政府绩效评价体系”成为新时期政府绩效管理的迫切要求。这一时期政府绩效管理的最大特征是理论研究与实际应用相结合，一些先进的绩效管理理念、工具和方法的引进使我国政府的绩效管理工作逐渐进入科学化、规范化的轨道。

这一时期，我国学者开始借鉴国外先进的模式和方法，探索适用于中国政府的通用绩效评价指标体系。例如国家行政学院以欧盟成员国使用的通用绩效评价模型为基础，结合我国国情，创造性地构建了具有中国特色的通用绩效评价框架（CAF）；人事部“中国政府绩效评价研究”课题组在总结国内外指标体系的设计思想和方法技术的基础上，经过深入的调查和广泛的论证，提出了一套由 3 个一级指标、11 个二级指标及 33 个三级指标构成的“地方政府绩效评价指标体系”。对通用绩效评价指标体系的探索表明我国政府绩效评价体系正逐步走向成熟。

此外，随着国外先进绩效管理理念的引入，平衡计分卡、全面质量管理、关键绩效指标等绩效管理工具不断为我国政府的绩效管理注入新鲜血液，使我国政府绩效管理研究呈现出百花齐放的局面。值得一提的是，从 2006 年初开始，由中共中央组织部领导干部考试与测评中心牵头，以黑龙江省海林市、广西壮族自治区贵港市平南县平山镇、四川省乐山市五通桥区等地区为试点，开始了平衡计分卡在中国政府绩效管理中的本土化实践与探索。

9.1.4 第三方评价

为了增强绩效管理的客观性和公正性，一些地方政府尝试使用第三方评价政府绩效的形式。2004 年，甘肃省将全省 14 个市、州级政府及省政府 39 个职能部门的绩效评价工作，委托给兰州大学中国地方政府绩效评价中心组织实施；2006 年 4 月，武汉市政府宣布邀请全球最大的管理咨询机构麦肯锡公司为第三方机构对政府绩效进行评价；2006年11月，厦门市思明区政府引入专业的第三方机构——福州博智市场研究有限公司进行群众满意度评价。由此，第三方作为一种新的评价主体走入了人们的视野，利用其客观地位和独特视角参与政府绩效管理，对丰富和完善我国政府绩效管理实践具有积极意义。

所谓第三方评价，是指由与政府无隶属关系和利益关系的第三方主持和组织实施，评价的标准或方式主要由主持方拟定的评价政府及其部门绩效的活动。相对于其他政府绩效评价方式，第三方评价具有以下独特优势：首先，第三方评价有利于确保政府绩效评价的独立性。第三方组织与政府无利益关系和隶属关系，评价过程不会受评价对象的干预，可以独立开展政府绩效评价。其次，第三方评价有利于确保政府绩效评价的科学性。第三方组织（特别是一些学术团体和科研机构）在绩效评价的理论研究上有着得天独厚的优势，它们通过帮助政府组织建立科学、规范、完善的政府绩效评价体系来提高绩效评价的科学性、准确性和公正性。最后，第三方评价能够促进各方的参与。第三方评价能够有效弥补内部评价的不足，将公民、企事业单位等多元评价主体引入到绩效评价过程中，有利于提高外部的参与度，加强对政府的监督并借此改善行政效率和效果。

随着新时期各级政府对绩效管理的高度重视和迫切需要以及理论研究的不断深入，我国政府绩效管理水平进入了一个新的阶段，在评价模式、实施机制、关注重点和覆盖范围等诸多方面较以往都取得了重大进步，形成了各具特色的绩效管理模式。尽管这些模式与方法还存在不少问题，但在很大程度上为我国政府今后的绩效管理工作的科学化和规范化奠定了更坚实的基础。

9.2　北京市预算绩效管理实践：守正创新

全面实施预算绩效管理是深化财税体制改革、建立现代财政制度的重要内容，是优化财政资源配置、提升公共服务质量的关键举措，也是落实以人民为中心的发展思想、推动高质量发展的必然要求。北京市从2002年开始实施预算绩效评价试点，2010年在全国率先推行事前绩效评估模式，2011年全面推进全过程预算绩效管理，2018年探索开展全成本预算绩效管理改革。多年来，北京市坚持理论与实践相结合、国际视野与中国特色相融合、中央精神与北京实际相一致，求真务实，勇于创新，打造了全面预算绩效管理的“北京模式”。“北京模式”的特色是通过开展事前绩效评估，探索全成本预算绩效管理，将绩效理念和成本意识贯穿预算管理全过程，进一步优化财政支出结构，强化成本控制，建立预算管理和绩效管理融合机制①。

1. 统一领导，分抓落实

北京市坚持党对预算绩效管理工作的集中统一领导，形成了市委市政府统筹领导，财政部门组织协调，各区各部门主责落实，人大、政协、审计、纪检监察等部门协同监

① 资料来源：北京市财政局绩效处。

督，社会第三方广泛参与的多主体协同联动机制。这种机制可以确保预算绩效管理工作严格贯彻党的路线方针政策，落实党中央重大决策部署，增强对国家重大战略任务、国家发展规划、北京市发展战略和规划的财力保障。实行主要领导负责制，对重大项目的责任人实行绩效终身责任追究制，切实做到花钱必问效、无效必问责。

2．以点带面，稳扎稳打

北京市自 2002 年启动预算绩效管理试点工作以来，先后经历了试点探索阶段（2002—2005 年）、逐步推广阶段（2006—2010 年）、全过程广覆盖阶段（2011—2017 年）和新时代全面预算绩效管理阶段（2018 年至今）。按照中央统一部署，北京市稳步推进预算绩效管理改革从项目、政策向部门整体和政府层面拓展，从事后评价向事前评估和事中监控延伸，从一般公共预算向“四本”预算覆盖。近些年来，北京市紧紧围绕党中央国务院改革部署，从理论到实践，一步一个脚印，始终走在中国预算绩效管理探索的前沿。

3．朴实理念，科学运用

北京市预算绩效管理工作坚持最根本的“物有所值”理念，即在相同产出和效果的情况下，具有相对较低投入成本的方案，绩效更好，这是最朴实的绩效理念。北京市在全面实施预算绩效管理的过程中，贯穿“物有所值”理念，将成本核算、质量管理和效益计量等方法融入了全方位、全过程、全覆盖的预算绩效管理体系，打造了全成本预算绩效管理模式，形成了“抓两头”（成本和效益）、“促中间”（管理效率）的工作思路。解决了成本虚化、质量弱化、效益软化等难题，找到了更加注重结果导向、强调成本效益、硬化责任约束的科学路径和方案。

4．重视规章，健全机制

北京市不断加强制度顶层设计，将部门全过程业务环节纳入预算绩效管理，建立“1＋1＋N”制度体系框架，形成了以北京市委、市政府印发的《关于全面实施预算绩效管理的实施意见》为核心、《北京市预算绩效管理办法》为统领的 9 项具体制度、13 类共性指标体系、15 个操作规范、25 个工作模板、65 个绩效目标样表，涵盖事前绩效评估管理、绩效目标管理、绩效评价管理、绩效评价结果应用、绩效信息公开、绩效考核等预算绩效管理各个环节，初步构建了较为完善的预算绩效管理制度体系。在强化制度规范的同时，实行全过程的成本管理和控制，实现了“预算编制核成本、预算执行控成本、预算评价考成本”的全流程绩效管理机制。

5．强化应用，指导实践

北京市在全面实施预算绩效管理的过程中，特别注重对预算编制的宏观指导，强调绩效约束的前瞻性，以事前绩效评估为引领，形成事前、事中和事后管理闭环。开展重大政策和项目事前绩效评估，将事前绩效评估结果作为项目入库和预算安排的前置条件，处理好“谋事”和“花钱”的关系，形成了“资金跟着项目走、项目跟着规划走”的聚合链条，实现了预算绩效管理工作对预算编制工作的有效约束和指导。

北京市预算绩效管理工作的稳步推进，使绩效管理工作逐渐成为引导财政工作的“指挥棒”和“风向标”。

9.3　杭州市政府绩效管理实践：立法先行

杭州市作为浙江省的省会，以“东南名郡”著称于世。2011年，杭州市被确定为全国绩效管理试点，2012年杭州市综合考评委员会办公室申报的“公民导向的杭州综合考评”获得第六届“中国地方政府创新奖”提名奖。2016年1月1日，《杭州市绩效管理条例》实施，标志着杭州市在政府绩效管理法治化建设方面走在了全国前列。2017年，《杭州市“十三五”绩效管理总体规划》正式出台，这是国内首部城市绩效管理规划，进一步彰显了杭州绩效管理在全国的示范引领效应。杭州市政府绩效管理的典型做法主要有以下四点：

1. 重视绩效计划的编制

杭州市纳入绩效管理的各区、县（市）人民政府和市直单位都要与国民经济和社会发展五年规划纲要同时编制、同步实施本组织的绩效计划。每份绩效计划至少包含使命和愿景、关键指标和重点工作、绩效管理重点目标和保障措施四个部分。其中，使命和愿景包括本地、本组织的发展现状、主要职责和工作任务概述。关键指标和重点工作包括国民经济和社会发展五年规划涉及本地、本部门的工作任务以及绩效指标逐项分解的年度目标，以及体现履职情况的主要职能绩效指标和重点工作的分年度目标。绩效管理重点目标包括针对近三年社会评价意见中反复提出的意见和建议的整改方向，针对日常绩效信息、绩效测评、绩效整改通知单反映的尚未得到有效解决的绩效问题的应对举措，以及结合本地、本组织工作需要，提出创新创优申报方向、项目来源和创新路径等。保障措施包括保障绩效计划顺利实施的相关举措，如组织领导、制度保障等相关机制建设情况。

2. 完善绩效信息的收集

杭州市在实施绩效管理实践中，主要通过绩效管理机构、第三方机构、绩效信息员和公共服务窗口进行绩效信息的采集工作。绩效管理机构依托信息化系统，定期采集绩效责任单位各类工作目标的进展情况、存在的问题等日常信息。采集方式主要有定期报送和系统自动抓取两种。定期报送是绩效责任单位按绩效管理机构的要求，通过绩效管理信息系统定期报送目标进展程度。系统自动抓取是指绩效管理机构通过信息系统直接访问绩效责任单位或第三方（行业主管部门）的数据库获取目标量化数据，直接纳入绩效信息库进行监控。第三方机构采集是以政府购买服务的形式，委托非利益相关的第三方提供信息监测和信息采集服务，建立中立客观的绩效信息采集渠道。采集的范围主要是与绩效目标相关的媒体舆情信息，具体包括社会各界对绩效责任单位履行职责的评价及反响、媒体的监督性报道等。绩效信息员采集是指由来自不同领域的志愿者和热心市民组成绩效信息员队伍，从基层收集社情民意，观测并采集绩效责任单位履行职责和执行年度绩效目标的情况。公共服务窗口采集是指依托信息系统，获取接受公共服务的行政相对人对公共服务窗口的服务质量、服务态度等方面的满意度评价信息。

3. 创新绩效考评的方式

杭州市各市直单位和区、县（市）的绩效考评根据考核目标的不同，采用不同的组织形式。其中，市直单位分为绩效目标考核、专项目标考核、创新创优目标考核三种。绩效目标考核在“预审制”基础上实行差异化查访核验，市考评办根据市直单位月度目标进展报送情况和印证材料的明晰程度开展考核预审，并按照预审情况实施年终差异化查访核验。绩效目标考核以平时考核为基础，以年终完成情况、目标实施过程和目标完成取得的绩效为主要依据。专项目标考核由各考核组织单位按照年初经市考评办审定的考核办法组织实施。创新创优目标考核是在市考评办核验创新创优目标申请验收材料的真实性、完整性等进行核验的基础上，组织专家实施两轮绩效评价，首轮按项目领域进行专业评审，第二轮组织综合评估。

区、县（市）年终目标考核的组织实施与市直单位稍有不同，区、县（市）根据不同的考核分项内容有不同的组织运作方式，具体包括发展指标考核、工作目标考核、特色创新目标考核和综合考评重点工作单项奖项目复验等。其中，发展指标考核主要考核发展指标的完成情况。工作目标考核主要考核由市考评办下达的重要工作目标和共性目标的完成情况。特色创新目标考核主要是对各区、县（市）报送验收的特色创新目标是否按申报的内容、要求如期保质保量完成，是否有一定的应用实施期以发挥其成效，以及申请验收材料的真实性、准确性、完整性等情况进行程序性检查与审核。综合考评重点工作单项奖项目复验则是对预设的区、县（市）重点工作单项奖项目组织综合复验，复验内容主要包括目标任务完成情况、奖惩情况以及重点工作单项奖项目的绩效分析等。

4. 关注绩效反馈的实施

日常改进是根据收集到的绩效信息和目标管理中发现的问题，进行有针对性的阶段性整改。在杭州市绩效管理实践中，日常改进主要通过绩效改进通知和专项绩效测评两种方式进行。杭州市综合考评实施以来，建立了社会评价意见整改机制，具体包括评价机制、整改机制和反馈机制。在每年的综合考评中，杭州市考评办邀请社会各界的上万名人士参与，赋予社会公众话语权，让社会公众进行满意度评价，并对政府工作提出意见和建议，形成评价机制；杭州市考评办将收集到的社会评价意见进行梳理后下达给相应的责任单位，责任单位制订整改计划、明确整改目标、确定整改重点形成意见整改机制；社会评价意见重点整改目标及整改情况在媒体上进行公示，要求责任单位就整改工作向社会做出承诺，并请公众对整改情况进行监督，形成反馈机制。

9.4 海林市政府绩效管理实践：战略导向

进入新世纪，我国政府开始关注绩效管理的战略导向。卡普兰和诺顿创立的平衡计分卡理论，使政府战略管理的可操作化成为可能，并有力地推动了化政府战略为行动。平衡计分卡作为战略性绩效管理工具逐渐在我国政府部门得到推广。自2006年起，黑龙江省海林市积极探索建立基于平衡计分卡的政府绩效管理体系，成为我国第一个全方位推行平衡计分卡的县级政府。

海林市位于黑龙江省东南部，地处东北亚经济圈腹地，素有“林海雪原”“中国雪乡”之称。为探索符合科学发展观要求的绩效管理体系，2005年末，海林市被确定为“中澳合作平衡计分卡中国化模式研究与推广项目”全国两个试点单位之一。海林市充分利用在该市开展中澳合作平衡计分卡项目试点的契机，学习借鉴先进的管理理念与技术，在科学谋划工作思路、强化工作落实、注重过程监督、加强各层面沟通、狠抓队伍建设等方面进行大胆探索和实践，助推了县域经济社会科学快速发展。具体而言，海林市的政府绩效管理实践具有以下特点：

1. 重视顶层设计，明确战略导向

海林市在深刻认识和分析所处发展环境的基础上，用战略思维重新审视、重新定位、重新谋划海林的发展，确定了“贯彻落实党的路线方针政策，全心全意造福海林人民”的使命和“学习创新、艰苦创业、团结务实、民主廉政”的核心价值观，并确立了“到2011年实现全市经济总量倍增、省内位次前移，人民生活殷实和谐”的五年愿景目标，实施了“一线两翼三步走”发展战略，即以加快海林振兴崛起为主线，以作风建设年和项目建设年为两翼，实施一年起步、三年跨越、五年步入振兴崛起之路三个阶段性目标，坚持以速度改变海林、项目振兴海林、民本立足海林、作风成就海林，坚持用高目标引领追赶跨越，用高定位展现美好蓝图，用高标准提升科学发展水平。

2. 明晰工作重点，化战略为行动

海林市在具体操作中围绕实现发展战略目标和阶段性任务，深入研究保障措施和工作载体，确定了一系列重点工作。一是实施招商引资“一号工程”。坚持小分队招商、驻点招商、干部挂职招商、专业队伍招商“四轮驱动”，集中人力、精力、财力，不断掀起招商引资热潮。二是实施项目建设“双百战略”。实施项目专题推进，建立项目绿色通道，分阶段推进“准备之冬”“动工之春”“大干之夏”“成果之秋”，呈现出规划包装、引进落地、向上争取多赢的项目建设局面。三是实施城市园区“双升级”战略。以园区提升城市，以城市带动园区，牵动整体工作提升。四是推进城乡一体化建设。坚持以工业化理念抓农业，推进龙头、基地、产业“三位一体”建设，构建起以“食用菌、畜牧、蔬菜”为主导，以“北药、烤烟、两菊”等特色产业为补充的发展格局。

3. 关注无形资产，强调学习与成长

海林市为解决部分干部在发展速度上的“恐快症”、工作标准上的“恐高症”、发展本领上的“恐慌症”，连续三年开展“作风建设年”活动，不断增强干部学习力、发展力。一是强化思想解放。用解放思想这把“万能钥匙”激活干部求新图变、善谋发展的内在动力。二是强化素质升级。以“学习成长”为主题，通过举办“集体读书会”、开设“电视大讲堂”、开办主题培训班等多种形式，对全市各级干部进行大规模学习培训。三是强化执行力提高。在机关中开展“治慵懒”专项整治行动、推行“一线工作法”“领导干部十包”等系列活动，大力实施“素质升级、文化培育、凝聚力”三大工程，打造海林执行力文化。

4. 加强工作沟通，激发群体活力

海林市在实践中更加突出地加强了与群众的沟通，全市重要会议采取现场直播方式“一站式”传达；开展“市委书记大接访”“千名干部下基层”活动，建立群众诉求中心，与群众“无障碍沟通”；实施市村“直通车”，加强了市委与基层组织的联系，通过良好的沟通形成了发展的合力，激发了全民干事创业的热情。

5. 创新考核评价，提升激励效应

平衡计分卡不仅是化战略为行动的战略管理工具，也是一种有效的绩效评价工具。海林市在科学应用平衡计分卡的同时，也注重推动干部绩效考核机制的创新。一是完善考评体系。进一步完善实施分类划档量化考评，对市直、乡镇党政班子、部门所属领导班子及正副职设定不同的量化分值，通过年度考察和年内随机考评，对班子和干部进行科学的定位评分，奖优罚劣、治庸治懒。二是创新选拔机制。通过创新公开比选、竞争上岗、挂职锻炼和干部交流等干部选拔机制，不断激活全市干部干事创业的激情和活力。三是强化过程评价。开发建立基于平衡计分卡的“两表、一会、一调整”的绩效监控模式，对工作流程及时评价反馈。在原绩效考评办的基础上成立市委、市政府督查局，创新督办考评机制，对重点工作实行周监测、月调度、季通报，做到了年度考评与平时评价指导相结合，工作思路得到及时优化。

海林市基于平衡计分卡的实践探索，取得了明显成效。从 2006 年起，海林市综合实力在全省“十强县”排名实现一年进一位，2008 年位列全省“十强县”第七位，2009 年迈进全省第一军团。同时，海林市还被评为中国优秀旅游城、中国特色魅力城、省级文明城和省级园林城，实现了市域经济社会的快速全方位发展。

9.5 中国（上海）自由贸易试验区绩效管理实践：第三方评价

上海自贸区第三方评价实践最显著的特征就是采用了多种模式并举的评价策略，也就是同时选取了多个第三方机构参与绩效评价，且各个机构之间相互独立。具体的评价机构包括普华永道会计师事务所、上海投资咨询公司以及包括国务院发展研究中心、上海质量管理科学研究院、上海对外经贸大学和上海财经大学在内的科研机构①。

1. 上海质量管理科学研究院开展的第三方评价

为了评估上海自贸区检验检疫无纸化改革、检验检疫分线监督管理制度等创新制度的实施情况及成熟度，上海出入境管理局委托上海质量管理科学研究院设计了一套评价体系。该评价指标体系主要包括制度创新性、风险可控性、国际惯例契合度、用户体验和复制性等 5 个一级指标，在这 5 个一级指标之下，又进一步细化设计了 15 个二级指标和 28 个三级指标，并对每一级的各个指标都赋予了相应的权重分值，满分共计 100 分。评价结果显示，检验检疫创新制度的成熟度评分结果为 87.31 分，显示出了较好的可复制推广性。

2. 普华永道会计师事务所开展的第三方评价

普华永道会计师事务所坚持全面与重点相结合的评价策略，设计了“5＋2”的评估

---

① 马佳铮．政府绩效第三方评估模式的实践探索与优化路径：以中国（上海）自贸区为例．上海行政学院学报，2016（4）.

框架体系。评价内容包括政府职能转变、投资管理方式转变、传统贸易监管方式改革、深化金融体制改革和完善法制保障五大目标，以及创新监管服务模式和税收机制探索两大重点。通过对各大中小型企业的调查以及与美中商会等经济组织的沟通，评价结果显示：投资管理方式转变的认可度最高，完善法制保障的认可度相对较低。

3．上海财经大学开展的第三方评价

上海财经大学课题组也是从上海自贸区的五大目标着手来评价自贸区各项制度的创新绩效。该评价体系包括定性评估和定量评估两部分。定性评估主要是通过对自贸区制度创新的实际进展与国务院的总体方案进行比较，来评价任务目标的执行情况与制度创新绩效；定量评估则是借鉴参考国际公认的营商环境指标体系，通过相关经济流量数据的输入等来得出相对客观的绩效评价结果。评价结果显示，加快政府职能转变、扩大投资领域开放、推进贸易便利化、深化金融开放创新、完善法制制度保障等方面的满意度基本在80%以上。

9.6　我国公务员绩效评价实践

尽管我国自新中国成立初期就对建立公务员绩效评价制度进行了积极探索，但是一直到公务员制度出台之前，我国都没有完备的公务员绩效评价办法，主要采取干部鉴定或干部考察的方式对公务员进行评价。虽然这些方式存在一定的局限性，但是它们在一定时期内对于干部的考察和任用起到了积极作用，为公务员绩效评价制度的建立奠定了坚实基础。1993年《国家公务员暂行条例》的颁布标志着我国公务员制度的正式诞生。1994年3月由国家人事部发布的《国家公务员考核暂行规定》对公务员绩效评价的内容和标准等做出了具体说明，我国公务员绩效评价制度逐步建立起来。2006年1月1日，《中华人民共和国公务员法》（以下简称《公务员法》）正式实施，并于2018年12月29日进行了修订。该法案对有关公务员的评价内容、评价方式、评价主体以及评价结果应用等做出了明确规定。2007年1月，中组部印发了《公务员考核规定（试行）》，对公务员的考核内容与标准、考核程序、考核结果的应用等进行了详细说明。2009年，为了建立促进科学发展的干部考核评价机制，中共中央办公厅印发了《关于建立促进科学发展的党政领导班子和领导干部考核评价机制的意见》。随后，中组部下发了《地方党政领导班子和领导干部综合考核评价办法（试行）》《党政工作部门领导班子和领导干部综合考核评价办法（试行）》《党政领导班子和领导干部年度考核办法（试行）》三个规范性文件（简称“一个意见、三个办法”）。2019年4月，中共中央办公厅印发了《党政领导干部考核工作条例》，以条例的形式对干部考核工作进行总体规范。随着这些法律法规的相继出台，我国公务员绩效评价制度日益完善，并朝科学化、标准化和制度化的方向快速发展。

我国对领导成员和非领导成员公务员的定期评价采取不同的评价方式。其中，领导成员是指机关的领导班子成员，不包括在机关内设机构担任领导职务的人员。对领导成员的定期评价，由主管机关按照有关规定办理，有关法规包括《党政领导干部考核工作条例》等；而对于非领导成员公务员，《公务员法》的配套法规《公务员考核规定（试行）》对评价的内容与方法、评价程序和评价结果的应用等进行了详细规定。

9.6.1 领导成员绩效评价办法

干部考核是坚持和加强党的全面领导、推动党中央决策部署贯彻落实的重要举措，是激励干部担当作为、促进事业发展的重要抓手。《党政领导干部考核工作条例》对领导班子和领导干部的考核方式、考核内容等进行了明确规定，为规范新时代的干部考核工作提供了基本遵循。

1. 考核方式

领导班子和领导干部的考核方式主要包括平时考核、年度考核、专项考核、任期考核。

（1）平时考核。平时考核是对领导班子日常运行情况和领导干部一贯表现所进行的经常性考核，要及时肯定鼓励、提醒纠偏。平时考核主要结合领导班子和领导干部日常管理进行，应当突出重点，可以根据实际情况形成考核结果。

（2）年度考核。年度考核是以年度为周期对领导班子和领导干部所进行的综合性考核，一般在每年年末或者次年年初组织开展。根据工作需要，各级党委（党组）每年可以选定部分领导班子和领导干部进行重点考核。年度考核一般按照总结述职、民主测评、个别谈话、了解核实、形成考核结果的程序进行。

（3）专项考核。专项考核是对领导班子和领导干部在完成重要专项工作、承担急难险重任务、应对和处置重大突发事件中的工作态度、担当精神、作用发挥、实际成效等情况所进行的针对性考核。根据平时掌握情况，对表现突出或者问题反映较多的领导班子和领导干部，可以进行专项考核。

（4）任期考核。任期考核是对实行任期制的领导班子和领导干部在一届任期内的总体表现所进行的全方位考核，一般结合换届考察或者任期届满当年年度考核进行。任期考核应当突出对完成届期目标或者任期目标情况的考核，一般按照总结述职、民主测评、个别谈话、了解核实、实绩分析、形成考核结果的程序进行。

专 栏

湖北枣阳："日记周评月考"加强公务员平时管理

湖北省枣阳市通过"作风襄云"App以"日记周评月考"加强对公务员日常管理和监督，把公务员精力引导到干事创业上来。

一日一记事。要求公务员将每个工作日所做的工作记录在"作风襄云"App上。要实事求是填写工作事项，要上传应证资料图片，要做到当日工作当日填；不要填写过于琐碎或粗糙，不要刻意追求数量和形式，不要敷衍塞责应付了事。

一周一点评。"作风襄云"App有严格的管理层级，每周由科长对科员、分管领导对科长、主要领导对分管领导的工作日志记录情况进行督查调阅，肯定成绩，指出不足，提出改进意见。

一月一打分。公务员每月总结一次工作，列出办结的工作事项和工作成效，通过“作风襄云”App进行公示，然后采取领导评定和干部互评两种方式进行月度工作考评。领导评定由分管领导根据工作日志核查情况和日常表现提出评定等次。

资料来源：胡颖颖．湖北枣阳：“日记周评月考”加强公务员平时管理．中国组织人事报，2018-07-11.

2．考核内容

领导班子考核内容主要包括政治思想建设、领导能力、工作实绩、党风廉政建设和作风建设五个方面。

（1）政治思想建设。全面考核领导班子坚决维护党中央的核心地位，坚决维护党中央权威和集中统一领导，坚持和加强党的全面领导，执行党的理论和路线方针政策，增强“四个意识”，做到“四个服从”，遵守政治纪律和政治规矩的情况；用习近平新时代中国特色社会主义思想武装头脑，坚定理想信念，坚定“四个自信”，不忘初心、牢记使命的情况；坚持民主集中制，执行新形势下党内政治生活准则，发现和解决自身问题，营造风清气正政治生态的情况；践行新时代党的组织路线，贯彻新时期好干部标准，树立正确选人用人导向的情况。

（2）领导能力。全面考核领导班子适应新时代要求、落实党中央决策部署、完成目标任务的能力，重点了解学习本领、政治领导本领、改革创新本领、科学发展本领、依法执政本领、群众工作本领、狠抓落实本领、驾驭风险本领。

（3）工作实绩。全面考核领导班子的政绩观和工作成效。考核政绩观，主要看是否恪守立党为公、执政为民理念，是否具有“功成不必在我”精神，以造福人民为最大政绩，真正做到对历史和人民负责。考核地方党委和政府领导班子的工作实绩，应当看全面工作，看推动本地区经济建设、政治建设、文化建设、社会建设、生态文明建设，解决发展不平衡不充分问题，满足人民日益增长的美好生活需要的情况和实际成效。考核其他领导班子的工作实绩，主要看全面履行职能、服务大局和中心工作的情况和实际成效。注重考核各级党委（党组）领导班子落实新时代党的建设总要求、抓党建工作的实绩。

（4）党风廉政建设。全面考核领导班子履行管党治党政治责任，加强党风廉政建设，持之以恒正风肃纪，推进反腐败斗争等情况。

（5）作风建设。全面考核领导班子坚持以人民为中心，贯彻党的群众路线，密切联系群众，为群众排忧解难，全心全意为人民服务的情况；结合实际落实党中央决策部署，增强人民获得感、幸福感、安全感的情况；深入改进作风，落实中央八项规定及其实施细则精神，反对“四风”特别是形式主义、官僚主义的情况；实事求是，真抓实干，察实情、出实招、办实事、求实效的情况。

领导干部考核主要是从德、能、勤、绩、廉五个方面进行。

（1）德。全面考核领导干部的政治品质和道德品行。考核领导干部的政治品质，重点了解坚定理想信念、对党忠诚、尊崇党章、遵守政治纪律和政治规矩，在思想上政治上行动上同以习近平同志为核心的党中央保持高度一致等情况。考核领导干部的道德品行，重点了解坚守忠诚老实、公道正派、实事求是、清正廉洁等价值观，遵守社会公德、职业道德、家庭美德和个人品德等情况。

（2）能。全面考核领导干部履职尽责特别是应对突发事件、群体性事件过程中的政治能力、专业素养和组织领导能力等情况。

（3）勤。全面考核领导干部的精神状态和工作作风，重点了解发扬革命精神、斗争精神，坚持“三严三实”，勤勉敬业、恪尽职守，认真负责、紧抓快办，锐意进取、敢于担当，艰苦奋斗、甘于奉献等情况。

（4）绩。全面考核领导干部坚持正确政绩观，履职尽责、完成日常工作、承担急难险重任务、处理复杂问题、应对重大考验的情况和实际成效。考核党委（党组）书记的工作实绩，首先看抓党建工作的成效，考核领导班子其他党员领导干部的工作实绩应当加大抓党建工作的权重。

（5）廉。全面考核领导干部落实党风廉政建设“一岗双责”政治责任，遵守廉洁自律准则，带头落实中央八项规定及其实施细则精神，秉公用权，树立良好家风，严格要求亲属和身边工作人员，反对“四风”和特权思想、特权现象等情况。

要坚持考用结合，将考核结果与选拔任用、培养教育、管理监督、激励约束、问责追责等结合起来，鼓励先进、鞭策落后，推动能上能下，促进担当作为，严厉治庸治懒。

9.6.2 非领导成员绩效评价办法

随着《公务员法》以及《公务员考核规定（试行）》的颁布，我国对担任非领导职务的公务员的评价也逐步走上规范化，相应的评价内容、评价等级、评价程序以及评价结果应用等方面都得到了逐步完善。

1. 评价内容

我国对公务员的评价分为平时评价、专项评价和定期评价，定期评价以平时评价、专项评价为基础。平时评价重点评价公务员完成日常工作任务、阶段性工作目标情况以及出勤情况，可以采取评价对象填写工作总结、专项工作检查、考勤等方式进行，由主管领导予以审核评价。公务员评价需全面考核“德、能、勤、绩、廉”等内容，重点考核工作实绩。

（1）考德是评价公务员的政治立场和思想品质，主要看其是否拥护党的政治路线和思想路线，是否贯彻执行党的方针政策、遵守党纪国法和社会主义公共道德，是否有良好的思想作风、工作作风和生活作风。“德”反映了公务员开展工作的指导原则，起着端正方向、明确目的的重要作用。用现代组织理论的观点看，“德”是公务员的价值观，政府之所以要留用某个公务员，是因为该公务员的价值观符合政府组织的要求，这个价值观就是“德”。

（2）考能是考察公务员的基本素质和工作能力是否达到了所担任职位的能力要求。公务员的业务素质和身体素质共同构成了公务员的基本素质。其中，业务素质主要包括文化水平、语言表达能力、文字写作能力、辨别判断能力等，身体素质包括年龄、健康状况、心理素质等。公务员的工作能力包括独立工作能力、分析和解决问题的能力、专业知识水平、工作规划和预见能力、创新精神和能力、应变适应能力、克服困难能力、团结合作能力、领导和组织变革能力等。

（3）考勤是指对公务员的工作态度、敬业程度等进行评价。主要考察公务员在工作上是否肯学肯钻，对业务是否精益求精、勇于创新。在实际评价过程中，必须注意与有关遵守劳动工作纪律以及出勤情况的评价相结合。同时，通过对公务员“勤”的评价，可以逐步完善我国公务员的考勤制度，以持续提高公务员的工作积极性、纪律性、责任感。

（4）考绩是工作业绩评价，是公务员考核的重点，是对公务员履行职责所产生的工作绩效的评价。具体内容可以通过工作数量、工作质量和工作效率等来测量和评价。需特别强调的是，评价公务员的工作实绩还需要考察公务员工作的社会效应，即社会效益以及有关部门、基层单位和社会公众对其工作的评价。

（5）考廉是考察公务员是否廉洁，是否秉公处事。“廉”主要包括以下方面：克己奉公，秉公办事，遵守纪律，不徇私情，不以权谋私，不贪赃枉法，淡泊名利，艰苦奋斗，勤俭节约，爱惜国家资源，反对拜金主义、享乐主义。将“廉”确定为公务员评价的内容之一，主要是从惩治腐败、密切公务员与人民群众的关系出发，要求公务员发扬勤奋务实、艰苦朴素的优良作风，树立廉政形象。

2．评价等级

根据公务员在德、能、勤、绩、廉等方面的表现，将公务员绩效评价结果划分为优秀、称职、基本称职和不称职四个等级，并且每个等级都规定了相应的标准，具体如表9-1所示。同时规定，公务员年度绩效评价中的优秀等级人数，一般掌握在本机关参加年度绩效评价的公务员总人数的15%以内，最多不超过20%。

表9-1　评价等级的标准

等级	优秀	称职	基本称职	不称职
标准	思想政治素质高； 精通业务，工作能力强； 工作责任心强，勤勉尽责，工作作风好； 工作实绩突出； 清正廉洁	思想政治素质较高； 熟悉业务，工作能力较强； 工作责任心强，工作积极，工作作风较好； 能够完成本职工作； 廉洁自律	思想政治素质一般； 履行职责的工作能力较弱； 工作责任心一般，或工作作风方面存在明显不足； 能基本完成本职工作，但完成工作的数量不足、质量和效率不高，或在工作中有较大失误； 能基本做到廉洁自律，但某些方面存在不足	思想政治素质较差； 业务素质和工作能力不能适应工作要求； 工作责任心或工作作风差； 不能完成工作任务，或在工作中因严重失误、失职造成重大损失或者恶劣社会影响； 存在不廉洁问题，且情形较为严重

3．评价程序

公务员评价按照管理权限和规定的程序进行，由公务员管理部门组织实施。机关在进行年度评价时可以设立评价委员会。评价委员会由本机关领导成员、公务员管理及其他有关部门人员和公务员代表组成。年度评价主要按下列程序进行：

（1）被评价公务员按照职位职责和有关要求进行总结，并在一定范围内述职；

（2）主管领导在听取群众和公务员本人意见的基础上，根据平时评价情况和个人总结，写出评语，提出评价等级建议和改进提高的要求；

（3）对拟评为优秀等级的公务员在本机关范围内公示；

（4）由本机关负责人或者授权的评价委员会确定评价等级；

（5）将评价结果以书面形式通知被评价公务员，并由公务员本人签署意见。

年度评价结果出来后，如果公务员对评价结果有异议，可以按有关规定申请复核和申诉。最后，各机关应当将《公务员年度评价登记表》存入公务员本人档案，同时将本机关公务员年度评价情况报送同级公务员主管部门。

4. 评价结果应用

近些年，公务员绩效评价结果的应用问题越来越受到重视，《公务员法》第三十九条明确指出，定期考核的结果作为调整公务员职位、职务、职级、级别、工资以及公务员奖励、培训、辞退的依据。概括起来，我国公务员绩效评价结果的应用主要在工资福利、职务调整、奖励奖金、绩效改进及培训开发等几个方面，具体如表 9－2 所示。

表 9－2 我国公务员绩效评价结果的应用

应用领域	称职以上	基本称职	不称职
工资福利	累计两年被确定为称职以上等次的，在所定级别对应工资标准内晋升一个工资档次	本评价年度不计算为按年度评价结果晋升级别工资档次的评价年限	本评价年度不计算为按年度评价结果晋升级别工资档次的评价年限
职务调整	累计五年被确定为称职以上等次的，在所任职务对应级别范围内晋升一个级别； 确定为称职以上等次，且符合规定的其他任职资格条件的，具有晋升职务的资格； 连续三年以上被确定为优秀等次的，晋升职务时优先考虑	本评价年度不计算为按年度评价结果晋升级别的评价年限； 一年内不得晋升职务	降低一个职务层次任职； 本评价年度不计算为按年度评价结果晋升级别的评价年限； 连续两年年度评价被确定为不称职等次的，予以辞退
奖励奖金	被确定为优秀等次的，当年给予嘉奖； 连续三年被确定为优秀等次的，记三等功； 享受年度评价奖金	不享受年度评价奖金	不享受年度评价奖金
绩效改进		对其诫勉谈话，限期改进	
培训开发	公务员主管部门和公务员所在机关应根据评价情况，有针对性地对公务员进行培训		

9.6.3 我国公务员绩效评价的现有问题

我国现行公务员评价办法与之前相比有了较大进步，特别是对评价内容、评价标准、评价等级以及评价结果应用等进行了详细规定，为规范公务员绩效评价提供了可操作的依据。但公务员绩效评价十分复杂，加之我国政府部门层次、类别多样，对不同类型公务员进行客观、公平、准确的评价具有挑战性。目前，我国的公务员绩效评价办法还存在一些不足之处，具体体现在：

1. 绩效考核内容比较笼统，考核标准较为模糊

依据《公务员法》以及《公务员考核规定》(《公务员考核规定（试行）》2020年修订为《公务员考核规定》) 等相关内容，我国主要是从德、能、勤、绩、廉五个方面对公务员的绩效表现情况进行评价。虽然针对领导班子和领导干部进一步细化了绩效考核内容，但是考核内容较为笼统。而且，我国领导成员与非领导成员公务员的绩效考核适用不同的绩效考核规定，在考核内容和考核程序上都体现出较大的差异。这样做，不利于领导干部与普通公务员实现有效的沟通和协作，推动政府绩效目标的顺利达成。领导成员的绩效考核和普通公务员的绩效考核两张皮，既加大了公务员绩效考核工作的难度，也不利于实现上下级之间、不同部门之间公务员的比较，为绩效考核结果的应用带来了潜在障碍。

2. 绩效考核主体单一，民主程度有待提高

考核主体一般是与公务员履行职责有关的利益相关者。一般而言，公务员绩效考核的利益相关者包括主管上级和自身，主要是以上级考核为主。即使是针对领导班子和领导干部绩效考核的民意测评和民意调查而言，其考核主体包括的也是党代会代表、人大代表、政协委员等，考核主体的代表性有待提高。对于公务员而言，其绩效表现如何，在多大程度上贯彻落实了全心全意为人民服务的价值准则，只有广大人民群众才能深刻地感知到，也只有他们才能站在客户的角度上做出更加全面和准确的判断。然而，当前我国的公务员绩效考核主体却鲜有参考征询人民群众的意见，在代表的广泛性和考核的全面性上存在缺陷。

3. 绩效考核周期设置欠佳，平时考核重视不足

适宜的公务员绩效考核周期便于记录公务员的实绩表现情况，及时沟通和应对工作中遇到的相关问题，并为公务员绩效考核的等次评定以及结果应用提供充分依据。我国公务员的绩效考核周期由平时考核和定期考核组成，并强调了平时考核的基础性作用。但是在实际的公务员绩效考核工作中，平时考核却没有得到有效的贯彻落实。一方面，平时考核没有得到足够重视，绩效考核较为关注年度考核。另一方面，对平时考核应完成的主要工作认识不足，对日常工作任务、阶段工作目标完成情况等的记录不够完善。对平时考核工作重要性的忽视，不利于为年度考核工作提供充分的信息支持，同时也可能会由于近因效应等对公务员的绩效表现情况做出有偏差的判断决策。

4. 绩效考核方法相对简单，难以实现考实考准

依据《公务员考核规定》，我国非领导成员公务员和领导成员依据不同的考核办法。对于我国非领导成员公务员的绩效考核而言，其绩效考核结果主要是依据行为表现划分为从优秀到不称职等四个不同的等次，具体的判断依据主要包括政治素质、工作能力、工作态度、业绩表现等。考核结果的确定是以主观判断为主，具有较强的主观性。此外，定量测评很难确定测评标准，导致公务员绩效考核往往以定性考核为主，忽视了定量考核的要求。对于不同行为表现的所占比重缺乏清晰的说明，虽然按规定，需要着重考察公务员的工作实绩，但是只停留在指导性意见层面，可操作性有待提高。对于领导班子和领导干部而言，则加入了民主推荐、民主测评、民意调查、实绩分析、个别谈话和综合评价等方式。这在一定程度上丰富了领导干部绩效考核的内容，通过考核程序的增加、考核主体的扩大增强了领导干部绩效考核的全面性和有效性，便于为领导干部的晋升、奖励等提供科学的依据。但是，我国现有的领导干部绩效考核工作有待完善。

5. 绩效考核结果应用不足，缺乏有效沟通反馈

绩效考核的目的不仅在于对公务员在一定周期内的实绩表现进行总结评价，还在于借此发现公务员在工作中遇到的问题，甄别公务员工作能力的欠缺之处，同时为公务员的培训、晋升和薪酬确定等提供依据。当前，我国公务员的绩效考核在一定程度上并未与其晋升、奖励等充分挂钩，导致公务员并未充分认识到绩效考核工作的重要意义。而且，即使对公务员的实绩表现做出了比较明确的判断，也往往将其束之高阁，对绩效考核结果缺乏有效的沟通和反馈。虽然不同的绩效考核等次有与之对应的处理办法，但是主要集中于奖惩等方面，对公务员职业素质和能力的开发缺乏足够的关注。此外，我国公务员绩效考核在一定程度上还存在激励功能失效的问题，而激励功能失效意味着公务员绩效考核工作有待改进。其原因主要在于公务员绩效考核结果的平均主义严重，“干好干坏一个样，干与不干一个样”，其结果是公务员个人工作积极性不断下降。

9.6.4 我国公务员绩效评价的改进对策

公务员是党治国理政的主体，是保证中国特色社会主义事业顺利推进的中坚力量。只有建设一支信念坚定、为民服务、勤政务实、敢于担当、清正廉洁的公务员队伍，充分激发他们的积极性、主动性和创造性，才能为全面建成社会主义现代化国家、奋力夺取新时代中国特色社会主义事业的伟大胜利和实现中华民族伟大复兴的中国梦提供强有力的组织保证。针对考核内容笼统、考核方法简单等现实困境，我国可以从优化考核指标、扩大群众参与、重视结果应用等角度出发，探索一条适合我国国情的公务员绩效考核改革之路。

第一，明确个性化的评价指标，突出责任意识。全面建成社会主义现代化国家任重而道远，需要广大公务员敢于担当，勇于作为。确定具体指标时，应运用战略性管理工具，如关键绩效指标、平衡计分卡等，同时结合政府组织的发展实际，把组织的特有战略要求具体分解为战略导向明确的评价指标。比如，对于纪检监察部门的公务员，敢于担当主要体现在对各种腐败现象敢于动真碰硬；对于宣传部门的公务员，敢于担当主要体现在对各种错误思潮的主动亮剑、强力推进宣传文化事业；对于信访部门的公务员，敢于担当就是不辞辛苦、深入细致地把信访人的合理诉求解决到位，使其感受到党和政府的温暖。

第二，选择多元化的评价主体，扩大群众参与。为了提高公务员绩效评价的客观性和准确性，需要在坚持知情原则的基础上选择多元化的评价主体。一般而言，上级对下级的工作表现情况能够做出较为准确的判断。上级不仅了解下级完成工作的数量、质量、及时性以及工作能力、工作作风情况，也知悉下级在工作责任心、接受急难险重任务时敢于担当方面的表现。同时，群众作为公共服务的受众，往往对公务员的服务态度、服务质量、依法行政、工作效率、专业水平方面有较大的发言权。要引导群众有序参与公务员考核工作，广泛了解民意，扩大公务员考核中的民主。需要注意的是，在较大的机关单位中，业务协作少的同事（包括不同职级、相同职级）之间并不一定了解和熟悉，评价起来凭印象的成分很大，这类同事并不是合适的评价主体。

第三，设置长短结合的评价周期，加强平时考核和年度考核。在做好换届（任期）考察、提拔任职考察的同时，重点加强平时考核和年度考核。平时工作中，要通过深入基层、深入服务对象、实地走访等，听取群众对公务员的意见，在乡语口碑中考察了解公务员的履职情况，增强考核的全面性和准确性。重视平时工作情况、任务落实的考核，把公务员全年的重要表现情况记录下来，为年度考核提供依据。及时考察和记录公务员在急难险重工作和关键时刻的行为表现，以全面准确判断公务员的理想信念、责任担当和能力素质。年度考核要以平时考核为基础，以年度为周期，为公务员做出全面的鉴定和重要情况记录，从而为换届（任期）考察、提拔任职考察提供坚实的基础。

第四，选用科学合理的评价方法，注重有效实用。正确地选择评价方法，对于得到公正客观的评价结果非常重要。方法的选择要以指标特性为核心，综合考虑科学性和成本等因素，运用有效实用的评价方法对指标进行评价。要在民主测评等考核环节中减少诸如等级鉴定法等传统的、粗放的评价方法，如业绩考核一般应直接将业绩结果与既定目标或目标值进行对比，通过比较数量、质量、成本、及时性等方面的情况，确保评价结果的公正客观。要根据不同岗位的特点，开发岗位“敢于担当”胜任素质模型，根据胜任素质模型确定的行为等级特点来考核干部的行为表现。评价主体把干部的实际工作表现与行为等级进行比较，即可较容易地判断并确定具体、明确、有效区分的考核档次。

第五，充分利用绩效评价结果，支持管理决策。评价结果应用到位是公务员绩效评价工作发挥激励、约束、诊断等作用的基本前提。如果忽视绩效评价结果的应用，就会产生考核“空转”现象，造成“考与不考一个样，评好评差一个样”，考核也就失去了应有的作用。长期积累的平时考核和年度考核的记录为公务员考核提供了准确的事实依据，可以有效避免近因效应导致的考核失真。在换届（任期）考察和提拔任职考察工作中应该尽可能地应用平时考核和年度考核的结果，体现关于要坚持全面、历史、辩证看干部，注重一贯表现和全部工作的要求，使长期以来一贯敢于担当的公务员能够在提拔任职考察中脱颖而出，从而促进和带动更多的敢于担当的公务员的涌现。年度考核、任期考核结束后，要及时对表现突出的公务员给予表彰和奖励，对表现欠佳的公务员进行培训教育或给予相应的惩罚。

9.7 我国政府绩效管理的发展趋势

2008 年 3 月，政府工作报告明确提出要推行“政府绩效管理制度”，标志着政府绩效管理由理论研究走向政府实践，是中国政府绩效管理研究与实践的一个新征程和里程碑。2013 年 11 月，党的十八届三中全会发布了《中共中央关于全面深化改革若干重大问题的决定》，决定指出，要优化政府机构设置、职能配置、工作流程，要严格绩效管理，突出责任落实，确保权责一致。各级地方政府在党的路线、方针、政策的引领下，积极进行地方政府绩效管理探索，推进地方政府绩效管理体制机制创新，在政府绩效管理观念的强化、政府绩效管理体系的建构、政府绩效管理法治化进程的推进等方面进行了有益探索。结合我国政府绩效管理的发展历程，总结各级地方政府绩效管理的实践做法，我们认为政府绩效管理的发展趋势主要表现为以下几个方面。

1. 关注政府绩效管理的公众导向

政府绩效管理坚持公众导向，是坚持立党为公、执政为民理念的必然要求，也是提升政府公信力的必然选择。党的十八大报告提出，建设职能科学、结构优化、廉洁高效、人民满意的服务型政府。服务型政府以公众需求为导向，以为社会、企业和公民提供充足、优质和高效的公共服务为核心职能，并以社会公众的满意作为服务效率和质量的衡量标准。因此，公众导向理念是服务型政府的本质要求，也是服务型政府建设的基本出发点。近年来，我国政府的绩效管理实践经历了由以行政效率为核心向以服务质量为核心的转变，不仅关注行政效率的提升，而且注重服务质量的改善和公民满意度的提高。福建省厦门市实施的民主评议行业作风办法，青海省、江西省进行的通信行业行风评议，河北省组织的司法和行政执法部门评议，江苏省无锡市试行的律师行业评议等，都是以提高行业服务质量为目的的绩效评价活动。福建省委、省政府在全省乡镇以上机关和具有行政管理职能的单位全面开展效能建设，通过开展行政审批制度改革、推进政务公开、建立效能投诉网络、全面推进预算绩效管理等方式提高了政府效能，强化了公众导向的治理理念。

2. 优化政府绩效管理的体系建构

政府绩效管理是一项系统工程，涉及多元主体，具有复杂性、利益相关性等特点，其能否顺利实现预期效果，与政府绩效管理的体系建构休戚相关。近年来，我国各级地方政府积极开展绩效管理实践探索，在政府绩效管理的组织机构建设、绩效评价体系建设等方面取得了较大进展。在地方政府绩效管理的组织体系建设方面，各级地方政府结合所在地发展实际，成立了绩效管理委员会（或领导小组）、政府绩效管理办公室，绩效管理专家咨询委员会等组织机构，为确保政府绩效管理工作的顺利开展提供了坚实的组织保障。比如，北京市顺义区委推进社会服务管理创新，区委、区政府成立顺义区网格化社会服务管理创新工作领导小组，以社区、村、企业为单位建立基础网格。同时还设立四级工作平台：区社会办、区应急办、城管监察大队为统筹工作平台，各职能部门为支持平台，各镇、街道、功能区为融合工作平台，各村、社区、企业为基础工作平台。各级机构上下联动、协调配合、整体推进。在评价体系建设方面，各级地方政府围绕所在地中心工作，不断创新绩效评价模式，致力于提高政府绩效评价的科学性和有效性。比如，北京市按照“履职效率、管理效能、服务效果和创新创优”“三效一创”构建了评价指标体系。四川省强化对结构优化、民生改善、资源节约、环境保护、基本公共服务、依法行政和社会管理等方面的考核评价，体现分类指导要求，反映不同区域的差异。深圳市对区政府的评估指标包括“公共服务、社会管理、经济调节和市场监管”四个方面的 32 项具体指标，对市政府工作部门的评估指标包括“行政业绩、行政效率、行政执行力和行政成本”四个方面的 23 项具体指标。

3. 创新政府绩效管理的运行机制

为了提高政府绩效管理的有效性，各级地方政府积极开展政府绩效管理体制机制创新，提高了政府绩效管理的科学化、精细化和规范化。比如，吉林省结合本省实际，从组织机制、指标体系、察访核验、绩效考评、信息技术和制度建设六方面入手，构建了“六位一体”、省市县“三级联动”的绩效管理运行机制。深圳市坚持正确理念，即政府绩效管理就是由绩效计划、绩效实施、绩效评估以及监督考核、绩效反馈、结果应用等环节组成的、环环相扣的闭环系统，构建了完善和系统的工作机制，实行计划、实施、评估、反馈、奖惩相结合的一体化绩效管理。厦门市地方税务局在绩效管理工作中坚持五大举措并举：主要领导靠前指挥、绩效考评全信息化、结果应用动真碰硬、督导调研全面覆盖和文化氛围日渐浓厚，显著提高了市局的政府绩效管理水平。天津市北辰区委区政府历来高度重视绩效考核工作，坚持边实施边完善、边探索边提高，逐步形成了目标设置、过程管理、综合考核、结果运用“四位一体”的考核体系，有效推动了各项目标任务的落实。

4. 推进政府绩效管理的法治化进程

全面推进依法治国是全面建成社会主义现代化国家的重要保证。政府绩效管理的法治化有助于完善政府绩效管理体制，保障政府绩效管理的权威性和独立性。1993 年，美国率先颁布了《政府绩效与结果法案》，首次用立法的方式对政府绩效管理活动进行规范，为美国政府绩效管理的推进提供了坚实的法律保障。关于政府绩效管理，我国还没有专门在中央层面立法，各级地方政府在政府绩效管理立法方面则取得了较大的进展。2009 年 6 月，黑龙江省人大常委会审议通过了《哈尔滨市政府绩效管理条例》（2018 年废止），该条例共设 7 章 48 条，明确了哈尔滨市政府绩效管理的宗旨、基本原则、适用范围、机构职责，并对绩效计划、绩效评估、绩效信息、绩效诊断、绩效问责等多方面做了具体规范。这是国内首部政府绩效管理的专门立法，被誉为政府绩效管理的“哈尔滨模式”。随后，《南京市政府部门绩效管理暂行办法》《四川省人民政府部门绩效管理办法（试行）》《杭州市绩效管理条例》等相继发布，标志着政府绩效管理法治化进程的深入推进。

5. 扩大政府绩效管理的公众参与

公众通过评议方式参与对政府绩效的评价是现代政府绩效评价的重要内容，是提高行政管理体系透明度的关键举措和建设服务型政府的必然要求。一些地方政府积极探索公众参与政府绩效考核评价的方式，不断拓宽公众和服务对象评价政府部门和公务员的渠道，逐步实现公众评议活动的规范化和制度化。2001 年起，南京市连续六次开展了“万人评议机关”活动，北京、青岛、西安、沈阳等地也多次开展大规模的公众评议活动。总体来说，公众评议在绩效管理各环节呈现出以下特征：一是参与的范围和评价的领域不断拓展，虽然目前许多地方的试点还只是停留在对满意度等方面的评价，但随着第三方机构的发展和完善，评价将逐渐深入到政府绩效的其他领域；二是参与评价的渠道日益多样化，已经出现了打电话问民意、网络评估等新的评价参与形式；三是随着社会公众参与主动性的增强和政府外专业评价机构的出现，政府绩效评价将日渐科学化，社会公众评价的影响力也将不断提升。因此，社会公众的参与及其主体地位的凸显，是目前政府绩效评价实践的一大发展趋势。

6. **加强政府绩效管理的信息公开**

政府绩效信息的公开透明，有助于促进政府行为及其结果向社会公众负责，有助于责任政府、服务型政府和透明政府的实现。为了体现政府绩效管理的公众导向，必须做好政府绩效管理的信息公开工作，保证社会公众充分了解政府的履职情况，通过双向之间的持续有效沟通提高政府提供公共服务的有效性。政府绩效管理的信息公开主要包括以下内容：（1）公开政府绩效评价主体；（2）公开政府绩效评价的主要内容；（3）公开政府绩效评价的基本程序和主要方法；（4）公开政府绩效评价的相关信息；（5）公开政府绩效评价的结果和等级；（6）公示和公开政府绩效奖惩意见；（7）公开政府绩效改进计划。学者卓越以政府绩效信息透明度评价标准作为分析框架，以政府网站为绩效信息获取平台，系统观察了56个样本地方政府历年绩效信息透明度状况。结果发现，杭州、深圳、广西、湖南、武汉5个样本政府在信息公开透明度的指标上得了满分，是绩效管理制度信息公开的最佳案例。它们都建立了专门的绩效管理网站来披露绩效管理的相关信息，其法规政策文件、组织机构信息都非常全面。但我国地方政府绩效信息透明度总体偏低，需要各级地方政府转变管理理念，明确政府绩效信息公开的责任主体及职责，积极推动以政府网站为核心的绩效信息公开平台建设，从而不断提高政府公信力。

《本章小结》

我国自20世纪80年代开始对政府绩效管理进行探索，通过借鉴国外先进的理念和经验，并结合自身的特点和实践，政府绩效管理的研究与实践取得了一定的发展。经过多年的发展，一些地方政府探索创立了可供借鉴的管理模式。例如，以行政效率为核心的青岛市的“目标责任制”，以服务质量为核心的烟台市的社会服务承诺制、南京市的“万人评议机关”活动，以科学方法为核心的兰州市的“第三方评价”等，这些地方实践为推进我国政府绩效管理事业的发展奠定了一些基础、积攒了一些经验。但是，由于起步较晚，我国政府绩效管理的发展尚处于初级阶段，还缺乏对政府绩效管理的系统思考，存在“重评价、轻管理”“重原则、轻方法”等问题。

随着我国政府绩效管理实践的逐渐展开，政府绩效管理理论研究也不断深入，作为政府绩效管理研究的热点问题，公务员绩效评价指标体系的构建受到很多专家学者的关注。2006年1月1日，《中华人民共和国公务员法》正式实施。在《公务员法》的基础上，体现科学发展观要求的《地方党政领导班子和领导干部综合考核评价办法（试行）》《公务员考核规定（试行）》《党政领导干部考核工作条例》等一系列具体办法相继出台，对各级公务员的绩效评价内容、标准、程序以及评价结果的应用等方面进行了更具体、细致的规范。目前，领导班子和领导干部的考核方式主要包括平时考核、年度考核、专项考核、任期考核，对公务员评价的内容则侧重于德、能、勤、绩、廉等方面，根据公务员在德、能、勤、绩、廉等方面的表现，将公务员绩效评价结果划分为优秀、称职、基本称职和不称职四个等级。随着公务员管理相关法律法规的相继出台，我国公务员绩效管理制度也日益完善，正朝着科学化、标准化和制度化的方向快速发展。

关键术语

公务员绩效评价（performance appraisal of civil servants）
公务员绩效管理（performance management of civil servants）
第三方评价（third-party evaluation）

复习思考题

1. 简述我国政府绩效管理探索的历程。
2. 试举例说明第三方评价。
3. 概述我国公务员绩效评价办法的主要内容。
4. 阐述我国政府绩效管理的发展趋势。

参考文献

亨利．公共行政与公共事务：第 10 版．北京：中国人民大学出版社，2011.

卡普兰，诺顿．战略地图：化无形资产为有形成果．广州：广东经济出版社，2005.

卡普兰，诺顿．战略中心型组织．北京：人民邮电出版社，2004.

尼文．政府及非营利组织平衡计分卡．北京：中国财政经济出版社，2004.

波波维奇．创建高绩效政府组织．北京：中国人民大学出版社，2002.

霍哲，张梦中．公共部门业绩评估与改善．中国行政管理，2000（3）.

麦基．建设更好的政府：建立监控与评估系统．北京：中国人民大学出版社，2009.

罗宾斯，库尔特．管理学：第 11 版．北京：中国人民大学出版社，2012.

休斯．公共管理导论：第 4 版．北京：中国人民大学出版社，2015.

波伊斯特．公共部门绩效评估．北京：中国人民大学出版社，2016.

德斯勒．人力资源管理：第 12 版．北京：中国人民大学出版社，2012.

诺伊，霍伦贝克，格哈特，等．人力资源管理：赢得竞争优势：第 7 版．北京：中国人民大学出版社，2013.

诺思．制度、制度变迁与经济绩效．上海：格致出版社，2014.

方振邦，唐健．战略性绩效管理．5 版．北京：中国人民大学出版社，2018.

方振邦，杜义国．战略性人力资源管理．3 版．北京：中国人民大学出版社，2020.

方振邦，杨畅．绩效管理．2 版．北京：中国人民大学出版社，2019.

彭国甫．行政组织学．长沙：湖南师范大学出版社，1990.

彭国甫．地方政府公共事业管理绩效评价研究．长沙：湖南人民出版社，2004.

桑助来．政府绩效评估研究．北京：中国人事出版社，2005.

周志忍．当代国外行政改革比较研究．北京：国家行政学院出版社，1999.

范柏乃．政府绩效评估与管理．上海：复旦大学出版社，2007.

包国宪，鲍静．政府绩效评价与行政管理体制改革．北京：中国社会科学出版社，2008.

桑助来．中国政府绩效评估报告．北京：中共中央党校出版社，2009.

盛明科．服务型政府绩效评估体系构建与制度安排研究．湘潭：湘潭大学出版社，2009.

王义．困境与变革：政府绩效评估发展论纲．长沙：湖南人民出版社，2007.

财政部会计准则委员会．政府绩效评价与政府会计．大连：大连出版社，2005.

杨洪．政府绩效评估200问．北京：人民出版社，2007.

刘旭涛．政府绩效管理：制度、战略与方法．北京：机械工业出版社，2003.

张成福，党秀云．公共管理学．北京：中国人民大学出版社，2001.

卓越．政府绩效管理概论．北京：清华大学出版社，2007.

姜异康，唐铁汉．政府绩效管理的理论与实践．北京：国家行政学院出版社，2007.

马国贤．政府绩效管理．上海：复旦大学出版社，2005.

胡税根．公共部门绩效管理：迎接效能革命的挑战．杭州：浙江大学出版社，2005.

吴志华．当今国外公务员制度．上海：上海交通大学出版社，2008.

郑方辉，张文方，李文彬．中国地方政府整体绩效评价：理论方法与"广东试验"．北京：中国经济出版社，2008.

审计署科研所．美国政府审计准则．北京：中国财政经济出版社，2004.

罗美富，李季泽，章轲．英国绩效审计．北京：中国时代经济出版社，2005.

孟华．政府绩效评估：美国的经验与中国的实践．上海：上海人民出版社，2006.

审计署外事司．国外效益审计简介．北京：中国时代经济出版社，2003.

方振邦．干部考核全面精准的几个关键．人民论坛，2021（22）.

方振邦．完善考核评价 激励担当作为．人民论坛，2018（26）.

方振邦．干部评价要突出"敢于担当"的鲜明导向．人民论坛，2018（8）.

方振邦，罗海元．中国公共组织平衡计分卡应用设计研究：以黑龙江省H市（县级）为例．北京行政学院学报，2008（1）.

方振邦，鲍春雷．政府组织基于平衡计分卡的绩效评价体系设计．甘肃行政学院学报，2009（4）.

方振邦，金洙成．韩国地方政府绩效管理实践及其对中国的启示：以富川市构建平衡计分卡系统为例．东北亚论坛，2010（1）.

方振邦，唐健．高级公务员胜任素质模型：国际经验及借鉴．行政管理改革，2018（12）.

方振邦，韩宁．韩国高级公务员绩效考核体系及其对我国的借鉴意义．科学管理研究，2016，34（3）.

方振邦，侯纯辉，陈曦．美国联邦政府高级公务员绩效考核体系及借鉴．国家行政学院学报，2016（2）.

方振邦，冉景亮．英国高级公务员绩效管理实践及其对我国干部队伍建设的启示．探索，2015（6）.

方振邦，陈曦，唐健．国外高级公务员绩效考核：比较与启示．云南社会科学，2015（6）.

方振邦，侯纯辉，唐健．公共组织平衡计分卡设计的常见误区及优化策略．现代管理科学，2015（10）．

方振邦，邬定国，唐健．我国地方政府社会建设绩效评价体系创新研究．国家行政学院学报，2015（3）．

方振邦，葛蕾蕾，罗海元．构建促进科学发展的领导干部实绩考核体系．国家行政学院学报，2013（3）．

方振邦，罗海元．政府绩效管理创新：平衡计分卡中国化模式的构建．中国行政管理，2012（12）．

方振邦，葛蕾蕾，李俊昊．韩国政府绩效管理的发展及对我国的启示．烟台大学学报（哲学社会科学版），2012，25（3）．

蓝志勇，胡税根．中国政府绩效评估：理论与实践．政治学研究，2008（3）．

范柏乃，朱华．我国地方政府绩效评价体系的构建和实际测度．政治学研究，2005（1）．

包国宪，董静．政府绩效评价在西方的实践及启示．兰州大学学报，2006（5）．

彭国甫．对政府绩效评估几个基本问题的反思．湘潭大学学报（哲学社会科学版），2004（3）．

彭国甫．价值取向是地方政府绩效评估的深层结构．中国行政管理，2004（7）．

臧乃康．政府绩效评估价值及其实现．武汉大学学报（哲学社会科学版），2005（6）．

臧乃康．政府绩效评价及其系统分析．江苏社会科学，2004（2）．

臧乃康．政府绩效评估价值与和谐社会的契合．探索，2005（4）．

卓越．以公共部门绩效评估为基点的评估类型比较．湘潭大学学报（哲学社会科学版），2005（3）．

蔡立辉．政府绩效评估的理念与方法分析．中国人民大学学报，2002（5）．

蔡立辉．西方国家政府绩效评估的理念及其启示．清华大学学报（哲学社会科学版），2003（1）．

陈天祥，陈芬．影响政府绩效评估指标体系设计的多维因素．中国人民大学学报，2007（6）．

陈振明．公共部门战略管理途径的特征、过程和作用．厦门大学学报（哲学社会科学版），2004（3）．

董静．政府绩效信息使用：国外研究视野与启示．行政论坛，2016（1）．

林华．因参与、透明而进步：互联网时代下的公众参与和政府信息公开．行政法学研究，2009（2）．

朱国玮，黄珺，汪浩．政府绩效信息的获取、使用与公开制度研究．情报科学，2005（4）．

朱立言，张强．当代美国联邦政府绩效评估的方法和技术．国家行政学院学报，2005（6）．

何文盛，曹洁，张志栋．美国政府绩效评价中项目评估分级工具：背景、内容与借鉴．兰州大学学报（社会科学版），2009（1）．

叶贵炎．论绩效评估申诉制度．理论界，2006（10）．

陈亮，李建新，王云峰，等．析英国、美国和澳大利亚政府绩效审计的内容和评价标准．审计与经济研究，2007（4）．

杜世成．提高执政能力的一条有效途径：青岛市实施目标绩效管理的实践与思考．求是，2004（24）．

吴建南，李贵宁．教育财政支出绩效评价：模型及其通用指标体系构建．西安交通大学学报（社会科学版），2004（2）．

祁光华，张定安．我国公共部门绩效管理问题分析．中国行政管理，2005（8）．

康志平．政府绩效评估与企业绩效评估比较及借鉴意义．汕头大学学报，2006（5）．

赵晖，贺小林．政府绩效评估与企业绩效评估比较．统计与决策，2008（5）．

周志忍．公共组织绩效评估：中国实践的回顾与反思．兰州大学学报（社会科学版），2007（1）．

卓越．政府绩效评估指标设计的类型和方法．中国行政管理，2007（2）．

曾友中．主体选择：地方政府绩效评估研究的视角及问题域．湘潭大学学报（哲学社会科学版），2007（4）．

包国宪，曹西安．论政府绩效管理中的绩效沟通．经济体制改革，2007（1）．

陈洪江．坚持改革创新 加强机关建设：天津市政府办公厅十年来实行目标管理的做法和经验．中国行政管理，2001（6）．

吴建南，温挺挺．政府绩效立法分析：以美国《政府绩效与结果法案》为例．中国行政管理，2004（9）．

彭媛媛．中美政府绩效审计的比较与思考．审计与理财，2008（1）．

中国行政管理学会课题组．政府部门绩效评估研究报告．中国行政管理，2006（5）．

寇博．美国政府绩效评估的实践和启示．公共管理评论，2007（1）．

朱立言，张强．美国政府绩效评估的历史演变．湘潭大学学报（哲学社会科学版），2005（1）．

孙庆国．英国地方政府绩效评估体系改革及对中国的启示．辽宁大学学报（哲学社会科学版），2008（4）．

王海涛．推进我国预算绩效管理的思考与研究．北京：经济科学出版社，2014.

王进杰．政府绩效预算管理改革研究．北京：中国财政经济出版社，2009.

夏先德，许正中．中国绩效预算模式设计研究．北京：中国财政经济出版社，2014.

马骏．新绩效预算．中央财经大学学报，2004（8）．

马骏，林慕华．中国预算改革：未来的挑战．中国行政管理，2012（6）．

马骏，叶娟丽．零基预算：理论和实践．中国人民大学学报，2004（2）．

马骏．关于公共预算和国家治理．西南政法大学学报，2016（1）．

牛美丽．政府预算信息公开的国际经验．中国行政管理，2014（7）．

王淑杰．论我国政府预算制度的完善：兼论美国现代政府预算制度．中央财经大学学报，2010（12）.

王秀芝．从预算管理流程看我国政府预算管理改革．财贸经济，2015（12）.

杨志勇．政府预算管理制度演进逻辑与未来改革．南京大学学报（哲学·人文科学·社会科学版），2009（5）.

赵早早．澳大利亚政府预算改革与财政可持续．公共行政评论，2014（1）.

邹靖，梁永晋，王晓培．美国政府绩效预算对我国预算绩效改革的启示．财政研究，2015（7）.

Price A. Human Resource Management in a Business Context. 2nd ed. Thomson Learning，2004.

Osborne D，Gaebler T. Reinventing Government：How the Entrepreneurial Spirit is Transforming the Public Secter. New York：Plume，1993.

Bocci F. A new BSC Architecture for the Public Sector. Perspectives on Performance，2005.

Ketelaar A，Manning N，Turkisch E. Performance-based Arrangements for Senior Civil Servants OECD and other Country Experiences. OECD Publishing，2007.

Mullen P R. Performance-based Budgeting：The Contribution of the Program Assessment Rating Tool. Public Budgeting & Finance，2006.

Office of Management and Budget. Budget of the United States Government. Analytical Perspective，2006.

Loughlin M. Local Government in the Modern State. London：Sweet and Maxwell，1986.

Value for Money Handbook：A Guide for Building Quality into VFM Examinations. NAO，2003.

Rosenbloom D H. Reinventing Administrative Prescriptions：The Case for Democratic-Constitutional Impact Statements and Scorecards. Public Administration Review，2007（1）.

Choi U Y，Cho H Y，Kwon S H，et al. A Case Study of Local Government's Balanced Performance Management System Focused on BSC Implementation in Bucheon City. Korean Journal of Management Accounting Reasearch，2008（3）.

Prewitt K，Verba S. Principles of American Government. Publishers，1980.

Hatry H P. Performance Measurement：Fashions and Fallacies. Public Performance & Management Review，2002（4）.

Foltin C. State and Local Government Performance：It's Time to Measure up. The Government Accountants Journal，1999（1）.

Wholey J S. Federal Evaluation Policy：Analyzing the Effects of Public Programs. Washington：The Urban Institute，1970.

World Development Report 1991. The Challenge of Development. World Bank，1991.

Wisniewski M，Ólafsson S. Developing Balanced Scorecards in Local Authorities：A Comparison of Experience. International Journal of Productivity and Performance Management，2004 (7).

Williams D W. Measuring Government in the Early Twentieth Century. Public Administration Review，2003 (6).

Administrative Management in the Government of the United States. Washington，1937.

OMB's Program Assessment Rating Tool (PART) . https：//www.john-mercer.com/omb_part.

Breul J D. The Government Performance and Results Act-10 Years Later. The Journal of Government Financial Management. Alexandria，2003.

Radin B A. Intergovernmental Relationships and the Federal Performance Movement. The Journal of Federalism，2000 (1).

Results-Oriented Goverment：GPRA Has Established a Solid Foundation for Achieving Greater Results. Report to Congressional Requesters，2004 (3) .

Loughlin M. Local Government in the Modern State. London：Sweet and Maxwell，1986.

NAO of UK. Value for Money Handbook：A Guide for Building Quality into VFM Examinations. NAO，2003.

Audit Commission，Cabinet Office，HM Treasury. Audit Commission. Choosing the Right Fabric：A Framework for Performance Information. London：HM Treasury，2001.

HM Treasury. Meeting the Aspirations of the British People：2007 Pre-Budget Report and Comprehensive Spending Review. UK，2007.

Department for Communities and Local Government. National Indicators for Local Authorities and Local Authority Partnerships：Handbook of Definitions. UK，2008.

Department for Communities and Local Government. Development of the New LAA Framework：Operational Guidance 2007. UK，2007.

Local Government Association. An Introduction to the Local Performance Framework：Delivering Better Outcomes for Local People. UK，2007.

人大版公共管理类教材

公共管理类专业教材——学科基础课教材

书名	作者
现代管理学原理（第三版）（“十一五”国家级规划教材）	娄成武　魏淑艳
一般管理学原理（第四版）	张康之　周　军
管理学基础（第三版）	方振邦
政治学原理（第三版）	景跃进　张小劲
现代政治学原理（第四版）	石永义　刘玉萼　张　璋
公共管理学（第二版）	陈振明
公共管理学——一种不同于传统行政学的研究途径（第二版）	陈振明
公共管理学（第三版）（数字教材版）（“十二五”国家级规划教材）	蔡立辉　王乐夫
公共管理学（精编版）	王乐夫　蔡立辉
公共管理学（第二版）	张康之　郑家昊
公共管理概论（第二版）	朱立言　谢　明
公共政策导论（第五版）（数字教材版）（全国优秀教材二等奖）	谢　明
公共政策概论（第二版）	谢　明
公共政策学——政策分析的理论、方法和技术（“十一五”国家级规划教材）	陈振明
公共政策学（第二版）	杨宏山
政策科学——公共政策分析导论（第二版）	陈振明
公共经济学（第三版）（“十二五”国家级规划教材）	高培勇
公共经济学教程	秦立建
政府经济学（第四版）（“十一五”国家级规划教材）	郭小聪
政府经济学（第四版）	潘明星　韩丽华

公共管理类专业教材——方法课教材

书名	作者
公共管理研究方法	何兰萍　张俊艳
行政学研究方法与应用案例	萧鸣政　等
管理定量分析：方法与技术（第三版）	刘兰剑

公共管理类专业教材——行政管理、公共事业管理专业教材

书名	作者
行政法学导论	姜晓萍
公共部门人力资源管理（第四版）	孙柏瑛　祁凡骅
公共部门人力资源开发与管理（第五版）（“十二五”国家级规划教材）	孙柏瑛　祁凡骅
公共部门人力资源管理（第三版）	滕玉成　于　萍
公共部门人力资源管理概论	方振邦
公共部门人力资源管理案例	周均旭
行政管理学（第五版）（数字教材版）	郭小聪
公共行政学（第五版）	彭和平
公共行政学（第二版）	张康之　张乾友
行政学导论（第三版）	齐明山

书名	作者
行政管理学导引与案例	陈季修
管理心理学（第二版）	范逢春
公共组织行为学（第三版）（“十一五”国家级规划教材）	孙　萍　张　平
公共组织学（第四版）	李传军
行政组织学（第二版）	张　昕　李　泉
公共组织理论	陆明远　冯　楠
公共事业管理概论（第三版）	朱仁显
公共组织财务管理（第三版）（“十一五”国家级规划教材）	王为民
国家公务员制度（第五版）（数字教材版）（“十二五”国家级规划教材）	舒　放　贾自欣
国家公务员制度概论（第二版）	刘碧强　郗永勤
公务员制度概论	李如海
当代国家公务员制度：理论与实践	胡春艳
行政领导学（第三版）	朱立言　李国梁
领导学（第五版）	邱霈恩
领导学	孙　健
现代市政学（第五版）（数字教材版）	王佃利
市政管理学（第五版）（“十一五”国家级规划教材）	杨宏山
社区管理（第四版）	汪大海　魏　娜　郇建立
社区管理原理与案例	魏　娜
电子政务教程（第三版）（“十一五”国家级规划教材）	赵国俊
电子政府与电子政务（第二版）（“十一五”国家级规划教材）	张锐昕
行政伦理学教程（第四版）（“十二五”国家级规划教材）	张康之　李传军
公共危机管理概论（第二版）	王宏伟
公共危机管理	唐　钧
当代中国政府与政治	景跃进　陈明明　肖　滨
当代中国政府与行政（第三版）	魏　娜　吴爱明
地方政府学概论（第二版）	方　雷
地方政府管理（第二版）	陈瑞莲　张紧跟
管理秘书实务（第三版）	赵锁龙
行政秘书学	唐　钧
公文写作与处理	赵国俊
机关管理的原理与方法（第三版）	赵国俊　陈幽泓
公共部门绩效管理	方振邦
政府绩效管理（第二版）	方振邦　葛蕾蕾
政府绩效评估	蔡立辉
政府公共关系（第二版）（“十一五”国家级规划教材）	廖为建　张　宁
西方行政学理论概要（第二版）（“十一五”国家级规划教材）	丁　煌
公共行政学史（第二版）	何艳玲
西方公共管理名著导读	汪大海
文化管理学（第三版）（“十二五”国家级规划教材）	孙　萍
文化创意产业导论	魏鹏举
卫生事业管理（第二版）（“十一五”国家级规划教材）	李　鲁
现代公用事业管理	崔运武

公共管理类专业教材——劳动与社会保障专业教材

书名	作者
社会保障概论（第七版）	孙光德　董克用
社会保障学	戴卫东
劳动经济学（“十一五”国家级规划教材）	董克用　刘　昕
劳动法与社会保障法	黎建飞
社会保险学（第四版）	孙树菡　朱丽敏
社会保障基金管理	李春根
社会保障国际比较	仇雨临

公共管理类专业教材——土地资源管理专业教材

书名	作者
土地经济学（第八版）（“十一五”国家级规划教材）	毕宝德
土地法学（中国人民大学“十三五”规划教材）	严金明
土地资源学	张正峰　赵文武
土地资源管理学（第二版）	张正峰
国土空间规划学	张占录　张正峰
不动产估价（第二版）（“十一五”国家级规划教材）	叶剑平　曲卫东
土地信息系统	曲卫东　韩　琼
地籍管理（第五版）（“十一五”国家级规划教材）	谭　峻　林增杰

公共管理类专业教材——城市管理专业教材

书名	作者
城市管理学（第四版）	杨宏山
城市管理学：公共视角	陆　军　等
城市管理法	王丛虎
城市总体规划原理	郐艳丽　田　莉

公共管理类教材——应急管理专业教材

书名	作者
突发事件风险管理	张小明
应急管理新论	王宏伟
新媒体时代的应急管理与危机公关	唐　钧
公共安全风险治理	唐　钧

公共管理硕士（MPA）教材——核心课教材

书名	作者
全国公共管理硕士（MPA）核心课程教学指导纲要	全国公共管理专业学位研究生教育指导委员会
社会主义建设理论与实践（第三版）	李景治　蒲国良
公共管理英语（修订版）	顾建光
学术规范和论文写作	胡宏伟
公共管理学（第三版）（全国优秀教材二等奖）	张成福　党秀云
公共管理学原理（修订版）	陈振明

书名	作者
公共管理导论	竺乾威　朱春奎　李瑞昌
公共政策分析	陈振明
公共政策分析导论	陈振明
公共政策分析概论（修订版）	谢　明
公共部门经济学（第三版）	高培勇　崔　军
公共经济学	唐任伍
行政法学（修订版）	皮纯协　张成福
行政法学概论（第三版）	胡锦光
非营利组织管理概论（修订版）	王　名
非营利组织管理	王　名　王　超
公共管理伦理学（修订版）	张康之
社会研究方法	陈振明
电子政务理论与方法（第五版）	金江军
公文写作概论	高永贵

公共管理硕士（MPA）教材——专业方向必修课、选修课教材

书名	作者
公务员制度教程（第六版）	舒　放　王克良
比较政府与政治（修订版）	卓　越
当代中国政府与政治（第三版）	吴爱明　朱国斌　林　震
公共部门人力资源管理及案例教程（第三版）	陈天祥
公共部门绩效评估（修订版）	卓　越
公共部门危机管理（第三版）	张小明
应急管理通论（第二版）	李雪峰
公共部门战略管理（修订版）	陈振明
MPA 学位论文写作指南	汪大海

图书在版编目（CIP）数据

政府绩效管理/方振邦，唐健编著．--2 版．--北京：中国人民大学出版社，2024.5
新编 21 世纪公共管理系列教材
ISBN 978-7-300-32440-1

Ⅰ.①政… Ⅱ.①方… ②唐… Ⅲ.①国家行政机关-行政管理-教材 Ⅳ.①D035

中国国家版本馆 CIP 数据核字（2024）第 016674 号

新编 21 世纪公共管理系列教材
政府绩效管理（第二版）
方振邦　唐　健　编著
Zhengfu Jixiao Guanli

出版发行	中国人民大学出版社		
社　　址	北京中关村大街 31 号	邮政编码	100080
电　　话	010-62511242（总编室）		010-62511770（质管部）
	010-82501766（邮购部）		010-62514148（门市部）
	010-62515195（发行公司）		010-62515275（盗版举报）
网　　址	http://www.crup.com.cn		
经　　销	新华书店		
印　　刷	大厂回族自治县彩虹印刷有限公司	版　　次	2012 年 4 月第 1 版
开　　本	787 mm×1092 mm　1/16		2024 年 5 月第 2 版
印　　张	20.75 插页 1	印　　次	2024 年 5 月第 1 次印刷
字　　数	468 000	定　　价	58.00 元

中国人民大学出版社 管理分社

教师教学服务说明

中国人民大学出版社管理分社以出版工商管理和公共管理类精品图书为宗旨。为更好地服务一线教师，我们着力建设了一批数字化、立体化的网络教学资源。教师可以通过以下方式获得免费下载教学资源的权限：

★ 在中国人民大学出版社网站 www.crup.com.cn 进行注册，注册后进入“会员中心”，在左侧点击“我的教师认证”，填写相关信息，提交后等待审核。我们将在一个工作日内为您开通相关资源的下载权限。

★ 如您急需教学资源或需要其他帮助，请加入教师 QQ 群或在工作时间与我们联络。

中国人民大学出版社 管理分社

教师 QQ 群： 648333426（工商管理） 114970332（财会） 648117133（公共管理）
教师群仅限教师加入，入群请备注（学校+姓名）

联系电话： 010-62515735，62515987，62515782，82501048，62514760

电子邮箱： glcbfs@crup.com.cn

通讯地址： 北京市海淀区中关村大街甲 59 号文化大厦 1501 室（100872）

管理书社

人大社财会

公共管理与政治学悦读坊